主　编　黄海嵩
副主编　朱国强
　　　　余德忠
　　　　陈国萍

企业职场

丙申年版

高级职业经理人论坛（第二卷）

企业管理出版社
EMPH
ENTERPRISE MANAGEMENT PUBLISHING HOUSE

图书在版编目（CIP）数据

企业职场：高级职业经理人论坛：丙申年版. 第二卷 / 黄海嵩主编. -- 北京：企业管理出版社, 2016.12

ISBN 978-7-5164-1400-2

Ⅰ. ① 企… Ⅱ. ① 黄… Ⅲ. ①企业管理—研究报告—中国 Ⅳ. ① F279.23

中国版本图书馆CIP数据核字(2016)第273080号

书　　名：企业职场：高级职业经理人论坛（丙申年版 · 第二卷）

主　　编：黄海嵩

副 主 编：朱国强　余德忠　陈国萍

责任编辑：尤　颖　徐金凤　李　蕊

书　　号：ISBN 978-7-5164-1400-2

出版发行：企业管理出版社

地　　址：北京市海淀区紫竹院南路17号　　　邮编：100048

网　　址：http://www.emph.cn

电　　话：总编室（010）68701719 发行部（010）68701816 编辑部（010）68701638

电子信箱：qyglcbs@emph.cn

印　　刷：虎彩印艺股份有限公司

经　　销：新华书店

规　　格：170毫米×240毫米　　16开本　30.25印张　407千字

版　　次：2016年12月第1版　　　2016年12月第1次印刷

定　　价：98.00元

中企高级经营管理人才素质提升工程
高级职业经理人研修班学员论文
编辑委员会名单

序

王忠禹

2015年，中国企业联合会中国企业家协会与中国人民大学签订了战略合作协议，联合部分省政府和部分中央企业，共同在全国逐步实施“中国企业高级经营管理人才素质提升工程”。这是一件大好事。第一期研修班开班仪式在中国人民大学举行，我参加了，还讲了我的一些评价和建议。近日，黄海嵩同志给我介绍，目前已成功举办了两期研修班，126名来自全国各地的企业家参加了研修，受到了社会各界和企业家的广泛关注与好评。

这次联合举办研修班，我觉得很有特点，和其他那些联合办学是不一样的。第一点，我们有各省参加，据我所知，联合办学有各省政府参加的不多，这是很大的一个特点。第二点，企业直接参与。如中电建十三局、十一局、河南建设投资集团、平煤神马集团等以企业的名义组织参加研修，不能说没有，但不多。就中企联来说，这样联合办学也是第一次，很有特色。

黄海嵩同志谈到，中国企业高级经营管理人才素质提升工程委员会在时间短、人手缺、无资金、缺少经验的情况下，围绕造就具有世界眼光、战略思维、创新精神、经营能力的宏大的职业经理人队伍这一战略目标，积极探索多家联合培训的新路子，明确了政府重视、部门推动、整合社会优势资源与企业互动的工程思路，确立了社会公益性、高端化的工作原则，建立了联合培训的工程领导体制和工作机制，组建了工程专家（导师）库，进行了由10户央企、55户省属重要骨干企业、17户民营企业参加的高级经理人研修实践，受到了有关部省级领导的高度关注，得到了地方政府、全国知名企业家和广大学员的高度评价，初步起到了继承校会好传统、发挥校会新优势、弘扬培训正能量、树立校会新旗帜的作用。

学员们反映，学到了知识、开阔了视野、拓宽了思路、增强了能力、增进了友谊，感到震撼；联合办学的地方政府普遍反映办学方式新、培训平台高、发展前景好；企业反映是当今培训的“高、大、上”。对此，应予以充分肯定。

为使学员能把学到的理论知识与工作实践相结合，提升学员的综合素质和理论造诣，素质提升工程委决定让每一位学员学习以后写一篇论文，并编辑成书，由企业管理出版社出版，这是一件很有意义的事情。因为通过编写此书，给学员们提供一个学习和交流的平台，对他们的职业生涯大有帮助，对企业间的合作交流与长远发展大有裨益。

中企高管人才素质提升工程是一项系统工程，研修仅仅是开端，下一步还要进行职业经理人评价、所在企业管理水平评价、专精特新企业分类、信息资源共享，以及与地方政府联手开展招商引资等工作。

搞企业人才素质提升，是一项具有战略意义的创新工程，一定要坚定不移、毫不动摇地办下去。办好了，国家受益、企业受益、个人受益。办好了，我们要总结经验，完善机制，开拓渠道，力争能探索一条路子，推广开来。

希望中企高管素质提升工程委员会加强与人民大学和中企联的沟通交流，完善体制机制，提高师资水平，持之以恒地办下去。各个单位要统一思想，顾全大局，改革创新，积极高效地支持此项工作。也希望全国的企业家都能积极地参与到职业经理人培训中来，加强理论知识学习，不断提高综合素质，为企业的发展做出应有贡献，争做一名有德品、有担当、有智慧、有作为的优秀企业家。

黄海嵩同志让我为此书作序，我同意将我在研修班开学典礼上的简短致辞写在此书前面。

2016年1月28日

（作者为中国企业联合会　中国企业家协会会长、第十届全国政协委员会副主席）

目　录

（按姓氏笔画排序）

全流通时代的资本运营

——运用市值杠杆实现企业价值战略

中国平煤神马集团　于泽阳

市值反映着上市公司的市场价值，运用市值杠杆是在遵循市场规律的前提下，基于公司市值信号，主动地运用多种科学、合规的资本运营方法和手段，实现企业长期、持续、健康的真实资本价值最大化，是达到企业价值战略目的的管理行为。中国平煤神马集团旗下拥有平煤股份、神马股份和易成新能。巧妙运用市值杠杆实现企业价值是全流通时代资本运营的重要课题。

一、运用市值杠杆的作用

（1）转变经营理念和价值导向，推进企业竞争能力的提升。有效利用市值杠杆，从根本上加速了上市公司经营管理层主动改善公司治理和公司经营效率的进程，企业经营目标开始由利润最大化转变为价值最大化，企业管理由利润导向转变为价值导向，业绩考核由净资产转向市值。市值也已经成为衡量上市公司实力大小、经理层绩效好坏以及上市公司收购与反收购能力强弱、上市公司融资成本高低、投资者财富大小的新标杆。

（2）发挥上市公司平台多重效能作用，护航企业良性发展。上市公司作为资本市场平台，不仅具备低成本融资功能，还具备更加高效的资源配置功能，两者的充分结合可以达到相辅相成的良好效果。一是可以通过高市值下的增发、换股、股份要约等手段加快行业整合，推进企业产业结构调整和产业转型；二是可以通过相关产业资源的注入实现板块整体上市，壮大产业实力的同时提升收益；三是可以依托二级市场、再融资等行为创造效益，优化资本结构；四是可以通过引进战略投资者、实施股权激励等加快混改，规范公司治理，增强竞争力。只有统筹规划好上市公司的资本、资金、资产、资源的流转，才能形成再融资、再发展的良性循环，为企业的稳健发展提供更大的支持。

（3）顺应政策潮流，推进中国资本市场的进一步完善。倡导企业合理利用市值杠杆将对中国资本市场有着深远的影响，不仅促进了监管和投资理念的转变，逐步使股票价格更加真实地反映企业内在价值，还加快了上市公司股票的交易流转，加快国有上市公司混合所有制步伐，推进“国退民进”，改善和提高了资本市场的资源配置能力，推进真正以价值为导向的市场体系的建立。

二、市值杠杆实施策略

运作途径主要包括：公开市场增持和减持、定向发行和非公开发行、公司回购、公开增发、资产注入、自有资金收购等，涉及如并购重组、股权质押、回购等投融资方案及融资融券、大宗交易方案等众多工具。

实施策略包括价值创造、价值实现与价值经营三个环节。价值创造的核心是不断提升企业治理水平与盈利能力，保持快速、健康的可持续增长；价值实现，关键是搞好投资者关系管理，最大限度地持续实现资本市场溢价，提高投资者对公司的认知度，减少信息不对称，增强市场信心，纠正市场估值偏差；价值经营，就是要基于市场环境，科学筹划资本运作。

（一）现金并购与定向增发的反周期管理

反周期管理就是在市场低迷时，以小代价进行大规模的现金并购，通过收购实现行业整合，确立自身的龙头地位；而在市场高峰时进行定向增发，向社会募集资金连续融资，用较少的股份获得更多的资本，从而进一步放大市值。运用该策略的最典型者当属中信证券。

（二）并购与市值增长相互促进

以换股并购的方式，不断收购符合自身整体战略的同行，合理且成功的收购行为能够得到市场“赞成票”，推动股价上扬，由于并购采用增发股票而非现金并购的方式，因此高股价反过来增强公司的并购能力，使得收购的业务在资本市场的价格不断放大。

（三）低买和高卖的反周期操作

当公司价值被高估时，可以由上市公司大股东抛售一部分股票，获得超额融资和收益，也可以分拆被股票市场高估的业务单元上市，获得新的市场溢价；当公司价值被低估时，可以采用大股东增持等手段，刺激市场信心，稳定股价走势，或者通过股份回购减少发行在外的股份数量，提高每股盈余水平，调整和优化股本结构，提升公司市值。

（四）价值严重下滑时的市值修复

在现今技术日新月异的时代，产业的生命周期大幅度缩短，一旦受宏观环境影响或被市场制约，盈利水平将出现负增长乃至亏损时，公司市值会出现断崖式下滑，甚至面临退市风险，从而阻碍上市公司造血功能。随着战略新兴板的搁浅，注册制前景再度变得不明朗，上市公司壳价值变得愈加珍贵，为了维持上市公司活力，需要通过注入资产、兼并收购、拓展新业务、加强研发创新等方式，使上市公司重新具有投资价值，培育市场信心，修复市值至应有水平。

（五）价值严重高估时的市场平抑

在某些时期，因非主动性特定因素导致企业出现过高估值时，不但会阻碍公司利用上市平台的资本运作，公司还要担负出现泡沫破裂时的恶性后果。应及时采用扩大增发融资、巧用换股并购、分拆业务单元等方式平抑市场波动，使上市公司股价在合理区间运行，维护企业的健康稳定发展。

三、中国平煤神马集团市值杠杆操作实例

集团通过旗下的平煤股份、神马股份、易成新能三家上市公司平台，从2014年开始逐步探索、实践如何合规利用市值杠杆为企业创造最大价值，其中历经增持、减持、非公开发行、资产注入等阶段。以下为两个操作实例：

（一）波峰阶段减持回收资金

自2014年年底，随着金融资本以及民间资本的不断流入，沪指从2015年年初的3049点轻松冲破4000点，2015年4月20日，A股一天成交金额突破万亿，各金融产业将资本引入股市，券商融资补充资本金投向创新业务，银行通过各种伞型信托参与股市，民间资金更是肆无忌惮地通过配资直接或间接入市，引发股市杠杆率急升，推动了一轮疯狂牛市，带来了股市的高风险。值此时机，集团判断旗下平煤股份、神马股份、新大新材股价已高于理性估值，减持有助于稳定股价。另外，由于煤炭市场持续下行，集团亟需资金发展多元化产业，对冲主业不振的负面影响。在波峰阶段适当减持，既有利于回收资金培育新的利润增长点，又有利于国有资产保值增值。

根据《国有股东转让所持上市公司股份管理暂行办法》相关规定，为避免丧失机遇，按照能够最大程度简化程序缩短时间的原则，在省国资委备案权限内，平煤股份、神马股份、新大新材本次减持计划减持股份数量分别限定在5000万股、2210万股、1820万股以内。

按照合规操作、规避风险原则，经深入研究论证集中竞价、大宗交易、定向资产管理计划、集合资产管理计划等减持方式的优劣，结合市场

整体处于上行趋势的时机情况，为保障价值利益最大化，最终选取操作压力最大但收益最高的二级市场集中竞价的方式实施减持。

在2015年4月底~6月初期间，集团通过二级市场集中竞价的方式，出售3家上市公司股票合计87508021股，收回现金合计861493574.85元，获利合计594763442.44元。减持完成后我集团对三家上市公司的控制地位不变。

（二）波谷阶段修复市值

近年来，受经济增速放缓、能源结构调整等因素影响，煤炭下游需求大幅下降，煤炭行业产能相对过剩，煤炭市场价格持续下滑，煤炭企业面临的经营形式愈加艰难。据专家分析预估，煤炭行业未来一段时间仍将保持低位运行的态势。在此宏观形势下，平煤股份由于资源赋存条件较差、人员包袱较重，导致经营成本相对较高，面临连续亏损甚至退市的风险，亟需寻找新的高成长项目转型发展，破解盈利负增长的困局。另外，平煤股份2006年上市时首发募集资金，截至2015年10月底本息合计近8亿元未使用，该部分资金长期没有投资方向，严重阻碍了平煤股份利用上市公司平台再融资。变更募集资金投资新项目，既可借此打通融资通道，为日后非公开发行等资本运作铺平道路，又能向市场释放平煤股份由单一煤炭企业向多元化能源企业转型的信号，对在资本市场树立良好形象、增强投资者信心、稳定市值有着积极的作用。

太阳能光伏产业是全球能源科技和产业的重要发展方向，全球光伏市场规模保持快速增长，是具有巨大发展潜力的朝阳产业，太阳能电池由于投资大、技术含量高而供不应求，具有乐观的市场前景。平煤股份与我国光伏产业的龙头企业隆基股份合作建设高效太阳能光伏电池项目，借助其国际领先的技术工艺和较高的市场占有率，有效保障项目后续发展前景，本项目建成后，为平煤股份产业结构优化调整、妥善分流人员转岗、重新定位发展方向起到积极作用，且具有较好的经济效益和社会效益。

为了使平煤股份彻底摆脱受煤炭环境制约的困局，在未来的一段时间内，工作重点仍将是以调整产业结构为主，直至平煤股份市值回升至正常水平。首先，响应国家去产能号召，分步关闭、剥离落后矿井，打破大幅亏损的局面；其次，积极拓展煤炭相关多元产业，打造新的利润增长点，重振市场信心；最后，择机将集团部分优质资产注入，形成新的产业互补，进一步提升公司价值；同时利用新开拓的高效太阳能电池项目，适时开展再融资计划，延伸上下游产业链，以点带面，逐步将平煤股份打造成囊括新能源等多元化业务的综合型能源企业。

（三）合理运用市值杠杆的启示

企业由资产管理向资本经营的转型是市场环境下的必然趋势，传统的“资产管理”强调实体资产的高效利用、创收和盈利，经营管理方向及种类单一，局限于现有资产，缺少有效的退出转型机制，行业衰退易转化为企业困境；而“资本经营”则强调虚拟资本的在周转运动过程中的保值增值，资本不局限于其具体物质形态，可进退灵活地在结构和方向上做调整，通过资源配置寻找新的发展空间。企业向资本经营的转型代表了企业价值观的创新，企业经营的目标由扩大营收规模转向维护并合理提升企业市值，企业发展战略由单一方向上的“做大做强”，转向“有进有退”式的结构调整。

由于历史原因，集团作为老牌国企，长期持有大量无法产生经济效益的存量资产，造成极大的资源浪费，在煤炭行业整体低迷的大环境下，集团面临围绕煤炭主业向下游电厂、焦化、煤制气、高端煤化工等产业方向转型发展的艰巨任务，以拉动煤炭产业整体良性发展，同时开拓新能源、新材料、节能环保等新兴产业，逐步替代落后产业。自“十二五”时期以来，集团大力实践实业经营与资本运营“双轮驱动”的发展理念，通过市值杠杆，充分发挥资本市场的资源配置功能，有效盘活了长期休眠的上市公司股权，回收大量现金，为集团产业转型发展提供资金支持，提高生产经营和资本运营的市场化程度。对企业的健康发展起到了推动作用。

总之，运用市值杠杆的资本运作并不是短期的套利，而是一项长期的价值经营与创造工程。通过对存量资产进行管理、重组和交易，优化配置企业资产，提高资产运行效率，促使资本不断增值，从而为企业带来巨大的效益。依托上市公司平台，充分有效地使用好市值杠杆这一工具，将为企业通过多种途径的资本运营壮大实业发展，从而为实现价值战略开辟一条新的道路。

浅论企业团队精神

中油金鸿能源投资股份有限公司北京咨询分公司　王昆

孟子云："天时不如地利，地利不如人和"；老百姓中流传："人心齐，泰山移"；时代的"先驱"继承前人，总结为——"团队精神"。随着市场经济的不断成熟，市场竞争日益激烈，团队精神已经成为企业团队建设和团队管理的关键环节，是企业真正的核心竞争力，因而，团队精神的建设更关乎企业的命运。

本文从团队精神的内涵出发，着重讨论团队精神的重要作用和意义，以及应该如何加强团队精神建设，希望能为实施团队建设的企业提供些许参考。

一、团队精神的含义

所谓团队精神，简单来说就是大局意识、共同协作精神和服务精神的集中体现。

（一）团队合作的意识

团队合作意识指的是团队和团队成员的协作和共为一体的意识。团队成员间相互依存、同舟共济、互敬互重、礼貌谦逊；彼此宽容、尊重个性的差异；彼此间是一种信任的关系、待人真诚、遵守承诺；相互帮助、互相关怀，共同提高；利益和成就共享、责任共担。良好的合作氛围是高绩效团队的基础。

（二）团队的凝聚力

团队的凝聚力是针对团队和成员之间的关系而言的。团队精神表现为团队强烈的归属感和一体性，每个团队成员都能强烈地感受到自己是团队中的一分子，把个人工作和团队目标联系在一起，对团队表现出一种忠诚，对团队的业绩表现出一种荣誉感，对团队的成功表现出一种骄傲，对团队的困境表现出一种忧虑。当个人目标和团队目标一致的时候，凝聚力才能更深刻地体现出来。

（三）团队士气的高昂

团队士气的高昂是从团队成员对团队事务的态度中体现出来的，表现为团队成员对团队事务的尽心尽力及全方位的投入。

团队精神的基础是尊重每个人的做事方式和成就，核心是协同合作，最高境界是全体成员的向心力、凝聚力。团队精神反映的是个人利益和整体利益的统一，保证整个团队的高效率运转。团队精神的形成并不是要求每个人都要牺牲自我，而是要发挥每个人的特长，协助整个团队完成共同的任务目标。

二、团队精神的具体作用

（一）具有目标导向作用

团队精神能够使团队里的成员齐心协力，拧成一股绳，朝着一个目标努力。对团队中的个人来说，团队要达到的目标就是自己必须努力的方向，从而使得团队的整体目标分解成小目标，在每个员工身上都能得到落实。

（二）具有团结凝聚作用

在所有的动物之中，狼是将团队精神发挥得淋漓尽致的动物。狼团队在捕获猎物时非常强调团结和协作，因为狼与其他动物相比，没有特别的个体优势，在生存、竞争、发展的动物世界里，它们懂得了团队的重要性，久而久之，狼群也就演化成了“打群架”的高手。狼群总是协同作战，正是因为如此，虽单打独斗狼不敌虎、狮、豹，但狼群仍旧可以猎杀它们。

在企业发展中，团队精神使得每位员工在长期的实践中形成协同合作的习惯和共同的信仰；同时引导员工产生共同的使命感、归属感和认同感，进而增强企业凝聚力，促进企业发展壮大。

（三）具有对整个集体的控制作用

大雁迁徙时，每只雁鼓动双翼时，对尾随的同伴都具有"控制"的作用。雁群一字排成"V"字型时，比孤雁单飞增加了71%的飞行距离。当带头的雁疲倦了，它会退回队伍，另一只雁会取代它的位置，而队伍中后面的大雁会用叫声督促前面的伙伴继续前进。

团队精神的形成需要靠每位员工自觉地向团队中优秀的员工看齐，优秀员工也要带动其他成员，使得每位成员均得到认可。同时，在团队里不仅每位成员的个人行为需要控制，团体行为也需要控制，团队精神所产生的控制功能受团队内部所形成的团结观念和氛围的影响，这种控制并不是由上而下的、硬性、强制性力量的作用，而是通过团队精神和氛围影响个人行为和观念，使成员产生一种共同的价值观，从而起到对团队行为的控制作用。

三、团队精神的重要意义

（一）团队精神能推动整个团队的运作和发展

一个群体一旦形成了团队精神，在团队精神的作用下，团队成员产生了互相关心，互相帮助的交互行为，自然地就会增加每个人的集体荣誉感，每个成员都会自觉地以团队的整体发展和声誉来约束自己的行为、改变自己的做事方式以及和每个成员之间的相处方式，从而使团队精神成为公司全面发展的动力。

（二）团队精神能培养团队成员之间的亲和力

一个具有团队精神的团队，能使每个团队成员显示出高昂的士气。有利于激发每个员工的工作主动性，这样就会使成员形成集体意识和共同的价值观，使成员之间团结友爱，在这样的氛围中员工才会自愿地将自己的才智贡献给团队，同时也能使自身得到更全面地发展，从而促进整个公司的发展。

（三）团队精神有利于提高组织的整体效能

通过发扬团队精神，加强队伍建设，就能进一步减少内耗。一个团队或者个人总是把心思花在怎么样能推卸责任，站在自身利益角度看待事情，互相牵制的话，就会造成全体成员团团转也见不到事情的实际进展，这样就会大大减弱企业成员的亲和力，损伤团队的凝聚力，不利于企业的发展。

四、如何建设团队精神

第一，共同的目标、期望是形成团队精神的首要条件，而这也正是企业文化的重要组成部分。企业文化是企业中一整套共享的观念、信念、价值和行为规则，以至得以促成一种共同的行为模式。共同的目标、共同的期望亦是达成员工对一个团队、一个企业的忠诚的重要方式。

第二，一个团队的成绩都要来自于每个成员的个人成果，那么基础就是要尊重每个员工的成就，选拔不同特长的人才，肯定他们并放在适合的岗位来培养，让每一个员工都能充分发挥他的特长，对工作产生极大的兴趣，工作氛围也就会越来越好。

第三，一个团队精神的核心就是要加强沟通并培养每个员工的协同合作精神，两个人协同合作的成绩一定会明显优于两个人单干成绩，利用成员之间的优势互补，来发挥积极协同效应。正如沃尔玛总裁所说的：“如果你必须将沃尔玛体制浓缩成一个思想，那可能就是沟通协作，因为它是我们成功的真正关键之一”。丹佛大学Stephen Erbschloe所做的一项研究表明，他所研究的46家公司之所以面对互联网带来的商业机会行动迟缓，最主要的两个原因就是：交流的贫乏和行政上的混乱。使交流成为一个团队里的优先事项，并且让每个员工都知道你重视交流、为员工提供同管理层交谈的机会、建立信任的氛围——这是优秀的团队要达到有效的沟通协作至关重要的三个条件。

第四，团队精神的形成离不开每个员工的奉献精神。每个团队总会有明确的目标，实现这些目标不会一帆风顺，因此，就需要具有团队精神的人。这些人在工作中要有一种强烈的责任感，充满活力和热情，需要每个员工为了完成公司的目标和同事一起、努力奋斗、积极进取、创造性地工作。团队中的每个员工需要明白一个道理，如果个人没有奉献精神就会阻碍公司发展，公司发展不顺利自然就会影响到个人利益。每个成员都应在自己的岗位上尽心尽力，自愿为公司的利益放弃自己的私利。

比尔·盖茨在谈到团队精神时，讲过这样一段话：“团队精神营造了一种氛围，在这种氛围中，开拓性思维不断涌现，员工的潜能得以充分发挥。微软公司所形成的氛围是：‘你不仅拥有整个公司的全部资源，同时还拥有一个能使自己大显身手，发挥重要作用的小而精的班级或部门。每个人都有自己的主见，而能使这些主见变成现实的是微软这个团体。’”由此可见，任何一家良好快速发展的企业，都离不开一支优秀的团队，然而团队不能简单的理解为一支队伍、一个群体，真正优秀的团队不是人多，而是要心齐。一个团结的队伍只有明确团队目标，健全团队管理制度，创造良好的沟通环境，尊重每一个人，引导成员参与管理，增强成员全局意识，营造相互信任的组织氛围，才能在激烈的市场竞争中立于不败之地。

水泥行业调研报告

中油金鸿能源投资有限公司北京咨询分公司　田宏

天然气的引进，为水泥企业创造了良好的发展机遇，同时在国家优惠、奖励、扶持政策的引导下，为实现燃煤改燃气创造了必要条件，水泥企业必将在多方面取得明显成效。

一、概 述

水泥是国民经济建设的重要基础原材料，目前国内外尚无一种材料可以替代它的地位。作为国民经济的重要基础产业，水泥工业已经成为国民经济社会发展水平和综合实力的重要标志。随着我国经济的高速发展，水泥在国民经济中的作用越来越大。

2014年5月，习近平总书记提出要用平常心面对我国即将出现的经济新常态。同年12月中央经济工作会议对新常态进行了系统地阐释，其中核心要义有三点：一是发展速度从高速增长转到中高速增长，年度GDP增长率将保持在7%左右;二是经济结构将不断进行优化升级，行业和企业将大力推进转型升级;三是发展动力将从要素和投资驱动转向创新驱动。从追求数量转向追求质量和效益。

2015年12月，中央经济工作会议提出2016年五大任务：去产能、去库存、去杠杆、降成本、补短板。一是积极稳妥化解产能过剩；二是帮助企业降低成本；三是化解房地产库存；四是扩大有效供给；五是防范化解金融风险。

二、水泥工业发展方向

改革开放30多年来，我国水泥工业经历了翻天覆地的高速发展。在当前形势下，该如何面对全国经济的新常态和环境保护的新常态？如何面对世界水泥行业的新发展和国际市场的新格局？借鉴发达国家水泥工业发展的经验，结合我国水泥行业当前具体情况，对“十三五”水泥工业发展方向与目标进行思考，总体思想是按照“十三五”规划中提出的要求，围绕“绿色低碳”理念，积极推进转型升级。

（一）大力淘汰落后水泥产能

三四年前我国出现一种说法，认为水泥产能利用率已降到70%，产能过剩达30%，形势十分严竣。业界人士认为，我国水泥产能过剩主要是落后水泥(立窑)的产能过剩，随着落后的水泥生产方式(立窑)被大量地淘汰，产能过剩之势将缓解。事实表明，得益于近年来淘汰落后水泥的显著成效，2010年落后水泥产能占总量25%，2014年已下降到6%，相应地2010年水泥产能利用率70.6%，2014年已上升到75%，这可以作为落后水泥产能过剩、必须大力淘汰之佐证。

其实，发达国家近80年的历史经验早已证明，在水泥生产工艺技术处于回转窑或预分解窑的技术条件下，将其产能利率维持在70%是一种较理想的状态。这样既能激励竞争，促进技术进步、淘汰落后技术，又能兼顾生产与维修的矛盾、平衡劳资双方的权利。

现在大家都认为错峰生产效果不俗，其实推行错峰生产的先决条件是产能要有相当的“过剩”。产能利用率高达80%以上就难以推行错峰生产了。其次，市场经济本身就是一定程度的过剩经济，才能实施优胜劣汰。所以水泥产能利用率70%是常态，是好事，无需担忧。

显然，我国继续淘汰落后水泥，坚决遏制新增水泥产能重复盲目地再建是十分必要的，不能放松。但在“十三五”期间，平均每年新建的世界一流水平的绿色低碳水泥生产线约20条，其中包含若干世界最先进的全智能化水泥厂，总产能约5000万吨，用以逐步淘汰并替代现有的低效低环保的日产熟料2000吨以下的预分解窑生产线。预计不久淘汰这些相对较落后的产能将会提上议事日程。这样到2020年，我国水泥工业整体技术装备水平和产能结构将大幅提升，达到最佳化，转型优化到崭新的高度，不仅在数量上，更重要的是在质量和效益上都将足以问鼎世界一流。

（二）水泥产业的生产集中度要提升

行业领军型大企业绝大多数都有较严格的自律意识与能力，而且能以全行业的利益为先，将本企业的利益孕育融合于行业利益之中；各区域性这样的龙头企业在水泥产业中的生产集中度最好能达70%以上。这样就可以避免恶性竞争，乱打价格战；严格遵守环保法规和污染物排放标准，确实保护环境；实现节能减排，促进技术进步和创新，淘汰落后技术；推行以销定产，保证水泥质量，维持合理成本和利润，对消费者和水泥企业双方都有利。这也是发达国家的成功经验。

2008年我国水泥产业集中度为16%，2014年上升为53%，预测2020年可达65%或更高。所以水泥企业的大规模兼并重组与结构整合，将是我国水泥行业在今后3~4年内的重头戏，有赖于国家政策的引导和水泥企业的改革创新与踏实的工作。有些整合重组或可结合混合所有制改革试点一并进行，中国建材集团成功的经验可供借鉴。

同时，水泥行业的主流企业和区域性龙头企业都应向其上下游产业——砂石骨料和商品混凝土延伸，建成大一统的骨料—水泥—商混的完整产业链。目前这条产业链太过散乱，亟待整合，更要大幅提升其集中度，全国许多大型水泥企业正在实践中。

（三）积极参与国际竞争，保持适度的市场占有率，着重提升经济效益

结合“一带一路”战略，水泥行业继续践行“走出去”方针。过去近10年中，我国已向世界60多个国家与地区提供了近200条现代化水泥生产线，总产能近3亿吨，其中大部分是EPC总承包项目，也有一些是与著名国际水泥装备公司合作的项目。最近5年来，有些国内大型水泥集团开始向海外直接投资新建并经营水泥厂。通过这些实践积累了大量的经验和教训，经过认真总结，最主要的经验教训主要有两点：

第一，我国从初始的“低质低价”已经提升到了现今的“优质中价”，在享有较高的市场占有率(约36%)的情况下，今后应逐步地转向“优质优价”，要理直气壮地获得我们应有的经济效益，要学习把握“‘便宜货’是永远无法进入高端市场的”的国际贸易经营之道。

第二，要认真研究分析项目，正确甄别、评价、选择、确定项目。同时采取各种相应措施，尽可能地事先规避风险，减少可能发生的损失。不求项目很多，但求看得准，掌控好，得实效。总之，必须强调经济效益是第一位的，是最终目标；市场占有率是第二位的，是经营的手段和途径。我国今后的重点是要营造培育进入世界高端市场的策略和通道。

（四）水泥消费达到峰值后的发展趋势预测

我国的年度水泥消费量从1980年的7986万吨，人均0.0809吨，逐年上升到2014年的24.8亿吨，人均1.82吨，增长迅猛。现已接近25亿吨左右的峰值，相应的1981—2014年的累计人均水泥消费为20.58吨，与22吨左右将出现拐点的国际经验数据相符。据测2015年的水泥需求同比可能还有1.6%的增长，将达25.2亿吨。其后水泥需求将呈怎样的发展趋势，业内似有两种预计。一种认为经历2~3年的过渡期之后，水泥需求将会逐年下降，到2025—2030年间可能将降到现今的一半，即13亿吨左右。这是按国际上多数发达国家和地区的历史经验估算的。最近有了另一种预测，认为从现在开始年度水泥需求量保持在25亿吨±5%的范围内，可能还会有8~10年的较长的平台期。这无疑对水泥行业是一个利好的预测。不过届时水泥需求开始向下拐点时，其累计人均消费已高达近40吨了，这似乎超出已有的经验数据(22吨)太多，或为小概率事件。业内人士乐观地估算认为，2015或2016年就可能达到峰值25亿吨以上，相应的人均累计消费达22.4吨~24.2吨之间，经历2~3年的过渡期以后，人均累计28吨~30吨，估计2018或2019年将出现向下拐点。这是基于2015—2019年我国GDP增长保持6.5%~7.0%为大概率事件的前提下，大致按预测模型推算的，仅供参考。

（五）科技创新，抢占孕育中的第七代水泥生产工艺技术的制高点

水泥生产工艺技术发展历史表明，从第一代的立窑开始，之后是干法中空回转窑、湿法窑、立波尔窑、旋风预热器窑、直到现今的第六代预分解窑技术，其经历了40多年的反复实践与改进，已经接近于顶峰，各种新颖的、更先进更环保的、潜在的第七代水泥生产技术正在酝酿、孕育、萌动之中。我国应及早抓住先机，加强前瞻性自主科技研发，争取抢占第七代的制高点。这是跻身甚至超越世界水泥强国的一个契机。因此在把握我国水泥工业发展战略的近期和中长期关系、技术力量配置、目标任务大小、难度和进度等诸多方面宜统筹兼顾，科学协调，通盘部署。趁这次国际水泥工业将面临革新换代之际，我国水泥生产工艺技术要力争提升到与世界水泥强国基本上并驾齐驱的水平。

同时，对现有预分解窑生产技术的节能减排研发，尤其是低碳技术的开拓，也应抓紧进行。因为这些研发工作的成果有部分是与第七代的研制相辅相成的，或具有打基础作用。

（六）坚决根除环保陋习，尽快弥补环保“短板”

我国水泥工业最常见的陋习就是粉尘污染。100多年前，自从我国出现正规的水泥厂开始，民间就有“洋灰(水泥)厂就是‘扬’灰厂”的说法。直到20世纪末，我国才有少数的所谓花园式水泥厂出现，但大多数水泥厂仍处于“扬灰”状态。

近一个世纪以来，我国水泥工业最初根本没有环保法规，企业可任意排放；后来虽然有了一些污染物排放标准限值，但基本上无人理睬。无视、不遵守环保法规是常态，粉尘排放更甚。统计资料表明，2000年水泥产量5.97亿吨，排尘809万吨；2013年水泥产量24.1亿吨，排尘386万吨；2014年水泥产量24.8亿吨，排尘预报为258万吨。可以看出，虽然绝对排尘量下降了不少，但2014年的“258万吨”的数字仍高达国标(GB4915-2013)限值近10倍。2014年，我国熟料产量是德国的70倍，吨熟料的粉尘排放量为德国的100倍，故水泥工业的粉尘排放总量是德国的7000倍。这个粉尘排放“258万吨”的数字使欧美同行们非常震惊，认为这是中国水泥界的莫大耻辱，甚至是一种犯罪行为。因为在当今我国的技术装备、资金、人员等具体条件下，我国水泥工业应该是可以解决粉尘排放超标问题的，但是却因劣根性的陋习，人们似乎并不急于解决这一问题，大家都心照不宣地听之任之。这实质上涉及社会公德和企业道德问题。现在反过来要把遵守环保法规作为起码的底线，由非常态转变成常态。看来须彻底的洗心革面，从环境道德意识的洗礼着手，坚持铲除劣根陋习，强化法治，树立环保法规的权威性和震慑力。

我国水泥工业在环保方面还有两大“短板”，同样也是令人难以向国际同行启齿。其一，我国水泥工业利用废弃物作为替代燃料的替代率仅为0.15%(发达国家一般为30%~90%)，实在少得可怜。其二，我国至今还没有一家水泥企业向社会公众交出过一份稍微正式一点的年度环境报告。这些与上述的粉尘污染一样，政府的引导督促、激励监管、决策决心似都不够给力。其深层次的根源可能在于人们极其广泛又根深蒂固的对环保的漠视与麻木，纵向比较我国已改进了很多，但因实在是积重太深，基点差距太悬殊，一定要求很快地赶上国际先进水平，或许有些苛求。但是有些能做的事情，大型水泥企业要挺身而出，以身作则发挥示范带头作用。例如在收尘和水泥窑烧垃圾替代煤方面有些大企业就做出了很好的榜样。

近年，我国水泥行业对现行的被认为不够严格的标准实施执行实况并不关注，疏于监测监管。纸上的“标准”和实际排放情况严重脱节。这种“标准”即使再“严格”，也只是放空炮，“纸老虎”或“棉花棒”而已。我们要把污染物排放量实实在在地降下来才是硬道理，拿出实效来比什么都强！

实施可行、先进、严格的排放标准，关键在于要真正地付诸实施，收到实效，真正地全面推行环保工作。

（七）水泥行业国际机构中的席位、话语权和影响力

现今，我国在水泥行业主要国际机构中的席位为零，话语权和影响力几乎也是空白。这种情况与一个崛起的水泥大国且正向水泥强国迈进的中国来说很不相称。有些国际机构已表示了欢迎中国参与的意愿，但尚未得到我国的响应，其中一个主要的原因是，我国还缺乏一个具有足够数量的合格的国际化人力资源团队。相信在今后3~5年之内，随着人才队伍的不断壮大，这个问题是可以迎刃而解的。

三、河北省水泥行业现状

河北省作为水泥生产大省，近年来水泥行业保持平稳发展。同时，全省水泥企业普遍加大了环保投入，减排效果明显。随着立窑水泥被逐步淘汰取而代之以新型干法水泥生产线，水泥生产所造成的粉尘及二氧化碳、二氧化硫等排放明显下降，空气质量好转，一定程度上改善和保护了河北省全省的生态环境。

2013年，河北省水泥行业实现利润22.7亿元，同比下降8.4%，水泥生产小幅回落。2014年，河北省水泥产量明显下滑，主要原因是河北省治理空气污染力度加大，水泥生产线普遍停产，2014年1~8月河北水泥生产了7265.36万吨。

2014年2月20日，河北省出台《化解产能严重过剩矛盾实施方案》，提出水泥行业将在“十二五”期间超额完成国家下达淘汰落后水泥产能任务的基础上，到2017年熟料产能控制在9000万吨以内，水泥产能控制在2.2

亿吨以内。

影响水泥需求增量的因素主要包括：GDP增长、基础设施建设、房地产等固定资产投资的增长。从长期来看，我国水泥产量增长的速度高于国民经济总的增长速度。受“十二五”政策的影响，交通、铁路等部门都加大了投资力度，巨大的下游需求为水泥企业提升盈利空间打下了良好的基础。另外，随着京津冀一体化，河北省基础设施建设大力推进以及淘汰水泥落后产能的力度不断加大，河北省水泥工业生产仍将保持一定增长，水泥销售有望继续走好，行业前景乐观。

四、A、B水泥集团合并情况

A水泥集团是隶属于北京市国资委的大型国企，以“水泥及预拌混凝土—新型建材与商贸物流—房地产开发—地产与物业”为核心产业链，主业于香港H股和上海A股上市的大型国有控股产业集团，集团的水泥板块坚定实施“大十字”地震波式发展战略，不断丰富延伸产业链，覆盖京津冀、晋豫蒙、黑吉辽等省市，水泥（熟料）销量达到5000多万吨，骨料销量达到800多万吨，是京津冀地区最大的水泥供应商之一。

B水泥集团是隶属于唐山市国资委的大型国企，是1996年9月在水泥厂的基础上经河北省人民政府批准的国有独资公司，目前拥有2家上市公司，其水泥板块已在京、津、冀、辽、吉、黑、蒙、陕、晋、湘、渝、鲁等12省（自治区、直辖市）拥有65家控股子公司、2家分公司、4家合营公司，成为跨地区、跨所有制的集团化企业，拥有53条新型干法熟料水泥生产线，水泥年产能1.25亿吨。

从两个集团的发展背景来说，一个是北京市属企业，一个是河北唐山市属企业，分别都是该地区重点培养的区域国字号企业，且水泥板块均是各自主营的业务，A集团由于受北京区域政策影响，限制其在京水泥产能的扩张，使得水泥布局更多地扩展到京津冀地区，并向周边扩散。而B集团起源唐山，依托其较强的技术优势，水泥布局地区不仅在河北，更是向全国多个省市地区扩张。

2016年4月5日晚间，隶属于A/B两个集团的三家上市公司发布公告称，由于唐山国资委正在与A集团筹划战略合作，经申请，三家公司股票于4月6日起停牌，这表明京津冀地区两大水泥龙头企业的合并重组开始进入倒计时，由此也拉开了华北水泥市场大整合的序幕。

A集团和B集团的重组是2016年继“两材”（中国建材和中国中材）合并后，又一个水泥行业内的超级大并购事件，两者都有“供给侧改革”和“国企改革”的双重背景。在落实国家京津冀一体化协同发展的战略部署，积极响应中央关于加强供给侧结构性改革、大气污染防治、促进产业优化升级的政策精神的大背景下，使得北京和河北两地国有企业同业的合并成为一种大势所趋，合并即是国企改革的必然，也是市场驱动的结果。

A与B两大集团的合并将颠覆京津冀地区水泥竞争格局。

五、京津冀水泥行业现状、产销情况

目前，A和B两大集团有交叉的市场主要在京津冀、山西、吉林地区，其中，京津冀产能严重重叠如图1所示。

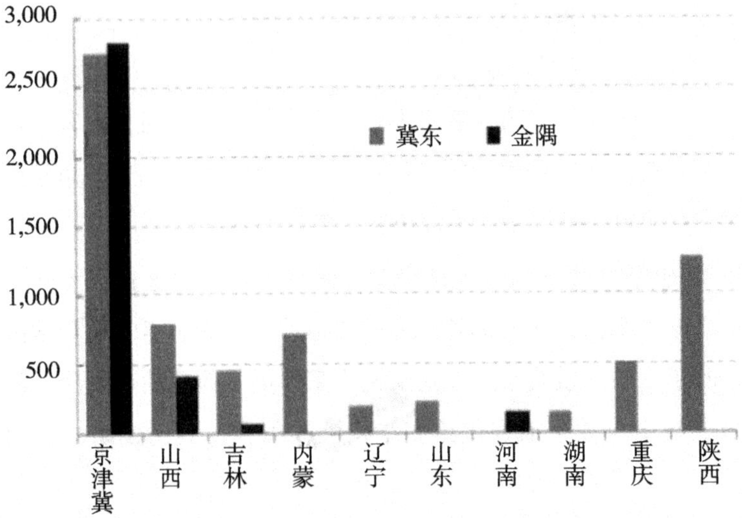

图1　两大集团水泥熟料产能分布情况

华北尤其是京津冀地区均为两家企业重要的核心市场区域，近年来水泥市场持续陷入低迷态势，行业效益出现大幅下滑，企业亏损极其严重。京津冀水泥市场需求已经连续三年呈现大幅下降走势，下降幅度快于全国，使得该地区产能过剩严重，区域内企业竞争惨烈，水泥和熟料价格屡创历史新低，是我国水泥行业主要亏损地区。

2015年，华北地区水泥行业亏损42亿元，其中，山西和河北分别亏损21亿元和15亿元，成为全国的重灾区。覆巢之下焉有完卵？2015年京津冀地区有一半以上水泥企业出现亏损。根据B水泥集团发布的2015年业绩预告显示，由于市场低迷、量价齐跌等原因造成全年归属于上市公司股东的净利产生近17亿元的重大亏损。A水泥集团2015年净利润也出现大幅下滑，同比下滑约28%，水泥板块的盈利能力严重下降。市场集中度低，恶性竞争严重是华北地区水泥市场长期低迷的主要原因，加快区域市场整合，提升盈利水平成为水泥企业的共同愿望，市场因素也是催生两大集团合并的主要动力。

两大集团的合并首先将改写水泥行业前十的竞争格局，对京津冀地区乃至华北水泥市场的竞争格局将产生重大的影响。根据中国水泥协会数字水泥网统计，A和B两大集团2015年产能分别位居我国第六位和第十位，合并后水泥熟料产能将超过1亿吨，排名将迅速攀升至全国第三位，仅次于中国建材集团和安徽海螺水泥股份有限公司。

表1　两大集团水泥熟料产能分布情况

省市	省市产能(吨)	A (吨)	占本省比重（%）	B (吨)	占本省比重（%）	合并后(吨)	占本区比重（%）
北京市	400			400	100.0	400	100.00
天津市	155			124	80.0	124	80.00
河北省	9204	2740	29.77	2294	24.9	5034	54.70
京津冀地区	9759	2740	28.08	2818	28.9	5558	56.96
山西	6498	797	12.26	409	6.3	1206	18.56
吉林	2744	465	16.95	78	2.8	543	19.77
内蒙古自治区	6783	719	10.60			719	10.60
辽宁	5008	202	4.02			202	4.02
山东	11127	223	2.01			223	2.01
河南	9703			155	1.6	155	1.60
湖南	9592	155	2.04			155	2.04
重庆	5521	508	9.21			508	9.21
陕西	5639	1271	22.54			1271	22.54
合计		7080		3460		10540	

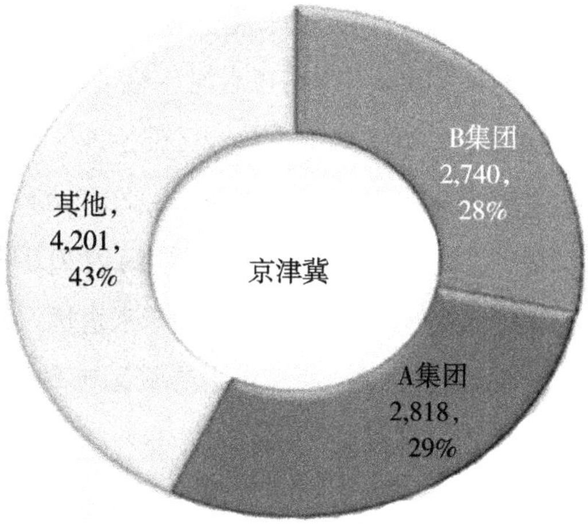

图2　京津冀地区两大集团水泥熟料产能

A、B集团是京津冀市场上的两大主导水泥企业，两大集团在京津冀地区水泥业务高度重叠。B水泥在京津冀地区熟料设计产能为2740万吨/年，占集团的40%，占京津冀的28%，A集团在京津冀地区熟料设计产能达2818万吨/年，占本集团81%，占到京津冀地区产能的29%。在以往的京津冀水泥市场上，两大集团既有竞争又有合作，但就市场表现而言，总体上竞争多于合作，既有战略上的相互制约，也有战术上的你争我夺。可谓“一山不容二虎”。

两家合并后在京津冀地区拥有水泥熟料产能合计达5558万吨，占据京津冀地区熟料总产能的57%，使得京津冀地区水泥从“双龙头”走向“单寡头”，两大集团的合并将颠覆京津冀地区水泥竞争格局，成为该区域的“领导者”。为京津冀地区在水泥供给侧结构调整，迈出了坚实的一步，预计合并后还会将有进一步的整合需求，通过整合后去除富余产能，将使得京津冀地区供需关系得到根本性改善，行业效益得到快速回升，并有望成为我国水泥区域市场建设的楷模。

六、北方某地区C集团基本情况

某地区区域目前有A和B两大集团合并后成立的C集团下属的第一分子公司、第二分子公司、第三分子公司三家水泥企业，熟料年产能300万吨，水泥年产能420万吨。近几年区域年平均销售水泥、熟料约300万吨，市场除本地各区县外，已覆盖北京、山西和内蒙古自治区临近地区，就目前而言水泥生产产能已经过剩。特别是第一分子公司水泥窑，日产1000吨，已经停产两年，2017年年底将明令淘汰。现存三台矿渣立磨年产120万吨矿渣微粉，由于上游某钢铁公司同样面临转产危机，矿渣资源未来堪忧。第二分子公司日产2500吨电石渣，生产线由于上游电石渣不足导致运转率不足60%而停产，损失大，效益不佳。

（一）C水泥集团第一分子公司

该公司前身为1958年建厂的河北某水泥厂，曾经是河北省四大水泥企业之一，占地面积238亩。公司现有矿渣微粉立磨三台，日本宇部产UM46.4S立磨一台，天津仕名产TRMS31.31立磨两台，年产矿粉120万吨。另有一套∮4.2×13m带辊压机水泥磨系统，年产水泥100万吨。一条日产熟料1000吨窑外分解生产线已经停产两年，2017年年底将被明令淘汰。随着行业规模化的深入，已于2012年在第一分子公司投产建成一条日产2500吨电石渣制水泥生产线。2014年又投资建设了两套∮60×25m储量25万吨粉煤灰仓储系统，年周转粉煤灰50万吨。从2015年以来两家企业全部亏损。第一分子公司年消耗实物煤为4万吨，主要为生产用烘干物料用热和部分生活锅炉用煤。水泥窑已经停产。

（二）C水泥集团第二分子公司

该公司2011年5月18日注册成立，位于河北某县某循环经济示范园区内，距市区仅10公里，地理位置优越，交通四通八达。公司占地319亩，是由原A水泥集团与河北省某化工有限公司共同出资兴建，利用化工公司生产聚氯乙烯树脂产生的电石废渣为主要原料，建设年产200万吨的新型干法水泥生产线。项目总投资4.19亿元，其中A集团出资65%，某化工出资35%。

化工公司生产PVC树脂排出的废渣电石渣是一种高碱性物质，对周边的土壤、水质的破坏很大，C水泥集团第二分子公司利用电石渣废料生产水泥，解决了生产过程中有害废弃物的排放，达到彻底根治环境污染的目的。每年可消耗电石渣72万吨，消化粉煤灰和脱硫石膏等其他工业废渣33万吨，可减少二氧化碳排放量44万吨，彻底解决了电石渣对环境的污染问题，具有很好的社会效益、环境效益和经济效益。公司是目前全国唯一一家窑尾用电袋收尘器的企业，窑尾烟气浓度远远低于国家规定的排放标准。公司工艺设备都达到国家先进水平，不仅经济环保，节能减排，还符合循环经济和清洁生产。

该公司200万吨/年电石渣制水泥项目分两期建设，一期生产线于2011年7月破土动工， 2012年8月18日点火， 9月22日水泥窑生产出第一批熟料，11月14日生产出第一批成品水泥。一期工程年可产熟料77.5万吨，年产水泥103.6万吨，较常规石灰石生产水泥熟料每年可减少约44万吨的二氧化碳排放量，符合低碳环保理念。

公司主要生产设备有Φ4.2×13米水泥磨机1台，装有生料制备、煤粉制备、仓储等辅助设施，主要生产通用水泥熟料、普通硅酸盐水泥、矿渣硅酸盐水泥、复合硅酸盐水泥。

（三）C水泥集团第三分子公司

该公司位于河北省某县某村，前身是某县的水泥有限责任公司，创建于1971年，2008年3月该县政府与A集团签订了以发展水泥工业为主的战略性协议，继而A集团一次性收购该水泥有限责任公司，并于2010年5月18日投资7.5亿元建成了一条日产4000吨熟料水泥生产线。

为此结合C水泥集团在该地区公司产品竞争力不足、矿渣资源受限的实际情况，第三分子公司应定位于发展商混和干粉砂浆产业作为该品牌水泥抵制外来水泥进军该地区、遏制本地私企扩张的有效手段，抢占水泥终端市场占有率，定位于继续做好冀西北建材基地的优势产品及高附加值深加工产品。利用集团在当地的现有土地资源、地理位置资源、矿山资源，建设并收购搅拌站、干粉砂浆企业，建设砂石料基地，形成具备上下游齐备的水泥生产模式，在该区域本品牌的三家水泥企业中定位于以窑带磨抢终端、优势材料争效益的布局中，逐步通过与化工公司的沟通和技术改造充分发挥出2500吨电石渣生产线的循环经济优势，发挥好粉磨能力强又靠近终端市场的优势做好专一的水泥粉磨站，构建包括砂石料、搅拌站、干粉砂浆站为一体的水泥市场占有终端，继续做冀西北原燃材料基地中可持续发展及高附加值深加工的产品经营，这是三家分子公司可以继续生存和发挥作用的有效转型途径。同时力争利用本地土地和地理位置优势开拓集团其他版块产业到该区域的进驻发展。

七、C水泥集团发展机遇

（一）利用京津冀一体化机遇，谋求行业健康发展

京津冀一体化是地区未来水泥行业最大的利好。京津冀地区有望成为继珠江三角洲、长江三角洲之后的中国第三大经济增长点。京津冀协同发展、非首都功能疏解为公司产业转型升级和创新发展提供了机遇。北京行政副中心、首都新机场等重点项目的规划建设，将带动公司水泥、混凝土和新型建材等产品的销售。京津冀地区交通基础设施分布极不均衡，北京、天津公路、地铁等已较为完善，而河北省当前城镇化率46.8%，基础设施建设水平也相对落后。未来数年河北基础设施投资将保持相当规模，基建投资超预期概率大。以城际铁路为例，目前河北境内高铁建设里程1000公里，根据规划未来将达到1500公里，京沈和京张两条高铁线路即将开工，通车之后河北省将实现市市通高铁。京石高速、石家庄地铁、石济高铁、西阜高速、邢衡高速等多个项目或将陆续开工。在无新增产能和淘汰落后的情况下，水泥产品市场需求转好，价格有望不断回升。北京产业和机构转移带来周边地区投资、就业的利好，也带来水泥市场的持续利好。产业和机构转移也促使城镇化率的提高，为推广水泥窑协同处置带来契机，水泥行业将会为城镇化建设做出新的贡献。

（二）冬奥会的举办将促进水泥行业的发展

北京携手张家口申办冬奥会，相关的地域、产业和配套基础设施建设，都将受到极大的带动，冬奥会的申办对基础设施建设的需求主要来自三个方面：其一，场馆建设，虽然北京的冬奥会场馆大部分将沿用2008年奥运会场馆，但张家口与延庆的冬奥场馆都需要新建或改建；其二，交通基础设施建设，例如已经开工建设的京张高速铁路；其三，京冀地区尤其是张家口地区的通讯、体育、文化、会展、酒店等配套基础设施建设。京张联合举办冬奥会的契机将会促进C水泥集团公司在相关区域

的水泥销售。

八、C水泥集团重点项目建设意向

（1）随着蔚县电厂的投产，区域内企业将利用距离优势及时抢占脱硫石膏资源，进行深加工，发展高强石膏，同时利用集团建材研究总院拥有脱硫石膏制备高强石膏粉的相关自主核心技术，为项目提供技术支撑。

根据电厂脱硫石膏产量进行规划，初步计划建设一条5万吨高强石膏生产线和一条年产10万吨建筑石膏粉生产线。年耗能约一万吨标煤。

（2）随着商混企业发展规模的扩大和干混砂浆产业的开拓发展，作为主要原料的砂石料采购成本的控制将直接影响商混和干混砂浆企业的利润总额。可以该地区矿山为基础发展砂石料生产基地，建设200万吨生产线一条。

（3）依托政策支持，及时抢占先机，根据市场情况逐步发展，最终在该区域形成规模，先期计划在C集团第一分子公司内建设年产能20万吨的预拌砂浆生产线各一条。根据市场需求情况，可适时在该区域内的三家分公司内再建一条年产能20万吨的预拌砂浆生产线。同时，随着北京对环保要求的逐步提高，预拌砂浆的发展岌岌可危，冀西北企业可利用资源优势、距离优势供应北京区域对砂浆的需求。年耗能约2000吨标煤。

九、天然气在水泥行业中的应用

（一）以天然气为燃料进行水泥熟料煅烧

采用天然气为燃料的新型干法窑煅烧水泥熟料，只要能保持住分解炉内的温度在合适范围内，窑况就会非常的稳定，而且窑内的温度控制很容易并且非常稳定。以天然气为燃料时，可以更好地实现快窑速投料，快提窑速，快速加料，从投料到正常喂料量时间可大大缩短。

（二）以天然气为燃料进行生产物料烘干

北京张家口联合申奥成功，京津冀地区对环境及大气污染治理速度加快、力度加大，清洁能源替代燃煤用于生产已势在必行。物料烘干是水泥生产的第二大煤耗工序，是水泥生产工艺的重要环节之一，天然气作为燃料为水泥生产物料烘干是节能减排的有效措施。

十、结束语

水泥工业今后的发展须大力推进转型升级，加快行业结构调整，提高水泥实物质量，节约资源，减少消耗，增加企业创新能力，全面推行节能减排，树立绿色低碳发展，选择理想的气体燃料是最有效途径。目前我市天然气的引进，为水泥企业创造了良好的发展机遇，同时国家优惠、奖励、扶持政策的引导，为实现燃煤改燃气创造了必要条件，水泥企业必将在多方面取得明显成效。

客观分析战略环境变化情况
科学规划企业发展方向

神马实业股份有限公司　齐文兵

中国平煤神马集团是在原平煤集团和中国神马集团强强联合基础上组建的大型国有控股集团公司，主要业务涵盖煤炭采掘及选洗、焦炭及焦化产业、尼龙产业、化工产业及装备制造等主要产业。其中，除尼龙产业和化工产业外均与煤炭产业高度关联，随着煤炭行业“黄金十年”的逝去，集团公司发展面临着战略转型的抉择，由于集团公司化工产业大部分属于高能耗的基础化工企业，在国家经济结构调整的大潮中运行已是举步维艰，发展就更是困难，所以尼龙板块的发展规划在集团的本次转型过程中将发挥特殊的作用。

尼龙产业是从原料粗苯、液氨、己二腈到产品己二酸、尼龙切片、工业丝、帘子布的完整产业链条，具有布局集中、配套合理、产品组合丰富的特点，在这次世界性的经济危机中，尼龙产业能够凭借系统优势和一致响应实现了“满产满销”目标，在较为成功地应对危机的同时，为产业进一步发展赢得了先机。危机是能够很好生存下来的企业发展的又一次机遇，我们应该科学评估企业自身所处战略环境发生的变化，抓住机遇，适时谋划企业战略发展方向，为集团的战略转型和企业发展做好准备。

一、战略环境

（一）总体环境

2014年全球经济风云突变，除美国外其他主要经济体相继陷入衰退泥潭，国内经济也是持续下滑，GDP增速由高速转为中低速常态，国际大宗商品价格全线崩塌，原油价格由120多美元高位跌至20多美元低位，原油相关化工产品需求严重萎缩，供给过剩明显。在此背景下，国家转变管理方式，由早期的刺激需求转为供给侧管理，具体表现为“去产能、去库存、去杠杆、降成本、补短板”，作为主体为煤炭相关产品的企业面临的宏观环境发生了巨大变化。

（二）行业环境

尼龙66产品的国际主要厂商受经济下滑影响，纷纷调整产品结构和产业布局地域结构，部分减产甚至关停欧美生产基地，将产品生产地向新兴市场转移，原料采用全球采购模式，就近战略采购。国内尼龙产业由于受运营效率、资本结构和产品技术含量等因素影响，受经济下滑冲击更为显著，中小企业处在低开工率和停车状态之中。公司所处行业发展环境产生了较大变化。

（三）企业内部环境

煤炭采掘和选洗作为集团的支柱产业，风光景象一去不复返，面临着严重的产能过剩和持续的环保压力，煤炭作为国家供给侧改革的内容之一，集团公司去产能、调结构、转方向，将是唯一选择。寻找发展项目、转岗分流人员成为集团工作重点，尼龙产业在集团公司战略发展角色发生了显著转变。

我们应该根据企业战略环境变化，科学评估企业内部外部、上下游和潜在竞争对手之间的优劣势，适当调整发展战略，合理选择未来企业发展方向，做到未雨绸缪，谋远虑、解近忧。

二、精耕细作，发挥系统集约优势

尼龙产业工艺链条完整，具有国内乃至世界上最为齐备的尼龙66生产线，坚持从基础原料起点直到最终产品均能自己配套生产的原则，并且中间产品还能够独立面对市场，形成完整而丰富的产品组合，具备较强的市场风险抗拒能力，在数十年的行业洗牌和经济危机中已经得到了较好的实战检验。下一步应该从以下几点着手继续挖掘潜力、释放系统效应。

（一）应用大数据管理系统，去除冗余，提升精准化管理水平

企业管理永远在路上，没有最优只有更优，尼龙板块数家企业经过多年磨合，不仅企业内部存在并出现了新的不尽合理的地方，上下游企业之间也会发现对接的盲点和冲突点，随着新的检测、计量和管理技术的出现，这些原本存在的问题得以显现并具备解决的可能性。及时应用新技术和系统管理软件，提升系统监控效率，提高风险预判能力，缩短上下游响应时间，实现系统效益最大化。

（二）加强集团内部板块间的对接工作，下好全集团循环经济的一盘棋

煤炭和焦化产业最大的优势是能源、电力充足，最大的劣势是环保问题，由于电力销售垄断，致使能源优势不能发挥；焦化副产焦炉气因下游产品运输半径限制，严重影响焦化板块效益和生存空间。经过调整产业地域不均，合理调整煤炭、焦化板块下游产品结构，有机对接尼龙板块，通过争取直供电和热电联产政策，增加煤炭和集团内电力消耗的同时降低尼龙板块能源采购成本；通过管道运输氢气和液氨内供机制建立等方式，市场化运作，将焦化产业的环保软肋加强，化系统外部不经济为系统内部的经济，实现循环经济效益。

（三）通过专项提升项目，针对性降低成本，提升产品竞争力

通过合同能源管理项目和采用中低温热源产蒸汽发电技术，将系统原有热源充分利用，降低消耗、提升效益。利用企业社会责任认证和绿色产

品配方改良方案实施等机会，加大系统环保处理投入，植入产品绿色配方技术，实现企业主动承担减少污染物排放责任，提升企业软实力。

三、突出重点，确保核心产品竞争优势

尽管己二酸产品已经是行业完全竞争，产能远远超过需求，导致2015年己二酸生产厂家大部分开工不足，甚至有阶段性停产现象出现，但是，公司通过技术攻关，显著提升产品质量，使公司己二酸产品质量达到国际同行业较好水品，产品在确保国内畅销的同时，国际出口量也大为提高，实现了该产品“满产满销”的良好局面。

“产品过剩只是低端产品供大于求，高端产品总是相对紧张”，未来，公司应该利用产品质量优势，抓住国际尼龙产业巨头进入中国的合作机会，通过新建项目产能释放，迅速巩固国内己二酸高端市场占有率，冲破国内己二酸行业发展顶板，打开行业和公司发展新局面。利用原有国际贸易渠道和资源优势，顺势外销高品质己二酸产品，提升公司国际知名度，获取合理的经济利润。

以高品质己二酸和高品质己二胺为原料合成的高品质尼龙66盐，为公司下游产品质量提升提供了可行基础，积极尝试民用丝切片和各种改性切片的技术攻关，力争产出能够替代进口的高附加值切片，实现产品升级。

四、战略切入尼龙6行业，通过替代产品的研究促进两个产品线共同发展

公司战略介入己内酰胺行业，改变了以往只专注尼龙66行业而忽略替代品行业研究的被动局面，达到全面了解、相互促进提升的良好效果。尼龙6产品和尼龙66产品性质相近，应用领域交叉重叠，作为最主要的替代品对尼龙66发展影响巨大，通过己内酰胺装置的建设、运营，可以借鉴该技术的优点，弥补尼龙66原有技术的不足，实现竞

争性发展的目标。

五、拓宽拉长产业链条，丰富产品种类，从细分产品要超额利润

国际尼龙66行业发展趋势已经显现出功能化、定制化和差异化的特点，在已有产业链条主干基础上，嫁接相关精细化产品生产线，犹如参天树枝覆盖茵茵绿叶，将为大树提供源源不断营养。

根据产业链业产品对接点多的特点，利用集团公司国有企业改革试点单位政策，先行探索“混合所有制”的改革之路，选定一批“小、精、快”的项目，灵活采用多种所有制的筹资模式，发挥资本的杠杆效用，实现快速扩张。

协调产业园区配套优惠政策，积极招商引资引进己二酸己内酰胺、切片下游有实力的企业进入园区，快速拉长产业链条。鉴于己二酸行业下游主要用户制鞋产业的内部迁移集中的趋势，引入鞋底原液生产企业，消化板块产品的同时为省内几个制鞋基地提供原料保障，实现多方共赢的局面。

充分利用“退城进园”政策，合理安排帘子布公司和化纤织造公司异地搬迁项目，优化技术、提质增效，将原有的落后产能升级换代，使企业迅速进入轻装上阵的理想竞争状态。

六、加大企业研发力度，创新技术引进机制，做好项目储备为企业战略发展贮存能源

改变现有研发管理机制，加大投入，实行研发多元化，以做项目、保生产的态度搞好改性切片、丝布新产品研发工作，由于公司技术研发力量和相关实验设备的限制，公司未来需要进入新领域的重大科研课题可以通过研发外包的形式予以解决，来确保企业战略发展技术储备和技术支持的

需要。

做好国际先进技术的猎头工作，掌握有关技术发展动向，利用国际公司外贸业务平台，承接国际技术转移，做好己二酸、己二腈、环己烷等技术的交流引进工作。

危机既是危险和困难，同时也意味着机遇，孕育着下一轮的发展，作为尼龙板块，我们应该顺应国家“调结构、促增长”的方针，认清国际、国内经济形势，明晰自身优劣，结合行业发展特点，合理布局产业结构，科学确定企业发展方向，描绘企业发展蓝图。

经济新常态下某投资集团公司财务战略思考

河南投资集团有限公司　闫万鹏

党的十八届三中全会明确提出了国有企业的改革目标：“完善国有资产管理体制，以管资本为主加强国有资本监管，改革国有资本授权经营体制，组建若干国有资本运营公司，支持有条件的国有企业改组为国有资本投资公司。国有资本投资运营公司要服务于国家战略目标，更多投向关系国家安全、国民经济命脉的重要行业和关键领域。”国有投资型公司在经济新常态、国有资产管理体制改革的新形势下，必须适应新常态，顺应改革趋势，加快转型，创新管理体制机制，调整中长期发展战略和财务战略。

一、发展面临的环境和形势

我国经济发展进入新常态。新常态下，我国经济发展表现出速度变化、结构优化、动力转换三大特点。增长速度要从高速转向中高速，发展方式要从规模速度型转向质量效率型，经济结构调整要从增量扩能为主转向调整存量、做优增量并举，发展动力要从主要依靠资源和低成本劳动力等要素投入转向创新驱动。这些变化，是我国经济向形态更高级、分工更优化、结构更合理阶段演进的必经过程，是我国经济发展到今天这个阶段必然会出现的一种状态。国有企业的发展战略、财务战略要因势而谋、因势而动、因势而进。

多项宏观经济指标的拐点已至。经济增长速度由两位数下降到个位数，“十三五”规划建议经济年均增长底线在6.5%以上，2016年国家确定的增长目标是6.5%~7%。从国家宏观调控的指导思想看，经济出现V型反转的可能性较小，而会呈现出L型趋势。据万得咨询的数据显示，2015年全国固定资产投资增速同比10.0%，2016年1~2月同比增长10.2%。三四线城市房地产库存高企，煤炭、钢铁、水泥、玻璃等行业产能严重过剩，工业企业利润增速2015年已降至–2.3%，其中国企利润降幅超过20%。2010年新增农民工数量出现拐点，2010年以前，每年新增农民工数量都在缓慢增加，到2010年达到峰值1200多万，其中外出农民工数量为800万。2010年以后便一路减少，至2015年，新增农民工数量增加300多万，其中外出农民工数量只增加63万。劳动力价格不断上升，企业用工荒，用工成本刚性增长。环保、资源承载能力在减弱，大气、水、土地等资源污染较为严重，环保标准越来越严格，企业治理环境污染的投入和运营成本显著上升。经济下行压力加大，国家实施扩张性财政政策和偏宽松的货币政策，2016年货币供应量M2的增速为13%，利率中枢长期下行的趋势不会改变。

国家提出了经济发展的新理念、新举措。党的十八届五中全会强调，实现“十三五”时期的发展目标，必须牢固树立并切实贯彻执行创新、协调、开放、共享的发展理念。五大发展理念是我国经济社会发展的纲领性指导方针，必然对国有企业的改革发展产生重大影响。面对经济发展环境的变化，2015年11月23日召开的中央财经领导小组第十一次会议提出，在适度扩大总需求的同时，着力加强“供给侧结构性改革”，随后出台了“去产能、去杠杆、去库存、降成本、补短板”的“三去一降一补”措施。所谓“供给侧结构性改革”是从供给侧入手，针对经济结构性问题而推进的改革。其强调的一是发挥企业和创业者作为市场主体的作用，二是解决中长期健康和可持续发展问题，三是制度的变革与完善。供给侧改革的实质是，一则形成新主体，既要发挥好市场在资源配置中的决定性作用，发挥企业、企业家等在经济发展中的主体作用，同时要简政放权，转变政府职能，更好地发挥政府的作用；二则培育新动力。通过改革创新、全面提高全要素生产率来实现经济持续发展；三则发展新产业，按照经济规律、市场规律，淘汰过剩产能和僵尸企业，让市场重新配置资源，另一方面大力发展新产业、新技术、新业态。“供给侧结构性改革”和“三去一降一补”的政策举措，为国有企业的改革转型发展提供了难得的历史性机遇。

国企改革进入快车道，十项改革试点将加快推进。国务院国有企业改革领导小组第十八次会议于2016年4月8日在北京召开，会议确定2016年是国有企业改革落实年，全面推进，重点突破，把国有企业改革不断推向深入。聚焦重点难点，加快推进十项改革试点，围绕提质增效，积极破除影响供给侧结构性改革的体制机制障碍。党的十八届三中全会以来，国有企业改革取得重要进展，目前与《关于深化国有企业改革的指导意见》相配套的十余个文件已经印发，其他相关配套文件也基本成熟，以《指导意见》为引领、以若干文件为配套的“1+N”政策体系基本形成。多家央企深化改革基本框架已经拟定。上海、福建、山东、四川等多个省市公布了各自的国企改革细化实施方案。在加速重组调结构、清退落后产能、资产证券化、股权多元化以及投资运营公司等方面提出诸多新要求。

二、某投资集团公司的发展现状分析

发展成就显著。一是投资形成了金融、电力、基础设施、浆纸、水泥、房地产、工业七大板块，控股有证券、电力生产、建材工业等四家上市公司，高比例参股一家上市公司，控股市值超过300亿元，持有上市公司股票总市值180亿元。二是取得良好的经营业绩，产融结合、市场化运作，有一定规模和实力。2015年实现营业收入252亿元，实现利润50亿元，上缴税金36亿元，总资产规模达1150亿元，是河南省唯一一家AAA级省级投融资公司。三是构建了一套具有特色的管控模式。初步建立了“1+N+M”的产业管控体系，“1”为集团本部，是集团的战略管控中心、人力资源中心、资金管理中心和风险管控中心。“N”为各个产业管理集团，是集团的战略利润中心，通过产业管理集团实现各产业板块管理的“集团化、专业化、证券化、证券社会化”。“M”为各板块的生产经营企业，是集团的生产和成本管理中心。搭建“1+N+M”管控体系，既可以明确各层级管理职责和任务目标，又使集团的运营高效有序。同时合理设置各层级的产权结构和资产负债率，在确保有控制权的情况下，可以有效放大资本的杠杆和集团的控制力。

发展之中有隐忧。一是传统产业、产能过剩产业在集团资产、营业收入中占比较大。电力、建材、造纸资产在2015年年底末占集团总资产的32%，其营业收入占集团2015年总收入的63%。电力行业在全社会用电量增速较低的环境下，年发电量不足4000小时。经济增速和固定资产投资增速，尤其是房地产投资增速放缓，水泥需求不足，价格下降，企业利润大幅度下滑。文化用纸在2014年首次出现负增长，集团以文化纸为主的造纸企业几年来持续亏损。三个行业板块的经营情况将持续影响集团的发展，必须在国家去产能和供给侧改革的政策指导下寻找出路。二是资产负债率较高，债务融资受到制约。截至2015年年底，集团整体资产负债率67.8%，加之并入表内的证券企业融资融券等资本中介业务的快速发展，进一步拉升集团的整体负债率，挤压集团的债务融资空间。债务性资金的用途、期限与集团的投资项目不匹配。三是集团的资本杠杆和控制力仍有放大空间。构建的“1+N+M”产权管控体系，N级层面集团的持股比例过高，有些产业板块持有100%的股权比例，没有在不失去控制权的情况下引进战略投资者。尽管集团整体负债率较高，但部分产业N级层面的负债率较低，仍有较大的债务性融资空间，整体上财务风险可控，资本杠杆可进一步放大。

三、发展转型的财务战略建议

（1）优化投资结构。集团当前的投资方式为股权投资与债权投资，其结构比例为7:3，且债权投资大比例投放到集团控股的企业，虽然可控，但集团控股的企业为周期性强的过剩产业，周期低谷时，股权无收益，债权投资也存在不能按时收回的风险。集团的可持续发展，必须保持一定的资产规模、收入水平、盈利能力和较为充足的现金流。为此，在保持控股股权稳定增长的同时，逐步减少对控股企业的债权投资，增加对符合集团发展战略的新兴产业、与集团现有产业有关联关系或上下游产业链的优质上市公司进行战略性和财务性投资，以提高集团资产的收益性和流动性。

（2）优化产业组合。集团现有火力发电、建材、造纸等产业均为产能过剩产业，面临去产能压力，必须尽快调整产业结构。优化增量投资，加大对金融企业投资，力争取得金融全牌照。基础设施项目围绕新型城镇化，加大对城市供水、污水处理、垃圾处理、地下管廊等项目投资。进一步拓宽投资领域，谋划健康医疗、教育、养老等生活服务业项目，依托电力上市公司，发展清洁能源、节能环保项目，依托创投、PE基金，通过参与优质上市公司，对新兴行业进行战略性投资。创新模式，通过多种方式加快重组退出产能过剩行业。

（3）大力发展产业投资基金。产业投资基金既是大型投资集团公司的投融资平台，又是产融结合的纽带和桥梁。充分发挥基金在融资方面的杠杆作用和投资方面的价值发现功能，创投基金、并购基金、产业基金多头并进，以"价值发现—价值培育—价值整合—价值变现"的投资逻辑，形成"产业（上市公司）+基金"的双轮驱动，使基金成为连接集团金融产业、实体产业和上市公司的重要纽带。

（4）设立财务公司。财务公司是指以加强集团资金集中管理和提高集团资金使用效率为目的，为集团成员单位提供财务管理服务的非银行金融机构。建立财务公司是实现集团内部产融结合的有效途径，建立财务公司，可实现集团内部产业—金融—商业的立体化结构，以金融—商业推动产业板块的发展。对内可承接集团各成员单位的资金储蓄、借贷、调配以及整体进行集团外融资的统筹安排，对外可根据银监会对集团财务公司的监管要求、独立发行债券等金融工具。

（5）进一步优化产权结构。在既定的"1+N+M"的产权结构和管控体系下，放大N级层面的资本杠杆作用。未上市的N级集团，加大整体上市力度。已经上市的N级集团公司，通过定向增发，融入权益性资本，降低集团持股比例。在整体财务风险可控下，适度提高N级、M级的负债水平。

企业发展战略研究

长春发电设备总厂　关立辉

在产品、技术、知识等创新速度日益加快的今天，成长的可持续性已经成为现代企业所面临的比管理效率更重要的课题。本文将以作者所在企业长春发电设备总厂为例，从企业发展历程、取得的成绩及面临的困境入手，分析企业发展面临的主要困难及存在的主要问题，尝试提出企业的战略发展方向及规划目标。

一、企业发展历程及现状

（一）企业简介

长春发电设备总厂是一个具有60多年历史的国有企业，是一家以散料装卸、制粉破碎、环保除尘设备的制造、安装、备件及大修为主的电力装备制造企业。2000年以来，企业开始自主经营闯市场，围绕电力辅机设备开展市场营销，年营业额从2000年的8千万元提高至2015年的近7亿元。2011年9月，根据国家电力主辅分离的要求，长春发电设备总厂划归中国电力建设集团有限公司。

企业经营理念：技术无止境，服务有佳业。充分利用企业的人才、技术和一流的服务管理，不断提高企业的产品技术质量和为客户服务的工作水平。

（二）企业核心能力

1. 技术能力

长春发电设备总厂于2005年成立了科技研发机构——技术中心，主要从事散料设备技术和磨煤机设备技术及其制造工艺、电气自动化专业科研与产品设计。技术中心拥有技术类人才129人，其中硕士研究生11人，高级工程师21人。总厂在本行业率先采用了Pro/E三维设计软件，并购买了大量的图形工作站支持Pro/E三维设计软件，用该软件进行设计和力学计算，拥有散料装卸设备有五大类上百种型号及制粉破碎设备两大类、二十多个型号的产品设计技术。

2. 市场能力

企业以生产制造散料装卸和磨煤机为主要经营业务。企业有专业的产品营销团队和强大的保障支持机制。2000年以来，企业年销售额持续不断增长，从0.6亿元增长到15亿元，2015年企业完成新签合同14.97亿元。

3. 管理能力

企业于1995年通过了ISO9001质量体系认证，并通过了历次审核及标准换版审核。2014年年底，企业首次认证了职业健康安全体系和环境保护体系认证，完善了三体系认证工作。

（三）新厂区搬迁

2010年，长春市推动了“退城进区”重大战略的实施。作为首批响应市政府“退城进区”政策的企业之一，长春发电设备总厂按照长春市整体部署，落户经开区装备制造业园区。

总厂异地搬迁暨新厂区建设项目建设预期将显著提高企业的装备制造能力、自动化生产水平，具备大型工件加工能力，产能从每年2万吨提高到每年10万吨以上，产值从每年4亿元~5亿元达到每年20亿元，既可满足企业发展的需要，又能够有效带动企业全产业链的发展，对产业园区乃至长春市的经济发展起促进作用。

二、企业发展面临的主要困难及分析

（一）企业当前面临的主要困难

1. 市场营销方面

一是企业规模偏小，市场影响力单薄。受多种因素影响，总厂多年来在资本、人才、技术方面缺乏有效积累，没有形成与发展需要相匹配的规模实力，无法实现生产制造企业特有的规模优势和规模效益，虽然在自身传统市场打拼多年并占有了一席之地，但未形成强有力的市场影响力、较高的占有率甚至较大的话语权。

二是由于市场竞争更加激烈，承揽合同项目的总体价格水平难以保持预期目标，顺应市场低价竞标的趋势是企业迫不得已的选择。原材料、机电配套产品的价格未见降价趋势，进一步压缩了企业的利润空间和竞标的回旋余地。

2. 产品技术创新方面

一是企业自主创新经费投入明显不足。普遍认为，企业的科技投入强度达到3%只能维持生存，而达到5%以上才具有市场竞争力。而2012年的企业科技投入资金占营业收入比率为0.3%，远达不到维持生存的水平。低水平的科技研发经费投入，阻碍了企业自主创新活动的开展，制约着企业核心竞争力的进一步提升。

二是研发严重依赖现有产品技术。企业科技创新成果立项基本以现有产品技术改良为主，新技术、新工艺的开发相对较低，很难在新领域开创研发项目，势必对今后科技研发及成果转化产生影响。

三是创新型人才匮乏。我厂的人才资源在规模、质量、结构等方面都有待进一步优化。创新型人才与产业发展不协调的矛盾日益显现。企业创新型人才不足已成为自主创新中的突出矛盾，是阻碍企业开展技术创新活动的重要因素之一。

3. 人力资源方面

一是人力资源结构不合理。年龄结构严重老化，各类高素质专业技术和管理人员严重缺乏，职工整体素质偏低。企业因其自身的规模小，资金实力不强等隐私限制，很难及时提高自己员工队伍的能力水平、聘请高素质的管理人员和技术人员。多数员工的素质较低，技术骨干人才稀少。企业还属于典型的劳动密集型企业，尽量用低价格、大数量的劳动力代替现代化的机器生产。员工的实际工作能力有一定限度，很多人不能很好的适应其所在岗位的需要。

二是企业对人力资源管理的角色认识不充分。虽然总厂根据市场发展的需要将原来的“人事科”改为“人力资源部”，但还得兼任许多与人力资源管理关系不大的一些管理职能，如人事档案、工资和劳保等。虽然企业也曾尝试着制定各种各样的人力资源管理制度，并努力加以贯彻执行，但从其内容来分析，大都是从员工考勤、奖励制度、工资分配、工作规则等方面对员工加以限制，而不是“以人为中心”，强调了其管理性质，而忽略了服务性质。

4. 生产能力方面

一是企业自身产能与产值需求矛盾突出，大件、核心技术件或关键部件加工能力严重不足。2000年以前，企业年产值基本在几千万元，整个工艺流程、生产工人和各类机床都是按照这些典型产品来配置的。2000年以来，随着企业销售业绩逐年递增，企业年产值需求逐年递增至10亿元左右，使得企业产能与产值需求矛盾日益凸显，尽管总厂通过设备技术改造、优化工艺流程、增加车间自主空间措施等提高了企业年生产能力，并借鉴先进的哑铃式生产模式，通过大量外协基本满足了企业产值需求，但这种结构性矛盾始终没有得到彻底解决。

目前，企业主打产品不断向大型化、自动化、智能化方向发展，而总厂设备平均新度系数仅为0.2648，一些大型“把关”设备已经使用了20年以上，精度下降、故障频繁，很难再担当“把关”重任。企业大件、核心或关键部件加工能力不足，严重制约了总厂的生产。

二是企业搬迁使正常的生产经营管理受到巨大的影响，生产作业点的分散，给企业的现场安全生产、计划管理、工艺质量监督等方面带来巨大的压力。同时新厂区建设的前期工作也使企业投入了巨大的人力、物力和精力。

（二）对企业发展现状的SWOT分析

1. 企业优势

（1）企业在传统市场打拼多年，并占有了一席之地，拥有自己的营销渠道和客户群体，主打产品在行业内拥有一定的技术优势和市场占有率。

（2）企业履约信誉较高，有良好的市场形象和客户关系，企业拥有相对良好的品牌和市场。

（3）企业拥有较好的技术积累和专业技术人才队伍。

2. 企业劣势

（1）企业规模偏小，产品和服务结构较为单一，抵御风险能力较弱，非传统市场开拓能力不足。

（2）人员结构不合理，员工队伍老化严重，创新型与高素质人才匮乏，人才引进困难。

（3）企业科技资金投入不足，知识产权发掘保护机制不成熟，创新以现有产品技术改良为主，新技术、新工艺的开发程度低。

3. 面临的机遇

（1）虽然目前国内经济增速放缓，下行压力大，但在规划期内仍会增长，并会带动电力需求增长，整个行业处于相对平稳的转型成长期。

（2）国外市场增长迅速，尤其是东南亚、南美、非洲等市场需求旺盛，蕴藏巨大商机。

（3）集团公司进一步落实“大集团、大土木、大市场、大品牌”的营销策略，在巩固传统水利水电市场份额的基础上，大力拓展国内基础设施业务，并积极实施“走出去”战略，为企业扩大基础设施业务和海外业务提供了平台。

（4）“中国制造2025”提出了我国建设制造强国的三个十年“三步走”战略，努力实现中国制造向中国创造、中国速度向中国质量、中国产品向中国品牌三大转变。

4. 挑战

（1）国内传统市场趋于饱和，竞争激烈。与同行业相比，竞争缺乏综合优势。

（2）非传统市场及海外市场开拓发展凸显滞后，尚处于起步阶段，对业务开展不熟悉，存在较高风险。

三、企业的发展战略研究

（一）企业总体发展思路

1. 企业定位

加快企业转型升级，加大技术创新和产品转型升级的投入，依托集团公司战略协作平台，以传统市场和产品为基础，加强质量建设，打造优质产品，开创品牌效应。同时积极开展自主创新与新产品开发，开拓港口装卸、污水处理、新兴能源等装备技术和市场。同时大力开拓海外市场，以非电力高端制造产品为延伸，以装备制造EPC项目衍生出的上下游相关服务为补充，借助中国电建集团公司的相关政策的支持，发展成为东北地区一流、国内领先的重型装备制造企业，成为集团公司非传统业务中的强势企业。

2. 技术发展方向

以散料装卸（斗轮机）和磨煤机产品的设计、制造为基础，一是对原有MPS-HP-Ⅱ磨煤机技术进行优化设计，加强质量建设，打造优质产品，开创品牌效应，在落实“中国制造2025”的道路上实现自我超越，保持MPS-HP-Ⅱ型磨煤机在全水分小于40%的褐煤领域的技术领先地位。

二是通过自主创新与科研开发，开展新型FMH两级破碎高效磨煤机产品研发，和大型化、智能化散料设备单机设备技术等。

随着国民经济的发展，对电力的需求不断增长，高水分褐煤逐渐应用在火力发电领域，对适应高水分褐煤的磨煤机需求将逐步增加。企业将在两年内，使FMH新型风扇磨煤机技术达到能投入生产的条件，适应当前高水分褐煤的市场需求。

散料装卸产品方面，根据市场调研和需求反馈，总厂计划开发回转半径60m以上臂式斗轮堆取料机，跨距为65m的门式斗轮堆取料机和直径为130m以上圆形料场堆取料机。目前总厂已经有一定技术储备，预计三年内可以初步实现产品化。

三是从现在的生产单台/套，向散料系统集成（码头装卸、运输栈桥、仓储、调运等）方向发展。

企业在市场承揽的项目中，将包括系统集成的总体设计、制造、安装、服务的全过程，在完成系统集成自动控制系统开发的基础上进行开发。

3. 市场发展方向

由于我国目前在能源结构方面的特殊性，国家提出了能源结构的调整问题，虽然火电项目会受到一定的影响，但是我厂将确保在国内及传统行业市场占有率的同时，积极开拓新的市场，特别是面向冶金、港口、化工、焦化等领域开展市场营销和现有产品推介；积极与各大集团公司、对外贸易公司合作，在走出去的基础上，提升我厂品牌的影响力，提高出口份额。

同时积极开展自主创新与新产品开发，开拓港口装卸、污水处理、新兴能源等装备技术和市场。港口装卸装备方面，利用企业现有技术，开发大型装、卸船机、集装箱岸桥、场桥等装备，扩大企业特种设备范围；污水处理方面，围绕国内城镇化市场需求，开发固液分离、污泥后处置等装备及污水处理流水线施工项目工程；新型能源装备方面，充分利用企业现有大型钢结构制造能力，开发风电装备制造及安装工程。

同时逐步开发产品租赁，货运仓储，电子计算机软件开发，机械设备研发、技术咨询与技术转让，装备制造业信息咨询服务等培育产业，面向电力、冶金、港口、市政、环境保护等行业，推进科技创新，逐步形成国内同行业技术先进、核心技术领先的技术实力、创新能力，打造企业核心竞争力。

（二）企业中长期发展规划及目标

1. 总体目标

调整步调，积蓄力量；提升素质，创新开拓。

调整步调，积蓄力量。就是要整合资源，理顺企业内部组织机构和运行机制，注重工作环节、工作流程的衔接顺畅、反应迅速，使企业更好地适应市场。

提升素质，创新开拓。就是要深化企业内部改革，全面提升企业管理水平和整体素质，苦练内功，形成企业的核心竞争力。

2. 分项规划目标

经营规划目标——到2020年，企业实现营业收入超10亿元，利润总额超1000万元，劳动生产率达到200万元/人，年均增长20%以上。

市场营销目标——到2020年，立争新签合同超20亿元，其中国内非传统产业市场达到4亿元。

人力资源目标——到2020年，企业人才队伍以管理技术型人才为主，管理人才比例从19.4%提升至25%，技术人才比例从31%提升至50%，技能人才中高级工及以上（高级技术、技师）比例从15.7%提升至25%。

科技创新目标——到2020年，科技创新效益达到营业收入的10%以上，企业拥有专利数量翻一番，达到40项以上。

3. 规划实施重点工作保障

（1）市场开拓。

巩固传统市场。增强集团品牌意识，构建集团模式下的市场营销体系，在客户中树立良好的信誉，创造新的利润增长点，新签合同年增长控制在1亿元以上。

开拓非传统市场。建立完备的市场营销信息库及维护机制，加强支撑新型市场经营模式发展的资源调配和协调，提升市场模式创新的风险管控和资源协调能力。

加快海外市场开拓，实施“走出去”战略，根据企业自身情况和当前的国内和国际经济环境，在巩固企业国内市场份额的前提下，推进企业国际化稳健发展，巩固和逐步扩大现有的两个市场，开发新市场。

（2）人力资源。

建立与市场经济体制和现代企业制度相适应，能够充分调动广大职工积极性的用人制度和分配制度，形成企业管理人员能上能下、职工能进能出、收入能增能减的机制，为企业健康持续发展提供坚强的机制保障。

优化员工的知识结构，提升其技能水平、工作绩效和能力，增强员工对公司的认同感和归属感，使员工具备企业逐步成长所必须的业务技能和知识，同时兼顾员工职业成长和发展。

（3）科技创新。

确立科技创新发展战略，加大科技创新投入，加快企业自主创新活动的开展，促进企业核心竞争力的进一步提升。培育一批科技领军队伍，重点培养和引进创新型科技人才，建立与企业科技产业发展相协调的人才调配机制。建立科技投入经费保障机制及激励机制，推进科技创新，逐步形成国内同行业技术先进、核心技术领先的技术实力、创新能力，打造企业核心竞争力。

（4）内部管理。

以企业整体改制为推动，努力调整优化组织结构，紧密围绕企业经营实际，完善制度体系，优化管理流程。以市场为导向，以产品为抓手，促进企业结构调整和发展方式的转变。通过市场手段，建立责权利清晰、有序、高效的运作机制。企业经营方面，健全成本控制体系，创新经营模式，促成降本增效取得实效，建立完备的成本控制信息库。

（5）风险管理。

紧密围绕企业生产经营目标，强化重大风险和专项风险的识别和管控，组织开展重大风险、专项风险预警机制和应急研究，持续优化管理流程、完善内部控制机制，逐步建立重大风险的监控机制、明确管理标准，落实重大风险防范措施。

通过全面风险管理体系的建立，明确各相关部门的风险管理职责，优化业务流程，提升风险管理水平，确保企业内部控制运行有效，促进企业管理水平不断提升。

（6）企业文化。

着力培育企业创新文化，加强企业文化建设。进一步完善企业创新文化制度，保障、促进创新，建立、完善相应的创新评价机制和激励机制。尊重科学，鼓励创新，宽容失败，营造“好奇心”“试一试”“勇担风险”“勇攀高峰”的企业创新文化。

将目前的经验性制度管理转变为现代优秀企业文化指导下的科学制度管理，在这一转变过程中，关键是要完整理解和正确处理好企业管理中的人性、制度、文化三者之间的关系，走出各种误区，坚持以人性为依托、以文化为导向、以领导为动力、以制度为保证，重视通过文化变革和管理创新来塑造管理行为和员工行为。

论企业管理不足与发展战略

安徽古井贡酒股份有限公司　曲冰双

在大多数企业中，企业管理的重担是产品生产和企业经营，对企业的经济管理不够重视，同时，企业的制度中又存在着很多不适用情况，因此，各管理岗位之间缺乏有效合理的责任划分，这在一定程度上导致了企业内部管理混乱，打击了管理人员的工作积极性，降低了职能部门的管理效率。不健全的经济管理制度是我国现有的企业经济管理制度中普遍存在的一些问题，作为企业经济管理目标实现的有力保障，它的整个实施过程却缺乏有效的监管措施。很多企业的管理制度不够严谨，存在漏洞，不能针对各种突发情况采取相应的解决措施，导致经济管理制度缺乏可操作性，与企业的实际情况脱节。有些则是因为各部门的职责权利分工不明确，很多部门忽视了自己的职能，敷衍了事。同时由于当前企业发展速度太快，出现了制度更新跟不上企业发展需要的情况，因此，在当前情况下许多企业的管理制度并不适用企业发展。

很长时间以来我国企业都是采取粗放式的经济管理模式，过于注重规模的扩大，然而这种发展方式是不可持续的，随着市场经济的不断推进以及企业发展规模的不断扩大，粗放式的经济管理方式必须得到转变。

一、一个企业要想发展，优先要有严谨的经济管理制度

实现由粗放式向集约型管理方式的转变，对企业管理方式做出调整，从而推动企业的可持续发展，然而很多企业却忽视了企业经济管理方式的

转变。企业中普遍人力资源管理水平偏弱，人力资源的管理是企业经济管理的核心问题，在当前企业的人力资源管理当中普遍存在着以下几个问题。

（1）人员流动性大。企业长得很多员工尤其是新招入的员工缺乏企业忠诚度，很多工作不到一年就从企业离开，对企业各项工作的进度和质量都有较大影响。

（2）企业缺乏对员工职业技能培训，由于现有企业的员工流动性很大，心自己的培训是白做功夫或者是为其他企业培训员工，因此企业员工的培训资金投入不足导致员工素质难以得到综合提高。

（3）企业内部用人机制不够规范，采取的用人方式不是按能定岗，使得有能力的人得不到提拔任用，因此，企业内部人员的凝聚力不强。

（4）企业内部缺乏科学的绩效评估和激励机制，使员工之间缺乏公平性。企业在人力资源方面存在的以上问题，严重影响着企业的发展稳定。

同时企业要在这些先进管理理念的指导下，改组完善现有的企业组织机构，明确组织内部各经营管理人员的岗位职责，从而为企业管理奠定组织保障，并为企业经济管理疏通内部信息传播通道，从而确保经济管理的顺利运行。完善企业经济管理制度，创新企业经济管理方式、加强企业的经济管理离不开完善的企业经济管理制度，为了实现企业经济管理的标准化，必须完善现有的经济管理制度，将经济管理的内容和范围纳入到企业经济管理领域之中，并按照一定的程序实施。通过流程的标准化实现程序的规范化。并确保相应的流程和我国法律法规不冲突，实现企业经济管理有法可依，有章可循。在遵循以上经济管理制度的同时，企业要根据市场发展趋势，准确把握住企业的发展方向，提高自身经营管理的有效性，提高自身竞争力，通过采用整合营销方式，拓宽市场空间，减少可控费用。加强企业人力资源管理是企业取得经济效益的根本，也是企业价值的源泉，在当前知识经济环境下，知识对企业创造经济效益的贡献越来越大，因此，企业应不断加大相关投入，通过持续不断的员工培训、人才选拔与考核等方式，提高人力管理的成效，增加企业的知识含量。并根据企业自身的特点，制定出一套适合自身发展的人力资源管理机制，从而调动企业员工工作的积极性和主动性，实现人尽其才。

二、企业发展战略中，经济管理改革和创新是实施现代管理的必要手段

全球金融危机使世界各国经济都出现了不同程度的萎缩，经济进入了调整时期，市场需求大幅缩减使全球性产能过剩，企业生存面临巨大压力，企业之间的竞争也更加激烈。在金融危机的影响下，我国企业必须进行经济管理创新，才能提升自身竞争力，获得生存空间和发展动力。在金融危机爆发后的几年时间里，我国之前经济增长的步伐有所减缓，而企业管理的弊端逐渐显露，如企业认同度低，产品同质化严重，管理落后，效率低下等问题严重制约着企业的发展。企业如何由粗放式经济发展模式转变为资源集约式发展模式将是研究的课题，也是当前企业经济管理工作的重心所在。

由于市场形势变幻莫测，中国企业不再像以前那样轻而易举就可以盈利，而经济管理也需不断调整和变化而适应现在的经济形势，总结发现现代企业经济管理具备以下三个方面特征：

1.进行科学合理的规划、行之有效的控制

经济高速发展的今天，市场竞争的焦点已从单纯的资金、产品等有形资本转为管理、创新、机制等无形的智力资本的竞争，而企业的经济管理必须进行综合全面的系统管理，需要通过行之有效的管理规划和控制，保证企业正常的生产和运营，进而达到盈利和发展的最终目的，它体现的是一种综合性的经济管理方式。

2.建立完善的企业管理制度

企业管理需要一套严格精密的制度作为依托，它涵盖了企业经营思想，经营战略、领导制度、人才开发、激励机制组织机构、管理标准及文化特色等一系列内涵，与企业生命息息相关。现代企业管理制度需要现代

化的思维增加管理深度，建立行之有效的内部运行机制和与分外部环境相适应的管理机制，同时用战略性眼光统筹规划，进行更深层次地思考，分析现代企业管理的多重性和复杂性，深化现代管理制度。

3.以现代化财务制度作为制定管理方针基础

现代管理制度中越来越多的融入了电子信息化，建立现代网络信息化的财务管理制度才能进一步提升企业发展的信息化。企业内部建立现代化财务机制，在执行企业财务的支出制度的过程中一定要严格按照制度办事，做到有章可循。此外，企业要建立科学的部门预算制度，实行企业部门预算细化，根据自身财务情况进行分析测算，制定合理的预算标准，提升企业财务管理的预算能力。

三、实现企业管理创新的策略

1.更新经济管理观念，转变管理手段

企业要想获得长期发展，需要不断地转变领导层及员工的观念，在更新新经济管理观念的过程中恰如其分的引入危机管理意识、战略意识等，使得企业管理层在制定企业经济管理的大政方针时，能站在全局的高度对企业的发展动向进行全局把控，及时准确地制订科学有效的经济目标和方针，营造一个良好的内部管理环境。在经济增长速度明显放缓的后金融危机时代，企业的领导更应该做到务实高效、统筹兼顾，充分利用企业管理工作的特点，重视创新管理方法和技术革新。另外，企业应结合知识经济时代的特点，建立独立的人才管理机制，以人为本，重视人才储备，优化资源整合和管理。

2.制定创新经营策略

创新作为企业经济管理创新制度的核心元素，是传统的企业经营理念及传统的组织机构进行行之有效的改革途径之一，改变企业的组织架构，为企业重塑一种柔性化、虚拟化的组织架构，增加企业的管理弹性，扩展企业管理的深度。企业经营策略的创新，需要从企业的经营联盟以及品牌入手。其中，关于企业经营联盟的创新是在企业之间建立生产、销售等方面的经营联盟，而品牌创新策略则是企业通过创建自己的新品牌或者提高品牌知名度，赢得市场的手段。通过创新策略有效地提升了企业生产效率，增加了企业的盈利能力，进而提升了企业的综合竞争实力。

创新和实践是经济管理的灵魂，是企业发展的源动力。企业领导人在经济管理中去参与创新、参与实践是企业成功的关键。企业领导人在经济管理的过程中，应该正确的认识创新的内涵，体会创新的核心理念，参与各项实践工作，并领导企业员工不断的进行创新和实践活动，才能从根本上提升企业的综合竞争力，使之真正的发展强大！

浅谈企业战略中人力资源管理战略

中油金鸿能源投资股份有限公司北京咨询分公司　闫春海

企业战略是对各种战略的统称，其中既包括竞争战略，也包括营销战略、发展战略、品牌战略、融资战略、技术开发战略、人才开发战略、资源开发战略等。企业战略虽然有多种，但基本属性是相同的，都是对企业的谋略，都是对企业整体性、长期性、基本性问题的谋略。企业战略包括三个阶段：一是要素的探索、研究、认识过程。它包含着大量的调研、观察、思考活动。二是战略决策过程。这些重要的决策产生工作目标、工作目的或工作方法。三是实现战略思想、战略目标的具体操作实施的工作程序、工作模式的建立。所以企业战略也可以叫做企业发展战略或企业战略规划。

然而上述之多，对于企业战略来说，核心其实是两个方面的内容，一是企业的管理战略，二是企业的经营战略。企业的有效经营、卓越经营，需要企业的有效管理、卓越管理作保障。小公司凸显经营问题，大公司凸显管理问题。无论是管理战略，经营战略，其核心都是人，任何战略的制定与实施都离不开人，本文主要就企业战略中有关战略性人力资源管理做出一些浅显的思考。

一、企业的三大资源

作为企业的第一责任人，最关心企业经营的业绩和成败。不仅会关心企业当前的业绩，还会关心企业今后能否持续取得卓越的绩效。那么，良好的业绩来自哪里？来自企业对资源的获取、经营和管理的能力。

企业利用各种资源来同其他企业竞争、争取客户与市场份额。资源运用的有效性决定了企业的竞争力和最终业绩。如果企业能够以一种为自己带来竞争优势的方式来配置和使用企业的各种资源，那么企业就一定能够在市场竞争中获得良好的业绩。

通常，企业依赖以下三类资源来进行竞争：

（1）物力资源（例如厂房、设备、技术以及地理位置等）

（2）组织资源（例如组织的结构、计划、控制、 协调系统等）

（3）人力资源（例如员工的经验、技能以及智慧等）。

企业对上述各种资源运用的有效性，以及企业的竞争实力在很大程度上取决于这三大流程的运转，即企业是否制定了适应市场环境的战略、是否具备实施这种战略的能力以及所有的员工是否认同并能够推动这一战略的实现。

随着市场经济的发展，企业之间的竞争已经从过去单纯的产品竞争、资金竞争、项目竞争甚至关系竞争逐渐转移到了人才方面的竞争。物质资源的获取已经无法帮助企业赢得竞争优势，而企业中人力资源的管理和运用正成为企业在与对手的竞争中获得优势的一个重要因素。如何运用“活”的人力资源来撬动“死”的物力资源和组织资源，从而为企业赢得独特的竞争优势，正成为企业负责人最关切的问题。

而且，我们也不难看出，在上述三类资源中，有两类资源（组织资源和人力资源）都同人力资源管理职能存在直接而密切的联系。因此，如果想成为企业的战略合作伙伴，就要求我们能够有效发挥人力资源管理的各项职能，来推动企业三大流程的运转，从而构筑企业的核心竞争优势，取得良好的经营业绩。

二、什么是战略性人力资源

战略性人力资源规划要求规划主体在组织愿景、组织目标和战略规划的指引下针对人力资源活动的特点，战略性地把握人力资源的需求与供给，站在战略的高度动态地对人力资源进行统筹规划，努力平衡人力资源的需求与供给，从而促进组织目标的实现。

（一）企业战略及人力资源需求分析

首先分析企业战略和发展目标。根据战略和目标的要求，分析要达到战略和目标要求所需要的人力资源要求，其中包含在战略阶段内需要的不同结构员工的素质要求、数量要求，需要的时间等。人力资源需求预测的方法主要有专家组法、趋势分析法、相关比例预测法等。这是正确进行人力资源规划工作的重要基础。

（二）人力资源盘点

对企业现有人力资源状况进行调查、分析和统计工作。主要内容有人员结构分析、素质调查。结构分析包含员工年龄结构、学历结构、职务结构、技能结构、业务结构等调查分析；素质调查包含员工价值观、工作态度、工作能力，并分析现有员工是否适合现有岗位以及轮岗、晋升的可能性等方面的问题，调查手段一般是采用人员基础数据、员工素质调查表和业绩分析等相结合的方式进行。

（三）人力资源供应预测

预测包含企业内部供给预测和外部供应预测。内部供给预测即根据未来时期对人力资源的需求预测，结合人力资源盘点内容，预测分析将来相应时期内企业内部可以自行供应的人才类型和总量，其中包含稳定供应情况及人员流动带来的结构变化情况，如员工离职、轮岗、晋升与降职等预测；外部分析内容主要是在当前经济环境、人事政策、各类人才供需状况等条件下企业从外部可能获得的人才。在这一过程中必须注意所能获得人力资源的结构类型、素质、数量等要素，做到真实准确的描述。

三、互联网时代的战略性人力资源管理的变化和创新

互联网时代，企业的人力资源管理究竟会发生哪些变化？如何重构管理新思维，如何设计互联网时代的人力资源管理模式，应该考虑以下几类变化：

（一）大数据提升人力资源管理决策能力

对于这个时代来讲，我们必须关注大数据，依据数据化来提升人力资源决策的科学性。一方面来讲，人与组织之间，人与人之间的互联互通，积聚了大数据，为人力资源的程序化决策提供了科学依据，程序化决策在未来完全可以依据数据来进行；另一方面，从经营层面上讲，这个叫非程序化决策，这种非程序化决策，更多是在体现企业高层的意志、高层的理念，背后更需要大量的数据来说话，更需要大数据分析进行选择性决策。比如：企业要随时随地去收集工作现象，员工和员工的互通互联的数据；通过大数据分析去寻求职位系统，分析最佳效率的关系提高人事决策的科学性；通过大数据分析劳动关系冲突的临界点，减少绝对的矛盾和冲动，降低成本，减少对抗。

（二）提升人的价值体验

在互联网时代，作为企业来讲，人力资源管理不仅仅要关注核心人才，也应该关注非核心人才，强调人才的价值体验。特别是互联网时代信息的对称与信息的透明，使员工能更自由地表达自身的情感变化和价值诉求，企业要学会尊重员工形成共识和意见。企业的人力资源产品的研发，要关注员工的情感诉求和价值需求，要增加人才对人力资源产品服务的价值体验。增强体验并不意味着我们要投入更大的资金，而是要让人力资源产品更精益化、更个性化、更情感化。人力资源管理更需要对人性有透彻的了解。在某种意义上从事人力资源管理的人，既是数字大师，又是人性大师。既要尊重数据事实，同时也要对人性有感悟、有理解。所以，在这个时代，人力资源很重要的任务是实现情感的链接，提升人才的价值体验。

（三）打造人才供应链

这是一个高速发展的时期，也是一个变革的时期，更强调精准选人，全面发展人。打造人力资源的供应链，需要快速、精准地选择人，满足企业高速成长的需要。同时要构建人才全面发展系统，打造人才供应链。

（四）实时反馈沟通，全面认可激励

互联网时代，人与组织之间、人与人之间的沟通基本无障碍，这可以减少很多企业内部的矛盾与冲突、降低管控与交易成本，减少内耗；过去强调物质激励、奖赏性激励和周期性激励，现在强调的应该是：让评价无时不在，无处不在；让激励无时不在，无处不在。员工所做的一切有利于组织发展、有利于自身成长的行为都应该得到认可和激励。只要员工做出了任何有利于客户、有利于企业、有利于自身发展的行为，我们都要随时随地进行激励。尤其在工资总额不变的前提条件下，调动基层员工的积极性就是要提高他们的价值体验，提高人力资源产品服务，随时随地对他进行认可、评价，包括中层认可、关爱认可、绩效认可、提问认可、成长认可等。

（五）核心人物非核心

在互联网时代，老板和CEO不再是组织的唯一核心，在某种意义上，是以客户为核心，不是以老板和CEO为核心，是一个网状的并联的分布式生态体系，是一个网状与并联的分布式分散引擎系统。过去的组织体系的重心都在老板，都在CEO，未来是倒过来，CEO和老板不再是组织的单一的指挥命令中心、首席指挥官，每一个员工都需要高度自治，都可以在自己的岗位发挥关键作用，在某种意义上以后老板就只是企业精神的象征。海尔现在所倡导的“企业无边界、管理无领导、供应链无尺度、员工自主经营”就是在强调企业精神。同时，组织的话语权在互联网时代是分散的，过去组织的话语权在上，是自上而下的单一的话语权。但在互联网时代，谁最接近客户，谁最接近企业价值最终变现的环节、价值链环节，谁

就拥有绝对话语权，谁就可能成为组织的核心。

以上是笔者对战略性人力资源管理理论的理解，以及在互联网形势下对企业人力资源管理的浅见，在经济全球化、信息化以及互联网时代，企业要研究这些新东西，利用好新东西，但最终还是要回归到人才本位。本源的东西是不会变的，不管是互联网时代，还是传统经济时代，甚至100年以后、200年以后，还是要以人才为本。

具有战略眼光的企业正在全球范围内通过战略性人力资源管理建立自身的竞争优势，企业的竞争已从单个的人力资源竞争上升为人力资源管理职能的竞争。企业只有顺应形势的变化不断调整人力资源管理战略，提高人力资源管理水平，才能在日益激烈的竞争中取胜。

参考文献：

[1] 宋劲松，彭剑锋，吴春波，黄卫伟，周其仁. +时代管理：人的一场革命[M].北京：中国计划出版社，2015.

推动供给侧结构性改革
实现传统煤炭企业产业战略转型

——以中国平煤神马集团产业转型为例

中国平煤神马集团　　孙鹏飞

随着国内宏观经济减速换挡，供给和需求不平衡、不协调的矛盾和问题日益凸显，特别是钢铁、煤炭等几大行业，产能过剩态势严重，“供需错位”已成为阻挡经济持续发展的最大障碍。面对经济发展新常态，加快推进供给侧结构性改革，去产能、去库存、去杠杆、降成本、补短板，成为“十三五”时期突出经济持续健康发展的一项主要任务。传统煤炭企业需要认清当前形势，紧紧把握国内经济结构、能源结构、市场结构的深刻变化，从战略转型的高度，加快结构调整，优化要素配置，积极探索走出一条企业转型发展新路径。本人结合中企高管第三期研修班的学习成果，对中国平煤神马集团产业转型进行了专题调研，现整理如下：

一、中国平煤神马集团基本概况

中国平煤神马集团创立于2008年12月，由原平煤集团和神马集团两家中国500强企业联合重组而成，是全省营业收入、资产总额“双千亿”企业之一。平煤集团的前身是平顶山矿务局，是新中国自行勘探设计开发建设的第一个特大型煤炭基地，神马集团是改革开放后首批国家工业化重点项目。目前，企业已经发展成为以煤炭、化工为主营业务，跨区域、跨行业、跨国经营的国有特大型能源化工集团，拥有平煤股份、神马股份、易成新能3家上市公司，1家财务公司，2个国家级技术中心、1个国家级重点实验室。

企业经营范围覆盖省内9个地市，辐射国内11个省、自治区、直辖市，产品销往五大洲30多个国家和地区，与国内外40多家世界500强企业建立了战略合作关系，在美国、日本设有两家子公司。主要产品煤炭产能6000万吨，是国内品种最全的炼焦煤、动力煤生产基地和最大的超高功率石墨电极生产基地，焦炭、碳化硅精细微粉、糖精钠产能全国第一，尼龙66盐、工程塑料产能亚洲第一，工业丝、帘子布产能世界第一。

近年来，平煤神马集团加快“三个转变”，坚持立足煤、延伸煤、超越煤，围绕煤炭就地转化增值作文章，加快结构调整，打通了多条特色煤基化工产业链，推动煤焦化工、尼龙化工、盐化工“三化”结合促转型，逐步走出了一条独具特色的煤炭企业转型发展新路径。

二、企业产业战略转型的具体做法

（一）突出战略前瞻性，引领转型升级

战略决定方向，目标引领未来。传统煤炭企业要摆脱产业结构单一，完全依赖煤炭支撑的发展困境，必须立足于企业的比较优势，从资源型企业可持续发展的高度，坚定不移地加快产业结构调整、延伸产业链条，逐步改变“一煤独大”的产业格局。“十三五”时期，为主动适应经济发展新常态，围绕产业转型升级，平煤神马集团提出了“三个转变”的战略构想，即加快由规模增长向质量效益提升的转变，由传统产业向传统产业提升与战略新兴产业发展并重的转变，由实业经营向实业与资本双轮驱动的转变，着力打造国内一流、具有国际竞争力的新型能源化工集团。这一战略构想和目标，对于企业产业升级、转型发展起到了重要引领作用。

（二）立足主业精干化，淘汰落后产能

近年来，平煤神马集团顺应国家能源革命发展大势，主动收缩煤炭产业，提前减产限产。根据国家去产能、调结构的要求，集团把淘汰煤矿落后产能作为解困转型最紧迫的任务，建立了煤炭过剩产能退出和煤炭板块脱困工作领导小组，制订了过剩产能退出的总体方案和具体措施计划，明确了“十三五”期间的去产能规划。围绕精干主业，实施分类管理，坚持“关、转、提、优”四并重，推动煤矿由生产型向生产经营型转变。“关”即果断关停一批安全压力大、经济效益差的煤矿，尤其对资源枯竭、扭亏无望的矿井（含小煤矿）逐步关闭出清。“转”即关停矿井资产资源向其他矿井整合转移，人员有序转岗安置。“提”即提升保留矿井安全高效发展水平，提高单井生产效率。“优”即集中资金、装备、人才、技术等扶持优势矿井。对有市场、有效益的矿井，优化生产布局，全力扩大生产；对微利或微亏但有现金流的煤矿，提高生产效率，减头减面减人提效。

（三）推动产业链条化，凸显协同优势

根据平顶山矿区以焦煤为主的资源赋存特点，平煤神马集团以资源梯次开发利用为目的，大力推进煤炭安全高效开采、绿色清洁利用，加快煤炭从燃料为主向原料与燃料并重的转变。围绕纵向一体化发展，整合对接煤焦、尼龙产业优势，积极发展煤炭下游产业，打通了全球独一无二的完整煤基尼龙化工产业链，构建了从煤炭到焦化，再到尼龙、炭素、高纯度硅烷等多条全煤行业一流的特色煤基化工产业链，形成了煤炭采选、煤焦化工、尼龙化工、盐化工等多元支撑、协同发展的产业新体系。产品从原煤等低端产品一直延伸到高性能纤维、改性工程塑料、超高功率石墨电极、高纯度硅烷等高端产品，产业链上下游深度衔接、延伸增值。在煤炭市场低迷的情况下，集团全部焦煤可实现内部转化；通过大力发展电力产业、参股周边电厂，70%的电煤能在100公里半径内消化，为煤炭产业平稳运行提供了有力支撑。

（四）推进布局园区化，放大集聚效应

紧紧抓住地方政府“退城进园”的政策机遇，坚持有进有退、有所为有所不为，坚决淘汰无效益的规模和低产出的增量，有序关闭重组煤矿、衰老矿井和采区，退出不具备竞争优势的产业领域，把长期亏损，技术工艺、产能产品落后的企业，转产搬迁至产业园区，实现传统产业优化升级。以系统集成与多项目联产为依托，集团重点建设尼龙化工、盐化工、煤焦化工等产业园区，提高投资强度，优化内部资源配置，实现标准化、专业化、规模化生产，形成了布局更集中、产业更集群、要素更积聚、资源更集约的低碳发展格局。产业园区积极推广合同能源管理模式，大力发展循环经济，成为一个完整的能源、资源循环体系，煤气、煤焦油、粗苯、氢气等资源全部实现循环利用，废水、废气、废热、废渣实现零排放，综合利用率达到100%，最大限度地放大能源和资源的价值功能。其中，通过“退城进园”，投资155亿元打造的尼龙化工产业园，实现了装备、技术全面升级，达到世界一流水平，即将形成尼龙66与尼龙6相互支撑的大尼龙发展格局，建成百万吨级尼龙产业基地。

（五）坚持产品高端化，突出价值增值

把质量效益提升、产品价值增值作为转型发展的根本目标，积极壮大战略新兴产业，重点发展光伏电站、高纯度硅烷、改性切片、锂电池负极材料等新能源、新材料项目，大力培育新的经济增长点。在行业开工不足40%、市场竞争惨烈的情况下，集团在全球率先对己二酸进行分级生产、分级销售，积极开发高端客户，加大出口力度，规避低价竞争，成为全行业首家保持满产满销的企业，高品质己二酸出口增长实现翻番。与上海交大合作建成1000吨氢气制硅烷项目，开发出目前最先进、最经济的硅烷法生产多晶硅工艺，打破了国外技术垄断，把产业链延伸到了太阳能、电子材料、半导体材料等领域，实现了传统煤化工与新材料新能源产业的对接。未来2~3年，集团光伏电站装机总容量将超过50万千瓦，成为河南省内最大的光伏电站运营商。

（六）加快资产证券化，实施“双轮”驱动

坚持把实业与资本“双轮驱动”作为企业的战略导向，加快壮大金融资本产业，推动资本对实业的协同支持，提高金融资本收益。平煤神马集团先后参股平顶山银行、许昌银行，组建成立了融资担保公司、小额贷款公司、基金公司，初步形成了完整的金融产业链。进一步放大金融资本优势，深化银企合作，用好各类金融工具，最大限度融通资金，增加“过冬”资金储备。积极开展炼焦煤、动力煤、甲醇、PVC套期保值业务，推进期现结合，实现期货与现货、长期与短期交易的良好结合、风险对冲。尤其是发挥3家上市公司平台作用，加强市值管理，适时推进资产重组，加快煤炭、尼龙产业整体上市，提升资本价值。先后选择天工科技、华威塑胶等20家科技含量高、市场成长性好、竞争能力强的小微企业，作为后备上市资源，实现了多年企业“新三板”挂牌的突破。

三、加快供给侧改革，推动产业结构战略转型的启示

当前，国内市场供需关系正面临着不可忽视的结构性失衡的矛盾。一方面，过剩产能严重制约了经济转型；另一方面，供给体系总体呈现出中低端产品过剩、高端产品供给不足的内在矛盾。国家强调供给侧结构性改革，就是要从生产、供给端入手，调整供给结构，为真正启动内需，打造经济发展新动力寻求路径。通过对平煤神马集团的调研，我们获得了一些有益的启示：供给侧结构性改革的关键，就是要牢固树立创新、协调、绿色、开放、共享发展理念，通过产业结构调整、创新，提高生产效率，把产业结构调“优”、发展链条延“长”、发展模式转“绿”、生态环境变“美”。从而适应市场需求的结构变化。

一是加快淘汰落后产能。要坚定不移地淘汰落后产能和不安全产能，整治非法违法产能，把“去产能”的重心摆到“去落后产能、去不安全产能、去非法违法产能”上来。同时要敢于跳出依赖煤炭的传统思维，借势

而上，向产业链高端进军，谋取更大的发展空间。

二是推进煤炭绿色开采。在煤炭开采过程中，采取有效技术手段，既能节约煤炭资源，又能减少生态影响，减少煤炭开发对环境的影响。

三是推进煤炭产业转型升级。加快高碳产品低碳转化，进一步提高原煤入洗率，把原煤洗选变为精煤，向煤—焦—化方向延伸，实现煤炭资源科学转化、绿色发展。

总之，产业转型事关企业长远发展，是一个长期而艰苦的过程。作为传统煤炭企业，必须立足煤，巩固好、发展好自身优势；必须延伸煤，使资源在产业链延伸中耦合共生、聚变增值，提高抗风险能力；必须超越煤，积极发展战略新兴产业，着力培育新的经济增长点，为转型发展奠定坚实基础。

浅谈安徽古井集团企业发展战略

安徽古井贡酒股份有限公司　朱靖宇

一、安徽古井集团简介

安徽古井集团是中国老八大名酒企业，是以中国第一家同时发行A、B两支股票的白酒类上市公司安徽古井贡酒股份有限公司为核心的国家大型一档企业，坐落在历史名人曹操与华佗故里——安徽省亳（bo）州市。公司的前身为起源于明代正德十年（公元1515年）的公兴槽坊，1959年转制为国营亳县古井酒厂。1992年集团公司成立，1996年古井贡股票上市。2008年古井酒文化博览园成为中国白酒业第一家AAAA景区，2013年古井贡酒酿造遗址荣列全国重点文物单位。2015年在“华樽杯”中国酒类品牌价值评议活动中，“古井贡”以375.55亿元的品牌价值位列安徽省酒企第一名，中国白酒第五名。

古井集团秉承“做真人，酿美酒，善其身，济天下”的核心价值观，目前拥有正式员工10000多名，致力于打造以白酒主业为核心的“制造业平台”，以地产、商旅、农产品深加工为主的“实业平台”，以金融集团为主的“金融平台”和以酒文化、酒生态、酒产业、酒旅游为核心的“文旅平台”。

古井贡酒是集团的主导产品，其渊源始于公元196年曹操将家乡亳州产的“九酝春酒”和酿造方法进献给汉献帝刘协，自此成为皇室贡品；曹操也被史学界命名为古井贡“酒神”；古井贡酒以“色清如水晶、香纯似幽兰、入口甘美醇和、回味经久不息”的独特风格，四次蝉联全国白酒评比金奖，是巴黎第十三届国际食品博览会上唯一获金奖的中国名酒，先后获得中国驰名商标、中国地理标志产品、国家重点文物保护单位、国家非物质文化遗产保护项目、安徽省政府质量奖、全国质量标杆等荣誉，被世人誉为“酒中牡丹”“东方神水”“中华第一贡”。

公司目前主销产品“古井贡酒年份原浆”，以“桃花曲、无极水、九酝酒法、明代窖池”的优良工艺和品质，先后成为上海世博会安徽馆战略合作伙伴唯一指定用酒、2010年中国-东盟博览会合作伙伴唯一指定用酒、2012年韩国丽水世博会、2015年米兰世博会中国馆全球合作伙伴，并于2011年—2013年度连续三年总冠名“感动中国”人物评选活动，2016年成功邀约央视春节联欢晚会。2015年8月，“年份原浆”商标历经七年成功在国家工商总局注册。

安徽古井贡酒股份有限公司多年来一直位列中国白酒企业前十强。2008年10月，古井酒文化博览园被国家旅游局批准为AAAA级旅游景区，这也是中国白酒业第一家AAAA景区。2013年5月，古井贡酒酿造遗址荣登“国保”，在中国白酒行业首屈一指，国家级文物最多、体量最大、历史最为悠久。2014年1月和12月，古井贡全球巡礼活动分别走进美国和法国，开启了中国白酒全球对话的新高度。2015年，古井贡全球巡礼活动走进意大利，牵手意大利米兰世博会。5月19日，古井贡酒无极酒窖开窖，发布中国首家白酒票号——无极票号。9月，安徽古井贡酒股份有限公司“实施‘135精益质量’管理模式的经验”荣获2015年全国“质量标杆”称号，古井贡酒股份有限公司为安徽省唯一入选的本土企业，也是质量管理方向中国白酒业唯一入选企业。

二、安徽古井集团企业发展战略简介

安徽古井集团的企业愿景是“做中国最受欢迎、最受尊重的白酒企业”，战略目标是“拿下一百亿，冲向前三甲”及“制造业帝国”。

（一）企业愿景主要涵盖以下四点含义

（1）做中国最好的白酒企业，一直是古井集团持之以恒的追求。企业做大做强，只是做好的一个必要条件，而不是全部。

（2）最受欢迎的白酒企业，是一个消费者利益至上的企业。古井集团一贯坚持“质量第一，信誉第一”的经营方针，以酿造“中华第一贡”为荣，以为消费者提供完美的饮酒体验及文化体验为目标。

（3）最受尊重的白酒企业，是一个具有良好企业公民行为的企业。诚信经营，依法纳税；善待用户，友好合作；坚持以人为本，营造员工幸福家园；注重环保，热心公益，做地方经济的“长子”、家乡人民的“孝子”和中华文化的“赤子”。

（4）仁义无价，仁者无敌。最受欢迎、最受尊重的白酒企业，必将是未来最强大的白酒企业。

（二）战略目标主要涵盖以下三点含义

（1）主业白酒要“拿下一百亿，冲向前三甲”，集团要打造“制造业帝国”。

（2）“拿下一百亿，冲向前三甲”是几代古井人梦寐以求的理想目标。从“回归与振兴”到“跨越式发展”“再造一个新古井”，我们的目标始终如一，就是实现主业白酒销售收入一百个亿，主要经济指标及综合实力达到行业前三的位置。

（3）“制造业帝国”。制造业是古井生存发展的基础和根本。古井贡酒已经实现原产地标志下的三地生产（新厂区、老厂区、张集基地），规模效益不断增大。未来古井集团要打造“四大平台”，进一步充实“制造业帝国”的丰富内涵，即以白酒为主的制造业平台，以地产、商旅、农产品深加工为主的实业平台，以类金融为主的金融平台，以酒文化、酒旅游为核心的文旅平台，各产业在当地行业中均排在前列。

三、安徽古井集团的战略制定、部署、监测、回顾与调整简介

（一）战略制定

公司综合考虑当期宏观经济政策、法律法规的要求、市场准入条件、国内外市场需求变化、技术发展趋势、行业及竞争对手情况、可利用资源水平和自身的优势及劣势等影响因素。收集汇总信息，对公司内外部环境、现有核心业务的市场前景、经营状况、核心竞争力和竞争对手等做出系统分析与研究。分析并确定公司愿景、使命、价值观、现有业务和规划业务的战略定位、发展目标及战略组合选择。规划公司核心业务的发展策略、盈利模式和支持体系。对公司整体和各核心业务未来的关键绩效指标（KPI）进行系统分析和设定。公司战略每五年编制一次，每年度进行战略回顾。

（二）战略部署

公司采用战略地图，以平衡计分卡的形式从财务、客户、内部流程、学习和成长四个维度出发对战略进行部署和战略分解，确定战略地图中的战略主题。为保障战略有效实施，依据各单位承担的职责，制定子战略和业务战略。结合战略主题要求，设置适宜的挑战性目标，确定合理的战略行动方案，配置合适的资源，以确保战略挑战性目标的实现。遵循一致、协调、可行和优越的原则，采用从上到下，从下到上，上下结合，充分沟通的方式，将战略目标层层分解，以保证各部门之间目标、部门目标与总体战略目标的一致性和相互支撑性，战略部署通过公司年度经营计划贯彻实施。各职能管理部门根据公司发展战略，制订部门年度工作计划和预算，将战略目标进行分解、落实到具体工作中，确保战略规划的有效实施。根据需要，对于公司的重大战略性事项，相关部门共同推进实施。设立战略管理委员会，健全风险防控管理制度，对公司内部环境、发展战略方面进行了全面风险管理，实现公司最大安全保障，确保战略和经营目标的达成。

（三）战略的监测、回顾与调整

为保障公司战略具有切实的考评依据，对战略规划进展情况进行有效监测，构建了各个层级的关键绩效指标，对各层级部门对公司战略规划推进情况及成果进行全面监测。采取会议和报告的方式对关键绩效指标达成情况进行监测和信息分析，获取关键成功信息和关键成功因素。战略委员会结合战略方向和战略目标进行综合分析，确定公司层关键绩效指标、年度经营目标、长短期计划是否调整及如何调整等关键问题。根据公司战略规划的年度目标分解和公司的实际完成情况，对战略目标进行回顾、比对和评估，发现某些目标值偏离战略目标，及时提出调整方案。

四、结束语

企业发展战略可以帮助企业指引长远发展方向，明确发展目标，指明发展点，并确定企业需要的发展能力。战略的真正目的就是要解决企业发展的问题，实现企业快速、健康、可持续发展。近年来，安徽古井集团在清晰的企业发展战略的指引下业绩高涨，企业的各项经营指标连创佳绩和新高。2015年，古井“战略5.0时代”启航，公司将建立前端引流、中端体验、末端结算的崭新运营模式，对集团产业进行一体化整合，彻底走向以白酒主业为核心、以终端用户为中心的古井新时代。

安徽古井集团未来的战略目标，是在“围绕战略5.0，运营五星级”的基础上，再造一个国际化的新古井，最终实现“中华第一贡”的复兴梦想，让古井贡酒香飘全球。

企业发展战略品牌文化研究

安徽古井贡酒股份有限公司　刘海青

一、国外品牌在世界品牌中的地位

2015年，品牌咨询公司Interbrand发布了最新“全球最具价值品牌”排行榜。榜单显示，苹果、谷歌、微软和IBM连续第五年包揽榜首排位，而苹果和谷歌更是连续第三年夺得冠、亚军宝座。

其他上榜的科技公司中位居前十的有：微软(第4)、IBM(第5)、三星(第7)、亚马逊(第10)，而进入100强榜单的还有英特尔(第14)、思科(第15)、甲骨文(第16)、惠普(第18)、Facebook(第23)、eBay(第32)、PayPal(第97)以及联想Lenovo(第100)等。

过去的16年中，Interbrand对成百上千的品牌进行了评估考量，来确定它们是否属于最具价值的品牌。据了解，该公司对“最具价值”的定义颇为宽泛，但评判的方法主要集中在三点：该品牌的产品或服务的财务业绩状况、其对于消费者购买决策的影响力以及其在市场上有多大的竞争力。

二、我国本土品牌在世界品牌中的地位

1. 我国品牌的现状

首先，目前我国有170多类产品的产量居世界第一位，但却少有世界级水平的品牌。其次，品牌价值低。2004年，《商业周刊》公布的全球最

具影响力品牌中，可口可乐的品牌价值为673.9亿美元，我国企业对此还望尘莫及。

由于受经济发展水平和体制机制等因素的制约，我国企业自主创新和发展自主品牌的动力不强，自主研发投入少。2004年，我国研发投入占GDP的比重仅为1.4%，而发达国家普遍在3%以上。2005年中国企业500强研发总投入占销售收入平均比重只有1%，比世界500强低2个百分点。

2005年商务部召开的全国自主出口品牌建设工作会议消息：虽然我国已经成为世界第三大贸易国，但是出口名牌很少，是典型的“制造大国、品牌小国”。

2. 我国品牌的弊端

对比我国品牌与国际品牌的差距，世界品牌实验室认为，最主要的是在品牌创新方面，因为品牌的核心是自主创新。但是我国品牌在塑造过程中，在创新方面很多都是模仿和抄袭。在每年的国际鞋业品牌展览会，都可以看到福建运动鞋生产企业老板把国际品牌的鞋样放在衣服或者包里，带回国内生产。

据2005年国内一家媒体调查的结果显示，在国内有120个“华伦天奴”同时销售。确实，我国的企业是无法和国际企业相比的，我们才发展25年，而很多国际企业有上百年的历史，有人说，中国的企业是兔子，在跳跃式的前进，国际企业是骆驼，在稳步前进。所以很多国际企业能够在创新方面投入高额的费用，而国企由于资金方面的原因，在研发创新方面很多时候就只能采取简单的抄袭和模仿。在某种意义上来说，中国品牌还处在资本原始积累的时候，或者说品牌的初创阶段。

三、以古井贡酒的品牌文化为例研究中国品牌文化

古井贡酒，国家大型一档企业，中国老八大名酒企业。多年来，古井贡酒打造了一条属于自己的品牌文化发展战略道路。2013年开始，白酒行业进入深度调整期，在古井“贡献文化”的驱动下，古井贡酒在白酒行业

全线下滑的背景下实现逆势增长、量价齐升，在白酒上市公司中营业收入排名升至第五，稳居安徽白酒老大的位置。

在首届中国企业文化大会上，安徽古井集团董事长梁金辉提出了“用‘贡献文化’引领古井企业发展”的战略思想。古井集团将社会主义核心价值观深度融入自身文化，教育全体员工做“政治上的明白人，事业上的老实人，生活上的朴素人”，在生产经营过程中不断深化践行；他们认为真正的美酒不是卖出来的，是生产出来的，美酒的标准贯穿于从原材料的采购到走上老百姓餐桌的各个环节，他们的最根本的使命就是“贡献美酒”；在践行社会主义核心价值观的过程当中，古井集团运用多种形式，以小见大地将社会主义核心价值观的精髓入脑入心，从而将企业文化融入员工心里。通过对企业文化积极深入的践行，古井集团形成了“人正事正，风清气正，公平公正”的良好企业生态，员工精神振奋、斗志昂扬。多年来，“贡献文化”已经成为古井的一面旗帜，也成为古井人的一种状态，让所有古井员工以及与古井相关的人群拥有一种幸福感、价值感、荣誉感和使命感。

党的十八大以来，古井集团赋予“贡献文化”新的内涵，以“做真人，酿美酒，善其身，济天下”企业价值观引领发展，推动社会主义核心价值观在企业落地生根，使企业在激烈的市场竞争中稳步前行。古井贡酒四次蝉联全国白酒评比金奖，是巴黎第十三届国际食品博览会上唯一获金奖的中国名酒，并先后获得中国驰名商标、中国地理标志产品、国家重点文物保护单位、国家非物质文化遗产保护项目、安徽省政府质量奖、全国质量标杆等荣誉，被世人誉为“酒中牡丹”“东方神水”“中华第一贡”，2015年在“华樽杯”中国酒类品牌价值评议活动中，“古井贡”以375.55亿元的品牌价值位列安徽省酒企第一名，中国白酒第五名。这就是古井贡酒的品牌文化，更是古井贡酒成功的钥匙。

白酒是中国国粹，如同京剧，它不会消亡，白酒是富含文化底蕴的传统产业，且生命力旺盛。我国的白酒经历了几千年的历史，蕴藏了丰富的文化内涵，古井人在一直努力地挖掘并传承者自己的丰富历史文化：中原酒文化之源——亳州；中国古代酿酒规模最大的窖池群——明代窖池群；中国白酒历史上有文字记载的最完整的一部酿酒方法——“九酝酒法”；中国最优质的井水——千年魏井“无极水”以及从公元196年，曹操将家乡的九酝春酒及酿酒方法晋献汉献帝刘协，到1987年10月1日古井贡酒被选为人民大会堂国宴用酒……这些文化底蕴早已经成为古井贡酒战略营销的重要法宝。

古井贡酒主打产品“古井贡酒·年份原浆”酒质稳定、文化定位清晰、定价合理，得到了消费者的一致好评。先后成为上海世博会安徽馆战略合作伙伴唯一指定用酒、2010年中国-东盟博览会合作伙伴唯一指定用酒、2012年韩国丽水世博会、2015年米兰世博会中国馆全球合作伙伴，并于2011年至2013年度连续三年总冠名“感动中国”人物评选活动，2016年成功邀约央视春节联欢晚会。短短几年，古井贡酒便以“桃花曲、无极水、九酝酒法、明代窖池”的优良品质迅猛崛起，做到了几十亿的销售额，跻身白酒行业前五强，品牌价值高达375.55亿元，并被工信部授予全国工业企业质量标杆称号。在中国这个现有3万余家酒厂、几万个品牌、酒文化盛行的国度，古井贡酒已成为白酒行业最畅销的品牌之一。

2014年，“中华第一贡”全球巡礼正式启动。伴随着中国的强大和“中国梦”的推进，中华文化包括五千年中国酒文化走向世界，跻身国际市场。2014年1月15日《中国青年报》以“古井贡酒一小步，中国白酒一大步”为题做出重点报道。报道称，古井贡酒此举是中国白酒第一次在纽约时代广场拍卖，第一次走进联合国大厦。展示的不仅是中国白酒，还有世界对中华文化的认同。国际媒体惊喜，古老的东方文明孕育的琼浆玉液展示出迷人魅力。国内媒体自豪，承载着千年中国传统酿造技艺的民族品牌在国际舞台精彩亮相，宣示了中华文化的奋力崛起。古井贡酒“全球巡礼”的品牌营销策划正引领着一场新的民俗文化运动。

正是由于对中国传统文化背景下的本土市场有着深入的研究和准备，古井贡酒从一开始就有了准确、明确的品牌定位，并整合了一切相关传播和营销手段，实现了品牌和销售力的稳扎稳打。

四、结束语

（1）企业需要有自己品牌建设战略，品牌是具有经济价值的无形资产，要使品牌充分发挥其价值，必须准确定位。

（2）文化的传播需要时间，“酒文化”的传播自然也有一个过程，企业需要形成自身特色的企业文化，并寻求一条可持续发展的营销传播策略。

（3）品牌折射企业文化，企业文化是品牌的深厚底蕴，两者必须相辅相成，共同发展。

利用现代信息技术引导传统企业转型升级

——探索湖南科星涂料厂转型之路

中油金鸿能源投资股份有限公司北京咨询分公司　刘宏良

现代信息技术催生了“互联网+”“物联网+”对传统企业的革命，特别是移动信息技术的迅速发展，颠覆了人们对传统企业的概念。随着新一代信息技术与传统企业的深度融合，现有企业的生产方式、组织架构、产品模式、市场渠道等都将发生巨大的变化。创新成为各个行业、各个企业以及企业内部各环节进行改革的最大动力。如何适应这种变化，有的放失地引导企业转型升级，本文对集团下属企业——湖南科星涂料厂进行了调查，探索如何利用现代信息技术改造传统企业，实现传统企业的转型升级。

一、企业现状

湖南科星涂料厂（简称湖南科星）始建于2002年，现有员工170人，其中有技术人员10人，非生产人员21人，公司年产值长期徘徊在5000万元~7000万元左右，利润保持在200万元左右。

企业占地40余亩，有2座各3千平方米的原料仓库和成品仓库，生产车间近万平方米，拥有各种设备140台套，企业固定资产近亿元。

公司的组织架构为传统方式，包括产品开发、原材料采购、产品生产、质量管理、销售渠道、仓储运输、财务管理、党政工团，是一家典型的小而全企业。

公司的主要产品为各类油漆涂料，产品以低端产品为主，占全部产量的90%，近几年来，工厂研发了重防腐涂料，如钛纳米涂料、银纳米涂料以及高温节能防腐涂料，这些产品在国内处于领先水平，但因市场渠道原因以及价格等因素，产品一直没有推广开，处在“养在深闺人未识”的局面。

2015年下半年以来工厂在军工、海工装备以及电厂防腐节能改造方面的市场取得了突破，拿到了军品采购许可证，开拓了一个新的市场，有三家电厂开始使用高温耐腐涂料，一旦取得成功市场前景广阔，目前工厂需未雨绸缪，对企业扩大再生产进行规划。如何扩大再生产，选择了两种途径进行对比，一是异地扩建，二是选择并购同类工厂。前种方式可以自己掌控，执行较好，但时间需要长；后种方式简单，能很快形成生产能力，但在并购对象债务处理以及人员使用磨合方面有不足。两种方式共同的特点是大投入、重资产，走的是一条传统企业发展的路子。

二、企业存在的主要难点

从调查工厂的情况看，企业目前同时存在内部挑战和外部环境变化双重压力。从工厂内部看，生产成本不断上升，研发投入不足，生产组织方式较为传统，市场销售以自有资源为渠道的销售模式，都是当前急需解决的难点。从外部环境看，大数据、物联网+、机器人等技术发展，将颠覆现有生产模式，跨界融合、企业服务化的趋势日益显著。

（1）生产成本上升主要体现在原材料价格上涨，高能耗成本、高物流成本，最突出的是人力成本的逐年增长，目前人工工资与十年前比提高了两倍。

（2）产品研发投入不足。由于企业效益长期处在保本经营状态，根本无力在产品研发上有大的投入，湖南科星的研发投入占销售收入的比例不到0.5%，与国内规模以上企业的0.9%比，差距较大，与国外企业3%左右的投入比，相距更大。由于企业缺乏产品研发投入，使产品的品质与同行产品同质化现象严重，同类企业间恶性竞争，价格战愈演愈烈，最后造成产品滞压、产能过剩的局面。

（3）企业的生产组织方式是以企业为核心组织各类资源，在资源配置、响应速度、调整能力上都难以满足产业链变化的要求。湖南科星备配多方面的研发人员，工厂长期备有各种原材料，车间要有能满足出产各种产品的专业设备，企业大而全、重资产，人员越来越多，资产使用效益越来越低，资金周转越来越慢，转型也越来越难。

（4）旧的销售模式是以企业生产的产品来组织资源进行分配，我生产什么，你卖什么，销售围绕生产转，在涂料产品上我有什么，你卖什么，我能生产哪些涂料，销售也只能卖哪些涂料。在互联网注重个性产品的今天，这种老的销售模式根本无法生存，即使企业想根据市场的需求进行生产调整，也将会耗费大量的成本和时间，不能快速响应市场的变化，高昂的调整成本也将削弱公司竞争力。

三、未来转型之路分析

有人说，企业的目前面临着不转型是等死，转型不好是找死。与其等死不如杀出一条血路，探索适合自己的转型方式和转型之路。早准备，多探索，没有成熟经验可供参考。当前“互联网+”“物联网+”以及移动技术等概念在国内获得广泛的认可，并称之未来经济“火车头”，人们纷纷探索如何将这些新的信息技术与传统的制造业进行深度融合，探索如何将企业的组织结构、生产模式和产品模式进行创新方式的对接。

（一）企业组织将走向扁平化、虚拟化

扁平化，即现有企业再也不需要像过去从研发、测试、定型、采购、加工、储运、销售等垂直模式进行管理。未来的发展趋势：研发到定型阶段可以外包，受托给专业研究所和大专院校，让专业人干专业事；由于采购供应链集成创新和网络等新型业态使得传统企业只是整个产业链下游中

一个加工厂，即生产企业都将演化成信息物理系统的一个端点。各个企业协同制造将成为重要的生产组织方式，如耐克这种只有运营总部而没有生产车间的虚拟企业开始出现，未来企业的轻资产化是一个显著的特点。

（二）生产方式趋向智能化、网络化

智能化，主要包括三个方面：一是生产过程将由新型传感器、智能控制系统、自动化成套生产线组成，“无人工厂”数量将不断增加。二是工业信息系统通过互联网实施互联互通和综合集成，促进机器运行、车间配送、企业生产、市场需求之间的实时信息交换，原材料供应、零部件生产、产品集成组装等全生产过程变得更加精准协同。三是工业云平台，工业大数据等智能分析工具将帮助企业实现更好的决策。

网络化，即企业将更好地通过网络将产品价值链分解到不同的配合协作企业，产品生产过程由全球范围内多个企业高效、快捷合作完成。

（三）产品模式转向定制化、服务化

定制化，即企业可以根据客户需求，及时调整出生产工序和工艺，灵活地生产各种产品，用户下单后，订单下达互联工厂，工厂即开始向模块商下单定制所需模块，通过模块化的拼装，可以实现用户对不同功能的侧重，并且最大限度缩短制造所耗时间。

服务化，即企业将从以传统的产品制造为核心，转向提供具有丰富内涵的产品和服务，直至为顾客提供整体解决方案。

企业转型实现新价值的构建是一个长期艰巨的工作，任重道远。企业可根据自身特点和实际情况，选择自己的实施路径，既可以拿出整体改革创新方案进行变革，也可以从企业的某个环节、某个部门引进新的信息技术进行创新、改造。总之，新的信息技术与传统企业必将逐步走向深度融合，这是大势所趋，所有传统企业必须有所准备。

大型煤炭企业集团经营业绩考核体系的构建与实施

中国平煤神马集团 刘汝涛

大型煤炭企业集团是中国基础能源的主力军，其运营优劣以及持续健康发展状况，直接关系到国民经济的稳定发展和国家能源安全。如何克服“大企业病”，不断提高企业经营效率，是应予关注的一个重要命题。本文结合中国平煤神马集团的实际，研究探讨适合中国大型煤炭集团加强绩效管理的可行之路。

一、企业基本情况

中国平煤神马能源化工集团有限责任公司（以下简称中国平煤神马集团）成立于2008年12月，是由原平煤集团和原神马集团整合重组而成，是一家以能源化工为主导的国有特大型企业集团。近年来，集团坚持“以煤为主，相关多元”发展战略，构建了煤炭采选、尼龙化工、煤焦化工、煤盐化工4大核心产业和高新技术、物流贸易、机械装备等产业体系。产业遍布河南、湖北、江苏、上海、陕西等9个省区，产品远销30多个国家和地区，与40多家世界500强企业及跨国集团建立了战略合作关系。旗下拥有平煤股份、神马股份和易成新能三个上市公司，居2011年中国企业500强第74位。

二、大集团建设提出更高要求

（一）适应专业化管理

新集团成立之后，企业经营规模扩大，产业更趋多元化。经营规模方面，2010年营业收入达到1066.2亿元，顺利实现了“千亿跨越”；2012年营业收入达到1281.1亿元，资产总额1074.8亿元，晋级为“双千亿”企业。产业多元化方面，在原有煤炭采选、煤焦化工、煤盐化工、建工建材、煤电、机械装备、物流贸易、物业服务的基础上增加了尼龙化工，形成了以煤炭采选、尼龙化工、煤焦化工、煤盐化工4大产业为主，建工建材、煤电、机械装备、物流贸易、物业服务5个产业为辅的“4+5”产业格局。近年来，又大力发展了高新技术产业，企业经营多元化得到空前发展。经营规模壮大和产业的多元化对企业的经营管理提出了新的要求，过去那种“一管到底”的管理模式受到严峻挑战。受管理人员的专业能力、体力、精力等诸多方面限制，导致企业管理的效率和质量不高，管理分工的专业化和精细化对绩效考核工作提出了更高的要求。

（二）适应企业管理体制

2009年集团对管理体制进行了改革，产业群经过优化整合形成了平煤股份、许平煤业、神马股份、焦化事业部、化工事业部、建工集团、装备集团、物流公司、物业事业部9家业务板块，构建起“集团—产业板块—基层单位”三级管理体系。但由于管理惯性的存在，在实际运行中并未完全做到三级管理，基层单位接受集团和业务板块的双重管理，集团既管业务板块又管基层单位。从而造成集团总部的战略决策、监督指导等职能未充分履行，产业板块在管理上的专业性、积极性和灵活性未得到充分发挥，带来管理权责不清、决策效率低、协调成本高、落实难度大等问题。在这种情况下，必须改革管理模式和管理流程以适应组织框架，才能确保企业运营质量的提升。

（三）灵活主动应对市场形势

随着国民经济发展速度的持续放缓，2012年年底煤炭行业结束了“黄金十年”，进入了发展的低谷期，煤炭市场需求和价格出现大幅下跌，煤炭企业的发展和生存面临严峻挑战。原煤综合售价由2012年为410.35元/吨，下滑到2014年的345.76元/吨，吨煤下降64.59元；精煤综合售价由2012年的1196.72元/吨，下滑到2014年的793.89元/吨，吨煤下降402.83元；焦炭综合售价由2012年1369.6元/吨，下滑到2014年的903.42元/吨，吨焦下降466.18元，煤焦产业步履维艰。同时，建工、机械装备、物业等市场基本依托集团内部煤炭产业的板块，其发展也受到了巨大的冲击。原本集团整齐划一的管理方式反而成为企业发展约束力，管理权、决策权亟需下放，原本各业务板块被束缚的管理的灵活性和主动性亟需释放，只有充分调动各业务板块管理的积极性和创造性，才能在严峻的市场形势下得以生存。

三、构建经营业绩考核体系的主要做法

（一）加强组织领导，构建经营业绩考核管理机构

1. 明确考核机构职责

集团考核与薪酬委员会作为集团经营业绩考核的重要管理与决策机构，在推进集团经营业绩考核工作水平的提高，保证经营业绩考核结果的公平与公正等方面发挥了重要作用。集团董事会考核与薪酬委员会由一名集团副总经理兼任委员会主任，成员由集团多个职能部室负责人组成。考核与薪酬委员会作为集团考核与薪酬管理的主要责任机构，负责对综合考核部门提交的考核结果进行讨论研究，提出考核与奖惩的意见和建议。集团董事会作为业绩评价的最高决策机构，对考核与薪酬委员会的意见进行讨论审定，最终形成对下属单位的考核结果与奖惩决定，交综合考核部门执行奖惩，并将考核结果通报集团公司各下属单位。

2. 专业部室共同参与

在集团层面，成立经济运行部、财务资产部、规划发展部、人力资源部、安监局等多部门参与的综合考评机构。经济运行部作为综合考核部

门主要负责集团层面的经营业绩考核的牵头组织、协调汇总工作，负责考核制度、考核体系的初步制定，协调集团公司各职能部室的考核工作，审核、汇总各职能部室对各业务板块的考核结果，根据考核结果初步划定各业务板块的业绩档次，并完成业绩考核报告的拟定和上报工作。财务资产部、规划发展部、人力资源部、安监局等职能部门作为主考部门，主要负责考核体系中归属自己主管的要素的考核，并向经济运行部报送考核结果和考评意见。集团层面的考核机构如图1所示。

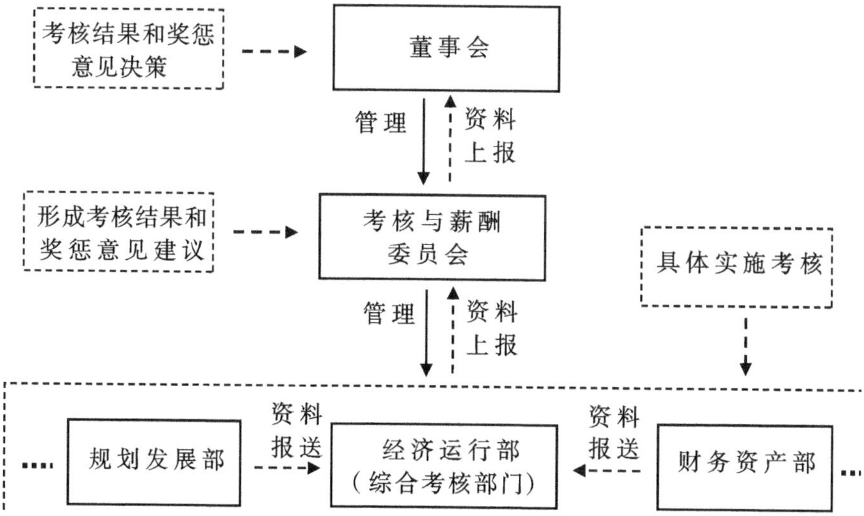

图1　集团层面考核机构

3. 建立各业务板块综合考评机构

按照集团要求，各业务板块均成立经营业绩综合考评机构，在板块成立绩效考核领导小组，领导小组下设办公室，负责板块层面考核工作的牵头协调和汇总审核工作。由其他职能部门作为板块的主考部门，根据自身职能负责具体考核指标的考核工作。如，平煤股份的综合考评部门为计财处，生产处、开拓处、机电处、通风处、地测处、质监中心、安全培训处等职能处室为主考部门；神马股份以经济运行处作为综合考评部门，以财务处、安全技术处等职能部室为主考部门。平煤股份考核机构设置及分工如图2所示。

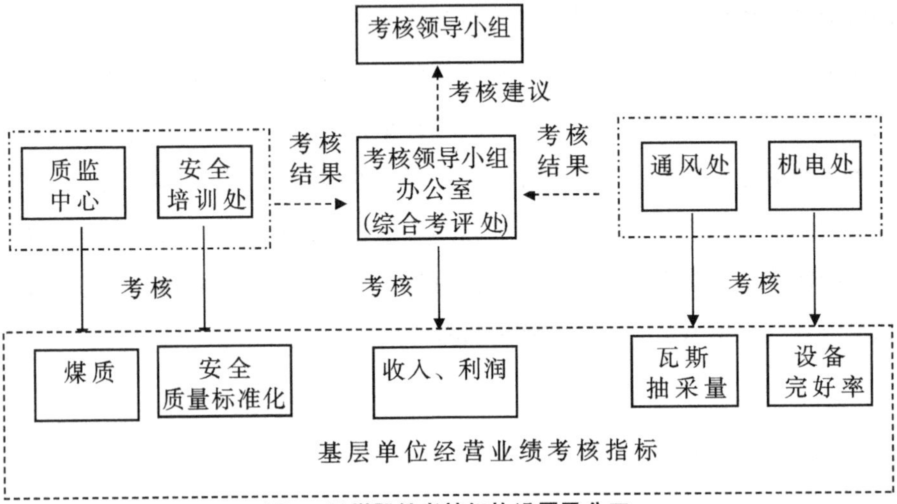

图2　平煤股份考核机构设置及分工

（二）科学确定考核目标并细化分解

1. 确定考核目标

集团年度工作会是对集团全年工作的整体计划和安排，是各部门确定年度工作重心和工作任务的最重要的依据，集团经营业绩考核目标也基本依据年度工作会议要求确定的。同时，为提高考核目标设置的科学性，绩效考核部门每年底都会开展相关调查研究活动。通过深入基层单位调研，了解各单位经济运行情况和考核指标完成情况，以及业绩考核工作中存在的问题和对考核工作的建议。然后以年度工作会任务安排为纲，以各单位的合理化建议为线，确定年度的经营业绩考核目标。

2. 考核目标细化分解

考核目标确定以后，由各主考部门负责具体的细化和分解。规划发展部负责销售收入、利润的分解和下达，对各业务板块的销售收入和利润指标进行明确，作为对业务板块收入和利润的考核依据。安全指标由安监局进行分解下达，作为对业务板块安全的考核依据。财务辅助考核指标由财务资产部进行测算并下达。各业务板块根据集团分解下达至板块的考核指标，针对下属单位上年度的生产经营指标完成情况，以及下一年度的生产经营预计完成情况，向下属单位进行闭合分解，并在板块正式行文下达的经营业绩考核体系中进行明确。

（三）构建考核体系，健全考核流程

1. 明确考核职责

集团向平煤股份、许平煤业、神马股份、焦化事业部、化工事业部、建工集团、装备集团和物业事业部8个业务板块下放经营业绩考核权，对集团和业务板块的工作职责进行明确划分。其中，集团负责各业务板块实施考核，确定其考核要素、要素权重、考核计分办法，划定其经营业绩档次，并对各业务板块的经营业绩考核工作履行监督和指导职能；各业务板块负责对下属单位实施考核，确定下属单位的考核要素、要素权重、考核计分办法，划定经营业绩档次，并确保对下属单位考核的科学性、公平性和真实性。

2. 设定考核要素，分配考核权重

2015年集团对各业务板块将经营收入、利润、应收账款压减、货款回收率和安全作为考核要素，然后根据各业务板块的经营特点进行适当调整。考核要素分配方面，将生产经营板块的利润权重统一设置为50%，引导各板块充分发挥主观能动性，大力挖潜、强化管理，努力提升企业的经营效率和效益；将生产经营板块的收入权重统一设置为30%，引导各业务板块大力争市场、保规模；将生产经营板块的货款回收率和应收账款压减的权重统一设置为10%，引导各板块加强货款回收工作管理力度，强力压减应收账款，从而确保企业现金流的稳定，达到保证企业生产经营稳健运行的目的。对于服务型的物业板块将利润权重设置为10%，经营收入权重设置为20%，将货款回收率和应收账款压减替换为后勤保障与综合管理、费用控制。同时，为凸显安全在生产经营中的重要性，直接将安全设为否决性要素，达不到安全基准分业绩降档。

为保证集团各业务板块的考核体系即协调统一又富有板块特点，集团要求各业务板块对所属单位的考核在必须包括利润和收入要素（非生产经营单位除外）的基础上，可根据所属单位的生产经营特点，适当设置个性考核要素。这样使得集团的考核体系与各板块的考核体系，既一脉相承又凸显了板块的生产经营特点。

3. 完善考核流程

在考核体系制定方面，集团经济运行部制定集团的经营业绩考核体系，经集团审核同意后进行下达。集团的经营业绩考核体系确定以后，对各业务板块具有指导作用。下放考核权的产业板块根据集团的经营业绩考核体系和要求，结合板块的生产经营实际需要和行业特点，制定板块的经营业绩考核办法并上报集团审核，经集团审核同意并备案后行文下达。各产业板块于每季度次月15日前上报考核指标完成情况及对所属单位考核结果，集团经济运行部及相关部门审核汇总后，形成对各产业板块及所属单位的综合考评结果和奖惩意见。

（四）建立健全考核保障措施

1. 多部门共同参与，齐抓共管

集团在实施经营业绩考核的过程中，财务资产部、规划发展部、人力资源部、安监局等职能部室作为主考部门，确保集团经营业绩考核的真实性、及时性。同时，这些职能部门也开展专项指标的考核，如财务资产部对财务辅助指标进行考核，规划发展部对在建项目进行考核，人力资源部对效率等指标进行考核。这些专项考核的开展，对集团各单位经营业绩考核指标的完成起到了重要的推动作用，形成了以经营业绩考核为主，其他专项考核指标为辅的大考核局面。

2. 加强内部市场管理，提高经济运行效率

集团经过多年的发展构建起完整的产业链条，集团内部企业之间的交易形成了规模较大的内部市场。为切实提高经济运行效率，集团一方面根据内部企业生产经营状况，优化资源内部配置，力争实现资源利用效率的最大化；另一方面推行内部交易与市场价格挂钩机制，及时根据外部市场价格的变化，调整内部市场产品交易价格。内部市场交易体系的建立和完善，为客观公平评价各单位经营业绩提供了重要的支撑作用。

3. 实施运营提升，挖潜增效

自2014年开始，集团在内部企业大力实施运营提升项目，通过查找并完善生产、经营、管理中的薄弱环节，以降低成本、改进工艺、调整产品结构、开拓市场等为着力点，帮助基层单位挖潜增效，大力提升企业运营中的薄弱环节，为各单位顺利完成经营业绩考核指标增加了强劲助力。

（五）取得的成效

1. 稳定安全生产

集团经营业绩考核体系中设置安全指标为否决要素，大幅提高了各单位对安全生产的重视程度，煤炭板块全年杜绝了重大瓦斯、煤尘、突出等事故，地面生产单位全年杜绝了重大安全生产事故，为稳定安全生产大局做出了重要贡献。

2. 增强成本管控能力

各业务板块通过实施经营业绩考核加强了对下属单位的管理，采用约束、激励等多种手段鼓励各单位大力消减成本，取得了明显的成效，基层各单位对成本的管控能力不断增强。2015年吨煤成本同比下降10.54%，成本总额同比降幅17.39%。

3. 提升经营效率

经营业绩考核体系的构建与实施，增强了各业务板块应对经济下行调整的信心和凝聚力，激发了强化经营管理的积极性和创造性。各业务板块通过提质增效、减人提效等措施，大力提升经济运行效率，增强了企业抵御发展危机的能力。

四、几点认识

（一）企业的绩效考核必须紧紧围绕企业战略发展目标

在现实中很多企业的绩效考核目标不是从企业的战略逐级分解得到

的，而是完全根据各自的工作内容得出，这样就很难引导各层级组织和所有员工的行为趋向企业战略目标，导致考核与企业战略目标相背离的行为出现。中国平煤神马集团构建的“集团—业务板块—基层单位”三级管理体系是集团战略转型和规模扩张的需要，既确保了一张“蓝图”绘到底，战略发展方向不动摇，又进一步能增强业务板块的管控能力，提高企业经营管理的专业化和精细化水平。

（二）企业的绩效考核必须与企业管理体制相匹配

有什么样的企业组织架构，就要采取与之相对应的绩效考核体系。特别是大型企业集团，当组织架构发生变化时，绩效考核体系也要及时做出相应的调整，从而有助于企业发展目标的实现。中国平煤神马集团通过下放考核权，一方面减轻了集团层面在具体考核操作上的负担，从繁杂的事务性工作中解脱出来，从而有更充分的时间从事研究政策、调查情况、督查落实和绩效考核理论学习，充分履行集团整体经营业绩考核的决策、督导、开发等职能；另一方面充分调动了业务板块的工作积极性和创造性，激发了各板块做好业绩考核的动机和动力，使各板块在开展业绩考核的过程中，提高了对经营业绩考核的理论认识和实践操作能力。

（三）企业的绩效考核必须更加紧密地贴近市场

市场经济条件下，企业的生产经营行为更容易受到市场波动的影响。谁更贴近市场，谁就最有发言权。中国平煤神马集团构建的经营业绩考核体系，就是要求在贯彻落实战略目标的同时，更加充分地发挥业务板块熟悉行业特点、贴近市场的作用，从而确保对市场的变化能够做出更加快速地反应。业务板块可以根据市场变化情况，对下属单位的月度、季度考核指标进行调整，在保证全年板块指标闭合的前提下，对下属单位的年度经营指标进行调整，从而实现考核的动态化，增强了针对性。

企业管理创新与风险控制

安徽古井贡酒股份有限公司　刘淑洁

现代企业要持续发展，不断创新和加强内部控制是提升企业管理水平的重要工作内容，完善的内部控制管理体系能够有效地提升企业资产安全管理水平以及企业会计信息真实性水平。内部控制制度体系建设对集团企业而言具有重要作用，因为大型企业在发展过程中由于规模庞大，人员众多，业务项目也是不计其数，所以在内部管理方面本来就存在比一般中小企业更大的风险和难度。以下将从加强集团企业内部管理创新及控制体系制度的重要性分析入手，结合当前国内集团企业内部创新及控制制度管理现状，浅谈如何进一步加强集团内部管理创新与风险控制体系建设。

一、企业管理该如何创新

（一）管理创新首先要树立“人文关怀式”的用人理念

现代人才在择业的同时，考虑的基本是薪酬，工作环境的问题，集团企业可以迎合求职者的心态，建立以人为本的管理理念，让员工在企业中能感受家庭般的关怀，同时也要加强企业内部的福利保障，企业可以指定多种福利奖金，每个员工可以根据自己需求选择。比如，每周都会根据员工人数制定一批不同种类的东西，或者是食物，或者是日用品，可供员工选择。这些东西不必是昂贵的，但可以让员工感受到温馨，如若企业真心关心每个员工，员工自然能更尽心地为企业服务，也不容易跳槽。同时也尽可能的为员工提供学习交流的机会，当然满足精神需求的同时，也要考虑物质层面。建立合理的激励薪酬机制也是必须的。

（二）资金方面要开源节流，内外兼顾

从企业的生产方面讲，企业要提高生产效率，必须进行技术创新，降低生产成本，尽量缩短产品的循环周期，减少资金被占用的现象。从企业管理方面讲，企业要加强对财务的管理，多角度、多视野地拓展融资渠道，争取资金都用在刀刃上。从企业交流合作来说，企业要树立良好的信誉，加强与其他企业的合作，在资金周转方面能够互相帮助。譬如，在有效管理企业的同时，鼓励企业创新，以及跟进创新性的点子，时刻关注着自身的买点，当新点子含金量高时，可以拿自己的创新点去吸引政府或者大企业的关注，然后积极融资。自身努力之后，也离不开外部环境的影响，这就需要获得政策支持鼓励，因为毕竟国内任何领域的兴起都离不开国家政策这一大环境。

（三）避免任人唯亲，管理者要适度放权

中国是一个重视亲情的国度，企业中的家族式管理模式，首先是让制度难以生存。可能很多企业主不信任员工，觉得亲情关系才值得信任，这就关系到上面讲的用人问题。只要采取合理的用人制度和公司管理制度，一般情况下不存在信任方面的问题。所以建立合理的管理制度是企业的标码，聘用专业人才管理公司事务，做到下放权力不能让管理者徒有虚名。只有管理者手里有权，一切管理事务才能正常运转。这样企业主才 能有更多的时间来统筹规划企业的整体发展，考虑企业的出路。

二、做好企业管理内部风险控制，要建立良好的控制制度体系

内部控制制度体系能够确保企业在进行生产经营及其他经济活动过程中实现企业资产的保值增值，使得企业会计信息数据真实有效，保证企业在从事一切经济活动的过程中能够受到更严格科学的监督、约束、调解以及评

价。有利于实现企业经营目标，有利于确保企业资产的完整性和安全性。

目前我国企业在内部控制管理方面虽然取得了一定的成绩，但是现实生产运营及人员管理中存在的问题也不容我们忽视。

内部控制制度要想得到切实执行离不开内部各部门及工作人员强有力的执行力，但是就目前而言，许多企业虽然建立了自己的内部管理体系，但在执行力上相对疲软。尤其在执行问题上大型企业有它特殊的地方，因为在权力结构上基本施行的都是集权和分权并存的管理模式，总公司进行集权管理，各个分公司又具有一定程度上的独立权力，在这种情况下集团企业要推行内部控制制度会按照集权和分权的模式推行，这就造成了内部控制制度不统一的问题，企业员工也就对集团企业的内部控制具体规范产生模糊概念，在具体操作中也容易抓不住重点，因此大大削弱了企业内部管理控制制度的执行效率。

观念陈旧落后，集团企业的最高领导者与决策者一般都是极具市场经验与企业管理经验的资深管理者，我们很少看到大型企业中管理职务由年轻人担任，年长的管理者虽然具有丰富的管理经验与实践经验，但同时这部分人也会受到自己固有的经验影响，而对现代化的企业财务管理认识不足或者根本不愿意学习了解。而对于内部管理制度建设在财务管理建设方面而言，管理者的财务管理意识和观念直接影响到内部控制制度的有效性和科学性。老一辈的管理者对于财务管理认识不足或根本轻视，从而便造就了内部管理制度体系的建设缺乏先进的指导观念，难以发挥积极作用。

三、加强企业内部控制体系建设的思考

（一）加大执行力度

大型企业内部管理制度建设在执行力方面经常因为内部经营结构复杂，经济业务繁多而影响到其制度的执行力度。所以想要切实加强内部控制制度建设就必须在执行力上下功夫。具体而言，首先要最大限度地加强

对企业的收支管理工作力度，要切实地执行账目核对，做到账实相符，要安排专门工作人员进行账目核对的监督工作，账无巨细地认真核查，扫清一切盲点。

（二）提升思想认识

要想加强企业内部控制制度建设及执行效力，还是离不开企业员工、管理人员思想认识方面的切实提升。具体而言，首先，企业要从根本上树立以人为本的管理概念，切忌简单轻浮的教育宣传。在内部控制制度执行过程中，重视企业普通员工的意见建议，重视制度具体执行过程中以员工为本的改善提升等。在内部控制管理及监督评价制度中加强针对性的人员岗位控制。其次，要在企业内部营造出重视内部控制及人员自律的企业文化，现代企业的内部控制管理工作已经不能依靠简单粗暴的方式进行了。同时，简单的会计账簿财务报表也不能全方位的反映出集团企业的内部控制成效，所以要建立全方位的内部控制系统，让内部控制系统覆盖到企业各个部门、各个环节乃至具体到每一个员工，这就需要一个极具企业特色的、极具企业文化氛围的控制环境，只有通过环境的潜移默化，才能将内部控制意识深入到每个人心里，才能让每个员工都自觉主动的执行内部相关制度。

（三）加强配套制度建设

内部控制制度如果没有其他相关配套的企业制度，难以实现集团企业的有效内控管理。首先，加强内部控制管理制度，将内部控制管理的具体责任落实到每个部门管理者头上，让他们担负起监督本部门员工有效执行内控制度的责任。其次，建立与内控制度执行相应的人员考核及薪酬评定制度，让每个员工都知道内部控制与自身的密切关系。让员工在内控制度执行上最大限度地发挥自觉性和主动性，同时建立科学合理的奖惩制度。人员的内控制度执行情况与人员自身的职务调动、升迁等直接挂钩，激发员工参与内控管理的积极性与自律性。

最后，鉴于集团企业庞大的人员结构及组织结构，还应该建立相应的内部控制专门协调小组，主要负责各个部门的协调与沟通工作。加强企业内部控制制度精神的分析与传达，让集团上上下下都能更好地领会到制度精神，更好地完成内部控制目标。同时，加强集团企业的资金集中管理，推行集团资金的集中化管理，能有效地提升集团公司的总体资源优化配置力度，集团公司的财务管理人员能够以集团公司的整体利益为出发点对各子公司的资金进行预算及管理，能有效地跟踪各项资金的使用及占用情况，加强对超预算资金的有效配置，促使自己的经济价值发挥作用，从而为集团企业的重要生产和发展提供更充足的资金保障。

企业战略管理之企业社会责任

“云丝带”在企业社会责任中前行

北京中烟瑞智咨询有限公司　刘淑艳

一、企业社会责任概述

企业社会责任在中国还是一个新名词。美国的一些学者通常认为：企业社会责任是指企业决策者采取保护与促进社会福利行动的义务；企业在追求利润最大化的同时或经营过程中，对社会应承担的责任或对社会应尽的义务，最终实现企业的可持续发展。具体表现为，企业在经营过程中，特别是在进行决策时，除了要考虑投资人的利益或企业本身的利益之外，还应适当考虑与企业行为有密切关系的其他群体利益及社会利益。企业社会责任性质：正是由于企业利益与社会利益事实上的客观浑然一体不可分割性，企业在履行社会责任时所采取的一些行为，兼具自身与社会双重影响属性。企业社会责任具有社会属性，是社会对企业组织的外在要求，是企业组织向前发展的必然结果。

二、企业社会责任的产生背景

企业经营目标在推动社会经济高速发展的情况下，各种社会公害也相伴而来。企业在实现利润最大化的同时，使消费者、社会公众及国家的利益得到保障，以及在履行保护环境、消除污染等社会责任方面，将企业的经营目标与社会目标统一起来。

在烟草行业来讲，卷烟品牌作为特殊类的快消品，近年来因吸烟产生的环境问题越来越引起社会的重视。“云丝带”关爱项目立意烟草行业，服务消费者，解决因吸烟产生的社会问题，其主旨是：关爱吸烟者和非吸烟者和谐相处，解决因吸烟而产生的社会问题。企业通过对这个社会履行社会责任，改善社会环境，使得这个社会整体环境更适合企业更好的发展。企业的经济活动需要在社会环境中发生，企业履行经济活动发展的职责。

三、行业社会观察

从健康学角度来看，卷烟作为特殊类(习惯性)消费品，虽然有害身体健康且受到严格的政策限制，但吸烟人群却源源不断、从未停止。这使得非烟民与烟民之间、吸烟与控烟之间的矛盾愈加深刻。

从烟民的吸烟环境来看，调查数据显示，中国大部分机场、高铁等场所的吸烟室内空气流通微弱，长期排烟不畅导致烟雾缭绕，不但不能隔离二手烟，反而形成了新的污染源。而且，现存的大部分吸烟室陈设简陋，环境卫生条件差，缺少人文关怀，不仅不能使烟民受到尊重，反而使其形象更加受损。

就走访调研的几个机场的老的吸烟室内的环境发现，基本是环境脏乱，烟蒂随处乱丢，空气流通差。消费者多是停留在门口或是快速吸完烟就走，无暇享受吸烟的乐趣，更遑论关注卷烟品牌宣传，而非烟民群体对脏乱的吸烟房也是唯恐避之不及。

四、案例：“云丝带”的小生态、大建设

云，纯净自然，自然舒展。丝带，是关爱的符号，也是关爱的代名词。“云丝带”项目的开展，目的是为社会公众营造一个空气清新的环

境，平衡吸烟群体与非吸烟群体之间的认知差异。

“云丝带”关注烟草企业的公益意识、关注烟民的客观需求，计划在全国三大场所（交通枢纽、星级酒店、商务楼宇 ）建设或改造500间吸烟室，通过室内直接净化烟雾的方式改善因吸烟引起的空气环境污染。预计每年可为5千万人次服务，占全国3.5亿烟民的14%。另外，“云丝带”在各地均配有设备维护人员及宣传人员，保证设备正常运转及对品牌宣传的监察。

“云丝带”用三个角度表现企业社会责任关怀的思想：① 科技：每间吸烟室烟雾净化设备均采用国际顶级技术—多层复合过滤技术(吸烟房用)及军用活性炭滤层(吸烟室用)；② 人文关怀：吸烟室内通过LCD播放由“行业品牌关爱提示”冠名的吸烟健康贴士及应用设备上“行业品牌关爱提示”冠名应用提示；③ 品牌传递：烟草品牌不同与其它品牌可多渠道地与消费者互动，但作为国人（男士）传统交流的传递品(卷烟)，承载着更多的情感价值，通过云丝带关爱烟民的载体将品牌文化思想精准应用，促进互动交流。

以郑州机场吸烟房为例，郑州机场始建于1997年，有3间老吸烟室，面积是45平方米～60平方米，使用多年急需改造。云丝带工作人员经多次现场勘察、讨论研究后，做出了更换吊顶、吊灯、点烟器、烟头储存器的决定，并开始定时清洗排风，另外还增加烟雾净化设备、长条吧台、环绕吧台、产品陈列及销售专柜、品牌形象展示厅等内容。改造后的吸烟房年吞吐量1580万人，环境清洁，烟草专柜服务热情周到，被烟民称为“中国最有人情味的吸烟室，享受旅途还可便利买烟”。

具体来讲，“云丝带”所建立的吸烟房与老吸烟室相比，主要表现在对内部环境的改变上。

首先，吸烟房采用封闭模块化，通过医用6层直接从内部过滤净化脏空气，避免了使用排风口对外部环境所造成的二次污染、有效隔绝了二手烟的扩散，使“控烟履约”更好地被实践。

其次，不管是新建吸烟房还是改造过的老吸烟室，都进行了精心的室内装修，并安装有全新的休闲吧台和视频播放器，以保证烟民在吸烟房内心情愉悦和放松，而门把手、点烟器、烟灰缸上随处可见的爱心提示，更是让整个吸烟房充满了人文关怀。在爱心提示上，云丝带巧妙地植入了企业名称(实际上也是设备投入方的告知)，这是企业关爱社会的责任体现。

最后，云丝带以服务烟民为根本，从关爱的角度将品牌融入消费者心中。在吸烟房内一隅，开始提供卷烟销售服务，或定期开展卷烟品吸活动，这种针对精准群体进行的营销活动拉进了卷烟企业与一线市场的关系，满足了卷烟宣传、烟民购买、商家销售的三方需求。并且，作为烟草品牌销售的直接售后服务区，吸烟房内卷烟销售的服务更真切地体现了烟草企业以消费者责任为己任的营销理念，提升了品牌的美誉度和亲和力。

对企业而言，云丝带把宣传融入到服务环节里，从而突破了宣传的桎梏，破解了行业宣传之困的迷局。而且在服务中拉进了品牌与消费者的关系，解决了消费者需求、吸烟与二手烟产生的社会矛盾，打造出一个心怀社会的企业形象，同时为企业履约控烟营造出了良好的外部舆论环境。

对社会而言，云丝带缓解了烟民与非烟民的冲突，调节了禁烟与反禁烟的矛盾，在提供给烟民良好的吸烟环境的同时，还给非烟民一个干净的公众空间。

对商业而言，云丝带把销售、宣传、服务三者相结合，在销售平台服务宣传，在服务中销售宣传，三个环节环环相扣，把握聚拢了终端资源和精准消费者资源，创立了品牌与消费者的最佳精准传播平台和大数据收集平台。

企业与企业社会责任两者的关系应该是“鱼水关系”，是不可分割的，企业建立和发展与社会环境休戚相关，社会是企业利益的来源。

五、企业社会责任的意义

企业承担社会责任的意义主要表现在以下几个方面：从企业角度来看，企业通过承担社会责任，可以赢得声誉和组织认同，同时也可以更好地体现自己的文化取向和价值观念，为企业发展营造更好的社会氛围，使企业得以保持生命力，保持长期可持续地发展。从社会角度来看，企业承担社会责任，在社会发生变革时，可以应对社会变革的消极影响，降低或减少由于社会变革因素而必须付出的改革成本。加速我国有特色的市场经济体制走向成熟悉的步伐。促进整个社会生产力的发展，有利于促进社会的进步。 企业承担社会责任意义表现为：① 满足公众利益。自20世纪60年代以来，社会对企业的期望越来越多，很多人支持企业追求经济和社会的双重目标。② 增加企业利润。有社会责任的企业，可获取企业的长期利润，这在很大的程度上归因于责任行为所带来的良好社区关系和企业形象。③ 承担道德义务。企业能够具有且应该具有社会意识，企业承担社会责任不仅是道德的要求，且还符合自身利益。④ 塑造良好的形象，创造良好的环境。企业通过承担社会责任，无论在企业组织内部还是企业组织外部都会得到认可，以在组织或个人心目中树立一个良好形象，通过承担社会责任还可以改善企业所在地生产经营环境。⑤ 企业通过承担社会责任，注重可持续发展，有利于提高生活质量。⑥ 责任和权利相称。没有无权利的义务，也没有无义务的权利，权利和义务是对称的，作为一个企业不能光有权利而不承担义务。

六、结束语

在2012年社会责任报告中，有这样的描述：“商业伦理是现代企业存在的根基。企业社会责任是商业伦理的核心。案例采访到烟草行业一位领导，了解到，卷烟行业的企业竭力将企业社会责任培育为企业的优秀基因，使积极主动履行社会责任变为集团自上而下的共同价值追求和行动指南”。正如领导所言：“只要你能勇敢担当责任，你所做的就是有价值的，你就会获得大家的尊重和敬意。责任是一种担当、一种约束、一种动力、一种魅力，责任是每个人应有的品质，在这个世界上没有不需要担当责任的企业。”

“企业社会责任”，并非等同于简单的“行善”，它是指一家企业将社会基本价值与日常经营实践、运作和策略相整合的行为方式。在“企业公民”的理念下，企业就像“公民”一样，同为社会的细胞，社会是企业利益的源泉，企业则承担对社会各方的责任和义务。

中国的国有企业肩负着三大责任：政治责任、经济责任和社会责任。国企的企业公民建设，不仅是回报社会，更是参与社会建设、推进社会进步、经济属性不断扩展为社会属性的过程。对于整个中国社会，或一家企业来讲，“企业社会责任”仍是一个全新的概念，更多更深的探索还在后头。

燃气企业发展战略

中油金鸿能源投资股份有限公司北京咨询分公司　刘辉

一、引言

近年来，由于天然气工程和现有的国家能源政策，为我国燃气企业提供了很好的发展契机。原有经过改制后的国资企业、港资企业、民营企业甚至跨国企业相继涌入我国燃气市场，激活了整个行业，同时也给燃气企业带来了竞争。随着国家能源行业“十三五”规划政策出台，燃气企业都看到了巨大的商机，燃气成本相对稳定，国家又出台政策调整燃气定价机制以提高企业积极性；同时，我国燃气也面临着竞争激烈、气源不足、对外依存度太大、燃气安全事故一再发生等问题，对此，燃气企业之间争夺市场、争夺气源、争夺消费者的局面愈演愈烈，为了能在这样的市场情况下脱颖而出，企业的经营战略至关重要。

二、燃气企业概况

燃气企业大多属于国有企业，根据我国国情，燃气企业迟早面临企业重组改制的问题，改制后要想继续保持生机活力，就必须坚持可持续发展的道路。具体而言，就是保持燃气资源、经济与环境三者之间的协调发展，对燃气的开发和使用必须从实际需求出发，不可无节制地开发利用。此外，为了提高燃气的使用率，必须依托政府和企业相互协调，制定相关政策，合理地配置燃气资源，加强上游、中游、下游燃气企业的合作关系，以保证燃气在城市能源中占据重要地位。

国家《天然气发展“十三五”规划》中明确提出将扩大天然气等清洁能源的利用规模，中国巨大的城市化、工业化潜力，对燃气供应产生积极、正面的影响。但亦面临众多变化与挑战，既包括企业外部所带来的，也包括燃气企业内部为了适应市场的发展而产生的。目前，燃气企业的发展存在以下几个方面问题：一是燃气价格机制最终方案尚未出台；二是天然气气源的问题一直没有得到解决；三是企业发展在信息化的社会大环境下，燃气企业信息化势在必行；四是燃气企业安全管理体制还有待改善。

三、实例分析

以某城市燃气集团为例，深入分析燃气企业发展中存在的问题，并总结发展的五项战略举措和具体实施措施。

（一）企业情况

以经营城市管道天然气和液化石油气供应的燃气企业，经过多年的发展和积累，在燃气市场上逐渐占有一席之地，并且树立了较好的品牌形象取得了较高的行业地位。气源包括天然气和液化石油气。在天然气方面，特别是近几年我国大型天然气工程的开发，建设完成了天然气门站，调压站，高中压管网。在液化石油气（以下简称“LPG”）方面，拥有海港码头进口海外液化石油气，LPG常压储罐，LPG批发居全国前列。除此之外，公司还有液化气自动灌装站、供气站，以及上百个便民售气点。

在安全管理方面，企业奉行“安全第一，预防为主，综合治理”的安全管理方针，坚持贯彻“安全最优先权”的原则，建立安全责任制，加大安全用气宣传力度，通过发放燃气安全宣传单、借助多媒体平台与公交车身、燃气安全知识进社区与学校、“市民燃气安全与使用一本通”等宣传方式来提高广大市民的安全用气知识，同时，每年开展一次入户的燃气设施安全检查。

在信息管理方面，已经基本建立信息化系统，包括市场信息化、安全技术信息化等。

近年来，西气东输工程的通气、液化天然气（以下简称“LNG”）工程的发展给企业带来了新的机遇扩大企业的市场规模，同时，天然气在企业能源格局中的比例逐渐扩大，在业务架构上也发生了很大的变化，当然也在一定程度上避免了国际油价波动对LPG价格影响，从而降低盈利不确定性。在燃气安全管理、企业信息化、服务管理、气源开发等方面取得了一定的成绩，提高了该企业在行业中的地位。但是随着国家《天然气发展“十三五”规划》的提出，企业面临以下几个方面的机遇和挑战：

（1）产业结构面临调整、经济走势持续波动存在较大不确定性，直接影响城市燃气的需求与行业发展。

（2）新的气源价格方案虽尚未出台，但有可能大大压缩传统燃气行业的盈利能力。

（3）燃气行业“圈地运动”基本完成，企业格局也基本形成，可并购的优秀项目越来越少，外延式发展面临激烈竞争。

（4）国家对太阳能、风能、地热能、生物质能等的优惠政策调整，在行业内可能产生不同的竞争态势。

（5）出现了新兴市场，LNG车船用气市场、分布式能源市场发展迅猛，冲击着传统的城市燃气经营理念。

由于企业是在单个城市发展起来的，其对外扩张经验不足，在以后扩建异地市场过程中还需要建立与之相匹配的核心战略。在人才储备方面，企业地处沿海经济发达城市，人才聚集，目前公司已经有了丰富的管理和技术人员，特别是一线工作技术人员。但由于企业发展的局限性，复合型管理人才缺乏，人力资源成本较高也是目前燃气企业的现状。近年来，房地产市场的日益膨胀，城市基础设施建设不断完善，非法违建建筑越来越多导致占压燃气设施，乱挖燃气管道导致燃气泄漏事故日渐增加；流动人口的日益增加，非法安装燃气灶具、热水器的现象也是屡禁不止。因此，在安全管理方面，燃气企业还有很大的提升空间。

因此，企业需要积极把握市场机会，建立多元化的气源保证机制，开拓市场，并建立燃气储备供应能力，完善企业安全体制，健全信息化建设，使用户能够安全稳定的用气。

（二）燃气企业战略发展对策

面对机遇和挑战，争取把企业建设成管理先进、技术领先、世界一流的燃气企业。提出精益管理理念，将企业管理模式由粗放式向精益化转变，企业管理方法由经验管理向科学管理转变，深入挖掘企业内涵式增长的巨大潜力，固本强基，提升核心竞争力。具体战略举措有以下五个方面：

战略举措一：

以LNG工程和西气东输工程为契机，积极发展天然气。此战略从5个方面实施：

（1）加快燃气管道建设速度，改善城市能源结构，提高城市大气质量。

（2）优先发展民用户，保证居民稳定供气，关注房地产市场的开发，跟随性发展用户数。而工商业用户将会对公司毛利起最大作用，所以需要加大工商业用户拓展力度，努力增加工商业用户数量，确保气源市场开发。

（3）从价格、费用等多方面给予优惠政策，积极推广使用直燃机空调，既符合政府的环保政策，也可大幅度提高燃气用量，使其成为燃气企业新的经济增长点。

（4）“十三五”期间中国天然气市场供需有明显好转，国家将鼓励天然气发电，因此电厂是消耗天然气的首选。目前企业正在积极与电厂签署供气协议。也可以通过分布式能源模式与电厂合作。

（5）在目前城市雾霾困扰政府和国家背景下，从民用车、公交车以及政府用车出发，大力发展LNG或者压缩天然气（以下简称“CNG”）汽车，加大CNG或者LNG加气站的分布。

战略举措二：

稳定气源供应，基本形成“西气东输，北气南下，海气登陆”的供气格局。此战略从5个方面实施：

（1）与LNG公司签订25年天然气照付不议采购合同。

（2）与石油行业某巨头集团签订西气东输二线工程30年天然气购销协议。

（3）与某LNG液化公司建立战略同盟，购入现货LNG，以满足不时之需。

（4）建立天然气储气库，保证用气高峰时能够给用户稳定供气。

（5）当出现气荒时，除了满足居民用户外，尽可能以利润最大化分配气量，比如商业用户优先予以保障。

战略举措三：

积极争取政府和上级产权单位的政策支持。这是解决气源和进行燃气合理定价的关键性举措，采取措施从以下5个方面实施：

（1）由于目前流动人口过多，城中村改造难度大，居民气化率只有30%，远低于其他一线城市水平。需要政府支持，加速户籍制度改变，有望靠此提高居民气化率。

（2）积极推动政府合理定价，以提高燃气销售利润。

（3）通过政府政策措施，确保天然气工程用地，加快征地速度。适当时候对地价予以补助。

（4）为提高工商业用户市场，需政府补贴油改气、煤改气用户。

（5）通过政府大力推广分布式能源模式、燃气直燃机空调、燃气汽车，适当时候予以环保补助，提高用户积极性。

战略举措四：

对原有的信息系统进行完善，并在信息化的引导下健全集团的安全管理。从以下5个方面实施：

（1）建立外业巡检GPS监管系统。利用先进的全球定位系统

（GPS）、通用分组无线服务技术（GPRS）、地理信息系统（GIS）技术，实现管网设施巡检、维护等外业工作的科学监管。

（2）建立管网数据采集与监控系统（SCADA系统），通过对输配系统中重要场站和重要工业用户压力、流量等数据的采集，实现对管网设施正常运行、调度的监控管理。出现安全问题时能迅速做出反应。比如若是遇到管道开完，可以通过SCADA系统的检测发现异常，发出报警信号，迅速找到管道开挖导致的泄漏源，及时采取措施抢修，避免造成重大安全事故。

（3）建立地理信息系统（GIS）。GIS系统实现了公司的图档、管线及设施的数字化管理，为GPS和SCADA系统提供管网模型，保证天然气输配管网的安全运行和监控的可靠操作。

（4）建立抢修管网系统。该系统通过接受调度中心的任务；实时查询故障原因、地点和抢修进度等；及时填写处理回单，反馈处理信息。近年来由于楼宇建设、道路改造、绿化施工、通信电缆铺设等第三方活动导致燃气管道破坏事故频繁发生。

（5）进一步完善企业内部各信息系统，建立管理信息系统（MIS）。建立办公室行政管理、人力资源系统、客户服务系统等，并且将整个数据库资源进行内部共享，实现信息联网。

战略举措五：

立足当前实际，兼顾长远发展，由点到线，由线到面，建立管理人才培养体系。培养人才是一个长期的战斗目标，实施途径有如下4点：

（1）与燃气专业院校达成合作协议，实现校企合作，实施订单式培养模式培养人才；

（2）对新进员工进行岗前培训；

（3）培养优秀管理人才；

（4）为了适应企业信息化系统建设，企业还需培养一批信息化系统的维护、管理、维修人才。总之要坚持降本增效、开源节流；优化企业工作流程、提升企业组织能力；深入挖掘内涵式增长的巨大潜力；抓住“天然气时代”的黄金契机，全面完成能源结构的转化调整，在《天然气发展“十三五”规划》的大背景、大政策下，不断发展，优化企业改革，向着将燃气集团建设成为行业前沿企业、用户满意度达到公共事业企业第一的战略目标不断努力。

四、结束语

燃气作为特殊商品，具有易燃易爆的特性。提供专业、高效、亲切的服务，供应安全清洁燃气，致力于改善环境质量，不断追求卓越是燃气企业的长远目标。

客户需要什么，作为燃气企业就提供什么样的服务。为了满足未来燃气行业的发展需求，燃气企业只有以市场为导向，积极利用两种资源和两个市场，即利用国内资源和国外资源、国内市场和国际市场，整体规划燃气设施和燃气管网工程，分期实施、加快建设，并不断适应城市化发展步伐，改善能源结构。抓住机遇迎接挑战，建立可持续发展的战略举措，把我国燃气事业推向一个新的高度。

完善国有企业内控管理的探究

河南颐城控股有限公司　李亚东

内部控制是现代企业管理的重要组成部分，完善内控制度，有利于提高企业经营管理水平，有利于国有资产的保值增值，有利于适应市场化发展，更有利于减少国有资产流失，是企业实现可持续发展战略目标的重要保证之一。现阶段，国内各企业的内控建设虽已取得一定的成绩，但具体环节性的问题不断涌现，部分企业甚至出现了重大风险，如中海油、中石油内部管理、三鹿奶粉、巨人集团等，加强和完善国有企业的内控管理，是国有企业市场化转型的关键，也是实现国有企业战略发展的内在要求。

一、国有企业内控管理存在的问题

（一）缺乏健全的内控管理体系

虽然早在20世纪末期，国内外企业管理者就已经提出了内控管理的理念，但在我国国有企业真正实行还是不够长，大多处于初级阶段。从管理者到执行者，内控的意识理念还不够强烈，内控管理单单处于对某项制度的概念上，妄想通过某一项或两项制度来实现内控的管理，现阶段建立的所谓的内控管理制度，具体的可操作性、实际的可执行性非常低，整套性的内控管理体系不完善，无法更好的实现企业又好又快发展。

（二）内控管理执行不到位

国有企业虽然具有一定的规章管理制度，但因制度设计缺陷及制度条款粗放，执行弹性很大，而且既有的内控设计过多的强调政策、技术等技术问题，而整体性了忽视了内控的关键要素——人，忽视了人的主观能动性以及人的价值观、思想、态度、等软性因素。同时内控制度建立之初，缺乏专业的人员对企业内控制度进行设计和构建。大多的国有企业在内控管理开展时，聘请所谓的专业咨询机构，为企业设计构建内控管理体系，而咨询管理机构运营的商业化中，往往以一个单一的模板来套用，缺乏结合企业自身特性的管理体系，后期运营中的内控制度，脱离企业发展实际的居多，造成公司某项工作开展过程中只重视工作结果，忽略过程中带来的遗留风险及过程效率低下、资源浪费等问题发生。

（三）内部审计能力不足

国有企业特殊的公司治理结构，企业所有者与经营者分离的特性，经营者在内部控制中难免会给自己留有余地，而通常国企的审计部实际隶属于公司管理层，缺乏中立性，会受到管理层影响，内部审计动力不足，导致监管不力。国企对内控审计的结果和效果的评价及监督机制也不完善，未建立起有效的内控评价和激励机制，使得大部分内控制度流于纸面，严格的评价体系和制约机制效果不强。同时，审计人员素质相对较弱，且企业在流程、制度、风险识别方面存在缺陷，造成审计工作开展的局限性较强，最终无法形成有效的审计结果。

二、如何完善国有企业内控制度

（一）完善企业内部控制环境

对内控制度认识不到位是目前国有企业内部存在的重要问题，企业经营者对内部控制不够重视，甚至还有许多误解，认为加强内部控制，办事手续繁杂，束缚了手脚，影响了办事效率。对企业管理者讲，需要对内部控制的重要性给予充分重视，强化自身内部控制意识，确保企业内部控制制度得到有效落实和执行，将内部控制制度建设作为企业的一项长期任务来抓。同时要履行好监控、引导和监督责任。加强企业文化建设，建立统一的价值观和道德标准，并制定员工行为准则，认真考虑企业的社会责任，合法、公平、公正地处理企业与利益相关各方的关系。

（二）构筑严密的控防体系

建立企业风险管理系统，在组织上设立专门的风险管理岗位，并设计风险管理流程，流程范围覆盖企业内部相关的各个部门。在风险控制框架中，风险的等级要从成本、进度等指标上设置不同的组织等级进行处理，识别各风险点，有针对性地找到控制方法，并围绕控制点建立内部控制体系，完善内部管理的宣传与培训，使内部控制理念深入到企业的每个环节，带动全体员工的积极性，主动的参与到企业内部控制活动中来。在经营过程中每个发展阶段，建立不同的内部控制战略指导，以应对不同的风险点。同时针对内控管理在实际应用过程不可避免出现的与理论不符的地方，内部控制体系建设不能墨守成规，一成不变，应该根据企业的实际经营状况，进行后续监督、适当调整，以确保其发挥出更好的控制作用。

（三）加强内部机构及机制建设

一是加强内控管理机构的设置，引进专业审计管理人才，聘请外部审计机构，建立法律、财务、设计、纪检等结合的大监督机构体系；二是针对内控与风险结合来建立科学的评价考核机制。企业为了更好的结合内部控制和风险管理应该设置、建立科学的、临时的评价考核机制，直到内部控制体制和风险管理体制都不断成熟、完善、扎实结合，才能逐步将该评计考核机制进行简化和撤销。

综上，建立健全的企业内部控制体系是强化企业管理的关键，企业管理者要在全面风险管理基础上，将加强内控制度建设提升到战略的高度，充分认识到现代企业管理中内部控制是肩负监督、制约、调控等运作全过程的动态控制体系。因此，企业应结合实际、全面考虑。参考财政部等五部委出台的各项内控规范规定建立本企业内控管理体系，与此同时，企业管理人员要不断强化风险管理意识，主动学习科学管理方法，全面协助企业审计等重点工作的落实，并能够在日常管理中主动地关注企业各类信息，充分发挥管理者的职能作用，切实带动企业整体经济效益提高，实现企业价值最大化。

参考文献：

[1] 陈虹. 浅议基于风险管理的国有企业内部控制模式构建[J]. 新经济，2016.

[2] 王及源. 内部控制在企业风险管理中的作用[J]. 企业改革与管理，2015.

[3] 张一妙. 探析现代企业集团投资风险管理与控制策略[J]. 中国商贸，2010（29）：88-89.

[3] 高朝霞. 我国企业内部控制存在的问题[J]. 时代金融，2011（36）.

[4] 王晓红. 对如何完善国有企业内控制度的思考[J]. 现代商业，2011.

建筑施工企业海外经营人力资源本土化思考

中国水利水电第十三工程局有限公司　李有兵

随着我国建筑施工企业的管理水平及综合竞力的不断提升，我国建筑施工企业在国际建筑市场中快速成长，扮演着越来越重要的角色，2015年，ENR国际承包商TOP250排名中，有65家中国企业入选，入选数量居世界第一位。

本土化经营是我国大型建筑施工企业境外经营和海外可持续发展的必要条件。一般来说，本土化经营包括人力资源本土化、营销本土化、采购本土化、技术标准本土化、资本运营本土化以及企业文化本土化等几个阶段。由于现阶段海外经营的规模建筑企业均为国企，在海外经营中，必须遵循国家的政策导向，在建筑行业中，我国企业的技术标准及企业文化等方面具备一定的竞争优势，随着世界经济环境和条件的改变，当前建筑施工企业的海外经营中，人力资源本土化被公认为是本土化经营中必要的前提和基础。

一、人力资源本土化的实施是建筑施工企业海外可持续发展的前提条件

（一）人力资源本土化是企业降本增效的重要手段

随着我国经济的快速发展，我国居民收入水平也在稳步增长，

笔者所在的企业薪酬水平处于同行企业中下水平，但企业海外项目外派普通中方人员平均费用（包括工资、绩效、津贴、交通、劳保、保险、签证手续费用、伙食、住宿、医疗、安保等）也由2000年的1000美元/人月

左右上涨到目前的人均约4000美元/人月。建筑行业为劳动密集型行业，因此人工费居高不下，严重分流了企业的利润积累，同时高额的人工费用也拉高了投标报价水平，严重降低了企业的市场竞争能力，使企业难以保持可持续发展。

如果企业大量使用当地雇员，则普通员工费用则可由4000美元/人月降至600美元/人月～800美元/人月（以非、亚及南美地区标准），以一个合同额为1亿美元的中等规模项目测算，仅人工费用就可节省约1000万美元，可大幅地降低成本、提高企业盈利水平和市场竞争力，为企业持续发展提供新的动力。

（二）人力资源本土化是企业快速融入当地、提升品牌影响力、增强竞争优势的基本途径

人力资源本土化，是国内建筑企业在经营地快速接受当地文化、融入当地文化、融合当地文化的一条快速通道，以为当地提供大量的就业机会的方式，跨越当地政策限制、获得当地价值体系的认同，提升企业在当地的软实力，结合优质的产品，能使企业在经营地品牌影响力得到迅速扩大，保持竞争优势，使企业海外经营可持续发展。

笔者所在企业经过多年海外经营，努力提升人力资源本土化的管理，形成了以亚洲、非洲为主，覆盖东欧、南美、大洋洲的市场格局，涉及英、法、俄、葡、阿拉伯语五大语系地区，先后在三十多个国家开展工程承包业务，施工合同总额超过百亿美元，基本形成了可持续发展的态势。

（三）人力资源本土化是项目合同履约的重要保障

建筑行业是劳动密集型产业，项目的实施需要大量的力工、技术工人和管理人员之间的协同参与。在国内，建筑施工企业组织人力资源相对简单，但在海外，企业所面对的移民政策、宗教信仰、外交政策等不确定因素较多，外部环境较复杂，并且大部分合同中均有保护本国公民就业的条款，如果从国内外派人员至项目所在国，由于外部因素的限制，项目实施人员不可能按照工期要求按时到达，从而影响项目的履约，给企业造成合同风险和经济损失，降低品牌影响力，从而影响企业的当地竞争能力，很难使企业在当地可持续的发展。

（四）人力资源本土化是预防非传统性安全风险，提高企业抗风险能力的有力举措

近年来，由于世界经济形势的持续走低，各国的经济下行压力较大，造成一些国家治安形势恶化，盗窃、抢劫、绑架等恶性事件频发高发、伴随社会动荡、民族主义、恐怖组织的出现，给在国外进行项目实施的中方员工造成了难以预防的人身伤害和财产的损失，给企业的海外经营造成影响，如2014年越南的排华事件、造成中方人员的大量伤亡、给中方企业造成巨大的损失，特别是近来随着石油价格的持续下滑，安哥拉多次发生针对中国人的绑架事件，造成多名中方人员的伤亡。

海外企业实行人力资源本土化可以使企业根植当地，大幅度地提升对非传统安全事件的预警、预防能力，保证中方人员的人身安全，大幅度降低企业的损失，提高企业在海外经营地抗风险的能力。

二、建筑施工企业海外人力资源本土化现状

改革开放以来，建筑施工是率先“走出去”的行业之一，经过多年的探索和提升，大部分企业非常重视人力资源本土化的建设和管理，并形成各具特点的企业行为，部分海外发展势头较好的企业海外项目人力资源本土化率已达到70%左右，为建筑企业在海外市场的竞争和发展奠定了坚实的基础。同时在与欧美发达国家建筑施工企业对比中发现，我国建筑施工企业的海外项目人力资源本土化工作还处于发展中，在意识、方式、方法方面还有很大的提升空间。

（一）海外人力资源本土化发展态势良好

经过多年的发展，国内建筑施工企业摸索出一条本土化且行之有效的

方法，特别是走出国门多年的大型企业，人力资源本土化率大幅提高，企业总部从针对海外项目的绩效考核、规章制度等方面引导、鼓励海外高管进行本土化建设，并形成一定的本土化规模。

笔者所在企业在绩效考核中明确项目中方人员的人均生产率，来限制中方人员的投入，引导项目管理者大力进行人力资源的本土化，同时分项目类型，牢牢把控中方人员的工资总额，使海外项目管理者必须大力进行本土化工作，在人力资源管理制度中允许外聘专家进入项目管理层，吸引了项目所在国的优秀人才进入，突破了海外项目人才建设的限制，留住优秀的人才。经过多年的努力，人力资源本土化已形成一种文化和思维，如公司在肯尼亚的一个综合体项目中，人力资源本土化率已达到90%，节约了成本，为公司可持续发展提供了新动力。

（二）海外人力资源本土化发展还不平衡

国内的建筑施工企业海外项目本土化发展情况还不均衡，虽然部分企业本土化率水平较高，但还有部分企业，甚至是国内知名的企业本土化工作还没得到业主及项目所在地政府的认可，造成了一些负面的影响，产生这种现象的原因主要有以下几个方面。

1.传统经营模式和思路的限制

一部分企业没有长远的海外经营战略，追逐短期利润，对项目的管控、考核没有形成激励机制，造成“打一枪换一个地方”的行为方式，项目管理者为完成任务而管理，面对海外复杂多变的情况，甚至延用国内使用的“大会战”等方法。在很多中国政府的优卖项目中，利用中国资金的优势，追求结果而忽视社会效益，大量从国内外派人员进驻项目所在国，造成不必要的负面影响。

2.海外项目所在国人力资源匮乏

一些海外项目所在国的劳动力素质不能满足要求、造成当地人力资源缺乏，还有一些国家人民福利较高，当地人很少从事类似工作，也给人力资源本土化造成阻碍。

3.企业缺乏长远的人力资源计划

企业没有制订切实可行的人力资源计划，造成本土人才缺少归宿感，不能发挥当地人力资源的积极性和主人翁意识，造成频繁的辞职等现象。

4.项目管理人员对外沟通能力的限制

项目现场管理人员工作方法简单，对当地的法律、宗教信仰、风俗习惯了解不够，不能融入当地，形成了中方人员好用的思维定势，限制了本土化工作的开展。

（三）项目管理层的本土化率极低

项目管理层绝大部分为中方人员、大部分企业觉得当地人管理不放心，因此本土人才很少进入项目管理层，项目本土人力资源局限在力工、技工层面，这种情况大大降低了人力资源本土化的含金量。

（四）和欧美等发达国家建筑施工企业本土化工作存在差距

现阶段，我国建筑施工企业和欧美等发达国家在人力资源本土化工作上存在一定的差距，经过笔者考察，欧美建筑公司人力资源本土化率均达到90%以上，他们的母国人员均为高层管理人员及特殊的技术人员，项目现场本土化率甚至达到100%，得到业主及项目所在国政府的高度认可，竞争力明显提高，这种差距是国内企业努力的方向。

三、建筑施工企业人力资源本土化途径

（一）制定海外经营发展的企业战略

在经济全球化的今天，建筑施工企业应该极积响应国家“走出去”的战略要求，来化解国内的过剩产能。海外经营不是一朝一夕之举，建筑施工企业应该从企业生存和发展的高度来理解海外经营的意义，从而制定适合本企业特点的海外经营目标，设计能倡导海外经营本土化的薪酬制度、考核制度、激励机制、人力资源管理制度及项目前期策划，从企业层面引

导海外经营相关的文化。

（二）提升海外项目管理人员素质

项目是企业的成本中心和利润来源，项目的一切运营都必须以经济效益为首要目标。以此原则来进行当地人力资源的开发利用和整合工作，就要求我们对所有项目人员按重要程度进行科学的分类管理，从中知道哪些人力资源可以由当地员工替代。而这些工作需要在了解国外市场，熟悉各项法律法规的基础上才能进行。

海外市场经营和国内有很大的不同，需要面对复杂多变的外部情况。企业应通过培训的方式不断提高海外管理人员的素质，能掌握当地语言，熟悉所在国的政治、法律、文化、宗教信仰等基本知识，使他们具有能够和当地进行深入交往的能力，选拔有能力、有热情的管理人员进行海外项目的管理。

现在很多企业外派人员对这些知识了解不够，如果让他们自己边干边学，在项目周期内，他们会因为完成任务而疲于应对外部环境，没有精力来进行系统的项目本土化策划，容易对企业产生负面效应，造成巨大亏损。还有部分管理人员只看重自己的国外工作收入，就想着早日完成工作回国，这样极容易造成短期行为，不可能对企业的海外经营项目产生极积作用。

（三）尊重项目所在国的文化、风俗和宗教信仰

各国的文化只有不同，没有高低之分，因此建筑施工企业应当充分尊重项目所在国的文化，依据当地的风俗和信仰来制定项目的工作习惯，这样才能顺利的融入当地，得到当地雇员的信任。如在信仰基督教的区域，当地雇员星期天需要去教堂，项目管理者就要根据当地人的习惯制定相应的作息制度。

文化背景及信仰不同也使各民族处事方式、办事作风和商业习惯存在较大差别，这就需要我们在充分尊重所驻国行为方式的基础上，有针对性地对当地人力资源的开发利用提出一套量体裁衣的管理模式。同时通过雇佣当地的管理人员，不断学习当地人力资源特点，学习他国成熟的人力资源管理理念和方法，最终为我所用。

（四）采用灵活的方式来进行本土化工作

目前，大多数海外建筑企业人力资源的本土化策略多集中运用在施工人员层面，来从事基本的劳动工作及简单的技术工作，而涉及管理职能层面的本土化措施很少，更不要说是聘用中高层的管理人员了。建筑企业在进行人力资源本土化的过程中，应当采用多层次本土化的原则，充分利用当地各个层次的人力资源来优化项目人员结构。

由于各国政治法律制度不同，民族文化背景差异大，获得资源的途径在一国认为正常，而在另一国可能会被认为不正常或违法。另一方面,获得的资源本身也应合法、合规。

在一些人力资源缺乏的地区，我们可以招聘有类似文化的其他国家的雇员来到该国，这样既可以节约费用，也可以使第三国的雇员很快适应项目所在国。

（五）对本土雇员进行培训、建立他们的归属感

很多项目所在国雇员素质达不到项目要求，这是客观情况。建筑施工企业应该加大对他们的培训投入，使当地雇员接受适当的劳动技能培训，提高雇员素质，为项目更好地服务。可以通过国内适行的“导师带徒”等活动，建立激励机制，进行有效的培训。在培训过程中，企业也会学习到当地员工的优点，反过来使企业加速融入当地。

项目管理人员应教育中方员工对当地雇员一视同仁，中方员工与当地雇员都是企业员工，不分三六九等，要建立和谐的企业氛围。依法为当地员工交纳社会保险、劳保福利等费用，增加当地员工的归属感。很多企业为了节约费用，不为当地员工交纳社保等费用，造成了员工频繁流动，出现给项目实施带来阻力，引来诉讼等问题，为企业带来了负面影响。

建筑施工企业在国际工程项目中，不能依靠传统方式对本土的人力资源进行管理。深入了解国际建筑施工的发展趋势与内在规律，依靠人力资源管理工作的不断创新，大胆选拔、引进、吸收、留住所驻国的优

秀人才，才能找到适合项目所在国国情的人力资源本土化模式，充分发挥所当地雇员的积极性与能动性，在日益激烈的国际工程竞争中赢得资源先机。

火电厂项目节能减排、综合利用规划创新与实践

河南投资集团电子科技有限责任公司　朱红兵

一、引言

火电厂节能减排、综合利用规划主要在项目可行性研究、初步设计阶段完成，在后续具体设计和施工阶段可以根据技术的进步进行持续优化。可行性研究阶段主要进行项目选址、当地有利条件利用、主机选型中充分掌握并贯彻国家相关政策，通盘考虑资源利用效率最大化；初步设计阶段通过各工艺系统和设备材料选择的优化进行节能减排设计；后续设计和实施阶段主要是跟踪国际和国内节能减排、综合利用新技术的发展进行必要的调整，使建设成果达到最佳水平。

二、节能型项目规划

作为项目建设单位负责人，要改变节能规划仅靠设计单位专业技术工作是不全面的，需要业主单位与咨询单位共同到拟选厂址进行详细深入地调研踏勘，充分了解当地实际情况，发掘可以加以利用和拓展的既有条件，尽量做到一事多利、一物多用，节约水、土地等资源的使用。

以下以豫东北某2×660MW超超临界燃煤机组项目（以下简称“X项

目”）为例，探讨其节能减排、综合利用的规划和实施效果。

（一）水资源

按常规电厂用水需要约投资1.2亿元建设河流地表水取水工程（年耗水量约1300余万吨），经过对当地水资源情况的深入了解，确定以城市污水厂处理过的中水和河流地表水按1:1的比例共同作为电厂水源。

两个水源点的方案与当地政府和水利部门充分协调沟通优化。河流地表水的取水不再征地新建取水工程，在当地既有的取水工程的基础上进行改扩建，节省约6000万元投资和800亩土地即可满足电厂用水需要。当地县城中水原来直接排放，电厂引入进行二次利用，一是可以节约大量自然水资源（每年约节省水资源650万吨），减少电厂水费成本（自然水与中水的价差为1元/吨），二是电厂付给市政污水处理单位一定的水费，用于增加设备，提升污水处理规模，减少城市污水排放，做到了一事多利。

因河流地表水有丰水期、枯水期，北方干旱季节可能还有断流的威胁，另外，纯用中水电厂水系统设备清洁度维护成本较高，需要设置中间调蓄水池。该项目将调蓄水池工程与城市绿化景观公园工程、城市自来水备用水源工程相结合，满足民生、工业、美化环境等多方需要，做到了一物多用。

（二）土地资源

（1）集约式主厂房和侧煤仓方式布置。

打破传统的四列式布置格局，将煤仓间侧向布置在两炉之间，除氧间布置在汽机房A列外，从A排至烟囱中心线距离为204m，汽机房长度161.5m，跨度26m。

（2）优势。

① 主厂房区比传统的四列式布置方式减少用地约30%。

② 锅炉间与汽机间距离大幅缩短，节约了主再热四大管道管材用量，热工和电气所用的电缆和辅助管线长度大幅减少，节约建设造价。

③ 因管线长度缩短，机组热效率提高，降低运营成本。

（3） 采用输煤栈桥直接穿烟囱方式进入煤仓间，缩短了输煤栈桥的长度，减少了1个输煤转运站，节约了土地，同时节约工程投资约550万元。

（4）冷却塔、化水区布置优化，冷却塔区域西邻主厂房区，东接220kV配电装置区和化学水处理区。冷却塔呈“一”字形直接布置在汽机房A列外，其中心线距汽机房A列174m，循环水供水管长度约210m，排水管长度约 270m，循环水泵露天布置，相比传统布置循环水管道短约400m，节约工程投资约620万元。锅炉补给水处理、循环水处理、工业废水处理系统设备集中布置，共享公用设施，提高设备及设施的综合利用率，减少设备和设施总量，缩短各系统联络管道路径，电气、控制及通讯集中化，大量节约工程投资，减少运行值班人员，比分散布置减少用地约40%。

（三）节能新技术应用

引风机与脱硫增压风机合并，采用小汽机驱动，可以大幅度降低运行时的厂用电负荷，厂用电率可降低1.21%。

机组运行时给水泵采取小汽机驱动，按照给水泵平均功率计算，每台机组运行每小时可节约厂用电量约9000kw · h。

采用低温省煤器新技术，引风机出口烟道设置低温烟气余热加热器，回收烟气余热，对部分凝结水加热，减少汽机抽汽量，降低排烟温度，可降低发电煤耗1.373g/kw · h。

对变工况运行的厂用电机使用变频调速装置进行节能，使设备出力与运行工况相吻合，减少耗电量。可采用变频装置进行调速的设备主要有：凝结水泵、给煤机、除盐水补充水泵、循环水补充水泵等。

三、环保减排

在施工过程中优化，引入最先进的超低排放技术，使燃煤电厂大气污染物排放降低到天然气发电排放限值以下。具体为：脱硫吸收塔调整后高度达46.6m，5层喷淋层，喷淋层下增加一层托盘，保证脱硫效率由原来的97%提高至98%以上，二氧化硫排放浓度由100 mg/m^{3}降低至35mg/m^3；脱硝催化剂由571 m^3/台提高到700 m^3/台，保证氮氧化物排放浓度由原设计100 mg/m^{3}降低至低于50 mg/m^3；烟气除尘在采用电袋复合除尘器的基础上，在脱硫后增加两套湿式电除尘器，将烟尘浓度由30 mg/m^{3}降低到5 mg/m^{3}以下。通过以上提效升级措施，排放可降低到二氧化硫35mg/m^3、氮氧化物50mg/m^3、烟尘5mg/m^3，减排到燃气轮机组排放限值以下，实现超低排放。按照机组年利用小时为5000小时计算，该项目环评批复排放标准每年烟尘约为396吨、二氧化硫每年约2002吨、氮氧化物每年约2146吨，共计约4554吨。实施超低排放升级后烟尘降低到66吨、二氧化硫降低到700吨、氮氧化物降低到1073吨，共计约1839吨。每天比同类型环保达标机组减排约13吨，每年比同类型环保达标机组减排约2715吨，超低排放效果比升级前减排近2/3。

四、综合利用

规划就地消纳电厂粉煤灰固体废料排放的水泥建材项目，与电厂同步投运，电厂将粉煤灰废料、废水应用到建材生产线上，并提供蒸汽等资源供应，形成了年产蒸压砖1.8亿块、加砌块30万立方米、水泥120万吨的生产规模，可以全部消化电厂粉煤灰固体废料，节约灰场用地约400亩。

后期利用电厂循环水余热开发受控式集装箱高效养殖经济鱼类项目，响应政府精准扶贫政策，造福民生。

对汽轮机抽汽系统进行改造，兼顾对城市供热，拆除当地县城所有民用、工业用分散型小燃煤锅炉，节约煤炭资源、降低排放，提升区域环保治理水平，建造宜居城市。围绕电厂项目的水、电、热等能源优势，充分发挥电厂项目的整体社会作用，支持政府招商引资，吸引工业用热用户，打造循环经济示范区，提升当地社会经济与环境可持续发展能力。

五、结束语

随着技术进步，火力发电项目节能减排、综合利用的潜力也越来越巨大，以上仅从几个方面提出了规划创新的措施，技术细节等还需要深入研究。

浅谈地方国有投资企业的资本运作与融资

——基于复星集团的思考

河南投资集团有限公司　李明

一、复星集团资本运作与融资实例

复星集团资本运作的案例家喻户晓，从1992年靠管理咨询为主，初始创业资本仅有3.8万元，发展到今天持股14家上市公司，2015年年底净资产规模达981亿元，营业收入796亿元，复星集团的资本翻了200多万倍。究其原因，复星成功的关键在于资本运作加融资。

（一）复星资本积累的第一阶段：A股上市平台+融资

1992年成立之初以管理咨询为主业，1994年进入房地产、医药行业，1998年第一个产业公司——复星医药（600196，SH）上市，成为复星集团资本积累的基础，也是首轮资本运作成功的里程碑。

1998年之前复星集团的融资渠道单一，投资项目依赖于自有资金和银行贷款。自复星医药上市后，打破了原有的融资瓶颈，多手段的融资方式就此开启。在IPO首次募集资金3.57亿元之后，于2000年实施的配股募集4.5亿元，2003年发行的可转债募集资金9.5亿元资金。

在资本积累的第一阶段，以上市公司为平台，定向增发、配股、可转债等融资手段为复星集团产业的发展提供重要支撑和保证。复星集团在此基础上，迅速做大医药板块，开始一系列并购操作。

（二）复星资本成长的第二阶段：并购重组+融资

复星国际董事长郭广昌认为，“发现机会”的能力是复星的核心竞争力之一。通过把握市场机会，在行业低谷时期介入钢铁、房地产、医药、零售和金融业，运用“并购重组+融资”手段快速整合介入企业，实现业务的飞速增长。

医药行业，复星医药上市后，并购重庆医工院和重庆药友、国药控股、广西花红药业、桂林制药、万邦药业，注资海翔药业等。复星医药自上市以来，利用IPO、配股、发债等方式在A股募集资金约209亿元，H股募集资金约58亿港元。通过“并购重组+融资”方式，其资产规模由初始上市的6.5亿元，扩大至2015年年底的382亿元。

房地产行业，1993年复星开始从事房地产业务，1998年更名复地集团，2001年11月复地收购新远房地产51%的股权，2002年2月出资成立武汉复地房地产，2002年6月向复星集团、广信科技收购复星监理100%股权、收购上海豫园商城旗下豪亭房地产70%股权等。经过一系列并购重组、优化整合，2004年具有优质房地产资产的复地集团在香港上市，通过IPO及后续增发募集资金约28亿港元。

运用同样的方法，复星集团在钢铁行业低谷时期参与南钢联、建龙集团，控股南钢股份（600282.SH），上市以来累计融资252亿元①，控股上海钢联（300226.SZ），上市以来累计融资4.4亿元②。

通过入主永安保险、收购葡萄牙储蓄总行保险公司等，利用保险公司的浮存资金作为其战略投资又一重要融资平台。

在资本发展的第二阶段，复星集团利用并购重组方式迅速扩张房地产、医药、钢铁等行业，在做大规模的同时，又借助上市平台直接融资、债务筹资和银行借贷等方式获得更多的融资支持，为下一轮的运作提供资金保证。

① 根据WIND数据计算

② 根据WIND数据计算

（三）复星资本爆发的第三阶段：海外战略+融资

2007年复星国际在香港上市，首发募集资金133亿港元，后又进行供股、配售共募集资金258亿港元，为其海外收购提供资金支持。复星自2010年开始国际化投资，采取“保险+投资”的战略模式，将融资、并购、投资有机结合，利用融资并购保险公司，再利用“保险资金+低息本地杠杆”的融资方式投资海外项目。一系列的海外运作包括：成立复星凯雷基金、参股地中海俱乐部、成立复星保德信基金，并以基金为平台收购多家海外优质资产，其中多数为保险公司。截至2015年年底，一个由永安保险、复星保德信人寿、鼎睿再保险、复星葡萄牙保险、Ironshore以及MIG组成的全球性的复星保险产业网络已经具备雏形。根据公告，2015年年底复星国际保险板块总资产达1806.0亿元，保险可投资资产突破人民币1600亿元，盈利21亿元①。

在资本爆发的第三阶段，“中国动力嫁接全球资源”的战略思想使复星集团的视野全球化，在这种海外战略的引导下，复星集团将保险资产作为未来增长的关键引擎，利用保险资金的低成本融资优势去兼并收购其他产业，迅速做大资本规模。

综上，复星集团资本发展的三个阶段，都离不开资本运作与融资的有机结合。如郭广昌所说，第一个10亿元是靠资本与产业结合赚来的。更深入的讲，笔者认为是资本运作与融资的相互扶持，为复星的跨越式发展提供了重要的手段。

二、地方国有企业资本运作与融资的现状

与复星集团或央企相比，地方国有企业的资本运作与融资手段相对单一。据wind统计，地方国企约有10.7万户，而上市的国企总共有2800多户，占比约2.6%。借助上市平台的国企仅有1/40左右，大多数国企融资手

① 复星国际2015年公告数据。

段更多借助传统的银行贷款、发行债券等，极大的限制了企业做大做强的发展势头。

以M国企为例，最近一期财务报表中资产规模约1000亿元左右，净资产300多亿元，净利润约40亿元左右。该国企业务涵盖电力、水泥、造纸、高速、金融等，有几家上市公司，拟向基础设施、城市综合运用方向转型。

M国企融资能力在该省同类型企业中排名靠前，能充分运用各种债权融资手段，如发行超短融、永续中票等实现年度融资规模达110亿元左右，但受制于负债比例的约束（资产负债率达到70%多），其融资空间在一定程度上已接近极限，简单靠债权无法突破融资瓶颈，只有与资本运作相结合，才能将融资的潜力发挥到最大。在资本市场上，其所属的几家上市公司通过定向增发将募集资金约34亿元。

与复星资本发展的道路相比，M企业停留在初级阶段，即实现了资本运作与融资的简单合作，在这个层面上，资本运作和融资往往是单打独斗，偶尔会有项目重合，不是真正意义的融合。存在上述情况的原因有以下几个方面：

（一）资本运作与融资的理念还未扎根于产业投资中

受传统国企体制机制的影响，M国企仍然停留在“管资产”的思维当中，对项目的管理延续原有的“投建管”模式，并未将资本运作与融资的理念扎根于产业投资中，没有实现资本与产业的有机结合，没有发挥资本运作与融资在产业中的作用，资本运作只是简单的企业上市，融资只是为了项目投资需要。复星集团在1998年复星医药上市后即意识到产业与资本结合的重要性，通过一系列的收购、整合，其医药板块资产规模增长约59倍。

（二）对资本运作与融资的各种手段运用不够，经验不足

资本运作的手段有很多种，增发、配股、合并、转让、托管、并购、重组等，只要能增加企业价值、实现企业目标的都归属资本运作。由于资本运作的复杂性，要熟练的运用各种手段解决企业发展中的难题，需要运作人员具有较高的专业水平和能力。对于M国企，这方面的人才有些匮

乏，经验不足导致“资本运作+融资”的手段比较单一，该国企常用的手法就是“上市公司+融资”，但至今为止，所属的几家上市公司资产重组或定增次数平均不超过3次。“资本运作+融资”在企业发展过程中并未发挥很大的作用。

借鉴复星的案例，除了常规的“上市公司平台+融资”外，运用了大量并购重组整合手段，通过提升被并购企业的管理水平，使其盈利水平快速提升，从而使管理的资产规模迅速做大做强。

（三）缺少明确的全球战略目标和融资配置手段

战略如同一个人的眼界，只有看的远，才能行的远。复星“中国动力嫁接全球资源”的海外战略目标，使其在短短5年时间内，在海外收购36个项目，涉及金融、房地产、健康娱乐、医疗等诸多领域。另外，复星“保险+投资”的融资配置手段成为其战略发展的驱动力。复星对资金的核心需求是长期限、稳定的低成本资金，但国内资本市场存在制度不完善，债务融资成本高等特点，通过向巴菲特学习，找到了最适合的融资方式——保险资金。保险资金能克服其他融资手段中的不足，为产业发展、战略投资提供持续不断的资金支撑。全球战略目标和融资配置手段促进资本运作与融资深层次融合，推动复星飞跃式发展。

没有全球战略目标和核心融资配置手段，地方国企受地域和视角限制，很难快速做大做强。对M国企来说，没有全球战略视野，资产配置趋向传统行业，尽管拥有证券、信托、银行等金融机构，但受内部协同和其他因素影响，无法为资本运作与融资提供嫁接桥梁，不能形成核心融资配置竞争力，资本运作与融资停留在初级阶段，这些因素制约了该企业的发展。

三、案例对M国有企业改革的启示

2015年9月国家出台《关于国有企业改革的指导意见》提出国有企业要进行混合所有制改革，2015年下半年“1+12”顶层设计方案加配套措施相继出台，为国企改革搭建了完善的制度框架。中国南车与中国北车合并、国企“十项改革试点”的推出，意味着国企改革已进入实施阶段。

本部分将借助复星资本运作案例，提出资本运作与融资结合的各个阶段，规范有序的推进M国有企业改革，解决M国企发展动力不足等问题。

第一阶段，打造金融控股平台，利用上市平台融资，补充资金需求，构建产融结合的基础框架。

在宏观经济“L型”走势背景下，打造金融控股平台是大多数国有企业的战略构想。复星集团投资领域包括综合金融和产业运营两大板块，其中，综合金融业务包括保险、投资、资本管理、银行及其他金融业务四个板块。金融板块占复星集团资产总规模的44%，是重要的业务支撑点。打造金融控股平台有助于发展金融全牌照，实现业务资源共享与拓展，提供产业与金融结合的机会，实现企业协同发展。

在这方面，中航工业案例有借鉴的地方。中航工业的四大业务板块相互独立，其中中航资本作为金融控股平台上市以来进行4次定向增发，募集资金约168亿元用于增资控股的中航国际租赁、中航信托、中航证券等，运用低成本融资解决金融板块的发展需求。另外，通过资产置换、新股认购等方式持有中航工业旗下的中航黑豹、中航电测、中航飞机等上市公司股票，实现金融与产业的有效结合。

M国企应首先整合其所属的证券、银行、信托等金融资产，努力发展金融全牌照，打造金融控股平台，实现优质金融资产上市，为产业与金融结合搭建基础框架。在整合过程中，要发展核心金融资产，即融资配置手段。复星集团是以保险作为核心金融资产，也是以保险作为融资配置手段的。“中植系”是以信托为核心金融资产的，中信集团以证券为核心金融资产等。

第二阶段，实施并购重组整合，加快M公司在基础设施、健康产业方面的布局，培育新的业绩增长点。

复星集团能快速做大做强，取决于其并购重组的力度和资产整合的能力，5年并购36个海外项目，平均每年需要收购7.2个。由于并购重组可能出现战略调整、企业文化、技术支持、政策干预等问题，导致并购重组成功的概率很低。复星集团在实施并购重组后，从五个方面对企业进行整合：一是实行放权式的管理，对被并购企业只委派一名财务总监，同时利用集团整体优势，为并购企业搭建共享平台。二是帮助企业树立治理机制，注入复星良好的公司治理机制。三是运用“资本运作+融资”手段，增强企业资本实力。四是帮助企业拓展市场，依托复星的市场营销平台，搭建自身营销网络。五是帮助企业提高技术水平，注重技术资源共享，增强企业持续的技术后劲。

M国企可学习复星的并购重组整合模式，积极退出水泥、造纸、玻璃等产能落后行业，加快在基础设施、健康产业方面的布局，加大参与新兴产业的力度，优化M国企的股权结构和产业结构，培育新的利润增长点，增强企业可持续发展的动力。

第三阶段，利用多种手段，提高M公司融资能力，实现资本运作与融资的深度融合。

在金融控股平台基础上，运用并购重组整合等资本运作手段，可以实现M公司资本的迅速放大，这需要M公司不断提高融资能力与之相匹配。提高融资能力有多种方式，这里重点介绍两种：一是“PE+上市公司”模式；二是基金模式。

“PE+上市公司”模式。“中植系”以不同方式参与上市公司资本运作；随后将其并购的实物资产转化为上市公司股权和现金；之后再以现金或者通过中融信托、融资租赁等手段筹措境内外资金，和关联上市公司合作，成立资管计划、私募基金，帮助上市公司进行上下游并购，之后增值退出。

基金模式。复星集团并购的多项海外资产就是利用多个海外基金平台募集资金完成收购的。还有刚成立的长江经济带产业基金，由湖北省财政出资400亿元人民币发起设立引导基金，引导基金募集社会资金，发起多只母基金，母基金发起设立子基金，将融资规模由400亿放大到2000亿元，再放大到4000亿元，最终带动约1万亿元的社会投资。基金能有效的放大资本杠杆，成为目前企业运用比较多的融资手段。

第四阶段，实现整体上市，提高国有资本流动性。

《国企改革指导意见》明确提出“大力推动国有企业改制上市，创造条件实现集团公司整体上市”。整体上市是国企改革的重要途径，不仅能引入优质社会资本，扩大资产规模，还能提高国有资本的资产流动性。复星集团在2007年实现在香港整体上市，首发就募集到资金133亿港元，成为其收购兼并的重要融资平台。

国企整体上市的案例有很多，有直接IPO上市的，如中国石化、工商银行、中国人寿等，还有吸收合并整体上市的，如上港集团、中国铝业、TCL集团等，第三种是上市公司反向收购实现整体上市的，如鞍钢、武钢、中国移动、中国联通、长江电力、中信集团等。

国务院国有重点大型企业监事会主席季晓南在第十三届中国改革论坛上表示，“整体上市是混合所有制改革的重要方式”。对地方国企来说，通过资本运作，集中优质资产、剥离不良资产，实现整体上市是提升资本运作与融资水平的最佳途径。

M公司在完成上述三个阶段后，资本已实现了前期积累，企业增长有动力，资产优良，业绩可观，具备整体上市的条件。为优化股权结构、提高资产流动性，M公司可选择IPO、借壳、吸收合并或反向收购等途径实现整体上市。

第五阶段，海外布局，开启全球化战略思维模式。

M公司整体上市后，融资能力、业务规模都会有新的增长。这时，应将视野放眼全球，用海外低成本融资和高效的资源配置来推进M公司新一轮的增长。如同复星一样，从2010年国际化布局至今，其总资产规模从1184亿元增加到4053亿元，增长3倍；营业收入从449亿元增加到796亿元，增长1.7倍。

总结，M国企存在的问题，是目前多数国企的通病。推进国企改革就是要提高企业的活力，增强企业成长性。上述五个阶段即从资本运作与融资的角度解决该问题，想要实现，还取决于国企自身的体制机制、股权激励、市场化运作等相互配合，当然还要得到政府的支持。

参考文献：

［1］李焰、陈才东、黄磊. 集团化运作、融资约束与财务风险★——基于上海复星集团案例研究[J].管理世界,2007（12）.

［2］山东卓远投资有限公司.复星集团发展分析报告[R]. 上海.2016 .

［3］价值发现 企业整合 产业选择 资本运作——复星国际产业与资本运作模式探讨[J].绿地研究，2007.（2）.

［4］王楠.企业并购重组存在的问题及对策研究[J].吉林省干部管理学院学报，2014（28）

企业管理与创新

北京博大创业建筑工程咨询有限公司　李梓水

自从哈佛大学教授、著名经济学家约瑟夫·熊彼得于1912年在他的《经济发展理论》一书中提出创新理论以来，创新一直是各国学者们研究的焦点问题之一。随着知识经济时代的到来，创新将成为推动社会发展的主要动力，也是衡量一个国家国际竞争力的决定性因素。对此，习近平同志曾明确指出："抓创新就是抓发展，谋创新就是谋未来。不创新就要落后，创新慢了也要落后。"

但是，创新是一个知识、经济与社会有机结合的复杂过程，它离不开特定的组织，著名管理学家德德克指出："创新，即用知识产生新知识，不是美国那么多民间传说所断言的"灵感"，也不是孤单的个体在其车库里干的最出色。创新需要系统的努力和高度的组织。在市场经济条件下，企业是市场的主体，也是市场的客体。创新既是企业的一种核心竞争力，又是其持续发展的源动力。

要增强企业的创新能力，就必须加强企业的管理创新。然而，创新活动不同于企业的日常生产经营活动，创新并不是以不同的方式重新安排最初就已经给定了的某些固定符号的结果，创新也不具有某种确定的投入产出关系，创新是一个复杂的过程。建立在传统的计划、组织、协调等职能基础上的管理理论和方法，很难适应管理创新的需要。随着知识经济时代的到来，人们将经历数百年来的社会转型，即由工业社会进入知识社会，这是人类得到更大发展的世纪，也是竞争更加激烈的世纪。企业和个人都面对全球市场，面临科技梦金、知识裂变、网络革命、时空压缩、必须正面迎接人类文明史空前未有的震撼和重整，都需要用新的管理思想来打通瓶颈，因此，管理创新势在必行。

一、管理创新概述

随着知识经济时代的到来，市场发展的总趋势是市场需求的差别化、细分化、个性化不断加强，由于市场全球化、一体化，市场竞争激烈的程度大大加强；科学的飞速发展使产品开发周期大大缩短；信息化使企业与市场的联系更为紧密，市场的总变化趋势要求企业把创新制度化、日常化。

企业管理创新就是根据市场和社会变化，不断调整人才、资本和科技要素，以知识创新适应市场，满足市场需求，同时达到自身的效益和社会责任的目标的过程。这个过程也就是管理本身的过程，即管理过程就是知识创新的过程，管理就是创新。同时，我们必须把创新与个人的突发奇想和偶尔得之严格的区别开来。尽管有许多创新是以此为起点的，但是，真正的、成功的创新要复杂得多。创新是一个过程，它可能起源于个人因素，也可能起源于在那个起点上的巨大努力，其中包括学习、借鉴、善于利用知识、创造条件和环境。

管理是对组织的资源进行有效整合以达到组织既定目标与责任的动态创造性活动。这个定义的核心是有效整合组织资源以达成组织既定的目标与责任，也涉及许多方面的因素和问题，这些问题的解决过程就是管理的过程，这些问题本身的处理就是管理。而管理创新的概念与管理有关，因此，从管理的定义来看，管理创新可以定义为：用新的更有效的方式来整合组织资源，更有效地达成组织的目标与责任。最早进行管理创新论述的是著名经济学家瑟夫·熊彼得。

二、推动企业管理创新的要素

企业的管理创新就是一幅色彩斑斓的抽象画，令人眼花缭乱而又很难理出头绪。是哪些因素推动着企业管理的创新与变革呢?

（1）市场变化引起的需求变化。

（2）市场竞争。

（3）社会政治文化背景。

企业、市场与社会息息相关，一个管理得很好的企业主要负责人，大部分精力和时间都用来关注这瞬息万变的外部世界，但是，如果不能很好地整合内部要素，也只能坐失良机。

（一）资本与成本

在企业内部，企业管理要素，也就是推动管理创新的主要力量，是资本、人才和科技。

（二）劳动者素质的提高

劳动的实质是劳动者的问题，是人的问题。在相同条件下，劳动者投入的劳动量越多，质量越高，效益越高。劳动投入的增加可以是劳动时间和劳动强度绝对多数值的增加，也可以是有效劳动量的增加。

（三）科学技术的发展

管理创新依赖于科学技术的发展：机器的使用加强了专业化趋势；大机器生产使标准化操作被强制执行，并促进了规模模式的诞生；数理统计技术促进了质量管理的发展；系统论和控制论催生了现代管理理论；而信息技术正在使珍格格管理发生根本改观。

（四）创新观念

企业内部三要素都受到市场变化和社会变化的影响。三要素在企业内部的组合特征既受到了市场和社会的影响，又反作用于市场和社会，以完成企业的效益目标和社会目标。企业管理创新的起点永远是市场，企业管理创新的终点也永远是市场，不从市场出发、不经手市场的“创新”不可能是真正的创新。企业管理创新的任务，就在于不断整合三要素，使其成为最佳组合，最大限度地满足不断变化的市场和社会。

三、企业管理创新的基本原则、方法

以网络技术为重要技术支撑的知识经济革命将极大地改变我们的生产生活方式，加速社会文明的进程，使我们置身于一个全新的生存境遇之中。作为知识经济时代的缔造者和受益者，对知识经济时代的管理、控制和构建与我们自身的生存和发展息息相关。因此，除了“知识经济时代”成长所需要的一切物质基础和社会组织形势的基本管理成果外，探讨如下原则对我们构建知识经济时代的管理理论更有意义。

（一）主体性原则

知识经济时代，我们不愿意成为电脑和网络的奴隶，也不愿意在生物技术的操作下使人类成为车间里的“产品”，我们必须寻求和捍卫人的价值和尊严，必须时时、处处协调人和人类的利益，必须以人为目的来选择、确立未来时代发展所需要的管理模式和社会组织形式。建构一个真正属于人的“知识经济时代”，这不仅需要强有力的经济基础来支撑，而且需要一个完全适合人的、并能促进人的幸福和全面发展的社会组织形式和文化气氛来支撑。

（二）前瞻性原则

在知识经济时代，计算机普及、网络化形成，使整个社会组织形式呈现出加速变化的势头。因此，管理思维的滞后必将使我们的事业失之千里。预知未来可使我们对未来的多种可能有所准备，这样我们就可以在感觉到变化前采取行动，这就是前瞻性。

（三）系统性原则

知识经济的特点之一就是经济发展是人类知识能力的综合发展。在知识经济时代，人类的综合能力已走向系统综合智能型，系统综合能力的凝聚已成为知识经济社会人的能力具有较高逻辑起点的鲜明标志，因而知识经济下的管理创新必然遵循系统性原则。

（四）价值性原则

价值性原则又称需要性原则或科学性原则。指在创新科研选题中，必须着眼于社会实践的需要和科学科技自身逻辑的发展需要。知识经济在资源配置上以智力、无形资产、软产品等资源为第一要素，都是在以实现知识价值为目的。知识经济下的管理创新就是以实现知识价值为人物。

四、结束语

人类社会在追求经济发展的同时，也面对着一对尖锐的矛盾，即可供利用的各种资源的稀缺性与人类欲望的无限性之间的矛盾。因此经济的本质就是恰当地配置和充分地利用稀缺资源，生产出产品，并分配给社会集团的成员，以满足其不断增长的需求和欲望。从这种思路出发来看管理，我们会有更深刻的认识。所谓管理，是适应组织外部环境和内部条件的变化，有效地配置和利用可得到的有限资源，进行整合，以实现本组织既定的目标的动态创造性活动。在21 世纪的今天，一场新的变革在全球悄然兴起，这就是信息技术、知识产业为主要标志的知识经济革命。知识经济，是指建立在知识的生产、分配和使用之上的经济、是相对于农业经济、工业经济而言的经济形态。

创新是人类永恒的话题。创新，既是一种新颖、独特、先进的思想、观念、理论、概念的精神活动，也是一种发明、创造、研制新产品的物质活动。人类社会的发展就是一部不断创新的历史，世界企业发展的历史已经充分表明，只有创新才是企业生命力的无穷源泉，才是企业进步的根本途径。

21世纪是知识经济的时代，是管理的时代，是以管理取胜的时代，人们在企业活动中进行管理活动有其重要的现实意义和战略意义。

参考文献：

[1] 季辉. 现代企业管理[M]. 重庆：西南师范大学出版社，1995.
[2] [美]斯蒂芬·P·罗宾斯. 管理学（第七版）[M]. 北京：中国人民大学出版社，2003 .
[3] [美]加里·德斯勒. 人力资源管理（第六版）[M]. 北京：中国人民大学出版社，1999 .
[4] 徐二明. 企业战略管理[M]. 北京：中国经济出版社，1998 .
[5] 哈罗德孔茨· 海因茨韦里克. 管理学[M]. 北京：经济科学出版社，1998 .
[6] 龚益鸣. 质量管理学[M]. 上海：复旦大学出版社，2000 .
[7] [美]菲利普·科特勒. 营销管理 [M] . 梅汝和，译. 北京：中国人民大学出版社，2001.
[8] 石后芬.《中国企业营销案例》[M]. 北京：高等教育出版社2001 .

国有企业的风险控制问题研究

中国水利水电第十四局勘察设计研究院　李皓

一、引言

在复杂的竞争环境中，企业的生存与发展面临风险。在不确定的风险环境中把握机遇能力的高低是企业市场竞争能力高下的主要标志。尤其对于掌控国有经济命脉、直接关系国计民生的国有企业而言，随着不断重组和经营规模的持续扩大，在宏观经济环境出现较大波动的情况下，企业的内部结构、外部环境均存在着诸多未知因素。由内部结构调整和外部市场经营风险引发企业经营危机的例子比比皆是，在生产经营过程中的风险问题不断凸显。规范的企业风险控制框架已成为转型变革中的国有企业的迫切需要。从2006年至今，国家出台了一系列指导规范国有企业风险控制体系的规定。从中我们不难看到，国有企业风险控制问题已迫在眉睫。同时，我们也注意到，国有企业的风险控制，不仅局限于内部管理层面，仅仅注重防范和控制风险可能给企业造成的损失和危害，而且更应注重决策层面，把机会风险视为企业的特殊资源和价值源泉，通过对其管理，为企业创造价值，促进经营目标的实现。而这样一种在决策层面上的风险控制的实现，不仅需要新管理制度的构建，更需要国有企业在企业治理结构上的相应演进。一个规范、稳定的风险控制内部机制必须要成为企业治理体系中的重要组成部分。

二、国有企业风险控制的现状

尽管我国国有企业风险控制建设起步较晚，但经过多年的改革、发展与经营机制转变，大多数国有企业大公司，依据相关政策、法规，结合自身管理的需要，在风险控制方面取得了长足的进步。例如：提高风险意识，加强风险控制；逐步理顺产权关系，建立起较为合理的产权链条；投资决策和管理逐步规范化；财务、资金管理电子化、集中化；加强了审计监督等。国有企业风险控制的强化带来了卓著的成效——风险发生概率降低了，风险对企业可能造成的损害减轻了，而且为企业构建全面、长效的风险控制机制积累了宝贵的经验。然而，总体来说，目前的风险控制还相当薄弱，主要存在以下几个方面的问题：

（一）风险控制理念滞后

一是风险控制缺乏前瞻性。部分国有企业对风险控制的认识不足，不能正确认识风险控制与业务发展的关系，视风险控制为业务发展的阻碍。企业经营活动其结果本身就有不确定性。不少企业对未来盲目恐惧，缺乏前瞻性。二是风险控制缺乏持续性，风险出现了就进行管理，风险结束了就将其置之度外，同时缺乏对风险进行定期而全面的审核和评估，降低了企业适应环境变化、管理风险和规避风险的能力。三是风险控制缺乏全面性。有些企业只顾眼前利益，忽视某些经营决策对企业未来发展产生的负面影响，往往对其所投资在建、整合重组的项目缺乏系统全面的风险分析和风险控制，进而给企业带来巨大的损失。

（二）风险控制组织机构不健全

风险控制机制的建设及有效运行，各种规范和制度都具体实施都要依赖于企业内部良好的法人治理结构。然而，国有企业在向现代企业制度改制的过程中，相当一部分企业并没有规范运作，特别是公司治理结构仍存在一定程度的问题。最为普遍的现象是，大多数国有企业在建立现代化企业制度的同时实行了公司化运作体制，建立了“三会”制度，但国家仍然保持绝对控制，本质上控制着股东大会；对于董事会而言，其成员与经理、管理人职位重合，使得董事会与经理之间的权利制衡机制失调；对于监事会而言，由于其经济上缺乏独立性，日常工作处于董事会和经理层领导之下，也难以有效行使监督制约权。这种不规范的法人治理结构，使得各个部门和岗位的人员对其工作职责和工作流程不清晰，风险责任主体不明确，各个部门或者岗位间互相推卸责任，严重妨碍了风险管理机制的运行。

（三）内部控制水平低下

内部控制是风险管理的基础和本质要求，如果企业拥有健全良好的内部控制，它就拥有了一条管理和控制企业风险的捷径，企业可以在完善的内部控制的基础上，以较少的资源成本推进风险管理建设。然而，目前我国企业内部控制水平建设参差不齐，总的来说还处于一个低水平；国有独资企业内部控制建设相对较差，大部分停留在内部控制制度阶段。

（四）风险管理机制流于形式

倘若企业预先建立一套风险管理机制，并且加以贯彻执行，做好防御风险的准备，当风险来临时就可以从容应对。然而，很少有企业能够从经济全球化的视角，以企业持续发展为战略目标，构建符合现代企业制度要求的风险管理机制。即便某些企业建立了这一机制，更多的只是在文字上和形式上到位，执行方面却是漏洞百出，如无人监督和难以落到实处，造成有章不循、有制度不依，使企业风险管理机制被明显弱化，风险管理形同虚设。

三、构建国有企业风险管理机制的有效路径

（一）健全组织体系，明确权责体系

企业的组织结构是企业能够良好运行的基础，而一个恰当的权责分派

体系，有助于提高企业运行的效果和效率，从而实现企业的目标。

1. 实行股权多元化和投资主体多元化

合理的股权结构是监督约束董事、监事和高级经理人员的有效保障。对于目前国企中“一股独大”现象，应实行股权多元化，广泛吸收非国有资本入股，进而各个股东形成相互制约。

2. 规范和完善董事会的运作

董事会决定公司的管理层，决定高层管理的水平和结构，监督公司的内部控制和财务管理系统，决定公司的主要战略和决策。因此，针对董事会应建立起一种责权利相互制衡的机制：①严格按照《公司法》规定的程序召开股东大会，选举董事，组成董事会，真正建立和完善董事会和经理层之间的委托代理关系；②优化董事会的结构和功能，提高董事的经营管理水平和业务素质，确立董事会在企业全面风险管理中的中心地位，使董事会切实履行好以下重要职责：确定企业风险管理总体目标、风险偏好、风险承受度，批准风险管理策略和重大风险管理解决方案，了解和掌握企业面临的各项重大风险及其风险管理现状，做出有效控制风险的决策。③强化独立董事制度，同时强化董事会的决策支持系统，确保董事会集体决策，防止内部合谋行为，保护中小股东的利益。④建立和完善董事的信息披露制度，以确保公司法人治理结构更加透明。基于股东会和董事会之间的信托法律关系，公司股东有权利获悉关于董事活动、薪酬以及商业利益的相关信息。

3. 强化监事会的作用

监事会若能起到真正的监督作用，对于保障企业健康发展具有深远意义。因此，国有企业都应按照《国有企业监事会暂行条例》的规定健全企业监事会制度，完善监督机制。首先，制度上保证监事要知事。股东大会应制定和完善有关的监督制度或条例，具体规定监事会的职责、职权，及其监督的程序和规范。其次，优化监事会成员结构。控制监事会内部成员的数量，适当增加外部监事，增强监事会的独立性。同时减少兼职监事，增加专职监事。另外，还要加强对监事成员的业务培训工作，力求全面提高全体监事成员的素质，使监事会成员精通公司业务、财务、法律，变为真正的内行，保证监事会的监督治理机能正常运转。

4. 规范经理层的运作机制

保障经理人既享有充分的经营管理权，又须尽职尽责地履行义务。最大限度地落实董事会决议，实现股东利益，必须建立起有效的激励和约束机制。特别需要注意的是，应完善经理聘任制，确立竞争机制，防止经营者频繁流动及短期行为，保障公司可持续发展。

5. 设立风险管理委员会

为了规范和完善董事会的运作，根据《公司法》等法律法规的规定，在国有企业的董事会中应建立“风险管理委员会”对企业的风险进行管理和监督。该委员会成员须是熟悉企业重要管理及业务流程的董事，以及具备风险管理监管知识或经验、具有一定法律知识的董事。风险管理委员会对董事会负责，提交全面风险管理年度报告；审议风险管理策略和重大风险管理解决方案；办理董事会授权的有关全面风险管理的其他事项。

（二）建立健全科学、严密的风险内部控制制度

内部控制制度主要包括：内控岗位授权制度、内控报告制度、内控批准制度、内控责任制度、内控审计检查制度和内控考核评价制度。同时，建立高效的风险管理预警系统。密切监测到与本企业相关的各种风险因素及其变化，从而科学、合理、高效地识别、衡量、预测各种风险，及时发布预警信息，制定应急预案，并根据情况变化调整控制措施，为国有企业风险管理提供有效的依据。

（三）实施全面风险评估和制定风险管理策略

1. 进行风险评估

对来自组织内外部的各种风险发生的可能性及影响进行分析、估量和评价，是企业经营管理者进行风险管理的关键环节之一。企业应按照风险辨识、风险分析、风险评价步骤，对收集的风险管理初始信息和企业各项业务管理及其重要业务流程进行评估。评估的具体对象为各种风险发生可

能性及其对目标的影响程度。然后在评估的基础上，比较各项风险并确定各项风险的管理优先顺序和策略。此外，实行风险管理信息动态管理，定期或不定期实施风险评估，以便对新的风险和原有风险的变化重新评估。

2. 风险管理策略的制定

企业应根据不同业务特点统一确定愿意承担的风险类型、风险的最低限度和不能超过的最高限度，并据此确定风险的预警线及采取相应的对策。正确把握风险与收益的平衡，防止和纠正忽视风险，片面追求收益而不讲条件、范围。同时，也要防止单纯为规避风险而放弃发展机遇。

3. 提出和实施风险管理解决方案

针对各类风险或每一项重大风险，企业应根据风险管理策略制定风险管理解决方案。随后，各有关部门和业务单位应按照职责分工，认真组织实施风险管理解决方案，并确保各项措施落实到位。一般来说，方案应包括风险解决的具体目标，所需的组织领导、条件等资源，所涉及的管理及业务流程，流程各环节所采取具体应对措施以及风险管理工具。

（四）建立有效监督体系，对风险进行动态管理

监督约束机制，除了科学、严密的风险内部控制制度之外，还需要外部监管制度作有效补充；同时，仍需要对风险管理进行监督与改进，进行动态管理。

1. 加强风险外部监管制度

第一，建立健全企业法律法规体系。法律法规体系是国有企业外部监管的核心，立法经验值得我们借鉴。同时，监管部门还应结合我国企业发展的实际情况，完善包括风险管理、经营范围等一系列的监管法规。第二，监管理念的更新至关重要。监管部门应该注重从合规性监管向风险性监管的转变，把事前、事中、事后监管有机结合起来，实现系统的全方位监管。第三，监管部门应当通过完善非市场监管的数据基础、指标体系和数据模型，充分利用非现场监管手段，同时健全标准化、系统化的科学监测指标体系从而加强对中央企业评级的客观公正性。

2. 建立严格的国有企业信息披露体制

即公司在发生重大变化或事件时，主动不定期地及时披露有关信息。具体而言，一是信息披露要透明，要进行恰当的会计信息披露，如定期公布资产负债表、利润表、损益表；二是时间上应采取定期与不定期相结合的方式；三是在披露次数和内容上要对一切可能影响经济决策的事件及时而全面地披露其实质，并保证所有股东享受平等待遇；四是内容上应由对过去信息的披露为主逐步转向现时信息和未来预测信息的披露。逐步创造一个公开、透明的信息环境，以发挥市场监督力量。

3. 加强风险管理监督信息的后续管理

企业应对风险管理初始信息、风险评估、风险管理策略、关键控制活动及风险管理解决方案的实施情况进行监督，采用穿行测试以及风险控制自我评估等方法检验风险管理的有效性，并根据变化情况和存在的缺陷及时加以改进。为此，企业各有关部门和业务单位应定期对风险管理工作进行自查和检验，及时发现缺陷并改进，将检查、检验报告及时报送企业风险管理职能部门。此外，对于各部门和业务单位能否按照有关规定开展风险管理工作及其工作效果，企业风险管理职能部门应实施实时监督，根据要求评估风险管理策略，评价跨部门的风险管理解决方案，出具评价和建议报告，且及时报送企业分管风险管理工作的高级管理人员；同时，企业内部审计部门每年应至少进行一次监督评价，并直接向董事会或风险管理委员会或审计委员会报送监督评价报告。

建筑施工企业供给侧改革的探索

中国水利水电第十四工程局有限公司　李慧鹏

为何要进行供给侧改革？2007 年以来中国经济增速逐年下滑，但需求刺激效果甚微。需求不足仅是表象，供需错配才是实质，因而需要从供给端着手改革。

一、正确认识供给侧结构性改革

2016年1月4日，人民日报刊发访谈文章，对供给侧结构性改革做了全面解析。推进供给侧结构性改革，是党中央在综合分析世界经济长周期和我国发展阶段性特征及其相互作用的基础上，集中全党和全国人民智慧，从理论到实践不断探索的结晶。

推进供给侧结构性改革，是由我国经济发展的矛盾决定的，是大势所趋、形势使然。我国经济正从粗放向集约、从简单分工向复杂分工的高级形态演进，这是客观现实。要发挥我国经济的巨大潜能和强大优势，必须加快转变经济发展方式，加快调整经济结构，加快培育形成新的增长动力。推进供给侧结构性改革，是问题倒逼、必经关口。处于转型期的中国经济，在前进的道路上，必须破除长期积累的一些结构性、体制性、素质性突出矛盾和问题。

推进供给侧结构性改革，不是将供给与需求对立起来，而是直面经济周期性矛盾和结构性矛盾并存的现实，“在适当扩大需求的条件下”，抓住结构性主要矛盾。推进供给侧结构性改革，不是实行新的

“计划经济”，而是要充分发挥市场在资源配置中的决定性作用，通过进一步完善市场机制，矫正以前过多依靠行政配置资源带来的要素配置扭曲。

国企将是去产能的主要承担者。然而，一个不容忽视的事实是：各类企业中，国有企业以最高的资产负债率和最低的资产周转率、最低的主营收入利润率，造成了收入、利润的最大幅下滑。这意味着，各类企业中，国有企业的盈利能力最为堪忧，产能过剩最为严重，未来也将是产能去化的主要承担者。但淘汰落后产能的过程将有可能造成大批国企员工下岗，因而发展服务业来吸纳就业也将是必然的选择。

推进国企改革，实现强强联合。加速国企改革，发挥好“看得见的手”的功能和作用。国企作为中坚力量，通过合并重组提升竞争力，将为经济增长提供长期动力。

总之，从“三期叠加”到“新常态”，再到供给侧结构性改革，是不断探索、深化认识的过程。供给侧结构性改革是党中央、国务院经过深谋远虑提出的战略性部署，不是一时兴起的临时性措施。因此，建筑业要以此为指导，全面推进行业改革。

二、建筑业供给侧结构性改革的必要性

从经济学视角来看，需求侧有投资、消费、出口“三驾马车”，决定了短期经济发展；供给侧有劳动力、土地、资本、创新四大要素，各要素在充分配置的条件下，可实现经济中长期潜在增长。固定资产投资力度的不断加大、新型城镇化速度的不断加快，使建筑业支柱产业地位不断巩固，而国家总体经济转型速度的加快，要求建筑业必须在产业结构、生产方式和配套制度等方面做出改变。因此，从根本上说，建筑业实行供给侧结构性改革，是由国家经济发展和建筑业自身发展现状共同决定的。

国家固定资产投资持续下滑。2015年，全年固定资产投资实际增

速较2014年回落2.9个百分点。即便在基础设施投资增长、PPP示范项目纷纷落地的情况下，2015年，全国建筑业总产值同比仅增长2.3%，是近20年来增速最低的一年。截至2014年年底，我国城镇化率达到54.77%，城镇化发展的潜力巨大，但2015年，全国建筑业房屋建筑施工面积出现了负增长。这些都说明，建筑业靠投资拉动的增长模式已经显露疲态。

而与此同时，行业粗放型发展的本质没有改变、管理落后制约着持续发展潜力、产能过剩日趋严重、债务高企成为普遍现象，以投资拉动行业发展的“后遗症”开始出现。用供给经济学观点来阐述，以需求侧管理刺激建筑业发展，增长空间有限，必须将目光锁定在供给端，通过解放生产力、提升资源配置效率、打造核心竞争力，重塑中国建筑业发展生态。

因此，通过结构性改革调整经济结构，使各要素实现最优化配置、提升经济增长的质量和数量，是接下来建筑业改革的重点。

三、建筑业供给侧结构性改革方向

1.建筑产业结构方面

（1）不断优化产业结构。建筑业进入门槛较低，建筑企业多如牛毛、建筑产品质量参差不齐，在导致行业利润率偏低的同时，也造成建筑业技术更新速度慢、同质化竞争严重，与市场需求脱节，产品单一、产能严重过剩。应控制产能过剩类行业工程的增加，以存量为主进行优化。如资源类工业工程项目、房地产工程项目等。

（2）加大对民生类工程尤其是历史欠账较多民生类工程的投资。以PPP模式参与水利、环保、公路工程和地下管廊、公共交通类工程项目、养老产业工程项目、文体医疗教育类产业工程项目、海绵城市建设等新型建筑。

（3）加大对绿色、智能类建筑工程的投资和政策支持。如被动式房屋工程项目、智能房屋工程项目、智能道路工程项目等。

（4）增加个性化建筑工程的供应以满足不同人群的需求。如钢结构工程项目、木结构工程项目、集装箱房屋工程项目、不同建筑风格工程项目等。

（5）加大国际市场开拓力度。以“一带一路”为契机，实现“走出去”战略。把中国制造业和高铁、建筑、水利水电等国内一流的企业引到国外建筑市场。

2.建筑生产方式方面

（1）推行建筑工业化，改劳动密集型为技术管理型。提高生产效率，减少环境污染和材料损耗，降低对劳动力的依赖。

（2）推进生产经营集约化，包括建筑企业间的兼并重组、建筑企业内的优化整合，充分利用建筑行业整体资源，提高建筑产业链运营效率，降低建筑企业的运营成本。

（3）企业必须由“竞争”走向“竞合”，改单打独斗为合作共赢，充分发挥政府、市场、资本和企业各自的优势，提升资源整合能力，在共赢中走向发展新高度。实施集约化经营，包括利用企业间的兼并重组，提高建筑产业链运营效率。推动多方合作模式开展建筑业务。

3.建筑要素投入方面

（1）改善劳动力供应，加强对员工和技术工人的业务培训，大力提倡术业有专攻，弘扬“工匠”精益求精的精神。加大对从业者的技能培训以提高劳动效率等，逐渐减小建筑从业者人数减少的影响。

（2）加大创新要素的投入，包括创新型人才培养、研发资金投入等，大力推广科技创新和专利，真正运用到工作中。促进建筑产业和建筑企业转型升级的实现，更好地满足社会对建筑的需求，同时也有利于降本增效。

（3）加强建筑信息化建设的投入，包括互联互通的四库一平台、企业内部管理信息系统、BIM技术、互联网技术应用等，提升建筑产业和建筑企业的运行效率和决策准确性，提高各建筑相关要素的利用效率。

（4）加大海外市场的投入，包括对亚非拉为主海外市场的扩大开放融和以及增大投资规模，大力发展海外建筑市场，既有利于消化国内过剩的建筑产能，也有利于提升我国建筑业的整体水平。

4.建筑相关制度方面

（1）加速和深化建筑业简政放权，持续推进市场化，让政府的归政府、市场的归市场，政府更多地变事前审批为事中监管，打破区域和行业壁垒，使市场更加开放、透明，并依靠市场的力量调节资源配置，最大化地发挥建筑产业供给资源的价值。

（2）大力推动国有建筑企业混改，将政府调控和市场化规则相结合，减少行政保护，增强国有建筑企业的经营活力，使国有建筑企业更适应市场竞争。与此同时，政府将逐步减少在国有建筑企业中的股权比例，使非战略意义的国有建筑企业真正实现市场化经营。

（3）逐步推出减税政策降低建筑企业税务负担，营改增的本质是减少建筑业税负，降低企业的经营成本，并使企业能够有更多资金投入到研发和创新工作以及生产的改善，促进建筑产业的可持续发展。

（4）金融体制改革和体系完善使建筑企业能够更便捷地以较低成本和多种渠道进行融资，助力建筑企业的转型升级，增大建筑企业的创新投入，提高建筑企业的经营质量，促进建筑企业持续健康发展，同时提升建筑企业参与国际化竞争的优势，促进中国建筑业海外市场的发展。

四、结束语

供给侧改革尽管会给建筑业带来明显利好，但由于建筑业积弊较多且关系复杂，同时建筑企业整体管理水平在众多行业中明显落后，因此国有大型建筑企业在结构性改革中，应充分发挥技术、管理、资源等优势，继续加强核心技术竞争力，打造综合素质一流的管理团队和施工队伍。改革推行期间，承受不住阵痛的建筑企业将会消亡，故需要企业循正道、勤锻炼、补营养以挺过阵痛迎接新生。

基于价值提升的公司战略导向平衡计分卡应用浅析

安徽古井贡酒股份有限公司　李震雷

提升公司价值是公司价值评估的核心目标。利用价值评估来提升公司价值有两条途径：其一，董事会和管理层可以通过内部途径的评估来反馈治理与管理工作的效果和效率，根据相关价值信息进行工作调整，间接实现价值提升；其二，对外部途径的价值评估有利于对外的投资、并购，能够直接地实现价值提升。但是，对外部途径评估结果的评价较大程度上依赖于公司市场价值，所以外部途径评估更多的以上市公司作为对象。而内部途径评估提供的公司价值信息只需以时间序列进行比较分析，不需要与市场价值进行对比分析，这既在一定程度上克服了非财务指标难以量化的缺点，同时也增大了评估的适用范围。我们所熟知的市盈率估值法、现金流量折现法（DCF）等都属于外部评估方法，它们脱离了公司关键成功因素，不适于内部途径评估。那么，采用什么工具可以将这些关键成功因素内嵌于内部途径价值评估中来提升公司价值，怎样应用这一工具，这些都是有效提升公司价值亟待解决的问题。

一、战略导向平衡计分卡的构建

第一，战略管理目的在于提升公司价值。这些年来，国内外学者对公司价值内涵进行了探讨，从单项资产评估值加总到公司未来各期净现金流量现值和，不同的观点体现了对公司本质的不同见解。现在被认同的公司价值已经成为对现有盈利能力、盈利增长能力和盈利持续能力的评价结果。以投资方式介入公司运作的利益相关者更关注公司的发展潜力，即对长期盈利能力的关注。由这些投资人所组成的股东大会为了能有效地保持公司的发展潜力，于是各种发展战略应运而生。战略管理成为保持公司发展、提高公司价值的重中之重。战略管理的目的在于提升公司价值，公司价值评估具有战略导向作用（冯春丽，2005）。将战略管理与公司价值评估结合起来，是提升公司价值的需要和途径，对战略的关注是内部途径价值评估的核心。

第二，平衡计分卡两大功能的演进——从绩效评估到战略管理。平衡计分卡（BSC）于1992年由哈佛大学Robert#.Kaplan及David Norton 首度提出。BSC的提出，使公司在衡量其绩效时兼顾财务与非财务、长期与短期、内部与外部的指标，被誉为“公司绩效的驱动”。然而，仅对绩效进行管理已经不能适应当今公司复杂的管理需要，于是，更多的所有者与管理者主张将公司的战略主题纳入BSC体系。Kaplan（1992）认为，BSC通过引入非财务指标，将任务和决策转化为四个基本维度的目标和指标，来贯彻公司的战略，它强调短期目标和长期目标的均衡发展。伴随着BSC的管理功能演进，我们将传统BSC中的“客户”维度修改为代表所有外部利益的“外部维度”，将“内部经营”维度修改为内部所有活动的“内部维度”，从而成为战略导向BSC。

第三，应将战略导向平衡计分卡应用于内部途径价值评估——从战略管理到价值提升。结合战略管理对公司价值提升的作用，可以将管理工具战略导向平衡计分卡用于内部途径价值评估。在价值评估过程中，战略导向平衡计分卡着眼于战略管理，能够全面、相关且可靠地评估公司价值，为治理层和管理层提供价值信息，从而实现提升公司价值的目标。

第四，战略导向平衡计分卡在内部途径价值评估中的应用。如果会计控制系统中指标选择与公司战略联系越紧密，股东的投资回报率就会越高（Simons，1987）。在众多价值提升的驱动因素中，非财务因素和长期因素能充分体现公司发展的潜力，它们与战略的结合最为紧密。我们选择内部控制和公司社会责任分别作为非财务因素和长期因素，并将其纳入内部途径价值评估体系中。建立战略导向平衡计分卡与内部控制的联动机制并与公司社会责任活动相融合，是评估内部控制和公司社会责任活动的前提。只有联动的战略导向平衡计分卡和内部控制，才能将战略导向平衡计分卡的评估指标运用到内部控制的评估中；也只有通过资产细分与重组，达到对战略导向平衡计分卡四个层面的融合，才可以有效地评估公司社会责任活动在提升公司价值过程中的作用。

二、战略导向平衡计分卡与内部控制联动机制的建立

内部控制的五大目标是实现发展战略、合法合规、资产安全、报表可靠和经营效率与效果，其中战略目标是内部控制最终的目的和最根本的目标，内部控制的本质就是战略定位与战略实施控制（池国华，2009）。李心合（2007）提出：内部控制应该从财务报告导向转到价值创造导向。内部控制能够为公司战略目标的实现提供强有力的保证，是公司价值提升的非财务因素。要将内部控制纳入基于价值提升的内部途径价值评估过程中，需要建立战略导向平衡计分卡与内部控制的联动机制。

内部控制的各要素之间是存在循环关系的。在既定控制环境的干预下，根据公司的五大目标评估风险，依据评估的结果设计并实施控制活动，在实施过程中加以监督，通过信息技术与沟通机制的反馈营造更加适当的控制环境，重新评估风险，并修正控制活动。但是，内部控制要素的循环有其自身缺陷：风险评估依据的目标太多，难以合理针对关键目标实施详细评估；控制活动的执行没有可量化的结果，只能根据定性的结果作为判断依据；改进措施的信息来源较狭窄，没有具体的改进步骤，不利于内部控制的完善。

针对内部控制要素循环存在的缺陷，建立战略导向平衡计分卡与要

素循环的联动关系，如图1所示。第一，治理层应当为公司树立特有的公司愿景，公司愿景的设定不考虑时间的限制，但要符合实际，不能脱离现实。第二，治理层确定达到所需愿景的关键成功因素以及战略目标。关键成功因素是对某事项的定性描述，战略目标是对关键成功因素的量化描述。第三，管理层依据战略目标对公司面临的风险进行详细评估分析，各层级管理员再细分到其他目标实施风险评估。因为战略目标是五大目标中层次最高、最核心的目标，所以这样就克服了对非核心目标的详细评估，节约了实施内部控制的成本。第四，根据风险评估的结果设计与执行控制活动，将风险控制在可接受的范围之内。第五，在执行控制活动的过程中，各层级管理员不断评价各项相关指标和具体目标的实现情况。相关指标是对战略目标的实施进程进行评测的标准，而具体目标是对指标的量化，是变化的数值。需要注意的是，战略目标的实现情况应由多项指标共同来评测；具体目标则是更短期间的目标。相关指标和具体目标的设定，使控制活动得到量化评价，有利于控制活动的修正。第六，各层级管理员利用信息技术与沟通机制，将控制活动过程的监督情况和具体目标实现情况反馈给管理层，管理层对过程和结果的双重信息进行综合分析，从而获得改进措施。提请治理层营造适合的控制环境，并重新评估风险，修正控制活动。

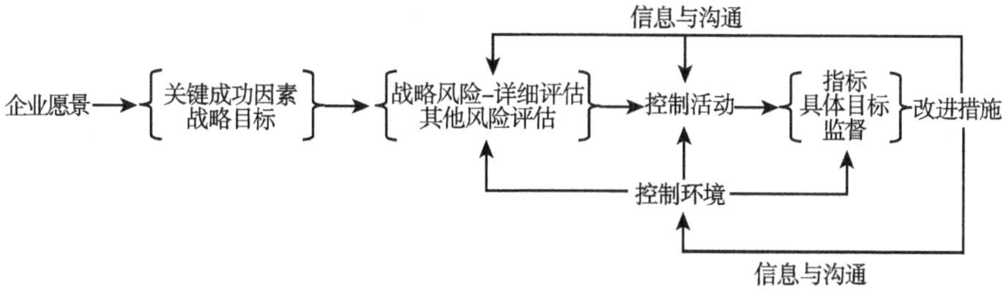

图1　战略导向平衡计分卡 与内部控制的联动机制

三、战略导向平衡计分卡与公司社会责任评价的融合

公司社会责任活动与公司价值是有相关性的，公司社会责任风险通过

对资产结构变迁来影响公司价值（冯巧根，2009）。毕马威国际会计师事务所在其《2005年公司社会责任调查报告》中指出，公司社会责任越来越被公司看作是公司核心价值和战略中不可分割的一部分，而不是组织内部应对负面新闻才履行的一种临时功能（温兴琦，2005）。公司社会责任回应必须融入公司战略，公司社会责任政策应该由公司战略思想所引导。冯巧根还认为：BSC是基于多项利益均衡的控制系统，公司社会责任则是另一种类型的有关利益相关者的控制系统，应该对BSC进行局部调整并整合二者，充分利用BSC系统优势。笔者认为，公司社会责任活动影响的是公司持续的发展能力，是长期因素中最为关键的一种，应该将公司社会责任评价纳入基于价值提升的内部途径价值评估中来，将其与战略导向平衡计分卡融合。公司的成功依赖于对公司内外的各种要素，根据公司社会责任活动对公司价值的影响，可以将公司资产进行重分类为五个子目：实物资产、顾客资产、员工与供应方资产、组织资产、金融资产。研究公司社会责任活动，必须同时对这些资产项目加以关注。在公司社会责任活动下的五类资产又可分为实线资产和虚线资产。其中，实线资产是可见的作用于短期的资产，实物资产和金融资产是现在拥有或只影响较短时期的资产，部分组织（如系统、环节、知识产权等）也偏向于短期影响，所以它们是实线资产；虚线资产是不可见的作用于长期的资产，顾客资产和员工与供应方资产是对未来长期利益有重大影响的资产，它们与剩余部分组织资产（如战略、文化、创新等）是虚线资产。在战略导向平衡计分卡四个维度中，财务维度和内部经营维度是面向短期的，可以用来评估实线资产的价值；而外部维度和学习创新维度是面向长期的，用来评估虚线资产是恰当的。

四、基于战略导向平衡计分卡的内部控制与公司社会责任活动评估

由于内部途径评估价值存在特殊性，利用战略导向平衡计分卡对内

部控制和公司社会责任活动进行评估应当注意以下原则：第一，明确评估者和使用者。内部途径价值评估的评估方和使用方都是治理层和管理层，所以要确定评估职责，在战略导向平衡计分卡中建立不同层级的目标、指标。第二，建立独特的指标体系。内部途径价值评估建立的评价指标除了传统的价值评估指标外，更加注重的是与内部控制有效性与公司社会责任活动价值创造效果紧密相连的指标。不同的公司也应该建立不同的指标体系，来适应公司特有的内部控制体系和公司社会责任活动计划。第三，科学地分配指标权重。可以利用鱼刺图，根据公司自身情况将相关因素赋权。第四，运用价值时间序列的对比。内部途径价值评估关注价值在时间上的变化，不强调具体的价值量，这也是内部途径评估和外部途径评估的最大区别。

五、结束语

以提升公司价值为目标，以内部途径价值评估为主体，以公司战略的管理为核心，以战略导向平衡计分卡与内部控制建立联动机制和对公司社会责任活动的融合为基础，利用战略导向平衡计分卡对内部控制和公司社会责任活动进行价值评估，最终形成了基于价值提升的战略导向平衡计分卡应用框架如图2所示。

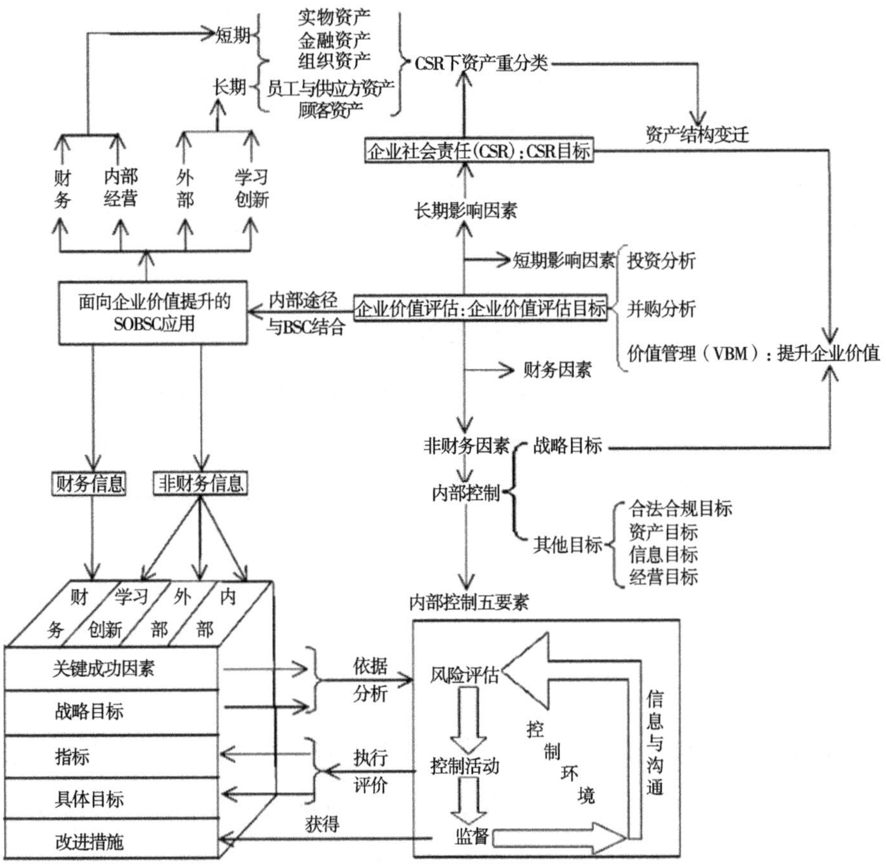

图2　基于价值提升的战略导向平衡计分卡应用框架

参考文献：

[1] 张先治. 基于价值的管理与公司理财创新[J]. 会计研究，2008（8）.

[2] 胡奕明. 非财务指标的选择——价值相关分析[J]. 财经研究，2001（5）.

[3] 刘淑莲. 公司价值评估与价值创造战略研究[1]会计研究，2004（9）.

[4] 冯巧根. 基于公司社会责任的管理会计框架重构[J]. 会计研究，2009（8）.

[5] 方红星. 内部控制——整合框架[M]. 辽宁：东北财经大学出版社，2008.

[6] 池国华. 公司内部控制规范实施机制构建：战略导向与系统整合[J]. 会计研究. 2009（9）.

立足自身优势 围绕利润导向 确定合理战略 实现企业综合成长

中油金鸿能源投资股份有限公司北京咨询分公司 张更生

中油金鸿能源投资股份有限公司成立以来，紧紧抓住国家大力推广天然气应用及公用事业改革的历史机遇，依靠全体员工长期努力，已发展成集天然气综合开发利用和环保工程业务于一体的大型集团。目前公司主业依然是天然气业务，随着宏观经济形势的变化，公司将围绕市场发展趋势，立足自身优势，确定合理战略，实现企业业绩的持续稳定增长。

一、从国内经济增长前景及行业发展趋势来看，外部环境总体有利于公司目前业务发展

一方面国内经济增长前景从长期看，依然较为良好。尽管中国经济形势短期严峻，目前已呈现“波动性下行”的整体特点，国内经济增长进入中速增长阶段，部分工业产能严重过剩，整体债务水平持续上升，对燃气企业新居民用户及部分工业用户的业绩产生巨大影响；但随着改革深化和新型城镇化战略的实施，经济发展质量将大为提高，污染性能源发展受限，由于其清洁性与经济性优势，天然气消费增长速度仍将高于经济增长速度。从市场需求来看，2013 年我国天然气表观消费量 1676亿m^3，占一次能源消费比重的 5.9%，根据国家能源发展战略行动计划，2020年我国天然气消费量要达到4000亿m^3，占一次能源消费比重的10%。

另一方面，国家正力促天然气价格、上游勘探开发、中游进口储运等各环节机制体制市场化改革，推动产业链的开放与重组，预计未来国内天然气行业将逐步建立厂网分离、网运分离、网销分离的更为开放和竞争型的市场结构，为社会资本进入天然气产业提供了更大契机。

同时，一体化经营成为燃气企业发展趋势，为成熟型企业拓展延伸产业链条提供了良好契机。在实践中，从国内来看，上游企业抢占下游市场，下游企业涉足上游业务，已成为普遍现象。

另外，还要看到国内互联网消费模式的兴起，为拥有大量居民用户的燃气企业大力拓展增值服务提供了良好契机。

二、从企业发展情况看，公司未来实现稳定持续增长的目标面临巨大挑战

第一，公司现有燃气业务发展受到多重因素制约。加气站业务方面，随着气价不断上调和油价持续走低，性价比优势逐步丧失；同时市场竞争日益加剧，业务利润增长受到制约；开户费方面，国内经济增长乏力，导致开户费收入也受到影响；公司大型工业用户压缩产能，导致工业用气量也有所萎缩。

第二，公司投资并购工作没有出现突破性进展，小项目并购多，大项目落地少，很大程度上影响了公司规模的增长。

第三，环保工程业务尽管发展迅猛，但与公司燃气业务还没有形成较好的协同效益，资源没有得到充分使用。

第四，公司新型业务发展不足。分布式能源、船用加气、增值服务等新业务的试点及培育很早就已经开始推进，但起步早、规模小、见效慢、落地迟，对集团还未产生利润贡献或贡献度较小。

此外，还有一些产业链上的其他业务尚未开展，业务潜力没有充分挖掘，集团业务内在价值没有得到充分发挥。

三、根据公司现状及行业趋势，我们将确定未来三年发展战略

（一）坚持原则及发展目标

发展原则即加快产业结构优化，快速扩大产业规模，大幅提升业绩水平。发展目标即经过三年的投资并购、市场拓展、结构调整、改善经营水平，成为“国内综合实力最强的跨区域综合性清洁能源企业”之一，形成以城市燃气、车船燃气、环保工程服务为核心，分布式能源、能源物流、LPG业务及增值服务为补充的业务格局。

（二）业务板块总体发展要求

1. 立足自身优势，积极发展现有城市燃气业务

（1）现有城市燃气业务总体发展要求：坚持效益优先，积极扩大规模，加强深耕细作，积极开发区域市场潜能。这一原则是由公司性质和当前所处的形势所决定的，要积极利用政策空间、市场空间、改革空间，借助自身气源优势、管网优势、运营优势、安全优势，加速扩张，扩展市场规模；同时要持续巩固发展现有项目，提升销气量，调整营收结构，不断增强内生增长动力。

（2）城市燃气业务主要工作：

第一，加大现有各类市场开发力度，多点开花，全面提升集团销气量。首先，继续利用区域优势，努力提高现有市场气化率，加大对城市偏远区域的开发，挖潜增效，尽早实现开户费收入与供气；其次，要紧紧抓住积极拓展燃气采暖市场，借助供暖煤改气、分户式采暖以及南方地区冬季供暖需求迅速增长的有利机遇，并考虑结合集团分布式能源项目进行开发；再次，细分工商业用户市场，针对不同等级的用户制定不同市场开发策略，实施不同的激励政策，充分调动市场开发人员的工作积极性和主动性。

第二，大力推进“煤改气”市场和燃气发电市场开发工作，培育新

的销气量增长点。公司要重点针对京津冀一体化和冬奥会要求，加大对相关区域的“煤改气”项目、重要电力集团跟踪力度，公司要及时制定整体开发策略及配套开发政策，帮扶下属公司开展相应工作；下属公司要根据集团整体策略，结合地方实际情况，采取多种灵活措施，大力推进市场开发。此外要通过各种方式促使地方政府逐渐禁止或减少煤炭使用，营造有利的政策及市场环境。

第三，配合地方政府发展规划以及城镇化发展趋势，努力加大“美丽乡村”建设，积极获取政府各项支持，降低开发成本，提升销气收入。

第四，紧密跟踪国内新增主要管线气源供应计划，提前做好应对准备工作，适时与沿途政府对接，积极巩固扩张自身特许经营权，同时做好潜在相关市场开发方案。

第五，要密切关注政府价改动向，提前与政府沟通协调，尽早建立价格联动机制，减少、消除因价格改革带来的负面影响。

第六，加强精细化管理，夯实集团可持续发展基础，对亏损企业实现整治处理。

2. 适应国内能源行业发展趋势，积极发展车船燃气业务

（1）车船燃气业务总体要求：整体上要求市场布局与用户开发同步推进。要加速加气站项目拓展，加快项目落地，做到“在优势地区获取优势项目，在优势领域占领优质市场”；要各种方式降低成本，确保稳定毛利润来增加效益，同时要适应电动车发展趋势，积极布点；对于船舶加气业务，积极与潜在客户项目进行对接，借助合作方资源积极落地，树立成功商业模式，积极扩张。

（2）车船燃气项目主要工作。

第一，继续大力拓展汽车加气站市场，抓紧加气站发展时期，进行慎重规划，统筹布局，针对核心区域，努力开发国内 CNG 加气站项目和LNG加气站市场。在开发方法上，要坚持新建改建并举的思路，联合相关合作方，加强与公交公司、物流公司合作，加快加气站项目的拓展和推进。同时要大力强化已投资加气站的运营与管理，降低气源成本，确保出台各种

市场营销策略来拓展及维系客户，以稳定毛利润收益来确保经济效益。同时要积极研究区域能源结构，针对电动汽车未来发展趋势，对油气电混合站项目开展试点工作。

第二，适应环保需求，营造船改气业务基础，积极开展船舶加气业务。在船舶加气领域，由于政策及经济性上正日趋明朗，现阶段我们要充分利用各方技术及市场开发经验，积极与潜在客户对接，通过试点项目做好探索研究工作，树立成功商业模式，同时密切关注并积极引导国家政策法规及市场环境的变化，适时果断推进。

3. 适应多元化发展需要，大力发展环保工程业务及其他业务

环保工程业务要积极利用自身技术优势，树立大市场意识，采取灵活布点方式，加大对国内潜在市场开发力度；同时要积极围绕国家环保政策变化要求，加快技术方案及配套装备升级。另外要加快与燃气业务区域的市场开发配合力度，加大对相关工业园区的渗透，同时要可考虑以吸收参股的方式，与部分央企绑定合作关系，拓展市场基础。另外要加快项目资金回收进度。

分布式能源项目应考虑与合作方联合，利用公司气源、管道等方面优势，结合奥运场馆建设、地方优惠配套政策等契机，开展布点筛选，加强协作，强调团队合作，积极落地。

能源物流一方面应考虑与合作方做好技术标准的研究及配套设备的研制，另一方面着眼整体市场需求，加强与国内外气源方的合作，加强与自身潜在大工业客户的对接，加强与外部各类终端用户的沟通，采取多种方式快速布局终端市场，拓展自身能源服务供应网络。

LPG业务及增值服务重点加强营销管理，提升品牌价值。要优化供应链管理，降低运营成本。强化品牌营销，引领行业标准及规范，巩固行业地位。

（三）保障措施

（1）适应行业整合需求，整合产业链，加大对相关业务的并购力

度。对于天然气经营企业而言，通过产业链和价值链的延伸实现一体化经营，一方面可以最大限度消除产业链各环节间相互制约影响，增强联动效应，提高抗风险能力和整体竞争力，另一方面可发挥各环节间客户资源、信息资源以及资金的传递效应，充分挖掘业务潜力，降低交易成本，实现价值放大，从而最大限度提升企业价值。

从国际来看，英国森特理克集团、日本大阪燃气、西班牙天然气电力公司等企业，初期都是从下游城市燃气业务开始发展，后来根据政策及市场环境以及自身的发展条件，有选择性的向中游 LNG 码头和上游气源开发业务方向拓展，并进行了包括发电在内的下游业务拓展，最终实现了天然气产业价值链的多向延伸以及各事业板块的协同发展。

同时，加大对其他企业并购力度，也是适应投资者对公司发展的客观需要，更是国内燃气业务竞争日趋激烈后的一种必然选择。

（2）继续优化管理模式。随着规模的扩大，只有适度下放管理权限，才能提高工作效率。只有将基层管理者的责权利相统一，才能充分调动积极性和创造性。

继续建立完善考核投资收益率的考核体系，彻底改变只管投入不管产出的意识。调整各区域公司梳理所辖企业股权结构，将各区域投资公司所管理企业转为其分（子）公司，真正做到股权关系清晰，资产权属清晰。强调收入、利润指标及资产收益率考核，对回报率低于银行同期贷款利率的，见效周期长的项目不予考虑。

（3）加快推动企业多元化业务发展。积极推动环保公司在新三板的上市，以实现投资效益的最大化；同时积极推动其他业务与天然气业务的融合。通过适度多元化经营提升公司整体盈利能力及抗风险能力。

（4）继续抓好安全工作生命线。提高忧患意识、强化责任、严格督导查处，减少和遏制事故的发生。在运营管理及安全管理方面突出各级管理人员“有感领导”意识，安全工作保障措施具体化，通过完善的预案、演练和维抢修工作，提升公司安全防范专业水平。

（5）优化融资方式和资产配置结构，为公司发展提供保障。完成资金配置的优化，做到长短结合，阶段合理。同时完成必要的融资额度，满足公司经营发展需要。

（6）积极培育高利润高增长企业，积极消灭经营性亏损。公司将继续扶持高利润高增长的企业发展，并开展消灭亏损行动。各大区要委派专人负责亏损公司的扭亏工作，以增强责任感。

（7）加强人力资源建设，继续加大人才培养计划的力度。要高度认识青年员工是公司未来发展的希望，要保持公司持续发展，必须重视青年人才培养。要启动人才培养计划，实施青年干部挂职锻炼，推动双向的挂职培养。逐步实施区域公司之间、各区域公司下属公司之间的干部交流。对公司忠诚、品行端正、积极肯干、有一定技术专长和管理才能的青年员工列为培养对象，积极培养，大胆使用。

（8）加快信息化建设，适应“互联网+”时代需要。利用加快信息化建设步伐，降低公司安全检测、运营维护等方面成本；同时要充分利用集团所有板块客户资源，发掘商业价值，结合现有互联网厂商的平台优势，打造服务平台。

河南水泥行业供给侧结构性改革探讨

河南同力水泥股份有限公司　尚达平

根据历史经济发展规律，经济发展到一定阶段，即国民生产总值达到人均8000美元以后，国家经济驱动将由投资驱动转变为消费驱动，投资拉动GDP的效果将边际递减。投资、出口和工业驱动增长的模式渐行渐远，而依靠消费、服务增长和效率提升支撑的模式越来越近。原有的经济增长方式已不能适应当前经济新常态。

党中央围绕谋划当前和“十三五”时期发展，多次强调了供给侧结构性改革问题：“在适度扩大总需求的同时，着力加强供给侧结构性改革，着力提高供给体系质量和效率，增强经济持续增长动力”。加强供给侧结构性改革的目的是，通过进一步推进市场化改革和完善市场机制，矫正以前过多依靠行政配置资源带来的要素低效配置；通过调整各类扭曲性政策和制度安排，激发市场主体活力，加快市场出清，化解结构性矛盾。供给侧改革，工业是主战场，企业是主力军，实质是行业转型升级发展。

一、供给侧改革的必要性

（一）宏观背景：中国经济步入新常态

一是2015年规模以上工业增加值增加6.1%，同比回落了2.2个百分点，创历史新低。

二是能源、原材料行业尤其困难，价格跳水、需求下降、产能过剩。

钢铁、煤炭、有色、水泥、石油石化利润等分别下降71.1%、61.2%、10.6%、61.3%和55.1%。

三是2015年1~4季度规模以上工业企业增加值增幅仍趋递减，分别是6.4%、6.3%、5.9%、5.9%。规模以上工业企业利润增幅-1.9%，亏损面14.5%，上升2个点，亏损额增加32.4%。PPI连续47个月负增长达-5.9%，通缩加剧，如表1所示。

表1　2015年中国宏观经济运行概况

经济指标	2014年（同比）	2015年（同比）	指标解读
GDP	7.3%	6.9%	创25年的新低
CPI	2.0%	1.4%	通缩压力
PPI	-1.9%	-5.2%	连续为负数
进出口总额	3.4%	-7.0%	负增长
新增贷款	97800亿元	超过110000亿元	宽松政策
规模以上工业增加值	7.9%	6.1%	下滑
固定资产投资	15.7%	9.8%	下滑
房地产开发投资	10.5%	1.0%	下滑，但保障性住宅投资增长
城镇居民可支配收入	9.0%	6.6%	下滑

四是2015年房地产和基建整体表现乏力，尤其是房地产投资增速出现断崖式下滑，从2014年增长10.3%直线下降到2015年的1%，房地产投资增速降幅已经连续两年接近10个百分点的降幅，如图1所示。

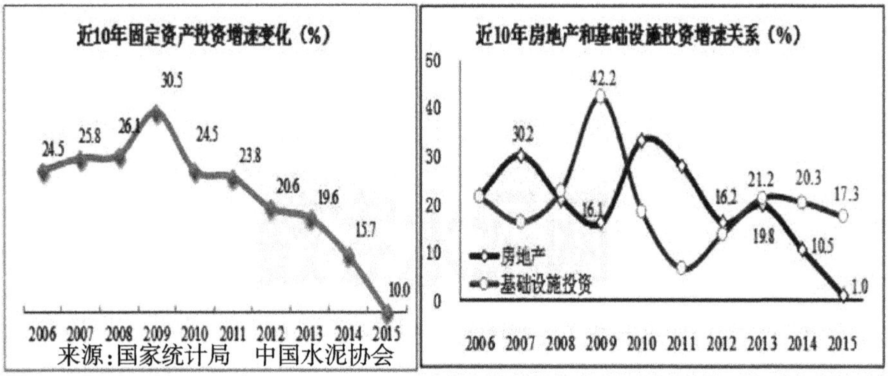

图1 近10年房地产投资增速变化

从以上当前宏观经济发展重要指标可以看到，“十三五”期间水泥行业供给侧改革所处的宏观环境新常态如下：

一是GDP增速将从高速增长阶段转向中高速增长阶段，2015年GDP增长6.9%，创25年的新低，如图2、图3所示。

图2 中国GDP走势（2011—2015年）

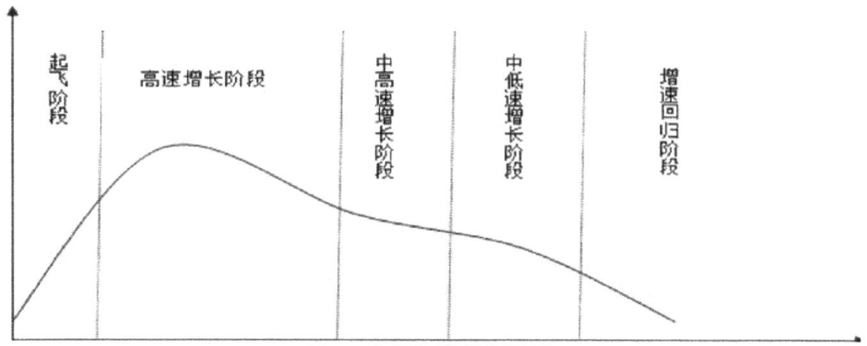

图3　中国经济发展阶段

二是国家财政政策、货币政策将呈现“双宽松”的宏观调控政策，实施积极的财政政策和适度宽松的货币政策，保持宏观经济政策连续性和稳定性，保持经济平稳较快发展，这给持续深入推进供给侧改革提供了较好的宏观调控政策。

三是房地产投资继续下滑，在河南房地产市场开发尤为明显，河南省房地产新开工面积和土地购置面积已连续三季度下滑。2015年为土地购置面积951万平方米，比2011年的1566万平方米少了40%，土地购置面积的活跃程度是房地产开发的晴雨表，而房地产市场下行要早于水泥产业，如图4所示。

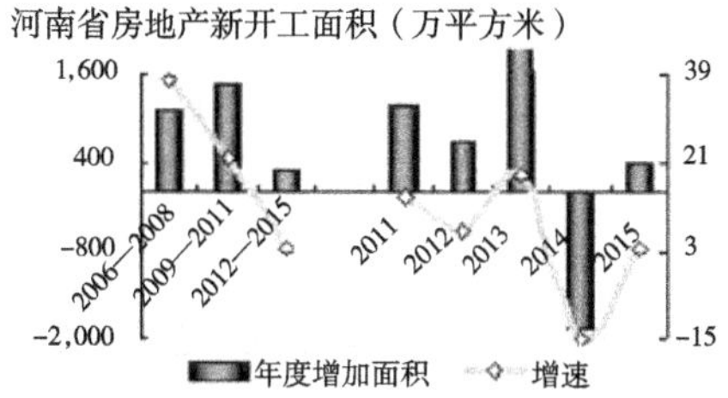

来源：水泥地理

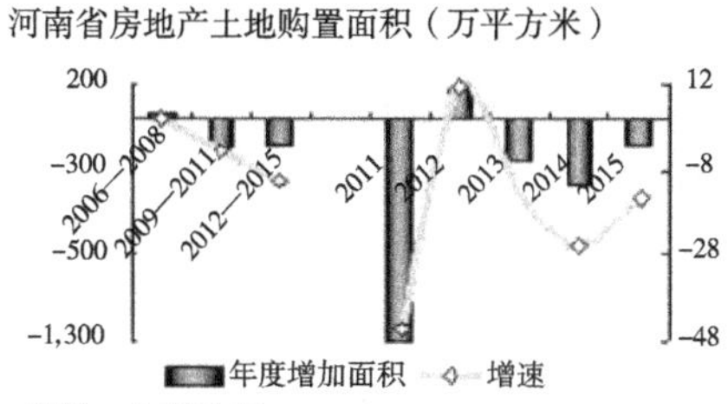

来源：水泥地理

图4　河南省房地产新开工面积和土地购置面积柱状图

四是供给与需求的矛盾集中在供给侧，表现为供给不能适应需求的变化。供求矛盾转变为供给过剩与供给不足并存，数量过剩和品质不高并存，传统、低端和无效供给过多，新型、中高端和有效供给不足。

（二）行业背景：水泥行业供给侧改革迫在眉睫

一是行业产能发挥过低。2015年全国新增投产水泥熟料生产线共有31条，年度新增熟料产能4712万吨。新型干法水泥生产线累计1764条，设计熟料产能达18.1亿吨，实际年熟料产能达到20亿吨。熟料总产能比上年同期增长2%，水泥产能达33亿吨，熟料产能利用率为67%，行业产能过剩严重，如图5所示。

2015年水泥产量　　单位：万吨，%

区域	水泥产量	同比增速	占比
全国	234796	-4.95	100.00
华北	19776	-14.60	8.42
东北	11149	-15.77	4.75
华东	75177	-5.62	32.02
中南	67242	-1.72	28.64
西南	40522	1.30	17.26
西北	20930	-7.19	8.91

2015年熟料产量　　单位：万吨，%

区域	熟料产量	同比增速	占比
全国	133487	-6.05	100.00
华北	10308	-21.10	7.72
东北	6073	-20.91	4.55
华东	42273	-3.89	31.67
中南	35598	-3.07	26.67
西南	25768	-1.58	19.30
西北	13467	-6.80	10.09

来源：国家统计局　中国水泥协会

图5　2015中国水泥行业熟料、水泥产量完成情况

二是水泥产量同比首次负增长。2015水泥产量是23.48亿吨，比2014年24.7亿吨的峰值出现了5%的下滑，自1990年以来，与GDP增长出现了首次负相关，水泥行业发展的拐点已经显现。

三是企业利润下滑严重，亏损面扩大。2015年行业实现利润总额329.7亿元，同比下降58%，利润不到2014年的一半，甚至低于近七年的盈利水平。水泥行业企业亏损面约为35%，较上年提升了10个百分点；亏损总额为215.36亿元，较上年增长一倍。全国31个省级地区中，有9个省出现水泥行业亏损，约占29%。其中，山西亏损最严重，亏损约21亿元，其次是河北，亏损15.4亿元。河南超过70%的水泥企业出现亏损。

四是从水泥工业发展的路径来看，当人均水泥累计消费达到一定数量时，水泥消费量不再随经济增长而增长，峰值后转入5年~8年的平台期，最终进入下降期，达到平衡即人均消费500吨/人~700吨/人（年需求水泥10亿吨左右）。

五是行业出现下降期以后，大量竞争力不强的企业和落后产能将退出市场。行业中将会出现大量的并购重组，最后成就超级企业，像法国的拉法基、瑞士的豪西姆等。

（三）推进供给侧结构性改革的紧迫性

一是大量过剩产能不能有效退出，供大于求导致竞争日趋激烈和PPI持续负增长，企业利润滑坡，债务负担加重，产能过剩已经成为经济运行中的“恶性肿瘤”，必须痛下决心在供给侧施行精准的“外科手术”。

二是投资拉动经济增长效果欠佳，过度投资带来产能过剩、债台高筑、结构失衡、效率下降、结构失衡，需要“三去一降一补”。

三是经济发展已进入新旧动力转换，由要素规模扩张转向质量效益提升、由中等收入迈入高收入“惊险一跃”的关键时期。增长阶段转换导致的潜在增长率下降趋势短期内难以逆转(V)，经济发展有可能面临L型发展趋势。随着经济增速逐步放缓探底，我国有可能进入各种风险不断积累并集中释放的时期，面临的挑战更加严峻，加强供给侧结构性改革尤为关键。

二、河南水泥行业现状及存在问题

2015年河南熟料产能达7740万吨，水泥产量达1.4亿吨，水泥总产量增速已经比2014年减少10.06%，连续第二年下滑。河南水泥行业告别了的高速增长时期，已进入行业发展的“拐点”。

（一）行业需求大周期向下，产能利用率逐步降低

从供需角度讲，河南是供给超需求增长的典型省份，2016年水泥市场供求失衡加剧，需求下滑过快。虽然2016年一季度河南及周边省份进行限产协同，但产品售价继续维持2015年年底的低位徘徊。因此，在当前行业协同效应递减的背景下，河南水泥行业的主要竞争者将在市场上进行更为惨烈的搏杀。河南的产能发挥率已经连续两年递减，2015年为72%，如图6所示。

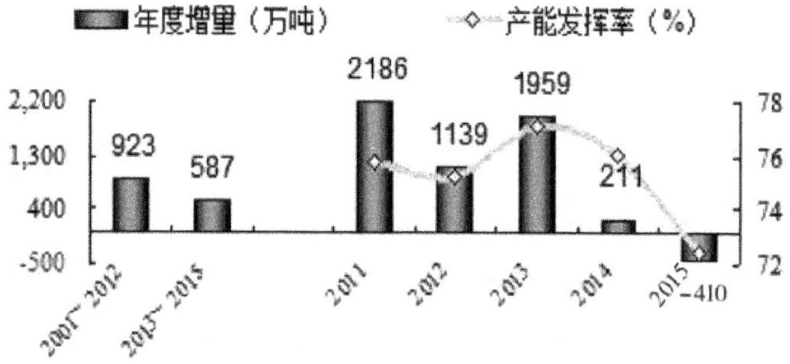

图6　河南省水泥产量

来源：水泥地理

注：上述年度增量指河南新增产能增量。

（二）供需严重失衡，产能过剩亟待解决

从河南的情况看，河南水泥行业在2007—2015年，建成投产54条线，产能7400万吨，生产线平均规模4400 t/d，都是特别能“战斗”的大线，形成水泥能力1.4亿吨，熟料产能利用率为72%，略高于全国平均水平。河南过剩产能既成事实，已经没有什么可淘汰的落后产能，等待“去产能”的只有是10年里建起的新型干法生产线，如图7所示。

河南省新增熟料产能		万吨
年度	熟料产能	水泥能力
2007	1256	2414
2008	1550	2981
2009	1116	2146
2010	868	1669
2011	930	1788
2012	450	864
2013	781	1502
2014	248	477
2015	223	429
合计	7421	14272

图7 河南省新增熟料产能

来源：水泥地理

（三）市场集中度低、区域市场协调能力差

2015年河南熟料产量7,650万吨，若4000 t/d 规模生产线按实际能力计算，在9,000万吨左右，完全能够满足市场需求。河南三大水泥集团天瑞、中联、同力三家产能占据全省产能的50%，与保障市场绝对市场控制力的70%产能集中度尚有较大差距，如图8所示。

河南省熟料产能规模结构			条，万吨，t/d，%	
生产线规模	生产线	熟料产能	生产线规模	比重
合计	74	9591	4181	100.00
～2000	2	62	1000	0.65
2000～3999	27	2294	2741	23.92
4000～	45	7235	5187	75.44

图8 河南省熟料产能规模结构

来源：水泥地理

表2　2015年河南省水泥企业在全国的综合排名表

企业名称	全国排名	河南区域熟料产能	生产线分布	企业性质
天瑞水泥	10位	1782 万吨	河南中部平顶山、许昌、郑州、新乡等	民营企业、中外合资
河南中联	15位	1300万吨	南阳、洛阳、安阳等	央企
同力水泥	19位	1240 万吨	鹤壁、新乡、驻马店、洛阳、三门峡等	省属国有上市公司
孟电水泥	34位	558万吨	新乡	集体
唐河泰隆水泥	49位	372万吨	南阳	集体
安阳湖波、焦作千叶、平顶山大地、三门峡锦荣水泥	并列57位	三家均为310万吨	安阳、许昌、平顶山、焦作、三门峡	集体、国企及民营企业

河南省形成天瑞、中联、同力三家鼎立局面，市场份额在50%左右，具体表现在“强者不强，弱者不弱、规模不够、控制力薄弱”。大企业在水泥终端市场占有率偏低，导致依赖外购熟料生产的水泥粉磨企业主导了低端水泥产品价格（在河南豫东市场P.C32.5水泥品种表现尤为明显）。偏低的水泥市场集中度导致区域市场协调能力差，低价恶性竞争成为市场常态，如表2所示。

（四）企业效益差，创新乏力

河南水泥价格一直低于全国水平40元/吨，是全国价格洼地。2011年价格见顶后持续以每年30元/吨左右速度下滑，如图9所示。

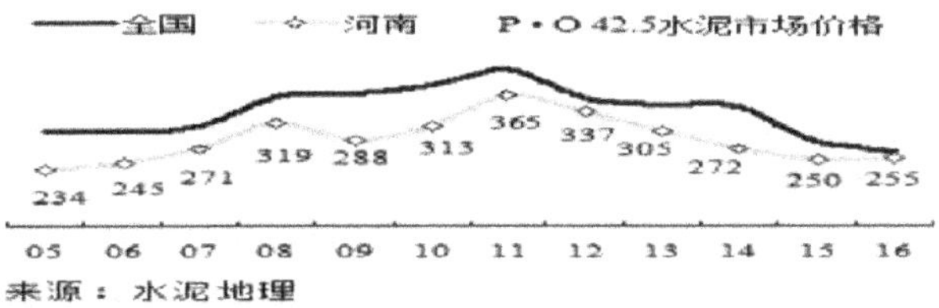

河南省P·O 42.5水泥市场价格　　元/吨

年度	全国 价格	全国 增减	河南 价格	河南 增减	较全国 增减
2008	364	51	319	48	-45
2009	367	3	288	-31	-79
2010	382	15	313	24	-70
2011	411	29	365	52	-46
2012	359	-52	337	-28	-22
2013	350	-9	305	-32	-45
2014	347	-3	272	-33	-75
2015	286	-61	250	-22	-36
2016	265	-21	255	5	-10
平均	348	-5	300	-2	-48

来源：水泥地理

图9　河南省P.O水泥市场价格

近两年河南水泥企业普遍经济效益差，多年持续的投资建设加剧了企业的负债率，导致企业兼并重组和技术改造融资困难重重。水泥价格的下滑，是造成河南主要水泥企业效益普遍下滑的主因，如表3所示。

表3　河南三大水泥企业2015年主要经营指标

企业 / 主要经营指标	同力水泥	中联水泥河南运营区	天瑞水泥河南区
熟料产量	1305万吨	1400万吨	1935万吨
水泥产量	1318万吨	1300万吨	2678万吨
熟料产能发挥率	106.77%	87.5%	86%
水泥产能发挥率	78.15%	56.52%	61.7%
熟料制造成本	125元/吨	157元/吨	135元/吨
水泥制造成本	147元/吨	165元/吨	150元/吨

三、河南供给侧结构性改革应对措施

（一）遏制新增产能

（1）三年内停止河南水泥熟料生产线建设项目备案（核准），包括以水泥窑协同处置建设项目、异地搬迁建设等为名义的项目备案，停止所有水泥粉磨站的项目备案。

（2）取消产能置换政策。目前用淘汰落后产能指标置换新上产能的政策，与现实的化解产能过剩和供给侧结构性改革目标是有冲突的。

（二）去产能与淘汰落后

（1）应用政策量化去产能指标。首先给日产2000吨以下新型干法熟料生产线制定退出时间表。其次，逐步从27条日产2000吨~4000吨新型干法熟料生产线中淘汰50%，减少约1150万吨熟料产能，河南现有产能利用率将提高到80%以上，产能过剩可彻底化解。最后，建议两年内逐步将单线年产60万吨以下规模水泥粉磨站全部关闭。

（2）取消通用水泥标准中的32.5等级水泥，加快小型水泥粉磨站和落后企业淘汰；新疆地区已率先取得较好的市场效果。

（3）运用市场竞争机制淘汰落后。建议省政府对被拆除水泥窑和磨机的企业给予适当的经济补偿，有利于加快去产能淘汰落后。

（4）严格执法去产能淘汰落后。对手续不合法规的新增产能建设项目、对环保、能效、安全生产不达标且整改无望的企业坚决关停。

（5）必要的金融政策支持去产能。建议省政府对水泥行业的去产能淘汰落后要给予一定的经济补偿，设立专项资金，以解决去产能过程中职工就业和企业债务等问题。

（6）河南省重点国有水泥企业的去产能和淘汰落后。一是抓紧列出“僵尸企业”名单，利用国家的“呆坏账核销”政策，对僵尸企业进行“债务核销”并关闭之；二是利用政策环境，突破国有资产“保值增值”的瓶颈，大胆果断剥离不良资产，盘活存量资产，改善企业资本结构。

（三）推进企业兼并重组

（1）确定前三家大企业集团水泥产能占河南水泥总量75%为目标，支持大企业对市场的整合。

（2）河南省政府出台《重点支持河南水泥兼并重组企业名单和鼓励优惠政策及措施》，抢抓国家水泥工业宏观调控政策机遇，通过强强联合，提高集中度，完成我省水泥行业第二次产业结构调整。

（3）大力推进上市公司并购重组，尤其是省属国有资产的整合和重组。尝试和创新不良资产、应收账款的资产证券化，提升资本市场效率和活力，以改善和盘活企业存量资产状况。

（四）区域市场建设与协调

（1）以市场信息沟通为手段，做好水泥区域市场建设和协调工作。以区域内大企业为主体，通过行业协会平台，建立区域市场的市场信息沟通机制。

（2）以提升企业效益为中心，建立和强化行业自律。反对市场垄断、反对低价倾销。以协会牵头，加大并从重处理违反协同工作的企业，维护市场公平竞争秩序。

（3）推动企业的创新能力建设，提升整个行业的竞争实力。促进企业兼并重组，推动企业贯标达标、技术创新和企业文化建设。

（五）加强国际产能合作，开辟新市场

李克强总理提出要“促进冶金、建材等产业对外投资”，并多次指示加快水泥、玻璃成套装备“走出去”的步伐。在“一带一路”国家战略牵引下，积极主动推进“一带一路”战略，进行国际产能合作，尤其是与非洲、东南亚欠发达地区的合作，创造长期需求，消减省内过剩产能。

（六）延伸产业链、推动多产业融合发展

围绕水泥主业拓展产品线，形成水泥、化学建材、节能环保新材料以及节能环保装备等产业多点支撑的格局，通过业态创新、模式创新推动产业联动发展。

（七）提升绿色制造水平

当前绿色制造已经成为中国制造的发展方向，牢固树立循环意识、环保意识、生态意识，加大脱硝项目和低温余热发电技改力度，大力发展水泥窑协同处理生活垃圾、污泥和工业废渣综合利用技术，发展循环经济，推行清洁生产。在区域中心城市（比如郑州）应限制发展水泥工业，降低中心城市治霾的压力。

（八）着力打造智慧企业

水泥产业按照“中国制造2025”的要求，综合运用云计算、大数据、互联网信息化技术，建立贯穿水泥生产全过程的高水准智能控制系统；运用“互联网+”改造水泥等传统行业业务流程，实现企业组织结构、经营模式上的创新；最大限度实现生产的精细化、智能化，推进智能制造，着力打造智能水泥生产线。

总之，“十三五”期间河南水泥行业供给侧结构性改革将呈现“兼并重组、节能限产、循环经济、创新发展”的发展趋势。河南水泥行业的供给侧结构性改革关键在于去产能和提高行业集中度，促进行业转型升级，走向可持续发展的道路。

主动适应供给侧改革　引领经济发展新常态

——从一个地方发电厂的沉浮看淘汰落后产能

安徽滁宁高速公路开发有限公司　周传锦

一、企业发展沿革

C厂成立于改革开放中期，长三角发达地区的乡镇企业忽如一夜春风来，大大小小的机械、皮革、造纸、炼油、化工厂似雨后春笋，蓬勃兴起，但电力供应却如一道屏障，限制了地方经济发展，造成了“有电就能开工，就有钱赚”的局面。有些精明的企业很快就找到解决电力供应不足的办法——筹资，自己建小电厂，先保证自己的供电，多余的还可以给关系好的企业，更何况国家、省、市都还有鼓励集资办电、多家办电的好政策，C厂就在这样的环境中诞生了，并一举成为当地明星企业，利税大户。企业的标志是老总开着小车，从老远便可以看到吐着浓浓黑烟的小烟囱。

二、发展中存在的隐忧

转眼到了20世纪90年代，电力需求更大，原有的机组容量很小，适应不了发展的需要，没有过多的环保评价和能耗标准，C厂再融资将设备容量翻了两番，电力供应能力增加四倍，有钱赚，老总依然风光。

1998年亚洲金融危机让很多中国人在书本外，第一次知道了以前资本主义国家才有的“金融危机”，也会真实地发生在我们身边，C厂第一次不能满负荷要限制生产，高污染、高能耗“五小”关停之说屡屡被专家提起。但这时毕竟是改革开放后，我国经济对内处在“如何满足人民群众物质需求”的供不应求阶段，对外处在外贸井喷增长阶段，就像一阵“恼人的秋风”，企业很快又高速运转起来了，金融危机象风暴一样来得快，去得也快，很快就被大家遗忘了。危机中暴露出的中国经济社会发展中的一些深层次的隐忧，很快被淹没在全社会高涨的热情中。

三、行业百态，艰难抉择

2000年后，中国经济仍然在快车道上行驶，但生产原材料、土地等要素价格开始快速上涨，作为电厂主要原料的煤炭也离奇地一年一大涨，到2005年后更是一个季度一个价，全国煤炭一年消费量突破30亿吨，很快超过40亿吨。中国的煤不够，就从国外大量进口，一二线城市争办煤炭订货会更成当时一景，甚至有人喊出“煤炭要与石油同价”的豪言壮语，当时央视新闻中报导的国内煤矿恶性事故、国外澳大利亚必和必拓对中国铁矿石单边爆涨价格最吸引观众眼球。

几乎一夜之间，中国发电装机连续突破5亿千瓦、6亿千瓦、7亿千瓦，奇怪的是全中国所有发电厂都遇到了原料“买不起、没钱买，发的越多亏的越多”，效益一路下滑的局面，迎来建国以来第一次“寒冬”，C厂老总也低下一直昂着的头，而煤炭等行业却钱多的不知怎么花。

经济怎么了？下一步怎么办？是否到拐点了？一时间，理性研究者有之，等待观望者有之，和市场、政策博弈者有之，还有暴富之后各种炫富、买豪车、买整栋楼等，乱象百出，不一而足。基础行业基本表现为两类：一类是认为开矿成本低，利润高，到处圈地开矿，大型资源开采企业无一例外地投入巨资在比着干，希望能挖更多的矿产资源，赚到更多的钱；另一类是电厂、钢铁、化工企业，与资源行业一样，来不及进行充分的论证调研，就融资贷款投资更大的电厂、更大的钢铁公司、更大的化工项目（有些甚至不顾条件），生怕错过了经济发展的这班车。

不差钱的国企继续“为国争光”，用银行送上门的贷款买国外的技术、设备，建规模更大、参数更高的大项目；加之房地产业的全民推波助澜，很快，中国很多行业产能达到世界第一，并将第二名远远甩在身后。

“一切向钱看”“一夜暴富”的案例刺激着大部分中国人，人们都兴奋着，认为勤劳的中国人可以用30年时间走完国外200年的路，以为只要我们想，再发展30年也没问题，以为可以用手中的钱买到资源、技术、地位、尊重；殊不知我们正以差不多世界上最低的能源利用效率、最大的能耗、最低的保护措施、最大的环境污染为代价，破坏着我们拥有的地球家园。

经济的野蛮生长和粗放发展，不仅造成经济领域的混乱，而且还导致整个社会生态、社会风尚都发生了变化，破坏着我们的五千年中华文明，破坏着我们建国以来的良好风纪；而这每一类破坏行为，都会在不久的将来让我们自食其果，成为我们前进道路上的“绊脚石”。

四、粗放发展必然带来供过于求，淘汰落后成为必然

中国引擎带着自己、推动世界经济高速奔跑了近30年，成为世界经济大奇观，但一味以生产为主导、填鸭式的投资拉动型的粗放发展模式，不考虑用户需求和想法，不注意创新和结构调整，终究逃不了产能过剩的厄运。

当前世界经济已经向形态更高级、分工更复杂、结构更合理的形态演化；经济全球化和“互联网＋”趋势，让中国无法置身事外；粗放式高速发展后的“中等收入陷阱”正步步向我们逼来。

有关数据表明，当前我国经济总体处在合理区间，但增长压力增大（GDP由9.8%降至6.5%），地区（东三省、山西GDP近零或为负）、行业分化明显（钢铁、煤炭、有色、化工、建材、石油增速下滑50%~60%），工业产品出厂价格PPI连续47个月负增长。

基础产业、加工制造业的产能过剩，导致资本的回报率和边际产出率下降；粗放发展还带来大量资源、生态、环境问题，单位GDP能源消耗较高，水、大气、土壤污染严重，生态环境恶化。如果现在不拿出“壮士断腕”的决心和勇气，将来付出的代价就会更大。

我国电力产业的发展也经历了从无到有、从小到大的发展历程，从有电起就有了相关的乡镇企业、有就业、有税收，社会资本一股脑投向发电及上下游煤炭、输配环节，并向上游、下游延伸，加之电力体制改革措施针对性并不强，圈地、项目争夺战硝烟四起，过度以煤为主的粗放的发展模式，最终以触目惊心的矿难、矿区环境破坏、全国近一半的国土面积雾霾急剧爆发为标志，和其他行业一样，电力行业走到发展的十字路口，亟待淘汰落后、转型升级，必须放慢脚步，重新思考电力行业的科学发展模式。早在多年前，政府便顺应市场规律，出台鼓励关停、淘汰落后的举措，淘汰一批高污染、高能耗、低效益的企业，把空间留给亟待发展的新能源的做法，这无疑是最高明、最科学的决策。

2015年，C厂所在市政府根据国家环保部指示和省、市深化国企改革的规划，结合企业退城入园，经过周密谋划，精心操作，不图眼前短期利益，下决心将盈利能力尚不错的C电厂关闭清算了。

操作中，市政府组织专门力量，一方面充分利用国家淘汰落后产能补偿政策，另一方面用足省、市关于劳动人事、财政、土地、税收等配套改革优惠措施，面对面与职工交流，充分听取广大干部职工意见，算好国家、企业、个人三笔账，最大限度地保护职工利益，对所有在册员工全部采取货币化安置，得到了广大职工的一致拥护，由于准备充分、措施有效、资金充足、保障有力，关闭清算工作极其顺利；C电厂原承担的城市供热功能，在政府的协调下转由在开发区建设的一个能效更高、环保更好、容量更大的民营企业负责；在化解人力矛盾的同时，政府还将C厂拥有的有效资产折成股份，与该民企组建混合所有制企业，实现了国有资产的保值增值，在解决现实供求矛盾和历史遗留问题的同时，把经济效益、环境效益和社会效益放大到了最大。

经过一系列整合，C厂完成了一个地方国有企业体制机制转换，顺利淘汰了落后的产能，提升了能效，保护了环境，生产场地也腾笼换鸟，企业员工安置及债务处置实现了无缝对接。

C厂的30年兴衰沉浮，可以说在一定程度上反映当前中国经济发展由中高速转向中低速转型调整中，严重过剩的基础产业所面临的艰难的生死抉择，现把它整理出来，供大家讨论借鉴。

五、过剩产能必须坚决淘汰，这是当前经济领域的一场硬仗，只能成功，否则会给宏观经济和社会稳定带来冲击

供给侧改革，就是从供给、生产端入手，通过解放生产力，提升竞争力促进经济发展。具体而言，就是要求淘汰落后和清理“僵尸企业”，现结合关闭淘汰过剩的、落后的C发电厂，就如何主动适应供给侧改革引领经济发展新常态，落实好中央关于淘汰落后产能政策，提出如下建议：

（1）中央和省级政府可以提供直接或间接补偿，鼓励企业的去产能行为。政府可通过融资支持、财政补助、税收优惠等方式向去产能企业提供直接或间接补偿，即政府提供间接的去产能补偿或直接收购落后产能并报废。

（2）妥善处理就业问题，减少失业风险的掣肘。可以以补助和发放失业保险金等方式对失业者提供资金救助，维持其在失业期间的日常生活，另一方面要加强对失业人员和调整转产人员的职业培训。

（3）妥善处置银行不良资产（如债转股），减少金融风险的掣肘，同时也只有妥善处理好银行的不良资产，各级政府才能放心大胆地消化“僵尸企业”。

（4）鼓励企业兼并重组，提高行业集中度。值得注意的是，笔者认为这次的兼并重组应该以市场为导向，政府不能再搞“拉郎配”，否则会再次引起市场资源配置扭曲。

（5）完善设备注册制度，建立产能监测体系。去“僵尸企业”首先要明确哪些产能过剩最严重，必须完善设备注册制度和产能监测体系。设备注册制度有利于了解设备情况和对产能进行管理，建立产能检测体系有利于把握产能利用动向和降低产能过剩的风险。而对设备和产能情况的掌握以及有效及时的信息发布，可以引导企业进行科学理性的生产决策，同时指导政府针对产能情况制定合理的调控政策。

（6）关停“僵尸企业”必须要设定明确而严格的标准。提高技术、环保、能耗等行业标准，坚决关停不达标企业，明确去产能的规则，引导企业预期。

（7）把淘汰落后产能与增加新产能进行捆绑。避免“去产能”对企业造成过于剧烈的冲击，在循序渐进去产能的同时实现产能存量的升级。

（8）完善破产清算制度，健全市场退出机制。通过企业自行注销、进入破产程序以及资本退出机制等市场化退出机制，让市场主体自身调整，从而淘汰或转移过剩产能，也是消化“僵尸企业”的重要途径之一。

（9）打破刚性兑付，破除“大而不倒”预期。很多“僵尸企业”不愿意退出是因为存在侥幸心理，认为最后政府一定会刚兑兜底，打破这种预期必须抓住典型、“杀一儆百”，发挥引导市场预期的作用。

（10）地方政府是消化“僵尸企业”最终的执行者，所以要想成功必须充分激发地方政府的动力，因此，第一，要把重点行业去产能的目标明确写入政府工作报告，并要求各地方政府落实量化指标；第二，将过去用来补贴“僵尸企业”的资金节省出来，用来收购过剩设备报废、补贴下岗职工安置等；第三，加大中央对产能重灾区的财政转移支付力度，对冲去产能带来的税收下滑。

总之，清理淘汰落后和“僵尸企业”要以积极稳妥的方式来进行，从中央到地方必须高度重视，应坚持淘汰和重组相结合的办法、坚持中央地方利益兼顾的原则、坚持整体局部个人利益协调的原则、坚持轻重缓急的原则。充分发挥“行政决策之手、市场自我调节之手和企业家个人魅力之手”的合力。经济发展本身就有内在的波动、螺旋上升的规律，市场经济需要计划，计划经济也离不开市场，企业家精神在什么时候都是最宝贵的稀缺资源，没有哪一个国家、哪个行业可以一直繁荣下去，但正确的调控可以让调整期更短一些，避免大起大落。

面对不断升级的市场（需求侧），供给侧必须提质提效，过剩产能必须坚决淘汰，这是当前经济领域的一场硬仗，只能成功。国企改革、淘汰落后涉及几百万职工，上千万个家庭，关系着社会就业、养老、医疗、千万家庭奔小康等许多问题，不能失败，否则会给宏观经济和社会稳定带来巨大冲击。

2015年12月9日，国务院常务会议确定，对持续亏损3年以上且不符合结构调整方向的企业采取资产重组、产权转让、关闭破产等方式予以“出清”，清理处置“僵尸企业”，到2017年年底实现经营性亏损企业亏损额显著下降，可谓任重道远！

去库存、去产能、去杠杆、降成本、补短板，不仅是我国“十三五”期间的指导原则，也是今后更长历史时期经济社会发展的基本原则，具有迫切的时代意义和重要的现实价值，将会对中国未来经济、政治、社会文化的总体发展产生革命性的深远历史影响，我们必须深入研究和自觉遵循经济发展规律，在经济增速换挡中把握好调整的合理区间，提高经济发展的质量和效益，为“到2020年全面建成小康社会、实现中华民族伟大复兴”而努力工作。

经济新常态下煤炭行业去产能问题探析

中国平煤神马集团　郑永泉

“去产能”是经济新常态下经济工作会议提出的“三去一降一补”五大歼灭战的首要任务。当前，钢铁、煤炭、水泥、造船等多个行业产能已经严重过剩，部分“僵尸企业”浪费着人、财、物等大量资源。化解过剩产能关系经济可持续发展的大局。本文就煤炭行业去产能问题进行简单探析，以期起到抛砖引玉的效果。

一、煤炭行业去产能问题的现实背景

（一）煤炭行业去产能是市场经济发展的客观要求

供给和需求是市场经济两个重要的概念，供需平衡就是要使市场商品供应量与市场上有货币支付能力的商品需求量之间达到平衡。现实中绝对的平衡无法达到，适度过剩能够促进竞争，达到优胜劣汰，这是市场经济的常态。煤炭行业经历高速发展的黄金十年，曾为中国经济增长立下过汗马功劳，如今煤炭行业进入“需求增速放缓期、超前产能和库存消化期、环境约束强化期、结构调整攻坚期”的“四期并存”新常态，是经济、社会和自然规律共同作用的客观体现，尤其是去产能问题，已成为煤炭行业脱困发展的关键，也是市场经济发展的内在要求。

（二）去产能是煤炭行业自身脱困发展的内在要求

去产能的供给侧结构化改革已成为2016年政府经济工作的重要内容之

一。在市场失灵的情况下，依靠政府之手推动企业去产能、去库存已经刻不容缓。“产能过剩”议题连续四年在中央经济工作会议上被提及，首次被作为经济工作五大任务之一重点阐述。我国部分产业供过于求矛盾日益凸显，钢铁、水泥、电解铝、房地产、汽车、玻璃等行业均存在产能过剩问题，煤炭行业尤甚。据中煤协近期对外公布的“摸家底”数据显示，截至2015年年底，全国煤矿产能总规模为57亿吨，其中正常生产及改造的产能为39亿吨，而新建及扩产的产能为14.96亿吨，其中有超过8亿吨为未经核准的违规产能，按照2015年我国能源消费总量为43亿吨标准煤，中国煤炭产能过剩达到14亿吨左右，如不化解产能，势必会造成煤炭行业全面亏损，煤炭行业职工严重失业，生态环境进一步恶化等问题，过样将直接影响到民生改善和社会稳定大局。

二、煤炭行业去产能遇到的主要问题

煤炭行业在当前经济新常态下要立足于解决产能过剩问题，充分认识去产能工作不能单单靠市场能够解决，也不能单靠国家宏观政策调控来解决，政府、市场和企业自身需要清醒认识去产能所面临的主要问题来具体分析施策。

（一）去产能的组织尚未形成体系

自国务院《关于化解产能严重过剩矛盾的指导意见》（国发〔2013〕41号）发布以来，钢铁行业去产能工作已经开始，要求整合分散钢铁产能，压缩钢铁产能总量8000万吨以上。历时两年后钢铁行业去产能政策落实情况不尽如人意，行业产能过剩仍然很严重。国务院印发《关于钢铁行业化解过剩产能实现脱困发展的意见》（国发〔2016〕6号）要求再用5年时间再压减粗钢产能1亿~1.5亿吨，接着印发《关于煤炭行业化解过剩产能实现脱困发展的意见》（国发〔2016〕7号）要求用3至5年的时间，再退出产能5亿吨左右、减量重组5亿吨左右。国家压缩产能总体目标已确立，具体到各省、市政府在去产能过程中承担的任务和责任尚未明晰，更没从量化指标上考核地方政府要员去产能工作的业绩，让企业依靠自身的能力去产能、调结构和稳增长，尚未形成实质性的合力。

（二）去产能政策仍需进一步协调

煤炭行业的产能过剩问题是综合性、全局性的问题，需要政策之间相互协调、同步和衔接。过去对钢铁、水泥、电解铝、平板玻璃等行业的去产能没有产生预期的政策效果，一个重要的原因就在于政策之间不协调、相互打架。中央政策与地方政策存在着不协调问题，中央考虑的中国经济的全局问题，地方政府考虑地方的稳定与发展，有的煤炭企业是地方政府的纳税大户，GDP增长指标的重要贡献者，就业岗位问题的重要提供者，地方政府不可能没有保护主义思想。地方政府与煤炭企业也会出现难以协调的地方，部分煤炭行业去产能导致地方政府税收下降，税务部门完不成税收任务，就要求煤炭企业强制纳税。目前部分地方政府已经看到，即使淘汰过剩产能多半也不能腾出和盘活存量资金和存量流动性，反而还要增添累赘，要想办法解决那些被淘汰企业员工的生计，更为甚者某些地方政府部门提出煤炭企业三年不死等这样主观性极强的目标。

（三）职工安置政策需进一步细化

当前我国煤炭行业仍处于劳动密集型产业发展阶段，企业用工多，井下作业人员多，机械化程度低。据有关数据显示，我国煤炭产能约为美国的3.6倍，产业工人却为美国的50倍，目前我国煤炭产业工人600万人，约有130万人面临离岗或转岗。劳动密集型产业对劳动力资源的素质的要求相对较低，这也说明煤矿行业职工转岗安置具有复杂性和艰难性。在煤矿掘进和采煤等生产前线的工人大部分是凭力气吃饭的，文化水平素质不高，知识结构层次不合理。去产能的矿井部分接近资源枯竭，产业工人年龄偏大，大多是离法定退休年龄5年以内的职工，此部分职工接受新知识和新技术的能力非常有限。部分煤炭企业结构性人员过剩，存在合同工和临时工身份差别等问题，具有合同制（正式）的工人客观歧视采掘等艰苦岗位，采用寻租行为留在辅助和管理岗位，不得不重新安排劳务工来填补结构性缺员。煤炭产业工人的具体情况千差万别，转岗分流的总体数量达到百万以上，势必要求人员分配要科学、协调和到位。

（四）信贷政策需进一步支持

2016年中国经济的去产能去库存或仍将对煤炭行业有很大的影响，煤炭行业的景气周期依然处于不确定性风险演变之中。煤炭行业盈利能力持续下降，2015年前10个月，全国规模以上煤炭企业实现利润同比下降62%，行业亏损面达到80%以上。国有煤炭企业整体由上年盈利300亿元转为亏损223亿元，部分省份出现全行业亏损，经营资金流持续下降，各类融资异常困难。各金融机构对煤炭行业“一刀切”采取限制贷款、压缩贷款和减少票据融资等信贷产品，通过变化期限和保证金存款提高利率水平；在债券市场上，煤炭行业自2015年10月以来，除个别煤炭企业发行小规模的超短融之外，煤炭企业发行长期限债券几乎无人问津，使得国家“对经营遇到困难但经过深化改革、加强内部管理仍能恢复市场竞争力的骨干煤炭企业，要加强金融服务，保持合理融资力度，不搞一刀切。支持企业通过发债替代高成本融资，降低资金成本。”的有关金融信贷政策无法落到实处。

（五）不良资产处置极其困难

自2002年起，煤炭行业整体崛起，经济利润巨大，煤炭产业过度投资造成产能过剩、资源浪费和环境污染，以及后来造成的安全事件频发。近几年来，国家开始调控煤炭产业，行政命令要求国有煤炭企业收购乡镇小煤矿，实现“真投入、真控股、真管理”，解决安全与生产问题，以国有煤炭企业为主体开展兼并重组各地小煤矿，国有煤炭企业拿出上百亿通过贷款渠道融入的资金来投入到众多的小煤矿，投入的这些小煤矿均在《关于煤炭行业化解过剩产能实现脱困发展的意见》的去产能之列，这一部分构成国有煤矿的不良资产，投资预期已经无法收回，这些为政府强行要求收购小煤矿注入的资金长期挂在企业账上，这些贷款及其利息在当前环境下无法负担。据有关数据统计，2015年年底煤炭企业库存超过1亿吨，煤炭企业账面库存煤炭中不乏为了粉饰报表形成的库存煤挂账，实际上在为降低单位生产成本来调节利润，这部分库存根本没有办法去除，也形成了不良资产。根据国家原有的煤矿建设审批标准，经政府相关部门审批的矿井，已经进行了大规模的基本建设投资，矿井初具规模却到了关闭之列，还有正在生产的矿井，服务年限还有很长时间，原始投资尚未收回，巷道和某些大型设备无法回收再利用均形成了不良资产，这些资产尚无法处置。

煤炭企业去产能不仅面临世界经济与我国经济进入深度调整期，也存在着一些去产能的体制机制不完善、公平竞争的市场环境建设滞后、缺乏对违规审批项目有效的约束和责任追究制度等问题，也可能会导致在煤炭行业去产能同时产生新的产能过剩问题。

三、煤炭行业去产能的政策建议

目前煤炭行业去产能仅停留在政策和理论层面，实践上没有进行强有力的质性推进，去产能的重点煤炭国有企业集团层面，国企层面担负着较多的社会责任，在煤炭企业去产能问题需要国家、企业和社会形成合力综合治理。

（一）加强完善煤炭行业去产能相关法律法规

目前煤炭行业的去产能难以依靠市场来全部化解与调整过剩产能，市场手段处于暂时失灵状态。依靠推行经济体制改革纠正导致系统性产能过剩的体制缺陷，经济体制改革客观要求加快完善去库存的相关的立法工作，从产能利用效率、排放标准、环境保护和资源节约等层面，从严制定、修改和完善相应的法律法规。完善煤炭行业产能评价指标及信息发布制度，立足于我国当前统计体系调查制度下的现行指标，构建煤炭行业生产成本与产出计量模型测算煤炭产能实际利用率，按月度或季度等固定频率进行经常性数据采集，保证信息的连续性、及时性和准确性，借鉴美国联邦储备局的做法每月定期公布煤炭行业的产能利用率情况（含产能过剩信息和库存消耗信息等）。不能仅仅依靠发布产业政策或者金融政策引导企业投资预期，应在政府有关部门或者行业协会成立专门的产能信息发布机构，让企业看到产能情况而安排生产规模。同时，国家也应将产能利用情况作为新项目审批上马的重要依据，切不可出现这边公布产能过剩，那边却审批着新上项目，大肆进行投资搞重复建设。

（二）完善煤炭行业金融支持政策

煤炭行业的供给侧结构性改革到了突围解困的关键时刻，煤炭行业矿井的关闭潮导致了煤炭行业亏损额和亏损面不断扩大，财务指标难以满足金融机构对煤炭企业贷款的要求，让煤炭整个企业陷入极度困难的境地。制定落实差别化工业信贷政策的细则，对于积极支持去产能的企业，应考虑不得随意压缩原有信贷规模，综合考虑去产能企业在未来发展的潜力，将新增贷款与去产能工作进度挂钩考虑，在不影响处理“僵尸企业”的前提下，适当放松信贷政策，加强金融对煤炭行业供给侧结构性改革的支持。妥善解决煤炭行业中产品有竞争力、有市场、有效益的优质企业原有企业公募债和私募债的发行问题，对暂时处于资金困境的煤炭企业，政府指导中国银行间市场交易商协会修订和完善有关规定，扩大煤炭企业企业债券发行规模，引导企业债券投资人将资金合理流向暂时处于资金困境的煤炭企业，帮助有发展潜力、积极转型的煤炭企业渡过难关。有条件的情况下，政府可促使有关部门和协会尝试推动白名单和黑名单制度。全面实施利率市场化改革，继续实行宽松的货币政策，使煤炭行业在信贷过程中节省更多的财务费用，实现平稳转型。探索并全面落实债转股的政策，修订相关财政税收法律法规，消除现行制度障碍，减低债券和股权交易成本，帮助有发展潜力的煤炭企业脱困发展。

（三）加快出台煤炭行业职工安置配套政策

煤炭行业人员安置问题也是两会期间最受关注的煤炭类话题，煤炭行业面临分流转岗应该政府、社会和企业三个层面形成合力，确保职工安置工作平稳推进。中央政府设置职工安置专项基金后要根据煤炭企业去产能的规模和进度落实补偿金额，出台详细的补偿政策和细则，解决国有煤炭企业安置困难的职工。地方政府采用行政手段推进职工安置工作，帮助煤炭企业寻找岗位，让辖区内效益好的企业承担部分社会责任，承接煤炭行业去产能形成富裕人员；地方政府社保、工会等部门积极组织专项招聘会，将人员需求企业和去产能企业无缝对接，帮助职工外部转岗；相关部门积极组织创业技能培训指导，协调小额创业贷款，鼓励有意愿、有技能的职工自主创业；对于部分临近退休、就业困难的人员，要通过内部退养和政府提供公益性岗位等方式来"托底"。煤炭企业自身应加强劳动组织管理，采用激励机制让部分单位富裕人员通过培训转岗充实采掘等一线岗位，下大力气清理劳务工和临时工；利用建工集团等处于劳动密集阶段的具有优良资质的牌照公司，承接部分煤炭行业工人，组建自己的施工队伍，改变工程转包、挂靠等运作方式，提高自主安置工人的能力；加快新项目建设，创造新岗位安排富余人员等。

（四）加快制定去产能煤炭企业的资产处置与补偿办法

供给侧结构化改革给煤炭行业带来前所未有的挑战，很多大型煤矿受政府的委托对中小型煤矿进行兼并重组，按照文件要求关闭了产能不达标的矿井，导致企业账面出现大量需要处置的资产，需要国家出台去产能煤炭企业的资产处置办法和细则，可考虑煤炭行业取得的资产方式出台处置办法，中央政府、省市地方政府采用行政手段推动大型煤炭行业兼并重组中小型煤矿形成对金融机构的负债，可以按照一定补偿机制进行补偿，补偿金可作为国有独享的资本公积；大型煤炭行业兼并重组中小型煤矿形成股权投资与基本建设工程投入可经有关部门审批后予以免税核销。对煤炭行业经国家有关部门审批后正在建设的矿井，按照《关于煤炭行业化解过剩产能实现脱困发展的意见》列入去产能行列的，矿井基本建设投入暂做挂账处理，建设矿井配置的项目贷款，国家可采用贴息的方式给予补偿，补偿金直接冲减项目工程成本，涉及应税项目的做免税处理。煤炭行业供给侧结构化改革不可避免使煤炭企业形成部分预期产生不了经济利益的资产，这些资产到底有多大规模，需要国有资产管理部门出台煤炭行业清产核资办法和细则，择机进行摸底排查并对不良资产进行分类处理。

（五）合理把握煤炭接续产业的发展方向

煤炭行业供给侧结构化改革的突破口，由底端向中高端转型是去产能、去库存的重要方式。政府从产业层面放松对煤炭产业广泛干预，扩大煤炭行业经济主体的自由度；适时推进煤炭行业混合所有制经济发展，鼓励社会资金参与煤炭去产能企业重组，鼓励社会资金参与去产能企业的新产品开发、技术流程创新与管理创新，帮助去产能企业从价值链低端向高端拓展，并在高端形成新产能，加快去产能企业低端过剩产能的退出，但是在接续产业政策上务必做好宏观调控，合理调控产业接续方向，防止煤炭产业扎堆向一种高端产品发展，导致新的严重的产能过剩。煤炭企业在不打破自身产业链延伸的前提下，依托现有成熟的技术优势，基于“客户驱动机制”的理念准确把握未来市场的预期，推动产品质量、产品功能与产品附加值的提升，推动市场的健康发展，保持去产能企业自身产业的正确发展轨道，防止化解了老库存老产能而产生新的产能过剩。

四、去产能现象重现原因与启示

本轮煤炭企业去库存问题是增长阶段转换与体制性扭曲两种因素叠加引起的，钢铁、有色金属、水泥、平板玻璃、纺织、服装、光伏等产业也将长期面临过剩产能与结构调整的压力，目前部分煤炭行业将供给侧结构化改革方向定在光伏等产能过剩行业，易陷入去产能问题的“死循环”。历史上我国曾经对产能过剩进行过多次集中治理，但结果却是陷于“越治理越严重”的怪圈中，究其原因在于去产能治理的制度安排难以完全奏效。

（一）政府治理政策的有效性有待进一步提升

当前“去产能”问题不过是一个新的提法，其实与“产能过剩”“重复建设”“投资过度”描述的是同一现象。去产能上虽然强调市场的原则但是在具体和措施上依赖于行政手段，主要包括严格准入、严格的项目审批、严格供地审批等，留给企业和金融机构按照市场原则决策的空间有限，这些对产能的干预政策制定有赖于政府对整个市场预测的准确性，政策制定者是否有能力准确预测市场这是令人怀疑的。由于寻租行为的存在，对项目审批也存在随意性，只能管得住守法的管不住不守法的，甚至出现朝令夕改和暗箱操作，到最后只能勉强管得住“帽子比票子重要”的国企，国企先建后批地项目也不在少数。部分民营企业更是通过寻租获得项目建设权或者先投产运营，政府追查罚款整改补充手续。还有就是媒体上经常提到的“特事特办，未批先建”等现象，项目审批标准模糊，很少客观考虑这些项目审批后的经济后果。再加上政府审批项目上对项目供给上的市场预测的误判，制定政策的系统性误差，导致不良的经济政策后果。“四万亿投资”政策实施期间企业的投资和异常投资对于后续几年企业的股票回报率起负向作用，可能导致企业投资水平和方向的偏离了企业处在的正常位置，需要后续几年慢慢消化这种不良影响。

（二）地方政府的利益驱使去产能问题复杂化

当前我国经济增长还是依靠政府主导投资驱动，GDP和财税增长是评价地方政绩好坏和政府官员晋升的最重要指标。地方政府考虑地方的发展，招商引资上项目，土地、环保、税收、金融等手续均会开绿灯，“今天招商过来一个项目，明天就能签意向，年内就能开工，明年就能投产”，利益驱使地方政府倾向于扶持高投入、高产出的行业，各地竞相优惠争抢项目，甚至在产能已经过剩的情况下还不断增加投入。基本不考虑产能是否是市场上的有效供给，部分产能过剩行业仍在加大项目建设。地方政府财力不足以保证公共产品和公共服务的提供，为解决足够的财源，各地不得不投项目保证“吃饭”和维持基本运转，改善当地的公共产品和公共服务提供。我国税制是以增值税、营业税等间接税为主体，而且税款的征收环节主要放在生产制造环节，无论是否盈利赚钱，只要生产出产品就上交税收,政府就可增加收入，加剧“去产能”难的问题。

另外，国有企业的投资决策结果考核缺乏刚性，国有企业领导人重大项目投资失败很少需要承担决策失误带来的经济后果，国有资产所有者对国有企业重大项目投资后评价缺乏严格的监督机制，在一定程度上影响了产能过剩问题。因此，破解我国周而复始的“产能过剩”怪圈，必须加快经济体制改革，铲除形成产能过剩的制度障碍。

（三）加强去产能工作的顶层设计

去产能工作必须树立“一盘棋” 意识，出台的政策要协调一致，中央各部门出台的政策要统筹兼顾，口径一致。中央和地方做好上下统筹，均衡中央和地方利益关系，解决好当前去产能工作中的“上热下冷”问题，挂牌督导和问责机制破除去产能过程中的地方保护主义。企业与政府内外统筹，去产能过程必然面临企业员工安置、企业债务清偿等工作，没有中央和地方相关的政策保障，企业的积极性必然会大大降低。加强顶层设计，成立综合协调机构，尽快出台全国统一去产能规划与管理办法，对产能过剩情况进行综合排查，弄清楚产能分布情况和哪些属于需要压缩的产能，然后向各省下达去产能指标，各省、市政府必须出台配套措施去产能。明确各级地方政府的最重要职能是提供公共产品和公共服务。基于企业与政府在市场经济中应该是平等的主体，且长期以来政府实际上处于更加强势的地位，在制定市场主体的负面清单时，也应该出台政府行为的负面清单，杜绝政府的“越位”行为，明确提供公共产品和公共服务才是各级地方政府的最重要职能。完善各行业产能利用率公布制度,引导企业合理调结构粗转型，防止产生新的产能过剩问题。

（四）完善去产能责任主体的考核机制

转变经济增长方式的同时，淡化GDP量化指标考核，对地方政府和干部政绩考核时，加大资源利用率、环境损害程度、科技创新力度、人民健康状况、食品安全程度和社会保障等指标的权重，切实把地方政府的主要精力和注意力从招商引资、大上项目，引导到如何提高公共产品和公共服务的供给数量、质量上来，提高财政资金的使用效率上来。加大对环境保护、项目审批等相关部门产业发展政策执行情况的检查与巡视，对国家已要求去产能的行业，要坚决关闸，特别要防止地方政府为当地经济发展推动过剩产能增长，达到令行禁止，政令畅通，确保治理政策的有效性。强化企业产能过剩的风险意识，提高投资决策科学化水平，避免出现“投资潮涌”现象进一步演变为产能过剩。完善国有企业领导人的经营业绩考核机制，加大对国有企业投资决策后果的考核力度，让国有企业决策层对项目投资承担投资失败后果。推动国有企业管理体制改革，逐步取消国有企业领导人行政级别，推行大型国有企业职业经理人制度。通过完善去产能主体的考核机制，引导产业经济的良性循环。

近几年来，不仅传统产业产能过剩严重，风电设备、多晶硅和广伏等新兴产业也出现了产能过剩。各地均在兴建产业集群区，很多高新产业的技术仅仅停留在复制阶段，没有高新技术的独占性，仅靠政府提供的优惠政策或以低成本生产要素为发展优势，如不加强引导势必会导致新一轮的产能过剩。对去产能行业的项目接续方向上要科学指导，在充分尊重市场机制与经济规律的基础上，从宏观方面为过剩产能退出提供援助并辅助这些产业调整升级。更要进一步推进经济体制改革，财税体制改革，金融体制改革，让去产能主体承担产能过剩的经济和政治后果。始终把握经济新常态下经济结构调整的基本原则，完善产能信息发布制度，科学把握产能过剩行业接续规律，实现经济的可持续发展。

参考文献：

［1］国务院《关于化解产能严重过剩矛盾的指导意见》（国发〔2013〕41号）.

［2］国务院《关于钢铁行业化解过剩产能实现脱困发展的意见》（国发〔2016〕6号）.

［3］国务院《关于煤炭行业化解过剩产能实现脱困发展的意见》（国发〔2016〕7号）.

［4］黄海杰、吕长江等."四万亿投资"政策对企业投资效率的影响[J].会计研究. 2016 (2)

［5］瑞峰煤炭科学产能影响因素和实现机制研究[J].煤炭经济研究. 2012 (1).

［6］林毅夫"潮涌现象"与产能过剩的形成机制[J].经济研究. 2010 (10).

［7］江飞涛地区竞争、体制扭曲与产能过剩的形成机理[J].中国工业经济. 2012 (6)

［8］周业樑、盛文军转轨时期我国产能过剩的成因解析及政策选择[J].金融研究. 2007 (2)

做好新常态下的企业风险管理

河南投资集团有限公司　郑刚

目前，中国经济已步入新常态，在新常态下，国有企业熟悉的运作模式、投资环境、产业重点都已改变，企业需要通过改革创新，提升管理水平，提高在全球经济中的市场适应能力和竞争能力。风险管理是企业管理、创新的一个重要方面，能否依据自身特性及发展阶段，开展有效的风险管理，已经成为考量一个企业市场适应能力和竞争能力的重要标准。

一、风险管理概述

对企业而言，风险是指未来的不确定性对企业实现其经营目标的影响。风险管理则是指企业如何在一个肯定有风险的环境里把风险可能造成的不良影响减至最低的管理过程。其并不是独立于企业已有管理体系的一个体系，而是对已有管理体系的整合，是对已有管理职能的强化，是对已有管理数据及信息的挖掘和利用。

风险管理的目标是达到与企业整体经营战略相结合的风险最优化，保护企业不致因灾害性事件或错误而遭受重大损失，保证企业行为合法合规以及保障有效率的运营及可靠的信息沟通。企业风险管理的本质并非消灭风险，而是对风险实施有效的管理，寻求风险和收益的最佳平衡点，以实现企业战略目标。风险管理既包括预测和回避威胁与损失，也包括识别与把握风险后的机遇。风险管理有利于企业作出正确的决策，有利于保护企业资产的安全和完整，有利于实现企业的经营活动目标，对企业来说具有重要的意义。

风险管理包括五个基本流程：①收集风险管理初始信息；②进行风险评估；③制定风险管理策略；④提出和实施风险管理解决方案；⑤风险管理的监督与改进。

风险管理作为企业的一种管理活动，起源于20世纪50年代的美国。随着经济、社会和技术的迅速发展，人类开始面临越来越多、越来越严重的风险，一系列重大风险事件的发生，大大推动了风险管理在世界范围内的发展。进入20世纪90年代，商业活动越来越复杂，金融创新不断出现，公司经营活动面临越来越多新的风险类型，风险管理作为公司用于管理、监督、控制其风险的一整套政策、机构和程序，也随着风险复杂水平的升高而不断提升，一种新型的企业风险管理理论和方法——全面风险管理（ERM，Enterprise Risk Management--an integrated approach）开始在众多跨国公司和金融机构中广泛得以运用。2003年7月，美国COSO提出了全面风险管理框架，包括全面风险管理的目标、要素和层次等要求，第一次将全面风险管理从理念发展到了实践操作层面。国务院国资委2006年发布的《中央企业全面风险管理指引》中明确规定“全面风险管理是指企业围绕总体经营目标，通过在企业管理的各个环节和经营过程中执行风险管理的基本流程，培育良好的风险管理文化，建立健全风险管理体系，从而实现风险管理的总体目标提供合理保证的过程和方法。”该“指引”的发布，标志着全面风险管理正式进入央企，成为央企管理提升的一项重要措施。

二、新常态下风险管理的意义

（一）防范企业风险发生的需要

在新常态下，随着经济增速放缓、结构调整加速、发展动力转换，一些经济高速发展期被掩盖、忽视的潜在风险逐步暴露出来，给企业造成巨大压力和挑战。针对企业面临的多种多样的风险，需要企业在经营中加强风险管理，使企业在实现其未来战略目标的过程中，将市场不确定性和变化所产生的影响控制在可接受范围内。

（二）有利于提高企业的管理水平

在新常态下，企业凭借要素投入实现快速增长的发展模式已经不可持续，优胜劣汰的市场竞争更加激烈，对企业管理提出新要求。风险管理作为现代企业管理的核心内容，是一个价值创造的过程，其应用覆盖企业管理的绝大部分领域，能够为实现企业目标提供合理的保证。

（三）企业国际化的需要

在新常态下，企业需要走出去参与全球市场竞争，逐渐成长为国际性企业。国外监管部门、评级机构对企业的一项重要评价指标就是该企业是否建立了完备的风险管理体系。各国的审计标准已将审计的根本任务从审计内部控制逐渐转移到审计风险管理的职能上来。目前，英、美、德等发达国家对上市公司风险管理的披露要求也已上升到法律规则层面。企业实现国际化，必须要重视风险管理。

三、新常态下企业需要关注的重要风险

按照《中央企业全面风险管理指引》，企业风险分为战略风险、财务风险、市场风险、运营风险、法律风险五类，在新常态下，企业除了要关注这五类风险外，还要加强如下风险管理：

（一）兼并重组风险

在新常态下，企业要由主要靠要素投入实现快速增长的发展模式向主要靠兼并重组实现增长的模式转变。在兼并重组中，目标公司由于存在或有债务、劳动用工不规范、审批手续不全、资产不完整、重大法律隐患等问题，不但造成无法达到兼并目的，甚至会给兼并方带来财务风险；同时由于监管或政策原因，也会造成兼并重组无法进行。对于兼并重组风险，

企业需要认真防范。

一是认真研究市场、政策，判断兼并目标公司是否符合企业发展战略，是否会在产业链整合、市场整合、技术进步等方面给企业带来好处。

二是请中介结构对目标企业进行详尽尽职调查，查清楚资产、债务、职工、担保等问题，合理确定目标公司价值，不留下法律隐患。

三是进行认真谈判，拟定严谨的合同、协议，明确各方权利义务。

四是研究金融、税收政策，设计合理的交易结构、融资途径，节约资金成本。

五是研究法律和监管政策，与有关部门加强沟通，采用合法合规、经济、高效的兼并重组方式。

（二）客户信用风险

诚实守信是市场经济的道德基础，更是企业的立身之本。诚信缺失必然导致交易成本的增加和社会资源的浪费。企业既要做到自觉讲诚信，又要防范别人不讲诚信。新常态下，由于经济下行，部分企业为缓解自身经营困境，开始铤而走险，不注意商业道德，带来客户信用缺失问题、欠账不还问题、跑路、违约等问题。针对客户信用风险，企业应当积极采取风险防范措施。

一是要加强客户信用管理。在销售政策上采用细分市场政策，要制定相应的客户信用管理制度、供应商信用管理制度。通过搭建信用管理平台，密切跟踪客户真实的市场营销状况，客观评估其信用状况及支付能力，以及时调整销售结算方式，提高预收账款比例，并实施有效的激励与警示机制，加快货款回笼速度。根据用户资信状况、项目可靠程度，销售人员反馈的信息，可客观、及时地确定销售合同的最低首付款比例，科学灵活地安排生产进度，建立生产进度与付款进度相关联的管控措施，降低经营风险。

二是要加强客户履约管理。企业对客户的履约情况、履约能力要及时跟踪，随时监控，建立用户资源风险评级制度，及时对履约风险进行预警。

三是要严格担保管理。信用缺失的一个突出表现就是被担保企业逃债，将烂摊子留给担保人。为防范担保风险，企业在提供担保时，应严格审查被担保人经营状况，严格遵照程序，依照法律法规和企业章程的规定，由股东会、董事会决议，企业章程对担保的数额是有限额规定的，不得超过规定的限额。

（三）公司管控风险

许多企业由于公司治理结构不科学、不完善，造成各项管控措施形同虚设，员工不按照制度执行，不按照流程操作，甚至故意违规，形成风险。企业需要完善管控体系，防范风险。

一是健全公司治理结构。有效的公司治理结构是形成一个严格管控体系的基础。企业应按照《公司法》《企业国有资产管理法》及章程的规定，划分股东会、董事会、监事会、经营层的权限，实行合理的授权制度，形成完善的公司治理结构。

二是加快内部管理体制和管理构架的调整。企业应每年定期重新审视现有的组织框架、工作流程，对决策程序、信息传递和执行效率等进行检查和改进，确保决策层面对市场变化及时作出反映，决策指令能够准确高效执行。

三是要加强财务资金集中管理。在新常态下，受国内外市场疲软的影响，多数企业市场销售量和价格急剧下跌，资金占用量增加，财务风险加大。企业应当根据自身的经营特点和管理要求，明确财务管理目标，加强资金管理，拓宽融资渠道，压缩库存规模，加大清欠力度，并通过加强资金集中管理，加速内部资金融通，有效保障资金链安全。

（四）加强合同风险管理

根据权威机构调查，在对企业影响程度较大的风险事件中合同风险排在第一位，企业绝大多数法律纠纷都是因为合同而引起的，给企业造成较大损失的也是合同风险。在新常态下，企业必须要注意防范合同风险。

一是建章立制。加强企业合同管理，首先要建立合同管理机构和合同管理制度，从组织机构、管理规章层面进行规范。

二是严把合同签订关。严格审查对方当事人的主体资格、资信情况和履约能力。对合同条款要认真推敲，防止发生歧义和误解，对资金数额巨大、产权交易等抵押合同和生产经营合同要依照有关法律规定及时办理抵押登记和鉴证手续，以保证合同的合法性、严密性和完备性。

三是要强化履约意识。合同一经承诺，即具有法律效力。企业的合同管理部门要及时了解和掌握合同履行的情况，通过建立合同档案和合同报表制度，及时总结合同管理中的经验教训，提高防骗反诈能力。根据合同履行情况，适时运用撤销权、变更权和不安抗辩权保护自身的合法权益。

四是要运用法律武器进行自我保护。对违约行为要及时申请仲裁或向人民法院提起诉讼。对合同欺诈行为要及时采取措施，尽量减少和避免损失，并请求有关部门予以打击。

（五）涉外法律风险

在新常态下，随着我国深化全方位对外开放，大力实施“一带一路”战略、推进国际产能和装备制造合作，企业走出去的步伐要进一步加快。一方面，在“一带一路”战略中，由于沿线国家体制制度差异大，给企业投资、经营带来许多不确定因素，系统性风险不容忽视；另一方面，从国际贸易投资环境看，保护主义日益抬头，一些国家频繁使用国家安全审查、反垄断审查以及反倾销反补贴调查等方式，对国有企业在市场准入、税收等方面采取歧视性政策，给企业造成风险。企业必须要重视涉外风险防范。

一要强化前期介入和全程管控。要对项目进行详尽的前期调查，研判风险，在项目实施过程中专业人士要全程介入，及时管理出现各种风险。

二要掌握运用好所在国政策法律和国际规则。在参与“一带一路”建设和国际产能合作过程中，深入研究投资所在国关于外资准入、劳动用工、法律救济等方面的规定，确保经营行为依法合规。

三要妥善处理涉外重大案件。建立涉外案件应对机制，统筹调配企业法律顾问和外聘律师资源，集中力量做好应对。

电力能源供给侧改革及深化国有企业改革问题的几点思考

——河南投资集团电力板块企业管理创新探索与思考

河南豫能控股股份有限公司　郑晓彬

国有企业不仅一直是国民经济的领导力量，而且始终是经济体制改革的焦点。改革开放30年来，一方面，我国国有经济不断壮大，国有资产大幅度增加，整体水平和综合效益得到很大提高。另一方面，我国先后在国有企业产权改革、股份制改造、公司治理提升等方面大胆改革尝试，在完善现代企业制度、市场化改革等体制机制方面也取得了较大成就。

当前，世界政治经济形势剧烈变化，金融危机还在发展蔓延，地缘政治更趋复杂，贸易保护主义持续升温，国际市场竞争更趋激烈，全球经济增速放缓，增长动力明显减弱，各种不稳定不确定因素日趋增多。在国内，经济发展不平衡、不协调、不可持续的问题仍很突出，出现了外部需求疲软、内需增长缓慢、物价上涨压力增加等多重因素叠加的状况。最近几年以来，大多数国有企业，尤其是中央企业生产经营虽然继续保持平衡增长态势，但增幅放缓，能源、原材料价格高位运行，融资成本上升，企业成本压力增大，经济效益明显下滑，保增长任务十分艰巨。在这种形势下，一些在经济形势好的时候容易被掩盖、忽视的薄弱环节和深层次问题逐步显露出来，成为新形势下影响国有企业持续发展的新课题，同时，也为国有企业深化内部改革、平稳渡过经济周期提供了新的契机和途径。

党的十八大明确提出“必须坚持社会主义市场经济的改革方向”“必

须坚持发展是硬道理的战略思想”“要毫不动摇巩固和发展公有制经济，推行公有制多种实现形式，深化国有企业改革”。号角已经吹响，方向已经明确，关键在于怎样落实。本文试图结合集团电力板块外部发展形势及从国有企业提高公司内部治理两个问题入手，通过思考与探讨，提出对深化国有企业改革与发展的一些意见和建议。

一、电力行业供给侧改革与电力板块发展战略

（一）电力行业整体情况

2015年，全社会用电量55500亿千瓦时，同比增长0.5%；全国6000千瓦及以上电厂发电设备累计平均利用小时为3969小时，同比减少349小时；全国发电新增设备容量（正式投产）12974万千瓦，其中，火电6400万千瓦，同比增长33.6%。一方面供需严重失衡，另一方面投资热火朝天，反映出电力行业、特别是火力发电行业存在较为严重的产能过剩现象。

电力的产能过剩不像煤炭、钢铁那么直观，由于现在煤炭价格异常偏低，电力行业普遍盈利，一定程度掩盖了电力产能过剩的事实。仅从发电设备的利用小时数来看，如果按照5500小时的水平进行计算，2015年火电行业整体的装机容量已经出现剩余。除了火电以外，风电、水电和光伏发电也存在弃风、弃水和弃光的问题，其中最重要原因就是市场需求无法落实。另外，现在建设的一些核电站，由于没有市场需求，这些发电大鳄也迟迟不能够达到设计负荷，但其独特的工艺优势将促使电力过剩的局面进一步恶化。

（二）化解煤电过剩产能的挑战及措施

当前电力行业的产能过剩与煤炭行业的产能过剩息息相关，电力过剩又会加剧煤炭产能过剩，同时火力发电还面临环保压力的挑战，需要鼓励发展清洁能源，现有电力产能过剩的情况下，发展清洁能源和去产能之间

也构成一个矛盾。

从世界范围来看，风电、太阳能利用较好的国家，天然气发电的比例都较高。这是因为风电和太阳能不确定性较高，必须有足够的灵活电源来跟它配置，但是火电不是能够灵活调节的电源。因此，为了环保，要尽量减少高污染的火力发电，同时还要提高可再生资源的比重，整个电力结构需要进行深刻的变化。从国家能源局的部署来看，根据《能源发展战略行动计划(2014—2020年)》的要求，到2020年，非化石能源占一次能源消费比重要达到15%，天然气比重达到10%以上，煤炭消费比重控制在62%以内，目前需要控制火力发电规模，保持太阳能、风电发展，同时鼓励更多的清洁能源，像天然气发电和分布式能源等。整体上，新的发展模式为电力行业指明了发展方向，同时，行业转型升级也为火电企业带来了新的挑战。

2016年2月，国家能源局召开全面深化改革领导小组会议，国家发展改革委副主任、国家能源局局长努尔·白克力出席并讲话。会议的主要任务是落实党中央、国务院关于供给侧结构性改革的决策部署，落实全国能源工作会议关于能源体制改革的工作部署。会上审议通过了《国家能源局2016年体制改革工作要点》，并要求在能源消费增长减速换挡、结构优化方面步伐要加快、在发展动力开始转换的新常态下，做好能源工作，思维要调整，重心要转变。能源发展方式要从粗放式发展向提质增效转变，能源工作方式要从审批项目为主向推进改革和技术创新转变。应对新常态，能源改革势在必行、刻不容缓。破解新常态下能源发展面临的传统能源产能过剩、可再生能源发展瓶颈制约、能源系统整体运行效率不高等突出问题，必须创新能源体制机制，大力推进能源供给侧结构性改革。

对于化解煤电过剩产能的问题，按照能源局2月份会议精神和行业供给侧改革的要求，有利于盘活存量，对整体电力体制改革意义重大。第一，严格控制煤电新开工规模，对存在电力冗余的地区要根据实际情况，取消一批不具备核准条件的项目，暂缓一批煤电项目核准，缓建一批已核准项目。第二，利用市场机制倒逼，加快推进电力市场化改革，新核准的发电机组原则上参与电力市场交易。第三，加快推进电改落地，推进电力市场化改革，降低电力价格。第四，充分调动各地积极性，加快建立电力市场，实现直接交易，放开上网电价和销售电价，严格管控电网企业输配电价，充分释放降电价、促发展等改革红利。

（三）集团电力板块发展思路

从长期看，能源结构的转型是发展的必然趋势，社会对能源的利用必然朝着清洁化、高密度转型，未来高效清洁的能源将逐步代替低效率、高煤耗、高污染的能源也会成为必然。随着社会的进步，节能环保工作将成为共识，经济的增长也将从依靠传统行业向现代新兴产业的转变，对电力的需求不再随着经济的增长保持同比例增长，甚至出现下降或负增长，因此，火力发电装机容量的整体上增量空间非常有限，局部地区去产能任务艰巨。

我国能源发展“十三五”规划的战略导向已基本确立，清洁能源在未来五年将会迎来发展机遇。在此背景下，投资集团电力板块应根据当前形势、未来电力及能源改革的发展方向等外部环境，结合自身发展，制订自身新的发展战略规划。投资集团及豫能控股是河南省内电力板块投资领域的重要参与者，应积极顺应市场规律和国家能源发展政策，综合依托中原经济崛起的区位优势，通过整合集团电力资产扩大业务规模，延伸上下游产业链，抓住能源改革中环保产业关键环节发展机会，积极发展可再生能源电力业务，努力建成装备先进、管理先进的“大能源”企业，实现集团电力板块可持续、稳定发展。从长期看，集团电力板块发展思路如下：

1. 定位“大能源”企业，拓展可再生能源电力业务

一是跟踪配额管理政策和新能源技术进展，做好光伏、垃圾发电、风电、分布式能源等新能源的项目调研、储备和开发工作，争取建设或者收购2~3个风力发电站、2~3个光伏发电站、1~2个垃圾发电厂，提高新能源占比。二是依托投资集团天然气管网业务的发展，积极探索燃气发电板块业务。三是布局参控股核能发电业务。通过以上方式，由较为单一的火电业务发展成为综合能源管理控股企业的发展。

2. 延伸上下游产业链，培育新的利润增长点

一是发展“煤电一体化”，做大做强煤储中心，提高煤炭资源掌控力度和整合能力，发展多式联运，不断降低煤价波动给公司及集团旗下的火电业务带来的经营风险。二是介入环保产业，抢占环保市场。全力推进电力节能环保新技术的开发和利用，降低运行成本，确保达标排放。三是介入配电领域，适时成立售电，开展售电业务，积极参与售电侧改革，分享售电侧改革成果。四是探索产学研合作，结合著名高校的研究力量和专利技术，寻找成熟的、有市场前景的科技成果加以转化，争取在储能、新能源替代、节能减排、电力环保等领域开创新的投资和业务机会。

未来三到五年内，集团电力板块将通过本次电力行业综合改革完善自身发展规划，打造传统火电项目、新能源项目和电力环保项目并举，煤炭物流园、绿色环保业务共同发展的良好局面，成为一家以传统火电为支柱，新能源和电力环保双翼发展，为河南省的经济发展提供清洁、高效、经济、可靠电力的大型能源公司。

二、探索职业经理人选聘，建立高效现代企业制度

2015年9月，中共中央、国务院《关于深化国有企业改革的指导意见》正式公布。《指导意见》作为国企改革顶层设计方案，再次将职业经理人制度推到台前，其明确提出，推行职业经理人制度，实行内部培养和外部引进相结合，畅通现有经营管理者与职业经理人身份转换通道，董事会按市场化方式选聘和管理职业经理人，合理增加市场化选聘比例，加快建立退出机制。

（一）职业经理人案例借鉴

1. 国家层面先行先试

从2003年开始，国务院国资委每年都组织面向社会公开招聘中央企业

高级管理者的工作。截至2009年年底，中组部、国资委已先后7次组织中央企业面向海内外公开招聘，从近万名应聘者中录取了113人，截至2012年，中央企业市场化选聘的各级经营管理人才达到59.2万人。

2. 企业层面积极探索

20世纪90年代末，中国建材的前身中国新型建筑材料公司（以下简称中新公司）由于受到市场冲击陷入困境。而当时中国最大的玻纤企业巨石集团，也急需筹集资金扩大仅有1万吨的产能。1999年3月，巨石集团的控股方振石股份与中新公司以及另外两家公司，联合发起成立了中国化学建材股份有限公司。巨石集团成为中国化建的子公司，民营企业家张毓强的身份也由振石股份的董事长转为中国化建的副总经理。依靠中国建材的资源，巨石集团在张毓强的带领下飞速扩张。2008年，前身为中国化建的中国玻纤股份有限公司产能规模达到100万吨，成功抢下美国人占据70多年的行业冠军宝座，盈利能力位居亚洲第一。2009年，张毓强被《福布斯》杂志中文版评为最佳CEO第一名。谈及民营企业家向职业经理人的转变，中国建材董事长宋志平曾表示："民营企业家带着股份加入，可以实现所有者的真正到位，增加内部的天然监督，从根本上保证现代企业制度的落实。"

与中国建材集团有限公司类似，同样处在完全竞争市场的中国恒天集团有限公司在收购长天九五、立信工业、欧瑞康等民营企业或外资企业股权的同时，扩充了其职业经理人队伍。

（二）关于建立职业经理人制度的思考

1. 职业经理人是国企改革的必然趋势

近几年来，随着党的十八届三中全会建立职业经理人制度要求的提出，以及地方各省市国企改革指导意见的密集出台，国企建立职业经理人制度的步伐开始加快。实施职业经理人制度，是"东家"与"掌柜的"再次界定各自职权的又一里程碑，有利于推进政府或股东方合理放权，有利于助推现代企业制度的建立，是企业走向市场的必经之路。

2. 股东让位是职业经理人制度的关键环节

股东让位指的是政府或股东放弃企业的经营权，股东通过股东会行使职权，企业经营全部赋予董事会和企业经营班子，这是让职业经理人制度“落地生根”的机制保障。推行职业经理人制度，首先还是需要健全国企的董事会制度，有必要将董事会设立为政府和国企之间的“隔离带”。据专家统计，在111家央企母公司里，共有74家正在进行董事会试点，其余37家为总经理负责制。董事会制度不仅指董事会本身，董事会还下设提名委员会、薪酬与考核委员会、审计委员会等，委员会可以按照应有的职能，完成职业经理人的市场化选聘、考核和日常监管工作。这些董事会制度比较完善的央企，职业经理人制度执行得比较到位，企业经营责权明晰，公司发展势头良好。

3. 职业经理人制度应分类实施

公益类国企和市场竞争类国企需要采取不同的标准，市场竞争类的国企，适合推行市场化聘任，而公益类的国企以社会满意、政府满意为主要经营目标，经济效益位居次要位置，对推行职业经理人制度的深度和广度需要慎重考虑。即使是市场竞争类企业，由于职位的市场化和专业化程度不同，也应分类推行职业经理人制度，特别是企业内部党委纪委系统，应不适用于职业经理人制度。此次国企改革提供了两种通道，一种是留在出资人代表这里，领取组织部门或股东确定的薪酬，另一种是选择当职业经理人，领取市场化的薪酬，这也为分类实施职业经理人制度提供了依据。对于职业经理人的选聘程序，要将组织任命的出资人代表和市场化选聘的职业经理人区分开，由董事会按照公司章程和议事规则选聘，向政府的组织人事部门或股东备案即可。

4. 建立适合职业经理人的配套薪酬机制

针对职业经理人的薪酬标准，《指导意见》强调，对党中央、国务院和地方党委、政府及其部门任命的国有企业领导人员，合理确定基本年薪、绩效年薪和任期激励收入。对市场化选聘的职业经理人实行市场化薪酬分配机制，可以采取多种方式探索完善中长期激励机制。健全与激励机制相对称的经济责任审计、信息披露、延期支付、追索扣回等约束机制。在公司内部，市场化的业务和专业的职业经理人薪酬要比其他非职业经理人体系人员高，充分体现责任和收益相结合、风险和收益相统一的原则。

5. 国企职业经理人应分步实施

职业经理人移植到国有企业中一定会遇到“水土不服”问题，由于我国整体管理体制延伸到了国企的方方面面，国有企业职业经理人改革必须适应于现存的国家政治经济管理体制。对于传统意义上的国企，各级政府主管部门会对国企直接下达各种各样的指标和要求，再加上国企不是为了追求最高效率和最大效益，更为强调内部权力结构的相互制衡，也会导致职业经理人的权责对等不能实现。职业经理人“水土不服”的现象，不仅反映了目前配套的公司治理结构尚不完善，还体现了国企“官本位”的企业文化，在国企最重要的是按程序办事，对国资的监管还发展不到完全把权利赋予职业经理人一身的程度。这种管控氛围在一定程度上束缚了职业经理人的发挥，同时传统行业职业经理人队伍尚未健全，因此国有企业职业经理人应分步实施，不能一步跨到私有企业“完全放权、随时走人”的地步。

建立健全职业经理人制度及相应的激励机制，是企业内部体制机制改革的发展方向，也是企业走向市场、适应市场、完全融入市场的必由之路。但对于国有企业而言不可一蹴而就，应在积极探索的基础上分行业、分步骤、分阶段推进实施，确保国有资产的安全和企业发展转型的平稳进行。

精准运作　腾笼换鸟　打造中原电力航母

——河南投资集团电力板块企业发展战略探索与思考

河南豫能控股股份有限公司　郑晓彬

中央自2015年四季度起，提出加强供给侧改革的要求，随后的中央经济工作会议上也提出2016年要重点做好“三去一降一补”。近年来，河南投资集团电力板块结合自身实际情况，在供给侧改革方面进行了一些有益的探索和思考，力争通过改革实现板块全面发展升级，为中原地区经济社会发展做出更大贡献。

美国著名经济学家萨缪尔森曾经说过：“学习经济学是再简单不过的事了，你只要掌握两件事，一个叫供给，一个叫需求。”我们都知道，拉动需求的三驾马车分别是投资、消费和出口。2008年以来，国家采取各种政策和措施，包括4万亿元投资计划、十大行业调整和振兴规划实施细则、推进社会保障体系建设、实施财政赤字、信贷放松政策等，从需求侧发力刺激经济增长。但整体来看，需求刺激效果并不理想。究其原因，国内需求不足仅是表象，供需错配才是实质，因而需要从供给侧着手改革。“供给侧改革”就是从供给、生产端入手，调整经济结构，使劳动力、土地、资本、创新等要素实现最优配置，提高经济增长的质量和数量，提升竞争力促进经济发展。2015年11月，习总书记提出“在适度扩大总需求的同时，着力加强供给侧结构性改革，着力提高供给体系质量和效率，增强经济持续增长动力”。中央要求以创新、协调、绿色、开放、共享五大发展新理念为指导，打好“去产能、去库存、去杠杆、降成本、补短板”五大歼灭战。

近年来，河南投资集团电力板块以科学发展观为统领，以“打造百年老店”为使命，以改革创新为动力，以转型发展为方向，以提高核心竞争力为目标，着力强化基础管理，提高经济效益，提升管理水平，在推进可持续发展方面进行了一些有益的探索。尤其在习总书记提出“供给侧改革”后，我们及时了解了相关政策，深入思考，精准运作，进一步明确板块整体发展思路，推进板块全面升级，努力将电力板块打造成为中原地区一艘发展科学、效益良好、管理透明、风险可控的电力“航空母舰”。

一、河南投资集团电力板块基本情况

河南投资集团电力板块包括河南豫能控股股份有限公司（简称豫能控股）在内共24家企业，其他23家均委托豫能控股管理，投资集团拥有豫能控股60.52%股权。截至2015年年底，电力板块总资产196亿元，占投资集团总资产的17.19%，净资产67亿元。板块总装机容量1638.5万千瓦（其中控股736.5万千瓦，参股902万千瓦），投资集团权益容量691.05万千瓦（控股409.89万千瓦，参股281.16万千瓦）。其中集团控股电力企业16家，包括在运行企业7家、装机容量736.5万千瓦，新建项目2家、装机容量264万千瓦，专业化管理公司4家,分别是燃料公司、检修公司、煤炭储配交易中心和豫能菲达环保公司，正在办理关停的企业3家，集团参股电力企业7家。

二、电力板块在供给侧改革方面的探索与实践

（一）顺应改革发展趋势，主动关闭落后产能

近年来，随着电力行业迅速发展，60万千瓦等级机组已成为主力发电机组，而20万千瓦及以下高能耗机组进入淘汰序列。电力板块顺应改革发展的大形势，结合国家“上大压小”政策，提前入手，主动关停9台20万及以下等级高能耗、低效率机组，建设新乡中益、鹤壁鹤淇、濮阳豫能（在建）共6台66万千瓦大容量、高参数、低能耗的超超临界机组。2015

年，在关停郑新公司5台20万千瓦供热机组基础上建设的郑州豫能2×66万千瓦热电机组项目也获得核准。至此电力板块落后产能已全部淘汰，板块资产质量和竞争力全面提高，实现了板块整体升级。

（二）推进专业化管理，降低企业成本

一方面，加强燃料过程管理，节约控制采购成本。自2012年以来煤价一直处于下行状态，但燃料成本依然是火电企业成本中最大的一项，以电力板块为例，目前燃料成本还占到总成本费用的50%左右。因此，电力板块始终把加强燃料管理作为重中之重。认真研究煤电政策，采取化零为整，调整各煤业集团的采购量，通过节约运输成本和充分享受量大价优政策，仅2015年就节约成本5000万元；完善燃料招标办法，实行量价挂钩的撮合成交机制，煤价真正由市场机制形成，保证采购阳光透明和价格可控；完善燃料管理考核体系，对煤价、经济掺烧、库存等指标进行科学管理和考核，对问题企业下发清单，落实责任，督促整改，促进燃料管理水平持续提升；通过积极研究探索智能化管理，提高技术防控力度，堵塞燃料管理漏洞。另一方面，加强资金运作，运用去杠杆政策降低财务费用。抓住信贷形势逐步宽松的有利时机，协调板块内各企业及时下调贷款利率，各企业贷款期内节约财务费用7300万元；强化月度资金计划执行率、日均存款余额等指标考核，以2015年为例，板块日均存款余额和存量贷款规模同比降幅均在三成以上；加强票据转移支付，通过银行承兑汇票支付减少支出。

（三）创新投资方式，实现控股兴县集运站

对电力板块来说，掌控一定的煤炭资源对于煤炭安全可靠经济供应、保持企业稳定利润具有重要战略意义。随着晋中南铁路开通，沿线集运站（装车点）成为附近煤矿资源外运尤其是远距离运输的唯一（最经济）途径，因此投资煤炭集运站是抓住煤炭物流环节、掌控部分煤炭资源最经济有效、风险最低的途径和方式。经过实地调研，我们发现山西兴县铁路专用线在兴县站接轨连入晋中南铁路，规划发运能力600万吨，最大运力达2000万吨，可满足电力板块相关企业700万吨左右的年用煤量，并辐射周边用煤企业的需求。经与现投资方沟通联系，我们创新投资方式，以煤炭需求市场作为资产入股，实现以市场换资源，获得该集运站的控股权。

三、通过供给侧改革促进企业发展的下步思路和措施

在中央提出“供给侧改革”后，电力板块多次组织形势发展务虚会，进一步统一思想认识，根据板块现状，提出有针对性的改革发展思路和措施：

（一）加大资本运作力度，通过资本市场直接融资，提升上市公司资产质量

结合当前经营较好的整体形势，谋划电力产业投资、退出和资本运作机会。全面梳理所管理企业情况，筹划资本运作方案，启动上市公司融资，争取通过3~5年的运作，利用资本市场的直接融资，最终实现板块电力资产整体上市，增强资产流动性。考虑向火电上下游延伸，拉长产业链条，提高抗风险能力。谋划沿蒙华等煤运通道，布局铁路专用线和煤炭产业园区，提高煤炭资源掌控力度和整合能力；利用电力体制改革的时机，重点研究配网薄弱区域，把握增量配电业务投资机会，开展配售一体化业务，提升抗风险能力。

（二）按照绿色、环保的发展要求，加快新能源发电项目和环保产业建设

密切跟踪新能源配额政策，加大新能源投入力度，做好光伏、风电、垃圾发电等新能源项目调研、储备和开发，或者采取贴牌（挂名）、收购等方式提高新能源占比，力争通过3~5年的努力，使新能源装机容量达到100万千瓦，满足可再生电力配额需求。同时，与行业内优秀企业开展战略合作，为新能源项目开发提供技术支持，共享项目资源和行业经验。提前研究环保政策和技术，在做好大气污染物治理的同时，重点跟踪国家有

关废水处理排放标准、碳减排政策、碳捕集以及节能减排等环保政策，及时提出应对策略。跟踪、运用环保新技术，研究、探讨环保设施BOT、脱硫岛第三方运营等环保运营新模式，降低运行成本，确保达标排放。通过3年左右的时间，争取将环保公司打造成为一个集环保运营、技术、咨询、监测、评价为一体的全产业链的平台。

（三）跟踪一带一路战略，以开放的思路推进电力企业“走出去”

近年来，东南亚国家经济快速增长，电力需求高涨，但由于电力基础设施欠发达，电力供给缺口较大。而非洲除了南非、埃及等少数国家和地区外，其他如尼日利亚、埃塞俄比亚等国家都或多或少存在电力供应问题。相比而言，国内电力企业具有资本、资金比较优势、先进的开发水平和丰富的运营经验。电力板块紧跟国家“一带一路”政策，陆续与柬埔寨2×135MW燃煤机组项目、老挝水电站、埃塞俄比亚水电站等项目进行接触，协商双方合作并取得一定进展。板块所属的郑新公司现有2台20万千瓦供热机组，由于上大压小，计划在2017年年底关停，但机组仅运行10年，距离20年的正常运行期还有很长时间。如果作为报废资产处置，将造成较大的浪费，但如果通过资本输出方式转移到其他国家，既能降低对方的投入成本，又可消化郑新公司现有过剩产能，收回部分投资。下步电力板块拟与中国电建集团采取“资本+项目”模式组团出海。

（四）坚持体制机制创新，采用新业态开展多方面合作

当前新一代互联网、云计算、大数据等信息技术飞速发展，催生很多新业态，拓展很多新领域，公司将加大对新业态、新领域、新模式的研究力度，比如新业态对企业的影响，带来什么机遇，如何利用新商业模式推动转型升级，培育新的盈利增长点。密切关注能源互联网、售电侧放开等投资机会，以提供“合同能源管理”、节能服务、分布式能源、综合节能和用能咨询等增值服务为契机，加强与高新产业园区、经济技术开发区、大数据中心等特定用户的沟通协商，开展大用户直购电或与用户分享节能效益，并由此得到合理的利润。关注、跟踪电力期货和场外衍生品交易，寻求投资机会。随着电价市场化工作的推进，电价的波动成为必然，电力期货交易可以在一定程度上规避价格波动风险。下步我们将加强与郑州商品交易所等交易机构的沟通和协作，研究电力期货交易，争取交易试点。研究国家目前重点推出的多式联运。2015年6月，国家交通部、发改委下发《关于开展多式联运示范工程的通知》。电力板块收到相关信息后，为调整优化运输结构，提高运输组织效率，立即与中铁联运公司进行接洽和协商，拟以兴县集运站、晋中南铁路、鹤壁物流园区为依托，合作成立中铁联运河南公司，开展多式联运，为发电企业用煤、降低物流成本，以及物流园的经营增强运输保障能力。

（五）加强统一协调，实现资源共享，结合去库存、降成本政策，提升综合管控水平

加强标准化建设，提升基建和设备管理水平。全面总结新建项目建设经验，建立基建标准化管理制度；制定机组状态评估方案，推行检修标准化和目标责任制，提高生产保障能力；研究与国内、省内专业科研机构合作成立技术中心，提高设备管理技术支持水平；倡导“工匠精神”，鼓励检修人员对专业知识和技术的探索与钻研，打造高端检修队伍，提高检修软实力。组织开展业务协同，部分资源统一管理。板块各企业每年环保、生产等消耗性大宗物品总成本近1.5亿元，计划实行集中打捆采购，更好地控制成本和质量；建立备品备件信息库，对容量、型式、参数一致的机组，按照板块统一储备、电厂分散保管的方式，统筹安排各电厂间备品备件储备任务；扩大备品备件资源，与主要的主机生产厂家、其他发电集团试行备品备件联合储备合作。加强信息化管理，提升板块管控水平。按照板块信息化建设规划，建设涵盖机组状态、生产指标、计划管理，财务分析、营销信息共享、燃料管理指标等内容的一体化信息管控平台系统，同时完善技术监控、设备维护检修以及设备状态诊断等电力服务体系，及时发现和反馈企业存在的问题，指导、帮助企业分析和解决问题，做好跟踪落实与督办追查，实现全程掌控、实时预警、过程可追溯。

（六）推进市场化机制改革，弥补人力资本短板

人是生产力中最活跃、最根本的要素，技术研发、制度创新、劳动投入等都需要依靠人力，特别是高素质的人力。面对新时代、新形势、新目标，板块员工今后将承担更大更重要更复杂的任务，而现有人员素质距离更高更严更细的工作标准还有一定差距。为此，电力板块决定推进市场化改革，提升人员能力素质，尤其要把作为板块管理平台的豫能控股，打造成为人力资源高地。通过建立多层次、多维度的考核评价机制，重点解决考核评价机制的“全面”“准确”和“真实”问题。采取纵比、横比、专家评价相结合的方式，实行业绩考核和工作评价的双机制，并将考核评价结果作为薪酬分配、职务晋升的主要依据。通过实施岗位分级管理，统一制定核心岗位、一般岗位和辅助岗位的划分标准，建立配套薪酬分配机制，落实岗位分级管理。

十三五期间，河南投资集团电力板块将坚持扩大增长点、转化拖累点、抓好关键点、稳控风险点、抢占制高点。随着板块对供给侧各项要素的精准发力，统筹推进，科学配置，我们有信心到2020年，板块装机容量达到1000万千瓦，资产质量在河南省内达到最优；产业布局和资产分布合理，新能源占比达到10%以上；2020年，集团电力板块实现整体上市，资产流动性高，上市公司市值争取达到千亿元，真正实现板块腾笼换鸟，助力中原城市群和国家资助创新示范区建设，为中原崛起河南振兴富民强省，促进经济社会持续健康较快发展做出应有的贡献。

浅谈去产能、去库存新常态下国有煤矿企业安全生产存在的问题和对策

平顶山天安煤业股份有限公司十矿　郝相龙

在当前煤炭企业去产能、去库存的大环境下，煤炭企业举步维艰，而如何搞好安全管理，处理好安全与生产、安全与效益、安全与稳定相互间的关系，实现矿井的协调、可持续发展，是每一位煤矿企业管理者必须面对的一大课题。在党和国家实施以人为本的执政理念、高度重视煤矿安全生产工作的今天，破解这一课题就更显得尤为迫切。下面就煤炭企业安全生产存在的问题和对策谈几点自己的看法。

一、存在的问题及原因

分析当前国有煤矿企业安全生产工作中存在的问题主要表现在以下方面：

（一）安全生产投入相对不足

近几年来，煤炭价格一降再降，原来每吨售价1000多元的焦煤现在每吨只卖到400多元，3500大卡的动力煤现在每吨仅卖170多元，大部分矿井处于亏损状态。为了降低成本，减少亏损，普遍采用旧品复用、修旧利废、以次充好等办法维持运行，这就为安全生产埋下了隐患。

（二）职工对煤炭企业发展前景堪忧

职工工资持续降低，人均工资从原来5000多元降到了现在的3000多元，井上职工扣除“三金”后到手工资不足1000元，有车贷、房贷的职工生活就更困难。从对国家发展方向看，煤炭企业解危渡困的路还很漫长，部分职工对企业发展的信心产生了动摇。

（三）从业人员素质相对较低

从业人员素质低、专业人才匮乏、知识结构不合理是影响当前的安全生产主要因素之一。当前，信息化的安全装备和手段已大量使用，而煤矿大中专以上文化程度技术人员不足5%，专业技术人才相对匮乏，技术力量日趋薄弱，工人文化程度多为初中或初中以下文化程度，可以说是低素质的人在从事高危险、高难度的工作。存在这一问题的因素很多，但最重要的一个因素是干煤矿“苦、脏、累、险”高素质的人才不愿来，来了以后又留不住。

（四）个别人员安全意识淡薄

安全意识淡薄是当前存在安全隐患、发生事故的主要原因之一，纵观近年来的安全生产事故，无不与思想麻痹、重生产轻安全、违章作业、违章指挥等因素有关。安全意识不强有三个方面原因：一是麻痹，认识不到其行为的后果；二是懒惰，怕麻烦，图省事儿；三是侥幸，侥幸心理在生产中占了上风。但归结为一点，还是教育、管理不到位的问题。

（五）班组建设的基础不牢

安全管理的重点在基层，关键在现场，而现场管理的主题是班组，班组是事故的第一道防线。从近几年发生的事故中看出，绝大多数事故都是现场管理不到位造成的，现场管理不到位的责任主体是班组。分析存在这一问题的原因，主要是对班组建设的重视不够。班组长的选拔、培养、使用和班组的制度、考核、激励机制建设是班组建设的一项基础性工作，这项基础性的工作没有做牢靠，从机制上、政策上、管理上还缺少先进班组、优秀班组长脱颖而出的良好氛围。

（六）质量标准化档次偏低

质量标准化是实现安全生产的前提条件，绝大部分事故都是因人的不安全行为和物的不安全状态造成的。致使质量标准化档次低的原因，客观上讲是地质条件差，达标投入多、难度大、见效慢；主观上是重视不够，要求不严，措施不力。虽然定的有目标、有措施，但在实施过程中缺乏认真的态度和有效的奖惩制约机制，使达标工作缺乏动力，处于推推动动、拨拨转转的状态。

二、采取的办法和措施

（一）开展深入广泛的形势任务教育

通过形势任务教育使广大职工充分认识到国有煤炭企业外部有利因素正在持续积聚。国家深入推进新型工业化、信息化、城镇化建设，扩大内需还有很大潜力；煤炭在我国一次能源消费结构中的比重仍在62%左右，煤炭在我国能源中的主体地位没有改变；发改委建立了煤炭行业脱困联席会议制度，规范煤炭交易秩序，控总量、稳价格，规范煤炭进口，国内煤矿过剩产能建设、产量盲目扩张初步得到控制，企业税费负担过重问题有所缓解。以此来激发职工热爱煤炭事业，坚定其为煤炭事业献身的信心和决心。

（二）坚持安全生产按需投入，资金再紧也不欠安全账

牢固树立“如果安全出了问题，其他工作再好，也是不及格”的理念。这一理念要求不管经济形势有多严峻，不管完成成本、利润指标的困难有多大，都必须坚持安全第一的思想不动摇，必须深化对安全工作复杂性、长期性、极端重要性的认识，任何时候都要保持战战兢兢、如履薄冰的心态，认真查找安全工作中的矛盾和问题，正确处理安全与生产、质

量、效益、发展之间的关系，坚决做到不欠安全账。对那些真正危及安全生产的，不管花多少钱、出多大力，费多少时，坚决投入到位、落实到位，切实做到不安全不生产。

（三）凝聚人心，形成合力

人心齐则泰山移，抓安全必须聚全矿之力。扎实开展宣传思想工作，利用不同形式、不同载体广泛宣传“生命高于一切”的重要意义，让煤矿企业的干部职工真正明白“再好的经济效益也没有职工的生命重要，再大的功劳也抵消不了致人失去生命的过失”“安全生产责任大如天，在其位必须负其责”的道理，使“生命高于一切”的意识根植于脑、深化于心、显现于形。

（四）强化培训，提升素质

按照客观需求，一方面制定相关激励政策，吸引更多的有识之士到煤矿企业就业，以人才促安全，以安全揽人才。更重要的一方面是加大在职人员的培训力度，积极实施煤炭企业“全员素质登高工程”，优化师资结构，创新培训形式，建立健全培训、评价、鉴定、考核一体化机制，激发培训活力。推行专业技术人员定期离岗任教和专业教师定岗锻炼制度，提升安全培训效果。把“双述”、应知应会、应急避险、防突知识作为培训的主要内容，增加实际操作和实战演练，推动安全培训从取证型向素质型、技能型转变。

（五）大力推进班组建设

狠抓班组基本要素管理，规范和加强班组长队伍建设，突出班组安全管控的核心地位。充分发挥班组研究室和班组建设协会的作用，建立健全班组全员参与、自我约束、持续改进的现场安全管理机制，在选拔任用班组长、选树先进典型、督促指导检查等方面狠下功夫。把所有的班组都建成合格班组，全力推动班组建设上台阶，筑牢安全生产第一道防线。

（六）全面提升质量标准化水平

健全质量标准化体系，按照“五优”标准，对各项制度、标准逐条逐项的查漏洞，找不足，全面进行整改提高。推行工程质量“实名”制度，坚持“质量问题就是事故”，对不合格的工程坚决推倒重来，对责任单位和责任人进行问责追究。同时，深入开展“五优”工程、“评优找差”“岗位描述”和“手指口述”示范化精品工作面竞赛活动，以采掘头面和生产系统高标准达标为目标，推行“现场会制度”，实施质量结构工资和质量标准化抵押金制度。全力抓好干部素质、职工行为和现场管理，提升精细化管理水平，实现工程质量、管理、技术和系统全面达标。

（七）实施科技兴安战略

统筹各方可用资源，集中力量破解制约发展的技术难题。努力探索深孔打钻、封孔工艺新技术，开展提高瓦斯抽采效果等方面的研究，从立项审查、过程管理和成果验收三个方面加强考评，确保科技项目保质保量完成。进一步健全技术创新、技术推广应用和小改小革奖励等制度。大力实施技师津贴、首席技工津贴、技术大拿津贴、自学成才奖励等制度，并为有突出贡献的科技人员深造培训、职业发展创造条件。加快推进科技进步与管理创新的人才队伍建设，在用活用好现有人才的同时，着力选拔人才，着力提高人才质量，着力优化人才结构，努力造就一支结构合理、素质优良、规模适中的科技创新人才队伍。

安全生产是一项庞大而又复杂的系统工程，在建设这项工程中既要突出重点，抓住关键，又要全面铺开，整体推进；既要持之以恒，常抓不懈，又要以科学的态度从实际出发，根据变化了的情况采用新的、行之有效的办法和措施，只有这样在新常态下才能使安全生产充满生机和活力，持续保持良好的发展态势。

浅谈BT项目融资模式存在的风险

中国水利水电第十三工程局有限公司　赵勇祥

一、 BT模式的含义

BT（Build-Transfer）即建设——转让，是由业主通过公开招标的方式确定建设方，由建设方负责项目资金筹资和工程建设，项目建成竣工验收合格后由业主回购，并由业主向建设方支付回购价款的一种融资建设方式。BT模式对工程总承包企业来说具有投融资的性质。工程总承包企业与银行作为BT项目的合作伙伴，在BT项目中是利益共享、风险共担。

二、BT模式的优势

一是有利于优化资源配置。发展BT模式可以使产业资本和金融资本全新对接，形成一种新的融资格局，为社会投资人参与社会公益性项目建设提供了切入点，为剩余价值找到了新的投资途径，优化配置社会生产要素和有限资源，进而实现各参与方“共赢”和基础设施建设的良性循环。二是有利于合理分散风险。BT模式倡导风险和收益在政府与投资方之间公平分担与共享，追求安全合理利润。强调各参与方发挥各自优势的主观能动性，合理分散和分担风险，提高了各方对项目抗政治风险、金融风险、债务风险的分析，识别、评价及转移能力。 三是有利于提高运作效率和工程质量。BT模式采取国际规范化管理与运作，通过引进先进的技术和管理方法，改善基础设施建设投资和管理结构，有效实现管理、设计、施工资源整合及紧密衔接，减少建设管理和协调环节，有效提高项目运作效率和工程质量。四是有利于改善基础设施硬件环境，构建社会信用体系。保证了项目的质量和效率，能够优化和改善城市整体环境。BT模式在一定程度上是对政府和企业信用的考验，通过实施BT模式，有助于构建良好的社会信用平台。

具体实践中该模式，一是可降低管理成本和建设期风险。在BT模式下，项目的建设由BT承包商承担，业主不需要设立项目管理机构来实施项目建设中的管理。此外，建设期内业主不投入资金，只需监督BT承包商在规定的时间内移交合格项目即可，节省了大量人力、物力。同时，业主只有在项目竣工验收合格后才开始进行资金支付，这样也大大减小了建设期的融资风险 。二是可降低项目建设成本，缩短工期。由于采用BT模式实施的工程其工程量一般都比较大，BT承包商可以给出最优惠的总体价格。三是有利于业主控制项目的总造价。BT模式一般采用固定总价合同，通过锁定工程造价和工期，可以有效地降低工程造价，转移业主的投资建设风险。

三、BT项目融资的主要模式

目前BT项目还没有形成相对成熟化、系统化、权威化的运作模式。通常来说，往往根据当地自身的经济发展基础和项目特点，来决定选择具体的BT融资模式，主要有三种：

（一）单一投融资BT模式及特点

该模式是指通过公开招标的方式来确定BT项目的投资人，然后由BT项目投资人通过成立项目公司的方式进行融资。通常由BT项目发起人和投资人共同协调委托专门的监理公司对项目实施情况进行监理。

（二）“投融资+项目管理”BT模式及特点

区别于单一投融资BT模式，该模式下的项目公司还负责项目具体的融资、设计施工建设管理，比如需要负责办理项目建设的审批手续；需要参与施工建设工作的各单位协调和管理。通常也是由BT项目发起人和投资人共同协调委托专门的监理公司对项目实施情况进行监理。

（三）“投融资+项目管理＋施工总承包”BT模式及特点

区别于“投融资+项目管理”BT模式，该模式下的项目公司还承担施工总承包的职能。该模式有利于投资人获取更多的利润空间。与上两种模式一样，监理单位同样由BT项目发起人和投资人共同委托。

四、存在的主要风险类型

按项目风险的表现形式划分可以划分为：信用风险、建设风险、市场风险、金融风险、政治风险、法律风险、环保风险、生产风险。

（一）信用风险

项目融资所面临的信用风险是指项目有关参与方不能履行协定责任和义务而出现的风险。在项目融资中，即使对借款人、项目发起人有一定的追索权，贷款人也将评估项目参与方的信用、业绩和管理技术，因为这些因素是贷款人依赖的项目成功的保证。信用风险贯穿项目始终，项目参与方的资信、技术、资金能力、业绩和管理水平是评价项目信用风险程度的重要指标。

（二）建设风险

项目的建设风险存在于项目建设开发和试生产阶段。其主要表现为：项目建设延期；项目建设成本超支；由于种种原因，项目迟迟达不到“设计”规定的技术经济指标；极端情况下，由于技术和其他方面的原因，项目完全停止放弃等。完工风险是建设风险中最重要的内容。完工风险是指项目无法完工、延期完工或者完工后无法达到预期运行标准而带来的风险。项目的完工风险存在于项目建设阶段和试生产价段，它是项目融资的主要核心风险之一。完工风险对项工公司而言意味着利息支出的增加、贷款偿还期限的延长和市场机会的错过。

（三）市场风险

市场风险是指在一定的成本水平下能否按计划维持产品质量与产量，以及产品市场需求量与市场价格波动所带来的风险。市场风险主要有价格风险、竞争风险和需求风险，这三种风险之间相互联系，相互影响。项目方在计划投资项目时必须考虑以下几种因素：是否存在该项目产品的国内和国外市场；可能的竞争激烈程度怎样；是否有相似项目竣工；预计产品的国际价格、适用关税和贸易壁垒；市场准入情况；当项目到运营阶段时，项目生产的产品或提供的服务是否仍然有市场；项目所用的技术是否可能被超过；在一定的成本水平下能否按计划维持产品的质量与产量，产品市场需求量与市场价格波动；设备、能源、原材料供应价格波动所带来的风险。应将市场准入情况、竞争程度、时效性等纳入评价范围。

（四）金融风险

项目的金融风险主要表现在利率风险和汇率风险两个方面。在项目融资中，项目发起人与贷款人必须对自身难以控制的金融市场上可能出现的变化加以认真分析和预测，如汇率波动、利率上涨、通货膨胀、国际贸易政策的趋向等，这些因素会引发项目的金融风险。

（五）政治风险

凡投资者与所投资的项目不处在同一国家，或贷款银行与项目分处异国都有可能因项目所在国的政治、行政组织行动的变化而导致项目失败、项目信用结构改变以及项目偿债能力发生变化等风险。项目的政治风险可以分为两大类：一类是国家风险，如借款人所在国现存政治体制的崩溃；对项目实行国有化；或者对项目产品实行禁运、联合抵制、终止债务的偿还等。另一类是国家政治、经济政策稳定性风险，如税收制度的变更；关税及非关税贸易壁垒的调整；外汇管理法规的变化等。在任何国际融资中，借款人和贷款人都承担政治风险，项目的政治风险可以涉及到项目的各个方面和各个阶段。

（六）法律风险

法律风险指东道国法律的变动给项目带来的风险。世界各国的法律制度不尽相同，经济体制也各具特色。跨国借贷可能面临因法律不同而引发的争议；有些国家担保法的不健全可能导致获得担保品成为困难；有些国家对知识产权的保护可能尚处于初级阶段；还有些国家缺乏有关公平贸易和竞争的法律等，这些因素带来的风险是不言而喻的。

（七）环保风险

环境保护风险是指由于满足环保法规要求而增加的新资产投入或迫使项目停产等风险。对项目公司来说，要满足环保法的各项要求，就需要增加项目生产成本，或者增加新的资产投入改善项目的生产环境，对那些利用自然资源或生产过程中污染较为严重的项目来说甚至会迫使项目无法生产下去。因此，对项目融资期内有可能出现的任何环境保护方面的风险应该和上述其他风险一样得到充分的重视。遵守环境保护法规的风险不仅表现在生产成本增加从而降低项目原有的经济强度，进一步而言，在贷款人以项目场地和项目资产作为担保品的情况下，如果行使接管项目的权利，同样将承担环境保护的压力与责任。除了对污染的罚款以外，环境成本还可能包括：环境审计计划所需的费用、环境影响评估所需的费用等。

（八）生产风险

生产风险是指在项目试生产阶段和生产运营阶段中存在的技术、资源储量、能源和原材料供应、生产经营、劳动力状况等风险因素的总称。它是项目融资的另一个主要的核心风险。生产风险主要表现在：技术风险；资源风险；能源和原材料供应风险；经营管理风险。

五、结束语

BT模式已经被越来越广泛地应用到了我国的市政项目建设。对于BT项目的融资风险管理也日益受到了学界和企业界的重视。作为一个BT项目的投资人或者管理者，关键是要尽可能准确地识别风险、估计风险和评价风险，通过使用多种管理方法，合理地规避或分散风险。运用技术和手段对项目活动所涉及的风险实行有效的控制，采取主动行动，创造条件，尽量扩大风险事件的比较有利的结果，妥善地处理风险事故造成的不利后果，以最少的成本保证项目安全、可靠地完工。

参考文献：

[1] 王少清. 施工企业在BT项目承包中的风险分析及防范[J]. 交通财会，2012（02）.

[2] 张辉. 基础设施“建设—回购”模式法律风险分析[J]. 城市问题，2012（04）.

天然气终端企业在结构性改革形势下的创新发展与风险控制

中油金鸿能源投资股份有限公司北京咨询分公司　郭见驰

随着我国经济和社会的不断发展，以及经济结构战略性调整，生态建设得到了进一步加强。特别是伴随环境保护要求的提高，我国能源消费结构迫切需要从高碳向低碳转变，由此，清洁能源的推广和使用被推上城市燃气发展的风口浪尖，蓬勃而充满生机。作为担负着完善城市基础设施建设，改善投资环境，优化城市能源结构，提升城乡居民生活品质等重大职责的天然气终端经营企业在相当一段时期内也因此获得了良好的创业契机，并且顺利地完成了企业自身的发展和壮大。

近年来，伴随着中国经济发展的增长开始逐步迈入泥潭，经济的下滑由周期性的波动转化为结构性的危机，供给与需求不匹配、不协调和不平衡的矛盾开始凸显，国内部分产能过剩，供给规模有余而品质不足，特别是在油气行业逐步步入景气周期低谷，国内经济承压运行的前提下，适度扩大总需求和调整需求结构的同时，加快培育新的发展动能，改造提升传统比较优势，增强持续增长动力，推动更高质量、更有效率、更加公平、更可持续的发展，激发微观主体创新、创业、创造的潜能，构建、塑造和强化企业经济长期稳定发展的新动力成为天然气终端企业面临的新机遇和新挑战。

一、当前天然气终端企业的发展现状

由于地域性差异及思维观念、体制束缚等多方面的原因，经过十多年的发展，整个天然气经营企业在持续的成长和扩张过程当中，一些弊端和不足不断积累和衍化，开始演变为企业再发展的瓶颈。主要是，规模小、成本高、投入大、效率低，尤其是国内法规建设不完善，重大技术与国际水平差距大，设备设施陈旧落后，安全问题日益突出，公众服务意识欠缺，管理模式僵化，社会责任缺失等，导致天然气的终端企业职能始终在最原始的保持基本供应和单一且单调的服务层面上停滞不前，气定神闲地躺在“特许经营权”的保护下，怡然自得的混着日子，缺乏更高标准的要求和改变，毫无危机意识与风险意识，创新动力和欲望严重不足，根本无法就广大燃气消费者日益增长的中高端需求提供相应的产品支持和服务支持。尤其在当前全球经济放缓，低油价、低气价的行业背景给正处于起步阶段的国内天然气市场带来了巨大挑战。

二、发展过程中的可能性风险与预防

天然气终端经营企业具有公用事业和能源产业的双重性质，既是国民经济的基础性产业，也是关系到人民生活水平和品质的民生行业。由于城市燃气行业具有市场的刚性需求特征，加之国家对城市燃气的发展态度十分积极，因此其与宏观经济的联系并不大密切，也就是说受宏观经济的波动影响有限。同时，城市化进程的继续、基础设施的进一步完善要求、市场化的定价机制逐步形成等因素也不同程度的驱动着城市燃气市场的不断扩大。在发展过程中，其主要的潜在风险是：

一是资源价格波动风险。天然气价格波动受国际国内经济环境影响，2015年的市场行情总体延续了原油、成品油、天然气供大于求的趋势，不确定因素的增加，会传导至国内燃气价格，导致波动。

防范措施：适当关注关联企业受宏观经济波动的影响情况。

二是政策环境风险。产业结构面临调整，经济走势持续波动存在较大的不确定性。如果国家关于天然气行业的政策出现较大改变，调整能源利用政策，打破资源分配格局，或调整价格形成机制，将对企业经营效益产生较大影响。

防范措施：密切关注国家产业政策，规避与政策冲突。

三是供求风险。由于上游气源生产的能力与日益增长的需求存在不平衡，导致冬季期间或用气高峰时段出现经营企业“气荒”现象，令企业日常经营陷入困境。

防范措施：由于天然气供应的不可中断性，需建立多元化的气源保障机制，可考虑建立战略同盟，与实力供应企业签订供气合同，同时在尽可能的情况下，做好气源储备库的建设。

四是价格管制风险。天然气供应目前仍然实行政府价格管制，所以在实际经营过程中受主管部门调价周期的限制，存在滞后性，短期内对企业的财务状况和经营业绩造成不利。同时，新的气源价格方案还未出台，有可能大大压缩传统经营企业的盈利能力。

防范措施：主动积极了解国家在天然气价格方面出台的政策和改革进程，提早做出反应。

五是安全风险。特种行业的属性决定了终端企业的经营存在着事故及隐患可能导致的安全风险，因工程质量、设备老化、操作失误或第三方责任等导致的燃爆发生，将给企业带来毁灭性的损失。

防范措施：健全安全运营体系，强化监管责任，做好应急预案。

六是新能源替代发展的风险。随着科学技术的进步，新的能源被不断地挖掘和推出，新兴市场不断涌现，LNG车船用气市场、分布式能源市场发展迅猛，以及国家对太阳能、风能、生物能、地热能等的优惠政策调整，在行业内可能产生不同的竞争态势，企业存在着在城市燃气经营领域内与新能源争夺用户和市场的可能性。

防范措施：高度关注新能源发展和利用领域内的权威信息，及早洞察，并可考虑参与合作。

七是经营权竞争的风险。燃气空白市场在愈演愈烈的激烈争夺中快速萎缩甚至消亡，城市燃气“圈地运动”基本完成，可并购的优质项目越来越少，外延式发展面临压力，随着国家对垄断行业特许经营政策的逐步放宽，同一行政区域内不同地点范围引入竞争机制成为可能。

防范措施：把握政府意图，及早全方位布局并启动管网建设，形成事实上的天然气供应无盲区局面。

三、结构性改革形势下的创新思路与措施

2016年是“十三五”的开局之年，也是供给侧改革的攻坚之年，作为天然气的终端经营企业，我们应该顺应供给侧改革要求，充分利用国家政策支持，彻底解放思想，转变观念，创新经营机制，更新运营管理模式，强化服务功能，在确保“安全发展与生态发展”的前提下，不断打造和提升企业核心竞争力，促进企业平稳、良性、规范和可持续性发展。具体为：

（一）营造良好的企业内外部发展环境

一方面，重视并时刻高度关注国家前沿政策，提高政治敏感度，了解当地政府施政意图和改革思路，搭建良好的政企合作平台，实现合作双赢，为企业的顺利发展营造良好的外部环境；另一方面，梳理企业内部环境与氛围，以人为本，注重企业文化的宣贯和熏陶，积极传递正能量，加强培训和引导，构建公平合理的人才通道，让员工伴随着企业的成长而成长。

（二）建立适应市场经济的企业经营管理体制

一是立足企业当前实际，顺应市场经济的发展趋势，勇于担当企业的社会责任，创新求变，站在战略的高度思量和谋划企业发展格局，深入挖掘企业内涵式增长的巨大潜力，固本强基，提高核心竞争力，树立良好的

品牌形象。

二是实行精益化管理，学习并借鉴先进的企业管理经验，以精简高效为原则，合理分配资源，明确责权利，健全科学有效的激励机制和考核机制，挖掘人作为第一生产力的内在潜能，做到人尽其用、人尽其才，倾力打造团结奋进的职业员工团队。

三是构筑安全平稳的能源供应保障体系和功能完善的服务保障体系。牢固树立安全发展的经营理念，切实做到预防为主，运用先进的信息化和数字化安全管理手段，并通过建立各种管网、压力、流量等信息系统的数据采集、分析和利用，实现管网设施巡检、维护等外业工作的科学监管和输配场站的安全运行。同时，变被动为主动，转变服务观念，优化服务功能，提升服务水平，完善规范服务流程，统一服务标准，突出服务的人性化、差异化和增值性，让用户真正感觉到贴心、留恋和温暖。

四是加强企业的内部监管，做好经营风险的预估和防范，将日常经营的各个业务环节和管理环节环环相扣，设立透明合理的流转模式和制约模式，严格落实审批制度和追责制度，杜绝各类风险漏洞，做到经营风险可控可防，确保企业在诚信守法、规范有序的轨道上运营。

五是以市场发展为导向，积极推进城市天然气管网布局，提升气化率。一方面，通过政府措施，争取优惠政策和绿色通道，加快天然气工程建设步伐，延伸和扩大供气管网覆盖区域，并推动燃气销售合理定价，为市场拓展提供有效支撑。另一方面，优先发展居民用户，关注房地产市场开发，做好用户的跟随性发展，提升单位气化率。同时，大力发展商业用户和工业供气，为公司的利润增长提供强力保障。

（三）扩大天然气利用领域，突破天然气产业链瓶颈

面对日趋激烈的天然气终端市场竞争和当前城市燃气市场天然气利用领域饱和的情形，要审时度势，目光长远，及早规划，宏观布局，稳中求进，进中求新，新中求变，加强与当地政府间的沟通与合作，加快企业天然气产业链下游市场的发展。

（1）在当前城市雾霾困扰背景下，从民用车、出租车、公交车以及政府用车出发，大力发展LNG或者CNG汽车，并加大LNG或者CNG加气站的分布建设。

（2）从价格、费用等多方面给予优惠，积极推广使用直燃机空调，既符合环保政策又可大幅提高燃气用量，使其成为企业新的经济增长点。

（3）天然气发电受国家鼓励和支持，也是消耗天然气的首选，积极尝试与发电厂建立联盟，签署供气协议或者通过分布式能源模式开展合作，纵向一体化发展。

（4）推动政府实行环保补贴，实现工商用户“煤改气”和“油改气”，提高用户积极性。

（5）做好煤炭行业升级疏导，推动能源消费结构转变，高度关注并积极探索和尝试供热、工业燃料和化工转换等领域实现天然气替代。

总之，天然气终端销售企业的发展、壮大和改革、创新，既需要在供给侧方面下功夫、动真格，优化资源配置，重新定位企业职能，摒弃和革除陈旧，提升效率和效益，又要在需求侧费心思、花气力，倡导消费观念更新，用企业真诚、真心换取用户忠诚、忠实，从而获得丰厚回报。始终致力于改善环境质量，以专业、高效、安全和卓越不断适应城市化发展步伐，满足市场需求，抓机遇迎挑战，建立可持续发展战略举措，方可在市场经济的改革大潮中，立于不败之地。

借鉴民企经验　推进市场化改革　创新国企管理

大河纸业有限公司　郭 辉

国企改革从1979年开始，经历了放权让利阶段、两权分离（承包制）阶段、现代化阶段（独立法人阶段）、股份制改革等阶段，以及目前所推进的市场化改革和混合所有制改革。国企在数量上逐步减少，在经营活力上逐步释放，竞争力逐步提升，国企的健康发展为国民经济快速发展起到了积极作用。尽管如此，当前仍有许多羁绊国企进一步融入市场的障碍，国企的市场化改革尚需借鉴民企的先进经验。改革开放以来，源自完全市场化机制不断发展壮大的民企，为国企的深化改革提供了良好的参考、借鉴蓝本。

一、国企改革的背景和意义

国企市场化改革的必要性。在数量和资产总量上，国企维系了国家的经济命脉，关系着社会的稳定和发展。但国企的市场竞争能力弱于民企。创新能力不足、工作效率较低、内部激励机制不健全是国企面临的主要问题。

党的十八届三中全会通过的《中共中央关于全面深化改革若干重大问题的决定》（以下简称《决定》）提出国有企业改革要健全公司法人治理结构，健全董事会运作机制，形成股东会、董事会、监事会、经营层各负其责、运转协调、有效制衡的机制。建立职业经理人制度，更好发挥企业家作用。深化内部改革，建立管理人员能上能下、员工能进能出、收入能高能低的机制。《决定》客观上要求进一步提升国企市场化管理的能力，培育内生性增长动力，顺应当前市场的竞争。国企的市场化改革，尤其是充分竞争行业的国企市场化改革是提升企业市场竞争力，保持国有资产保值增值的有效途径。

2014年7月15日，6家央企入选首批国资“四项改革”试点。2015年9月13日，《关于深化国有企业改革的指导意见》发布，国企改革迎来全新阶段。

二、民营企业市场化管理的经验（以DY集团为例）

为学习民企的市场化管理经验，对民营企业DY集团进行了深入地调研学习。该企业是从乡镇企业发展起来的大型民营企业，涉及人造板、滤材、房地产、金融等多个行业，设置了若干个二级集团。通过对DY集团的调研，发现其在内部经营管理层面具有以下主要特点：

（一）基于逐级负责的充分放权

（1）管理人员的任免。下级管理人员由本级提名，上级任命。上级一般会认可提名人员，特殊情况不认可的，可重新提名，没有合适人选的，上级可以推荐人选或指定人选。工厂总经理、二级集团副总由二级集团总经理提名，DY集团董事会审批。工厂副总由总经理提名，二级集团总经理审批，向DY集团备案。

（2）每一级人员的考核和奖惩均由其对应负责的上级主管负责。

（二）基于市场的任务下达方式

（1）年度利润目标任务由上级任命，自上而下下达，没有特殊情况不做调整。DY集团董事会从投资收益的角度向二级集团下达年度净利润指标，而二级集团的市场形势、产能规模、生产成本等因素仅作为参考因素。二级集团（包括其所属企业）在没有充足的客观理由说服DY集团董事会的情况下不允许变更。以此来“逼迫”二级集团对内挖潜、对外扩张，不断挑战极限，实现DY集团利益的最大化。其内部总结为“奋斗+责任制”。

（2）DY集团下达的目标任务一般是“按现有模式做到完美也基本无法实现的”，逼迫经营人员不断地突破、寻找新的利润增长点，不断地奋斗。

（3）每年目标任务层层加码，“鞭打快牛”，促使企业不断发展。

（4）实行责任制，所有事情都要有明确的责任人。秉承“有人承担责任才可能把事情做好，无人承担责任就一定做不好”的理念。该责任人就是部门、工厂、板块的“一把手”。

（三）基于竞争的职务获取模式

该公司建立了完备的后备人员体系。在基本管理团队相对稳定的前提下，始终把竞争作为管理的重要方式。比如每年的任务下达后，原则上企业一把手不能讨价还价，需要做的是积极制定措施努力完成任务指标。如果现任总经理有异议，不愿接受。则集团会在其副职和后备人员中进行竞争性选聘，条件之一是必须接受当年的任务指标。一旦选定后则现任总经理即自动辞职。

（四）基于重奖重罚的激励机制

对主任及以上人员实行“重奖重罚”制度，降低底薪、提高绩效比重。各级管理人员根据职务高低都要交数额不等（5万元~50万元）的信心保证金，设置任务奖、信心奖、单项奖等多种奖项，完成或超额完成任务的不但当年有丰厚的奖金，保证金也会翻倍退还。在连续几年完成任务后在预留奖金的基础上翻倍奖励。但完不成任务的，不仅奖金全无，信心保证金也要罚没。秉承“奖要奖的开怀大笑，罚要罚的倾家荡产”（奖到笑、罚到跳）的奖罚理念。

（五）基于灵活应对市场变化的绩效考核机制

对人造板集团内部（所属企业）而言，能够根据市场的变化情况及时调整考核机制，在某个特殊时期采取有针对性的激励政策，最大限度的调动员工积极性。如在原料紧张时期，将原料收购作为企业否决性考核指标，未能完成原料收购任务的高管直接评价为“不称职”，交DY集团坐“冷板凳”。在市场形势下滑期间，授权销售部门自行制定销售提成政策，超额完成任务部分最高可提成45%，极大地调动一线营销人员的积极性。

三、国企、民企的优劣分析

通过对DY集团的调研，对比充分竞争行业的国企、民企区别，两者具有各自的优势和劣势，国企若能借鉴民企经验，克服自身弱点，应该会在市场竞争中具有优势：

（一）国企的优势及民企的劣势

（1）在资源占有方面国企具有一定优势。国企在融资、人才储备、规范管理等方面具有比较优势。而对应民企在这方面资源相对匮乏，从这个角度出发，民企的抗风险能力一般弱于国企。同时促使其有更强的危机意识。

（2）国企人员基础素质一般较高。与民企相比，国企压力相对较小，工作相对稳定，更多人愿意到国企工作，人员比较充沛，储备了大量的人才，整体人员基本素质普遍高于民企。

（3）国企制度建设比较规范。国企管理的是公共财产，高管人员定期轮换，一般比较重视制度建设、流程梳理，讲求以制度办事、按程序办事，制度体系建设比较规范。企业运转受主要领导变化影响较小，工作连续性较强。民企一般由小型企业逐步发展壮大，创始人具有绝对的权威和作用，企业更多是秉承其意愿行事，有较强的“人治”色彩。老板与骨干下属相处，靠的是彼此的默契和信任。在制度建设规范性方面重视程度弱于国企，受“一把手”更迭的影响较大。如DY集团董事长更换后，对人造板集团发展战略做出重大调整，导致公司部分资深高管人员离职，对处于上升阶段的公司的长期发展造成了一定的影响。

（4）国企员工归属感相对较强。国企一般按法律、法规的要求执行，在社保缴纳、员工福利、员工关怀等方面做的较好。民企职工普遍面临工作压力较大，考核较重，社保缴纳不足等情况，因此人员流动性较大，员工归属感不强。

（二）民企的优势及国企的劣势

在充分竞争的行业，民企的发展天然具备灵活性，充分竞争性，完全的市场导向。

1. 民企经营人员权责匹配的机制更加完整

基于市场化竞争而发展起来的民企，在内部经营管理权上具有完全的独立性，民企以市场化选聘为核心的用人机制，经理人的职务严格与所承担的任务挂钩，且基于效率最大化的原则，民企经理人员对下属具有相对完整的考核、分配、使用权，各级人员压力大。

国企以任命制为主要形式的任职方式，有些还讲究行政级别，具有一定的行政色彩。虽然会带来一定的社会资源，但很多时候职务与任务并非紧密挂钩，晋升和退出的机制不活，自然会产生缺乏进取心和依赖思想。

2. 民企机构更为精简、人工成本较低

国有企业所经营的资产是国家所有，为发扬职工管理企业以及各专业监督制衡作用，往往相比设置较多的部门，所使用人员远多于民企。据有关资料显示，同等企业国企比民企人员多1/3左右。与类似民企企业相比，投入产出比明显不足，市场竞争力不强。而民企的机构和人员精简到“不能再减”的地步，能够充分发挥每个人的作用，提高劳动生产率。

3. 民企的机制更加灵活

民企决策程序相对简单，决策者可以根据实际情况迅速做出反应，制定相应措施。如在某阶段会针对某一方面情况制定有针对性的强力激励措施。国企在总经理负责制的基础上，普遍实行集体决策制，涉及“三重一大”事项必须经决策会议研究通过。特别重大事项还需要向监管部门汇报，前期调查、研究期限较长，无法向民企一样应对瞬息万变的市场形势。

4. 国企缺乏“容错试错”机制，制约了企业的创新

民企鉴于竞争压力，必须靠创新来实现差异化竞争，形成比较优势。由企业负责人推动，成功与否均由企业老板承担，基本不存在容错的问题。而国企由于各级管理者为逐级授权的管理者，更多的追求稳定和免责心态，怕犯错误，不愿冒险，制约了创新。

四、借鉴民企先进经验，促进国企深化市场化改革

在我国经济进入中低速发展、多个行业结构性过剩的新常态下，从经营角度引入民企经营理念，推进市场化改革深入开展，激发企业活力，应对外部市场，对国企的长远发展具有重要的现实意义。

（一）明晰产权界限，赋予企业经营自主权

在顶层设计上，国有资产监管部门（如国资委）以股东及监督人的角色出现。一是国有资产监管部门作为纯粹意义上的股东，履行出资义务，享受收益分红。实现从管资产到管资本的转变。二是健全企业董事会，做强董事会，真正发挥其作用，由董事会按照市场化的方法选聘职业经理人。

（二）改变国企高管的选任方式，建立职业经理人制度，培养、选择一批企业家

按照市场化要求，以提高管理水平和企业竞争力为核心，以职业经理人队伍建设为重点，加快推进企业经营管理人才职业化、市场化、专业化建设。以此为突破口，改变观念。通过内培外引，逐步打造一支勇于创新、敢于负责，作风硬、能力强、有担当的高素质职业经理人才队伍。选择一批业务能力强、专业知识过硬、敢于担当的人员充实到企业高管岗位。改变行政任命的模式，将企业效益，个人工作业绩作为考核、任用的

最主要依据。

（三）改变计划下达及考核激励机制，提升人员动力和企业活力

一是按照经营目标自上而下下达、职务靠竞争取得，任务与职务挂钩、工作逐级负责的管理理念，将工作任务分解到具体责任人员，每项工作都需要有具体的责任人员，避免出现推诿扯皮现象。二是根据内外部形势变化、阶段性任务要求，灵活调整考核、激励政策，以结果为导向，强调工作措施的实效性，保障企业利润目标的实现。三是在保障员工收入的基础上，加大对中层、高管人员的激励力度，按照“二八原则”，抓好主要岗位的管理，加大对重点岗位的激励力度。

（四）适当压缩管理机构，提高工作效率

在保障工作正常开展的前提下，适当压缩机构、岗位设置，减少行政管理人员数量，降低人工成本，提高人均劳动生产效率。如作为重组其他企业的国有企业ZF公司，在重组退出并由民企LY公司接管后，原行政、企管、安保、党群等部门合并为综合管理一个部门，人员减少2/3，人工成本明显降低。

（五）强化制度建设、建立适度的宽容机制

加强制度建设，把考核和激励措施的完备作为前置的工作，使高管人员的晋升、任免和奖惩靠规范的制度产生，减少不确定性。同时对于因考核而辞职的高管给与适度的宽容，安排下一级适当的工作，作为同级别人才的后备。既解决人才的稳定问题，又有适度的竞争；既有压力，又不至于使高层人员经常性的流失。

在本轮国企市场化改革中，只有强化内功，积极开展内部市场化改革，充分发挥自身优势，借鉴民企发展经验，取长补短，不断提高企业的市场竞争能力，促进企业长期、稳定、健康发展，才能完成国有资产保值增值、发挥企业社会职能的历史使命。相信通过国企的自我调整、完善，必将在国家经济发展中发挥中流砥柱的作用。

浅谈电缆企业管理创新与风险控制

新亚特电缆股份有限公司　徐正华

随着改革开放的深化，社会主义市场经济进一步的发展，我国积极推进工业化进程、城镇化建设、电力建设等，为电缆企业带来了广阔的市场。但是，这背后的企业内部的发展却不如人意，在由于企业管理不当和企业面临风险过大等因素下，许多的企业管理者存在悲观的想法，对电缆企业的发展前景忧心忡忡。对此，应该正视电缆企业发展过程中存在的问题，寻找问题的根源，转变管理理念，提升管理创新的力度，优化管理，做好企业的风险控制，这样才能促进电缆企业健康有序地发展，不断地茁壮成长。

一、管理创新的意义

（一）提升企业核心竞争力

企业的核心竞争力是企业长期稳定发展的一个重要因素。在激烈的市场经济环境下，企业要想长久的存在，占据一定的市场份额，就必须创造企业的核心竞争力，提升企业发展的空间。核心竞争力并不只是指产品的竞争力，还可以是企业的文化竞争力、品牌竞争力、技术竞争力与资源竞争力等内容。从另一个角度说，创新是企业生存发展的源泉之一，创新管理能力本质上就是在提升企业的核心竞争力。对电缆企业来说，技术创新是企业发展至关重要的一个推力，对企业管理进行创新，能够改变传统落后的管理模式，创新管理机制，提升市场变化的应对能力，加强对电缆技术的研究力度，从而促进技术革新，进一步提升电缆总体行业的发展。

（二）构建企业发展空间

就目前来说，电缆行业在总体上呈现出一个无序的市场状态，部分电缆企业为了进一步拓展企业的市场，提升产品的销售额，获取更多的利润，存储采用降低电缆商品的价格来实现，时间一久，电缆企业之间的价格战愈演愈烈，最后伤害到的是整个电缆行业的利益。而电缆企业引入管理创新这一方法，有利于企业转变传统以降低价格为主要手段的竞争方式，而是通过创新来提升企业的竞争力，积极打造电缆的品牌效应，用科学的、高效的方法分析电缆市场，进而开阔新的市场。

（三）提升企业规避风险能力

市场经济的发展存在不确定性，也就是风险性极高。对一个企业来说，企业的利润总是伴随着风险，可以说面临的风险程度多大，企业获取的利润就多大。 市场风险总是无处不在，所以企业要想发展稳定，就要提高规避风险的能力。对于电缆行业来说，风险并不仅仅是外部市场环境的影响，还来自于企业内部的财务风险管理。因此，提升电缆企业的管理创新能力，有利于创新企业的内部管理，是电缆企业规避风险的一个重要手段。

二、企业管理创新途径

（一）国家加大扶持

电缆企业提高管理创新的手段之一就是加大国家的扶持力度。可以说，创新是一个民族的灵魂所在，同时也是一个国家发展的动力支持，企业通过提高创新能力，能够进一步促进经济发展，提升国家的竞争力。我国实行社会主义市场经济体制，政府在经济的发展中发挥着重要的宏观调控作用，政府加大企业的创新支持，能够通过制度、政策等手段鼓励电缆企业的创新发展，能够减轻企业的创新成本，通过法律更好的保护企业的知识产权，解决电缆企业创新的后顾之忧。

（二）加大资金投入

企业生产的各个环节都需要资金的支持，才能够顺利的运转。电缆企业在公司发展规划上，要重视创新意识，加大技术研发投入的资金支持，提高企业自主的创新能力。企业提高管理创新途径，不仅仅需要政府通过各种政策手段为电缆企业的创新塑造一个良好的社会环境，还需要企业自身有强大的物质资金作为支持，通过设置创新的激励制度，提高员工创新的积极性，加强各种企业的创新培训，提高员工的创新能力；并且重视创新人员的福利待遇，解决创新人员所担忧的问题，塑造良好的企业创新氛围。

（三）企业自身高度重视

观念能够指导一个企业的发展，企业的发展观念对企业发展方向具有重要的决定作用。其中，企业管理人员就像是企业发展的领头羊，在企业的生产的经营活动中起着重要的作用。所以，提高企业管理创新力度，企业管理人员本身要时刻保持企业观念的创新，转变观念，高度重视管理创新意识。对电缆企业来说，在市场经济的环境下，管理者更应该重视创新的作用，进一步提高企业的生存能力。从电缆企业本身发展来说，管理人员要有高度的创新意识，通过不断地学习与摸索，提高企业管理的效益，建立企业内部创新管理机制，加大创新意识的培养，形成从上到下的企业创新文化氛围，进一步推动电缆企业的管理创新，促进经济发展。

三、企业风险控制途径

（一）稳健经营，因势利导

一般来说，在企业发展中，风险与收益是并存的。从改革开放以来，电缆企业得到很大的发展，但是就目前电缆市场来说，市场秩序是不完善的，也没有全面的法制建设的保障。因此，对电缆企业发展来说，面临着巨大的风险。因此，对电缆企业来说，稳健经营，因势利导，保持企业现金流的平稳运营是有效规避风险的一种手段。但是，通过分析可以发现我国电缆企业发展存在不少的问题。一方面，企业整体上的资产负债率与其他行业相比较高，达到60%左右，另一方面，电缆企业的资源浪费率很高，就设备的利用率来说，只有50%左右。因此，企业在项目发展的时候，要重视分析市场需求，掌握市场动态，因势利导，做好财务管理与预算编制工作，在考虑企业现金流的流转问题上，使决策科学化，实现稳健经营。同时，要加强企业的成本控制，提高资源利用效率，进一步提高电缆企业的效率，降低经营风险。

（二）优化管理，凝聚人心

完善企业的管理手段，提升管理效率是企业实现风险控制的有效途径之一。人才是企业发展一项重要的资源，在这之中如何留住企业人才，并且进一步发挥人才的作用，为企业带来更多的利润，降低企业的发展风险，是企业需要解决的问题。因此，在电缆企业的风险控制中，要强化对人才的管理，提升人员的责任意识和工作的执行力，开展各种形式的企业文化建设，培养优秀的企业文化，塑造良好的工作环境，通过人员的激励机制，来凝聚人心，凝聚力量，同心协力为企业进一步发展而努力。

（三）强化责任，诚信经营

一个企业要想长久的发展，不仅需要有自己的核心竞争力，还需要强化企业的社会责任意识，诚信经营，才能够走出一条可持续的发展道路。对电缆企业的发展来说，要想成为百年企业，就要不断提升社会责任意识，加大自我监督，通过建立产品监督机制，来确保产品的高质量，而不要为了一时的利益，就不顾产品的质量问题，以此对社会公众的生命财产造成伤害。同时，电缆企业要诚信经营，与供应商和客户之间建立良好的合作伙伴关系，构建有序的市场环境，共同推进企业良好发展，提升应对各种风险的防范能力。

四、结束语

在企业的发展中，时刻保持管理的创新与提高风险的控制能力，对进一步推动企业的发展转型具有重要作用。我国电缆企业随着经济的变动而发展，面临着机遇与挑战，要正面的迎接挑战，进一步加强电缆企业的创新能力，提升市场的竞争力，形成有效的风险防范机制，才能够抓住机遇，促进企业再一次的飞跃发展。

浅析知识经济时代下企业的管理创新与风险控制

中国水利水电第十四工程局有限公司　徐华山

对现代企业而言，管理创新是培育其核心竞争力的基本保证。这是因为，处于竞争环境中的企业若要保持持续、恒久的竞争能力，其组织结构和相应的管理模式就应该与其战略相适应，而这种适应一定是与其他企业不同的，也是在不断创新与变化中的。此外，任何一个现代企业都经过自身的发展之后具备了独特的属性，需要以原来的管理模式为基础，进行必要的摒弃与创新，唯有如此，才能最大限度的保证其组织机构更加合理，促使其管理更加优化，企业的核心竞争力才能更加突出。而作为一种新型的经济模式，知识经济时代的到来正在改变着经济增长中要素的贡献结构，技术、知识和管理在经济增长中的地位和作用正在凸显，传统的经济学理论教条也在受到冲击，管理创新受到前所未有的重视。

一、知识经济时代现代企业管理创新的基本模式

（一）决策管理的创新

决策管理是涉及到企业兴衰成败的关键内容。以往企业的决策管理主要依靠经验与主观判断，但已经不适合当前的形势了。面对当前复杂的环

境，企业一定要充分运用现代信息系统，熟悉方方面面的信息。由于信息是现代企业的神经系统，也是企业科学决策与及时应变的前提，因此要建立灵活准确的信息系统是企业进行决策管理创新的核心内容。在当前知识经济形态下，通常知识被应用于资本上面，知识的价值与作用超过资本的价值和功能，是企业最重要的资源之一，企业之间的竞争也体现为由资本实力的竞争发展为知识创新的竞争，而知识资产成为管理的关键。

（二）管理手段的创新

重视人性化管理，是指要在企业管理的过程中重视员工，为员工提供各种成长与发展的机遇，注重物质奖励和精神激励的适当相结合，以达到企业和员工的互利互赢。这种人性化管理和和谐的企业文化的塑造是相互促进的，换句话说，企业在进行人性化管理的时候，应该注重现代企业文化的建设，让全体员工在企业中有归属感、成熟感，这样有利于全面激发每个员工的主动性与创造能力，进而提高企业的凝聚力，有利于塑造良好的企业形象。

（三）管理理念的创新

在大工业经济发展时期，管理目标是实现社会财富最大化，所以管理的理念是以追求产量与规模为特点的数量规模型思路。而可持续发展观念的关键是个人，企业与社会均获得自我实现与发展，该观念强调人和人、人和组织、人和社会与自然的共同发展；而管理的目的是指导企业与社会之间的交易行为，推进企业和社会的相互发展；管理过程的基本要素不单纯是传统意义上的个人、信息与资本等要素。这一时期的突出特征是全球一体化与信息化，在具体企业管理中要树立开放的观念与合作的理念，只有开放才能交流和沟通，只有合作才能实现取长补短。在未来的企业竞争中，企业必须放眼全世界，在世界版图上找出最佳生产网点，在全世界的市场中发现潜在用户与消费者，在全球企业中找到企业真正的合作者。

二、现代企业管理创新的风险因素

（一）管理创新带来的风险

即使在企业外部环境与内部条件均已具备的情况下，企业管理创新活动能否成功在实践当中依然面临着很大的不确定性，这是由创新活动自身的本质特点所引起的。企业管理创新活动的开展一般要以业务部门为基础，以管理目标的调整与设定为导向。但是，不可否认的是，任何一项管理目标在管理实践中要想得到预定的效果，都需要在多种因素的相互作用下完成。因此，在企业的管理创新活动之中，需要将具有普遍意义的成功经验与具有特殊性的企业实践结合在一起，只有这样，企业本身才能获得更大规模的创新，降低知识经济条件下的不确定性。

（二）内部条件造成的风险

创新活动的开展通常需要大量的来自不同部门不同岗位的企业人员的相互合作，创新活动若想要获得很好效果，则这些相关人员对于创新活动的必要性与可能性取得一定程度的共识是非常关键的，然而由于认识水平的差异与个人利益的矛盾，员工对一项管理创新活动的理解能否取得一致是不能确定的。而每个企业都有自身的企业文化，每个员工都有自己的价值观与利益观，这种文化与观念都是长期积淀而成的，通常具有较强的稳定性与持续性，这就会导致人们可能很难接受创新活动带来的崭新的管理理念，导致创新活动的设计构想不能被完全彻底地贯彻与执行。

（三）外部环境造成的风险

对现代企业而言，管理创新活动是一项高风险的活动，作为一种探索性的管理活动，应该允许其在实施过程中存在失败的可能。而从某种意义上讲，这种活动需要法律法规的保护，作为上层建筑的法律法规需要根据时代的要求进行动态的调整，及时的适应作为经济基础的生产力的发展要求与变化的需要。可是，在具体的实践当中，这种滞后性是必然存在的，因此企业的创新活动面临着外部环境造成的风险。当管理创新的特征要求不断得到突破，现有的法律法规框架未能及时做出调整时，矛盾与冲突就会因此产生，风险也就随之而至。

三、企业管理的风险控制对策研究

（一）企业的执行力度

一个企业，仅仅有良好的战略决策是不够的，还需要有各个阶层人员的强有力的执行，当高层人员对风险做出指示后，需要各个部门之间的配合，这时候上传下达十分有必要。企业内部要有一个良好的信息传递系统，这样执行起来将会事半功倍。

（二）管理层的作用

领导的决策对于企业的管理是十分重要的，而公司的内部控制制度也是建立在强有力的企业内部管理阶层的基础之上，董事会和各阶层经理之间的配合，相关重大决策的探讨，对于企业未来的发展十分有必要。除此之外，还要强化管理层人员的认识与责任感。公司可以定期召开培训与讲座等，加强管理人员的企业向心力和凝聚力，培养他们的爱岗敬业精神，以及过硬过强的职业素质与职业文化修养。企业的长期发展离不开这些人员的战略决策作用，因此要努力培养他们以适应于公司的长久有利发展。

（三）风险应对措施

一个企业的发展过程中，肯定会遇到诸多的风险因素，当风险发生时或者萌芽时，如何降低风险或者扼杀风险，这是企业管理者需要思考的问题。企业可以建立风险应对部门，安排工作有力的人员担任要职，当风险发生时，可以采用风险回避、损失控制、风险转移和风险保留等手段来降低或减少公司的相应财务或市场等方面的损失，当然，风险部门也要和公关、人力等部门密切配合，要努力塑造公司的良好形象并保持公司的良好声誉。

（四）制度与人员安排协调统一

每个企业都有自己的执行制度，无论是规划制度还是发展制度，都要以企业内部实际的发展为基础，确立适合自己发展的道路。这样员工才能更有力地执行，企业产品、企业文化才能得到更持久发展，并能更强地参与市场竞争。

（五）资金风险的控制与管理

要不断更新完善企业的资金管理制度。企业提高经济效益有两条途径：一是从科技发展中创效益。这是企业经济发展的必由之路，但这需要投入大量的资金，对多数企业来说都存在一定困难。二是从企业管理中要效益。把管理工作抓上去，向管理要效益，则是投入少、产出大的一条生财之道。在企业的财务活动中，资金管理是企业财务管理的核心内容。同时，还要严格控制资金的流出与流入，避免人员违规操作，或者贪赃枉法。建立健全良好的资金监管制度和资金统一结算制度，并且定期予以企业内部财务审查与统计，积极地掌握公司内部的资金流转情况。

四、结束语

知识经济给现代企业管理带来的影响是革命性的，在这一历史条件下，现代企业的发展不但需要注入更多的活力，还应该根据市场的需求进行进一步地变革和创新。只有这样，才能使现代企业适应知识经济的特征，从传统的、单纯的技术创新向管理创新过渡，或者两者同时进行，只有这样，才能将企业的发展向更高的阶段推进，才能有效地处理企业发展过程中所面临的诸多管理问题，促进企业的可持续发展。

参考文献：

[1] 张阳.知识经济下的企业管理创新[J].商场现代化，2006（1）：44-45.

[2] 何苇杭，吴芳.企业管理创新的风险因素分析[J].湖北社会科学，2009（8）：79-80.

[3] 王海生，周勇. 企业技术创新风险的管理.价值工程[J]，2011（15）：151-152.

[4] 张淑君，马燕林. 知识经济时代的企业管理创新[J].机电产品开发与创新，2006（11）：18-19.

[5] 雷海艳. 知识经济形势下企业管理创新[J].合作经济与科技，2006（9）：32-33.

[6] 柳基春. 浅议知识经济下的企业管理创新[J].金融经济，2009（12）：12-13.

[7] 胡晓清.浅谈企业风险控制[J].经济师，2010（02）.

[8] 夏学君.浅谈如何提高企业管理中的风险控制[J].中国城市经济，2011（18）.

[9] 康丽.从风险管理视角浅析企业管理中的内部控制问题[J].会计师，2012（21）.

企业的资本运营与融资

新亚特电缆股份有限公司　徐顶峰

一、引言

1978年，党的十一届三中全会揭开了改革开放的序幕。改革开放使中国走向了强国之路，在基于建设社会主义市场体制的目标下，中国开始了对内的改革和对外的开放。随着中国经济从计划经济体制向市场经济体制的转型，经济市场需要一个有体系的金融制度来支撑与约束，资本市场应运而生。而资本市场也作为推动制度变革和市场上资源配置优化的重要力量不断壮大。

随着我国经济市场的不断发展和法规政策的不断完善，资本市场的法律地位在《中华人民共和国证券法》的实施下得到确认。而随着我国针对于经济市场的各项改革措施的推进，资本市场得到进一步规范和发展。资本市场的发展不但为我国现代化企业建设做出了巨大贡献，也对整个经济市场的发展起着重大的作用，诸如使人才、资金等资源得到优化配置、促进市场体系结构的不断完善、促进科学技术的自主创新、不断提升市场效率……而这一切都离不开资本市场的发展。

在资本市场的发展和不断完善下，对于企业的管理者来说，其最重要的莫过于熟知资本市场规则，掌握资本运作的法门。从而在“资本杠杆”下，通过资本运作而带来“多米诺骨牌效应”，使原始的资本不断壮大。而对于“资本运营”，两大重点莫过于“融资”与“投资”。在此，本人将对“资本运营”做一个简浅的认识分析，并以此分析来进一步认识企业在资本运营过程中的“融资”行为。

二、企业资本运营

（一）什么是资本运营

“资本运营”顾名思义即是对“资本”的运作经营。而在资本市场中，企业的资本运营管理是利用市场法则，以企业资本最大限度增值为目标，通过资本资本本身的技巧性运作或资本的科学运动，来促使企业快速发展的一种经营管理方式。资本经营管理应具有多元性、流动性、收益性和安全性等特点。

对于企业来说，想要实现资本增值和企业的发展壮大。资本运营管理是必不可少的管理方法。现如今，资本经营的概念在我国资本市场的不断发展和完善背景下被广大企业家和企业管理者所熟知与接纳。资本经营作为企业的发展战略级管理，是为了实现股东权益最大化，企业价值最大化。从战术操作上来看，资本经营是通过不断地对企业内部的资源进行整合和优化配置来实现利益的最大化，以及通过不断地对企业外部的资源进行引进和利用来实现仅通过自身力量不可完成的飞跃发展。在现代化企业生产经营管理过程中，生产经营和资本经营成了企业飞奔的“双腿”。甚至对于有些资本运作的高手来说，生产经营的投入是影响“收益最大化的”，这正凸显了“资本经营”的无限魅力。

（二）资本运营模式

在企业的资本运营管理中，资本运营的方式多种多样，但总的来说，我们可以通过资本运营过程企业资本的变化，简单地将资本运营模式分为两类，一是扩张型资本运营模式，二是收缩型资本运营模式。以下是对资本运营模式所做的简单介绍。

扩张性资本运营是指在现有的资本结构下，实现企业资产规模的壮大。主要方式是通过内部积累、增资扩股、公司上市、企业合并、公司联营、托管等方式，而在这些资本扩张方式中，又分为横向型性本扩张、纵向性资本扩张和两者兼有的混合性资本扩张。扩张性的资本运营管理是通过实现公司资产的壮大增长来完成的。

收缩性资本运营是扩张性资本运营的逆操作，简单的来看，收缩型资本运营模式是指企业通过资源的整合优化，将资源专注于核心的业务并缩减公司规模的一种资本运营行为。收缩性的资本运营方式同样是为了追求利润、股东权益以及企业价值的最大化。而其主要方式为资产剥离、分拆上市、股权出售、股份回购、清算等。

在资本运营过程中，除了扩张性资本运营和收缩性资本运营，对于债务重组、股份制改造、资产置换、股权置换等方式进行的资本运营，我们也可以将其称之为整合型资本运营模式。这种资本运作的目的是通过组织优化资源配置来保证其持续发展和适应市场经济的不断变化。在整合型资本运营模式中，企业的资本运作既可能是资本扩张性的，也可能是资本收缩性的。

当然，除了以上资本运营方式，像证券投资、租赁经营以及企业资产重组、企业合并、融资租赁等行为都是资本运营的实操展现。而在企业的实际资本运营过程中，企业的管理者或者是资本运作者不但需要对市场有敏锐的洞察力，更需要对资本运作了然于胸。在实际资本经营过程中，绝不可能有哪个资本运作方式能够满足企业的长期需求。资本在运作过程中总是充满了不确定性，这要求着企业的管理者或者是资本运作者对整个资本运作模式需要有着系统的掌握，并能结合实际，综合应用。

（三）资本运营的利弊

企业开展资本运营活动，应该对资本运营的利弊之处进行充分的认识，这样企业才能更好地规避开展资本运营所带来的风险和把握开展资本运营所带来的机遇。

就像前面所说的那样，资本运营是实现资本增值和企业发展壮大的最快速手段。通过资本运作，公司可能得到质的飞跃。公司通过资本的注入可以开展新的业务、壮大自己的规模、完善自己的体系。在长期经营下，公司的发展环境更加健康、公司品牌影响力和形象得到提升。而在整合重组等行为下，公司的资源配置得到优化，组织将更富有活力、更专注以及更具有灵活性，从而促进企业整体价值的提升，实现企业的可持续发展。总的来说，资本运营的利处就是组织通过资本运作能够实现生产运营所带来不了的资本的增值和效益的提升，并且在资本杠杆下能够实现组织以最快的速度进行低成本扩张。

任何事物都有两面性，资本运营对于企业同样是把双刃剑。公司不管进行上市、融资还是投资行为，只要踏入资本运作的大环境下，都会有不同程度的信息公开。虽然信息的公开在一定程度是为了规范操作、透明资产等，是有利于企业长期发展的，但相对而言，所有的企业管理者都不希望自己企业的信息披露，所以从这一角度出发，这是资本运营的一点弊处。而在资本运作中，资本的进出对管理层对公司掌控能力有一定的影响，从而对组织的发展运作产生影响。同时，资本的经营运作过程中，企业将被赋予一些本不会有的责任与义务。而资本经营运作也需要企业支付额外的资金，我们可以设想这些是企业管理中本不需要的成本支出（但应该认识到的是，这种额外的资金费用相对于企业资本经营所可能产生的巨大收益以及在此过程中所节省的费用都是显得微不足道的）。总的来说，资本运营的弊处就是开展资本运营活动所需要承担的一切费用和责任，但最应该注意的是资本杠杆并不总是“增值性杠杆”，资本运营作为公司战略层的行为，运用得当可以使资本扩张、企业迅速成长，运用不当则可能让企业面临严重的危机。

（四）资本运营面临问题和应对措施

公司在开展资本运营工作中不但要了解资本市场的状况，更要结合公司自身业务，了解公司现况，从而结合公司业务开展有关联性、有可控性的资本运营模式。这就要求我们首先梳理整个资本运营管理工作所面临的问题，其次再针对性地建立应对措施，从而进行科学的资本运营管理工作，实现组织价值的提升。

资本运营工作在公司现状方面面临的问题有组织对自我的认识度低、组织人才匮乏、组织的管理机制不完善、不科学、组织的战略不明确、组织的形象不够优良等问题。而在其他方面所面临的问题有市场体系不够健全、市场政策不够全面完善、融资成本高、缺乏有效的融资担保机制等问题。对于自身的有些问题我们应该采取有效的措施来改进与完善，对于正在市场的问题我们应该应用科学的方法去处理面对，以此使资本运营的工作更加正确、高效、便捷、安全以及节约。

对于自身的问题，我们应首先通过学习与建立科学的观念以及引进新兴人才，从而更有效的开展一系列工作，如规范企业结构、明确企业战略、完善组织管理机制，最后达到提升企业形象、构造健康的发展氛围以及能够实施有效资本运营管理工作的目的。而在前期的组织内部的管理整合以及其他工作的作用下，我们也更容易处理市场上的各种问题，从而达到资本运营的开展方向更正确、运作成本更低、管理更高效便捷、企业运作更安全以及获得利益最大化的目的。

另外，可以看到的是，资本运营正随着我国市场体系的健全、非公有制经济的发展而逐渐成熟，市场上的资本运营问题正在一步步的得到弱化，资本运营这一企业战略级工作正得到越来越多的重视，而在实际操作中也越来越科学规范和可靠。

三、资本运营中的融资行为

（一）融资行为介绍

企业进行资本运营的形式多种多样，而在前面我们也对资本运营模式进行了简单的了解。而在资本运营过程中，不管我们通过何种形式，总的来说，企业资本运营不过是通过两个手段——“融资”和“投资”——来推进完成的，即是通过资本的筹集、资本的运作来完成资本运营工作。而在企业资本运营实操过程中，作为企业家和生产运作者，在企业组织架构中的资本运营者更注重“融资”行为。通过融资，企业可以借助资本的力量来实现超常地发展。随着我国资本市场的发展与完善，现今中国的资本市场已然是为各个领域、不同规模的企业服务的融资渠道，并且资本市场本身也越来越市场化。这使中国企业的融资行为在资本运作工作中的地位得到凸显，而同时也要求着一个企业不仅仅要经营好产业，更要在资本运营工作中懂得融资发展。

对权益资本的筹集和负债资本的筹集这些行为既是企业在资本运营过程中融资的表现形式，权益资本的筹集有吸取直接投资、发行股票等方式，负债资本筹集有借款、发行债券等方式。在这里我们不再一一介绍，而对于资本运营中的重要性，我们可以从以下几个方面了解到。

首先，进行资本运营必须拥有足够的资本，所以资本的筹集与积累也就成了企业开展资本运营活动的前提条件。并且在企业实际经营管理过程中，企业的生产经营本身也需要资本的注入，也就是融资不仅仅是为了开展资本运营活动，它也是企业进行生产经营活动的前提条件。一方面，企业的生产经营活动需要资金的持续注入以及资金的持续快速的流动。另一方面，所有的生产活动行为都不是一成不变的，所以企业必须要确保资金的充裕。因此持续融资能力在企业发展过程中就显得尤为重要。

其次，在企业发展过程中，融资不仅仅能够解决生产经营问题，更是企业进行资本投资的前提、战略扩张的基石、风险控制的保证。一个有规模、有能力的企业总乐于通过融资来聚集财富，再通过投资来进行资本的增值，从而实现企业的发展壮大。并且通过各种因素的考量，企业可以通过有利的融资行为来确保企业在快速发展的同时变得稳固与安全，而在这个过程中，企业的资本结构、组织构架、战略计划、管理制度等都能得到不同程度的改进与优化。

（二）融资行为的注意事项

综上所述，我们了解到，企业开展资本运营活动或是开展生产经营活动，资本筹集的行为必不可少。融资对企业的长期经营运作至关重要，为此，企业管理者不仅需要了解开展融资活动的重要性，更要懂得融资。我们应合理的选择筹资渠道与筹资方式，并根据其不同的筹资渠道与筹资方式的难易程度、资本成本等进行综合考虑，从而使得企业的筹资成本降低，充分提高企业筹资效益，实现企业价值最大化目标。

我们了解到，企业进行融资主要通过股权融资、盘活资产、经营租赁、优化债务结构和信托夹层融资等方式。股权融资包含公募形式、私募形式、信托形式、定向增发等融资行为，盘活资产包含保理、租赁、抵质押等各种提高资产流动性的途径，经营租赁、优化债务结构等融资方式也都包含着各种实操方式。企业在面对如此众多的融资渠道时，如何对融资行为做决策则成了企业管理者们的头等大事。而对于这个问题，我们不妨从以下几个方面来着手。

融资作为资本运营中一个环节，如果想更好地进行融资，则首先应对资本运营中的各种问题进行处理。这一点可以结合上面对资本运营管理的思考来完成，通过对这些问题的解决，我们在融资过程中可以实现以下几点：融资行为将变得更科学合理、融资行为将更容易开展、融资行为成本将被降低、融资所获收益将被扩大、融资行为将变得更安全……

资本经营管理问题得到较好的处理，融资行为其实水到渠成。但在具体操作时，我们应再注意以下两点。

一是对融资额度的把控。能量对于万事万物都是一样的——刚刚平衡的量才是最好的状态，过犹不及。对于一个企业来说，同样如此。融资需要付出成本，所以企业在融资过程中要学会把控融资的额度。融资过多，融资行为成本增加，闲置资金得不到有效利用，甚至影响企业战略决策，增加经营风险。筹资不足，影响业务开展，无法实现融资的意义。因此，企业在进行融资决策的时候，要结合实际情况并对融资做科学的评估，合理确定融资规模。

二是对投资人的选择。随着社会发展，中国正在形成一个全方位多层次多功能的资本市场体系。而在这个体系中，现今的资本市场上已经不是“投资方”的一言堂，越来越多的金融机构主动积极的去寻找好的项目、好的企业，在这个时候，企业在开展融资活动中，就该更加警醒和小心。在资本市场上，投资有风险，被投资同样有风险，当我们看到多少好企业因为融资而导致企业管理者对公司失去掌控，多少好的项目对投资人选择小心翼翼，多少企业不愿上市，我们就能明白这个道理了。

另外，资本运营的本质也就是资本和资产的交易——用资本换资产者为投资，以资产换资本者为融资。其实投资和融资两者在资本运营中是殊途同归的，彼此的目的都是为了资本的不断增值。而在先进的资本市场上，没有哪一个投资好手不会融资，也没有哪个融资好手不会投资。而一个精明的企业家会发现，融资会让我的资本得到快速增长，但获取投资收益时才是最精彩的一刻。当一个有足够资本的企业的融资行为不是那么吃力的时候，可以尝试学习“投资行为”。而当一个有足够资本的企业对融资活动难以把控的时候，更应该尝试从“投资”行为中学习资本运营与融资。

浅谈企业发展战略运行管理体系的构建

河南远程电气股份有限公司　程天刚

一、企业发展战略管理的重要性

企业究竟如何发掘和培育企业自身的战略竞争力、构建自身在产业领域的竞争优势呢？这就取决于企业战略运行系统的连续性和目标一致性等问题。进一步讲，就是要求企业必须对宏观环境、行业竞争、市场空间、自身资源与业务能力等要素进行前瞻性的、系统的分析与计划，制定出企业明确可行的近期、中期及远期的运营目标与事业发展方向，而这种分析、评估、预测与计划的过程就是所谓发展战略规划。而只有拥有系统的战略规划，才能确保企业在日常运营与决策的连续性及目标一致性。

我们必须清楚这样的逻辑关系：企业要想达到持续的增长盈余，必须在产业领域里具备相对于竞争对手的竞争优势，而竞争优势取决于企业自身独特的战略竞争力，企业只有保持运营与管理的一贯性、连续性和目标一致性，才有可能逐步培育自身的核心竞争力。否则企业今天干这项赚钱业务，明天又干那种赚钱业务，似乎靠这种利润机会就可以获得眼前满意的利润。但关键的是，明天是否还具备这些机会？明天其他人是否没有发现这些机会（行业新进入者）？明天的机会您能否抓住（自身的资源能力是否匹配）？

要知道，缺少时间与行业经验的积累，企业的核心能力如何培育？没有核心能力，何谈战略竞争力？因此，做企业还得做长远打算，这种长远

“打算”就是发展战略规划。只有基于在明确的事业方向指引下，实实在在地发展和培育自身的战略竞争力，在行业里拥有强大的竞争优势，企业才有可能确保自己基业长青。

目前国内许多企业对“运营与管理决策”这个环节比较重视，毕竟，这个环节直接可以给企业带来“眼见为实”的“真金白银”，与企业的收入成本有着直接的关联，直接决定企业能否继续生存。为此，不少企业管理人员说“我们企业目前最大的问题就是生存，还跟我谈什么战略？”，显然是一种“就事论事”解决问题的惯性思维。究其然，难道还会认为战略是“虚无缥缈”的概念吗？企业出现生存危机，就说明企业在这个行业没有战略竞争力与竞争优势。

而企业一旦不清楚自身的战略竞争力在哪里的时候，也就谈不上有真正意义上的发展战略规划了。要知道，所谓企业的发展战略规划，必须要围绕企业的自身独一无二的资源与能力这个灵魂来进行规划。否则，企业的发展战略规划只是一些图有其表的分析文字或者是一些强词夺理的数据的文本而已。

在这里，企业决策者或管理者有必要理清一些观念误区：战略并不是“空的东西”，也不是“虚无”，而是直接左右企业能否持续发展和持续盈利最重要的决策参照系。战略管理则是依据企业的战略规划，对企业的战略实施加以监督、分析与控制，特别是对企业的资源配置与事业方向加以约束，最终促使企业顺利达成企业目标的过程管理。

战略管理是解决企业在日常运营与管理过程中“哪些事情是不能干的，哪些事情是必须把它干好的”问题，而运营管理则是落实企业发展战略规划的实际部署与工作计划而已，企业一旦达到当初既定的战略目标，那么，获得利润也就是再自然不过的结果了。

二、战略管理建设与实施过程

战略管理，主要是指战略制定和战略实施的过程。一般说来，战略管理包含四个关键要素：

战略分析——了解组织所处的环境和相对竞争地位；

战略选择——战略制定、评价和选择；

战略实施——采取措施发挥战略作用；

战略评价和调整——检验战略的有效性。

（一）战略分析的主要目的是评价影响企业目前和今后发展的关键因素，并确定在战略选择步骤中的具体影响因素

战略分析包括三个主要方面：其一，确定企业的使命和目标。它们是企业战略制定和评估的依据。其二，外部环境分析。战略分析要了解企业所处的环境（包括宏观、微观环境）正在发生哪些变化，这些变化给企业将带来更多的机会还是更多的威胁。其三，内部条件分析。战略分析还要了解企业自身所处的相对地位，具有哪些资源以及战略能力；还需要了解与企业有关的利益和相关者的利益期望，在战略制定、评价和实施过程中，这些利益相关者会有哪些反应，这些反应又会对组织行为产生怎样的影响和制约。

（二）战略分析阶段明确了“企业目前状况”，战略选择阶段所要回答的问题是“企业走向何处”

第一步需要制定战略选择方案。在制定战略过程中，当然是可供选择的方案越多越好。企业可以从对企业整体目标的保障、对中下层管理人员积极性的发挥以及企业各部门战略方案的协调等多个角度考虑，选择自上而下的方法、自下而上的方法或上下结合的方法来制定战略方案。

第二步是评估战略备选方案。评估备选方案通常使用两个标准：一是考虑选择的战略是否发挥了企业的优势，克服劣势，是否利用了机会，将威胁削弱到最低程度；二是考虑选择的战略能否被企业利益相关者所接受。需要指出的是，实际上并不存在最佳的选择标准，管理层和利益相关团体的价值观和期望在很大程度上影响着战略的选择。此外，对战略的评估最终还要落实到战略收益、风险和可行性分析的财务指标上。

第三步是选择战略。即最终的战略决策，确定准备实施的战略。如果由于用多个指标对多个战略方案的评价产生不一致时，最终的战略选择可以考虑以下几种方法：

（1）根据企业目标选择战略。企业目标是企业使命的具体体现，因而，选择对实现企业目标最有利的战略方案。

（2）聘请外部机构。聘请外部咨询专家进行战略选择工作，利用专家们广博和丰富的经验，能够提供较客观的看法。

（3）提交上级管理部门审批。对于中下层机构的战略方案，提交上级管理部门能够使最终选择方案更加符合企业整体战略目标。

最后是战略政策和计划。制定有关研究与开发、资本需求和人力资源方面的政策和计划。

（三）战略实施就是将战略转化为行动

主要涉及以下一些问题：如何在企业内部各部门和各层次间分配及使用现有的资源；为了实现企业目标，还需要获得哪些外部资源以及如何使用；为了实现既定的战略目标，需要对组织结构做哪些调整；如何处理可能出现的利益再分配与企业文化的适应问题，如何进行企业文化管理，以保证企业战略的成功实施等等。

（四）战略评价就是通过评价企业的经营业绩，审视战略的科学性和有效性

战略调整就是根据企业情况的发展变化，即参照实际的经营事实、变化的经营环境、新的思维和新的机会，及时对所制定的战略进行调整，以保证战略对企业经营管理进行指导的有效性。包括调整公司的战略展望、公司的长期发展方向、公司的目标体系、公司的战略以及公司战略的执行等内容。

企业战略管理的实践表明，战略制定固然重要，战略实施同样重要。

一个良好的战略仅是战略成功的前提，有效的企业战略实施才是企业战略目标顺利实现的保证。另一方面，如果企业没有能完善地制订出合适的战略，但是在战略实施中，能够克服原有战略的不足之处，那也有可能最终导致战略的完善与成功。当然，如果对于一个不完善的战略选择，在实施中又不能将其扭转到正确的轨道上，就只有失败的结果。

三、战略管理体系的构建与职能

首先应说明和区分战略管理和经营管理。战略管理的目的是提升企业的发展态势、提升企业生命力，以适应社会环境、市场环境及其他环境变化。企业的经营等管理是强化竞争力、扩大收益基础，以增强在市场环境中的地位和作用。由于有两种不同的需要和两种管理职能，也就出现了两种不同的管理体系。

由于战略的本质特点不同于经营，所以战略管理体系并不如经营管理体系那样清晰，而是坐落在最高层次上，即企业的战略管理是董事长和董事会的职责。企业的战略发展部门隶属于董事会，战略发展部作为董事会的参谋机构，承担着战略管理的主要职能。

战略管理体系的具体职能，包括战略研究、战略情报、战略组织、战略控制等。

（1）战略研究职能包括战略研究和战略性研究两个方面。战略研究是针对未来环境的变化研究企业发展的战略目的、战略和战略规划。目前企业战略研究的这部分较多与经营目标、经营计划、经营措施混同了。

战略性研究是在战略研究的指导下，针对变化的某个方面、某个层次、某个局部，研究指导应对的政策和策略。毛泽东讲“政策和策略是党的生命”，即是讲政策和策略是否正确，决定了党的纲领和战略、方针能否实现，它们具有战略性。目前大多数企业没有专门研究政策和策略的机构，常常是某方面工作出现失误或不适应变化了，在总经理工作会上提出某项政策。这种情况一方面反映了企业缺少内在的主动权，常常会制约外在竞争的主动性；另一方面，提出的政策和策略之间易产生抵触。企业的政策和策略研究作为战略性研究必须纳入战略管理体系，各经营部门参与。

（2）战略情报职能不同于企业经营信息管理。战略情报的范围不限于市场环境，还包括社会环境和其他环境。针对不同环境的相互作用对企业发展的直接作用和间接作用，针对竞争搏弈对企业未来发展的作用，战略情报不仅是调查正在发生的变化，还要预见可能发生的新变化，因此战略情报的职能不仅是收集信息、调查情况，还包括更多的研究与分析。

市场信息常常只是战略情报的一个参考。

战略情报中包括了预见调查和预测调查，也包括了不同调查方法的设计研究。

（3）战略组织是通过组织方方面面的关系和资源，包括可控和不可控的企业内外的各种力量和要素，协同进行战略项目，以创造或取得新的机会。

目前中国企业战略组织功能较弱，除了在一些大的公关宣传活动或者近年来的反倾销活动中有一些，大多带经营性的，由于缺少条件，较少开展战略组织活动。但从国际上的大的并购活动或抢占大的商机时，都可以看到有实力的大企业或战略组织活动非常多，甚至持续数年，按照庞大的细致计划实施。中国若出现真正的大集团参与大的国际角逐时，这种战略组织协同会出现。

（4）战略控制包括规划控制、组织控制和战略成本控制、宣传控制等。

规划控制是由战略部署和战略规划制约的。

组织控制即公司治理结构。目前我国讨论的公司治理结构容易脱离实际，对于不同的公司，或者对一个公司的不同发展时期，战略是不同的，若出现战略同质化，则企业在竞争中（非竞争除外）必死无疑。企业的未来十年或十年以上发展战略不同，公司治理结构的依据不同，治理结构也应不同，从而才能起到组织控制的作用。脱离发展战略，只从经营规模的量的增加出发讨论公司治理结构，就不可能适应变化，永远也治理不完。

战略成本控制不是直接针对经营的，而是针对企业发展态势、发展主动权的，比如发展中度的关系。企业发展的速度和规模对于企业发展的态势和主动权有直接影响，但是在变化的环境中，尤其是快速变化的环境中，速度和规模的发展不一定起正作用，还可能起负作用，可能使优势变劣势。在这次宏观调控中已出现了许多实例，尤其在企业实行多元化时，战略成本更为重要，否则常常以失败告终。

战略管理体系的四个主要功能是交织在一起的，不可能机械性分开的。

四、战略管理提升竞争力

如果企业要制定战略，首先必须要有目标，没有目标战略就没有依托点，所以战略也是从目标一走到目标二的一个过程。从目标一走到目标二，中间需要战略。在整个过程里面，企业要解决很多课题，归纳起来基本上包括六个方面：一是做什么，企业必须明白要做什么才能够顺利从目标一走到目标二；二是为什么做，企业家每天琢磨的就是两件事，做什么和为什么要做，如果这两个问题搞不清楚的话，企业的老总就没法当了；三是到哪里去做，如果地方选错了，不仅企业发展战略目标难以实现，甚至可能直接影响到企业的生存；四是何时做，这个很重要，某些东西做得太早，可能达不到目的，但如果做得太晚，又会被别人抢得先机；五是谁去做，就是到底该由谁去执行任务；六是怎么做，这是完成目标的最后一步。

战略管理是以当今社会经济发展、结合企业自身战略目标为基础、以创新为特征的管理，依据科学理论知识作为指导，使企业在时代的不断变化过程中，抓住主流，系统控制。企业作为国民经济的重要组成部分，科学地运用企业管理战略，才能在激烈的市场竞争中抢得先机，立于不败之地。

关于提高战略执行力的探析

河南颐城控股有限公司　刘保强

一、引言

战略是市场经济条件下，企业高层管理人员为了企业的长期生存、巩固、突破与发展，在运用五要素分析法、SWOT等分析工具充分分析企业内外部环境的基础上做出的一系列具有全局性、长远性、纲领性、竞争性、观念性的有效谋划与方略，它是企业经营者经营思想的集中体现，其实质是谋求外部环境、内部资源与战略目标三者之间的动态平衡，是为实现一定长期目标而对资源和能力实施有效的配置和组合。而战略管理则是对一个企业的未来发展方向制定决策和实施、控制、评价这些决策的动态管理过程，其目的就是要为组织创造一种独特、有利的定位，成功地与其竞争对手进行竞争，满足顾客的需求，获得卓越的公司业绩。规范、全面的战略管理过程，一般可分为五个阶段，分别是：确立或审视企业的组织使命阶段、设置目标体系阶段、战略分析阶段、战略制定及选择评价阶段、战略实施及控制评价阶段。随着企业产权制度改革的不断深化、市场化改革进程的逐渐提速以及科学技术的迅猛发展，中国的市场竞争程度已越来越高，企业面临的市场竞争强度和压力远胜于前，战略管理作为企业高层管理人员的活动内容，越来越显示出它在企业管理中的重要性。但是据《财富》杂志统计，“战略有效地制定出来后，得以有效执行的不到10%”，主要的原因不是战略不好，而是执行不到位。2015年的《CEO调查》显示，“72%的CEO认为执行战略比制定一个好的战略更难”。由此可见战略执行的重要性，它远比制定战略更难。任何一个战略要摆脱被空置的命运，都必须在其可执行力上下功夫，只有找到一种使其真正“落地”的途径，战略才能体现其真正价值。

二、战略执行与战略执行力

战略执行与战略执行力是两个不同的概念，战略执行侧重于做了什么，而战略执行力要反映的是做的怎么样，效果如何，是否达到预期目标等。从理论上说，战略执行力是“指通过一套有效的系统、体系、组织、文化和工作流程及方法等把战略决策转化为预期结果的能力”，它是针对企业组织系统而言，是企业多种能力的结合与表现，而企业面临的最大挑战是如何将战略转变为具体行动。如果说战略制定是“做正确的事”，那么战略执行力就是保障“正确地做事”。

三、构建五层次战略管理体系

战略分不同层次，每个层次的战略制定层次、详细程度、覆盖范围和时间跨度各不一样。如果企业不同层次战略之间缺乏内在的衔接或者上层战略缺乏下层战略有效支撑，那么就会导致战略执行的最终失败，所以弄清各层次战略的内在关系，采用系统观点搭建战略管理体系，明确各级的责任主体，界定清晰的分工结构，对于战略的顺畅执行，促进执行力提高有着非常重要的基础作用，正如企业组织结构体系对于实现企业目标所起到的作用一样，因此在具体探讨如何提高战略执行力之前，结合公司的组织结构特征，构筑了战略管理体系，如图1所示。

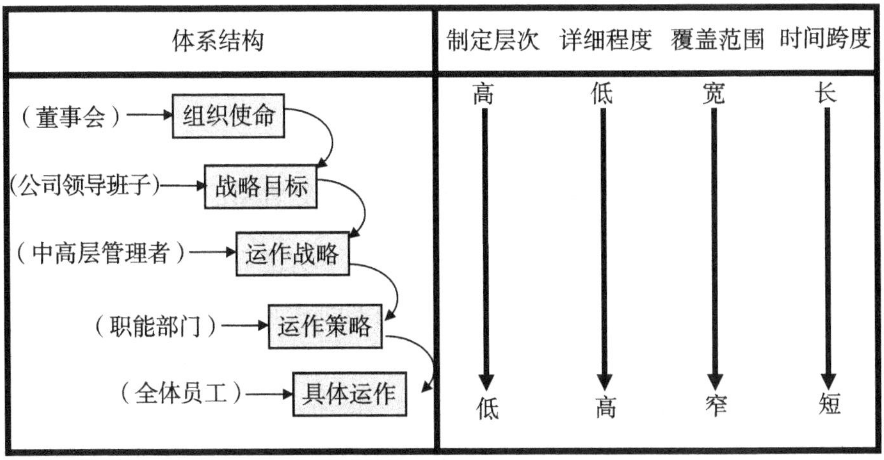

图1 中国铁通五层次战略管理体系结构

四、关于提高战略执行力之关键要素的探析

战略制定是一个由上向下的过程，而战略执行却是由下向上的过程，上层次战略通过下层次战略的实现而实现。本着溯源原则，解决战略执行力问题，首先应着重放在具体运作等提高较低层次战略执行力上，因此本文将重点探讨如何提高战略执行力，侧重于对组织、文化、制度、管理工具、流程等要素的思考与论述。

（一）建立一个有竞争力的战略中心型组织以保障成功地执行战略

企业组织结构是指企业全体员工为实现企业目标而进行的分工协作，在职务范围、责任、权利方面所形成的结构体系。组织结构决定了一个组织内部人员的分组方式，不合理的组织结构设置将会成为战略执行的障碍，比如组织结构与企业核心经营流程不配套或部门之间的壁垒重重等。因此建立战略中心型组织旨在将组织结构对战略执行的侵蚀性转变为支持性，设计原则既要鼓励不同部门和不同团队保持独特性以完成不同任务，更要能够将这些部门和团队整合起来为实现企业整体的战略目标而合作，并且随着企业战略的变化，及时审视现有企业组织形式、部门设置、职能分布和岗位设置，以此优化企业的组织结构，提高企业战略执行的能力。

（二）利用平衡计分卡（BSC）进行战略执行管理，促进战略执行

平衡计分卡（BSC）是由罗伯特·卡普兰和大卫·诺顿对在绩效测评方面处于领先地位的12家公司进行为期一年的研究后，发明的一种绩效管理模式，后来在实践中扩展为一种战略管理工具。平衡计分卡的核心思想就是通过财务、客户、内部营运及学习与发展四个方面的指标之间的相互驱动的因果关系，展现组织的战略轨迹。它是以战略管理为导向，最主要的功能是“将战略转化为行动”“将企业从短期的生存行为转变到长期的战略思考”。具体实施平衡计分卡时，一般经过从财务、客户、内部营运及学习与发展四个角度明确企业战略，把战略目标量化后分解到部门、个人并考核等步骤，如图2所示。

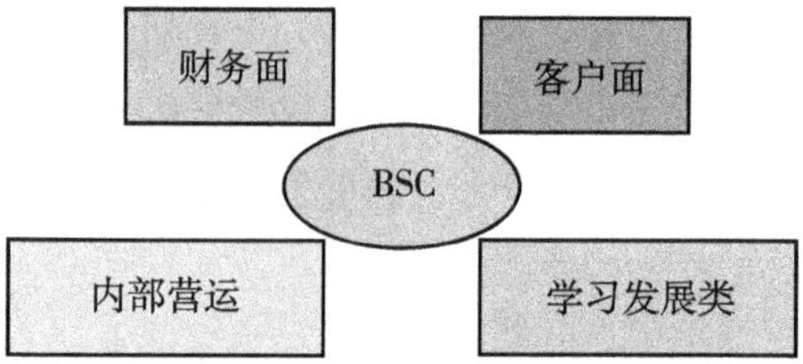

图2　平衡计分卡（BSC）

结合实际，本公司就是按照公司的总体战略部署，从制定和明确公司发展战略开始，逐一将战略目标分解到各部门、个人，建立各部门、个人的指标评价体系并对其执行情况进行检查和考核，依此促进公司发展战略目标的实现，最终实现公司的总体战略。下面以本公司综合管理部为例，按照平衡计分卡的思想，设计其评价体系，如表1所示。

表1　综合管理部评价体系表

指标类型	目标名称	具体指标	指标说明/计算公式
财务类	成本费用控制	部门管理费用预算达成率×%	实际发生费用/预算费用
客户类	走动管理	深入项目现场的走动管理	走动管理次数
内部营运类	战略研究	年度提交战略研究报告数	年度提交战略研究报告篇数
	经营运行分析	公司领导对提出建议的采纳率	建议采纳数/提出建议数
	法律事务	合同审查准确率	当年审查准确份数/审查总份数
	企业文化	部门员工对企业文化的认知度	部门员工对企业文化的认知程度
学习发展类	员工培训	培训计划完成率×%	实际完成数/计划完成数
	规章制度与流程管理	规章制度遵守情况和流程建立	规章制度遵守情况和部门内部流程完善与规范性
	员工士气	部门员工满意度	员工对综合管理部的工作氛围等满意程度
	部门间协作	部门协作满意度	各相关部门对综合管理部在部门间合作的质量和配合程度等的满意度
	合理化建议	部门员工对公司提出的有效合理化建议次数	当年部门员工提出的建议，经领导评估为有效建议的次数

【说明】：综合管理部的评价体系只是根据理论知识和实践的初步设计，有待进一步研讨与修改。

按照以上思路，可以对其他部门及公司高层管理人员设计评价体系，从而构成公司的整个评价体系。这里需要强调的是，评价体系不是一成不变的，要根据战略的需求和企业眼前迫切需要解决和强化的问题的要求，及时调整评价指标。

（三）营造特色的企业文化，构筑执行力底蕴

企业文化是影响战略执行的重要因素。正如前面所讲的，企业战略制定出来，只有全体成员积极有效地贯彻实施，才能体现战略的价值。而正是企业文化具有导向、约束、凝聚、激励及辐射等作用，激发了员工的热情，统一了企业成员的意志及欲望，为实现企业的战略远景积聚了力量。因此，培养一种能够与企业战略相适应的、优秀的、具有本企业特色的文化对于企业战略执行力的提升有着至关重要的作用。战略的有效执行是靠一批人，甚至是一批又一批人，因此建立先进的企业文化，要宣扬团队意识，重视团队精神的建设，具体地是要营造一种文化去影响、熏陶员工，培养员工对公司的忠诚。同时公司要履行对员工的每一个承诺，关心员工，爱惜员工，尊重员工，为员工树立美好的愿景，帮助员工进行职业生涯设计等；培养员工的奉献精神；培养全员参与意识；培养员工“决策一旦做出，就应坚决执行”的意识，最终在企业内部树立起具有竞争力的团队协作精神。

再者，企业外部环境的变化（不可控）必然要求企业战略做出相应地调整，而企业外部环境的变化和企业战略的调整必然要求企业文化做出相应的改变。企业的文化是一种积极的还是消极的力量，主要看企业文化与这个企业的环境和战略相互匹配的好坏程度。近年来提出的学习型组织理论，其本质就是通过企业、员工持续不断地学习和思考，在企业内部形成一种能够适应企业外部环境变化、促进企业战略目标实现的企业文化，因此，面对瞬息万变的内外部环境，企业一定要营造出学习型组织的文化氛围，树立集体学习的意识，提升应变能力和执行能力。

（四）逐步建立和完善保障战略有效执行的制度体系，促进工作标准化和程序化

一个组织要想井然有序、有很强的执行力，绝对不能缺少严格的制度。这些制度其实就是执行力的文本表现，尊重执行首先要做到的是尊重制度。只有严格贯彻制度，才能从根本上尊重执行，才能使企业这个组织运营畅通。强调“按程序办事”“按制度办事”“按客观规律办事”。规范战略制定，明晰业务流程，提炼核心内容，同时，在庞大的业务网络中，找出几条主要的链条，根据链条的实际情况，明晰链条的每一个流程，建立公司主流程并形成文本，把复杂的东西简单化，把简单的东西程序化、标准化，用工作流程、工作标准来推动执行者的工作，让执行者通过该流程、该标准就知道自己该做些什么，应该怎么做，而不是事事靠领导来推动。

（五）建立多种形式结合的激励机制，充分调动和挖掘员工热情和潜力

激励是管理活动的基本元素之一，也是提高战略执行力最有效的方法之一。激励的形式多种多样，最常见的是物质激励，但是不同的人有不同的激励需求，并且每种激励需求的满足欲望也是不一样的，正如马斯洛的五层次需求理论所阐述的那样，因此管理者应该找准激励因素，给予恰当激励，同时应建立多种形式相结合的激励机制。除物质激励外，应适当采用听觉激励——随时随刻地及时赞美、表扬下属，同时也应用爱惜的心态批评下属，指出其错误并帮助他改正；视觉激励——把优秀员工的照片和事迹在公司内部杂志和光荣榜上贴出来，以此激励这些获奖者及其他的员工；引入竞争——讲团队精神不是不讲竞争，但竞争又不同于斗争，这样既达到了激励双方的目的，又不会伤了和气；合理的授权、提供广阔的发展空间等精神激励是最高的激励方式之一，能帮助员工实现自我价值。需要注意的是激励系统的设计一定要遵循激励系统所鼓励的行为，要与公司战略执行的要求原则相一致，否则执行效果难以保证。

除了上面阐述的五个主要方面外，建立有科学的培训体系，加强领导作用，建立有效的控制系统都是提高战略执行力的重要因素，限于篇幅，不再详述。

五、关键要素的内在机制

本文第四大部分阐述的关键要素，它们之间其实存在着一种逻辑关系，一种内在关系，遵循着“为什么做——做什么——以何方式做——如何做——做到何程度（要求）——做得怎么样（实际结果）——做得好坏结果有何不同”这一管理链条与方法，如图3所示。

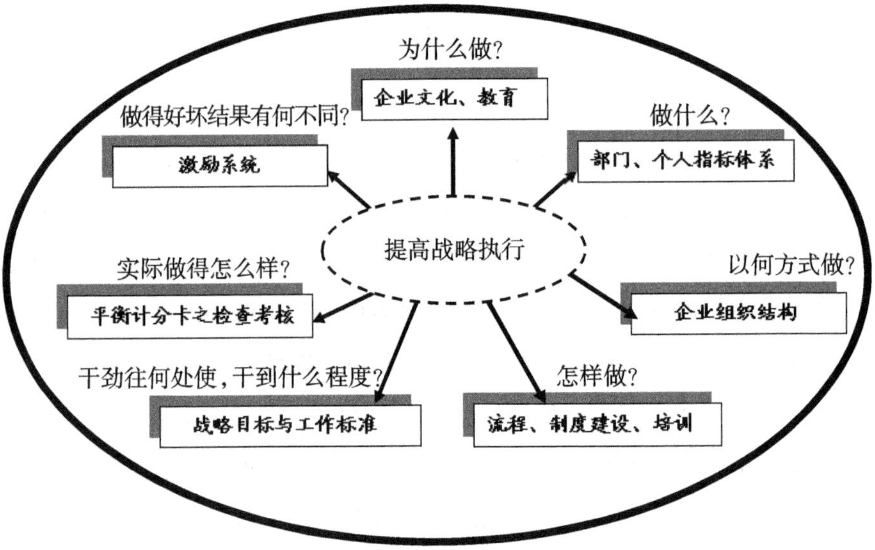

图3　关键要素的内在机制

从以上关键要素内在关系的分析可以得知，关于如何提高战略执行力的要素探讨是较科学的、完整的，具有整体性和系统性，与有效的管理链条具有一一对应性。

六、结束语

执行力是一种责任，执行力是一种态度，执行力是一种素质。系统化提高企业的战略执行能力虽然需要长期耐心培育这些关键因素，但是组织的执行能力一旦提高，就能很快转化为核心竞争优势，是竞争对手很难拿走、也很难简单模仿学习的。就公司员工来说，应立足本岗，点滴入手，关注细节，将“就业”当作“创业”去努力，将“职业”当作“事业”来追求，老老实实，扎扎实实，踏踏实实干好每一项工作，努力提升个人的工作执行力，依此促进公司整体战略执行力的形成、巩固与发展，保证公司发展战略的实施和战略目标的实现。

如何做好企业后勤保障工作

新兴集团　卢家欣

后勤保障工作繁杂琐碎、千头万绪，这项工作涉及企业行政日常管理和后勤服务，如物业管理、安全保卫、食堂管理、车辆管理、办公耗材的补给以及其他对外接待工作等，具有复杂性、变化性、日常性等特点，这就为后勤管理工作增加了难度。只有紧紧围绕企业发展建设这个中心，做好与其他部门的协调沟通，逐步提高工作人员的综合素质能力，牢固树立服务意识、改革意识、创新意识，积极主动地开展工作，才能真正做好后勤保障工作，促进企业发展。

古语说得好："兵马未动，粮草先行"，古时打仗，首先要保障后勤供应，才能稳定人心，鼓舞士气。因此，我们进行日常服务、管理时，要树立"以人为本"的思想，认真解决问题，真心实意办好事，同时要看到差距和不足，认识到员工的需求是在不断变化提高的，所以我们仍然需要加强研究探索，不断改进工作方法，提高服务质量，努力使广大干部职工满意，只有这样，才能稳定人心、鼓舞士气，上下团结一致，齐心协力推动企业发展壮大。

那么，如何使后勤保障部门的工作适应全局性工作要求，并且把繁杂的工作做到位，本人将结合工作实际简要谈谈自己的看法。

一、要围绕中心工作，不断提升服务意识

首先要更新思想观念，牢固树立服务的思想，围绕企业发展建设这

个中心，不断强化后勤服务意识，不断提高搞好后勤工作的责任感、紧迫感。其次要强化服务质量意识，提高服务标准，标准是衡量事物发展的准则，质量是后勤服务工作发展的保证。只讲服务，不讲质量，服务就没有价值。因此，质量是服务的核心，一定要把工作质量放在服务的首要位置。同时，要不断强化服务效率意识，搞后勤工作要不断增强事业心、责任感。企业员工对上级安排部署的工作要雷厉风行、办事果断利落，有奉献精神，不计较个人得失，无论节假日还是下班时间，只要有紧急任务，随叫随到，说干就干，不延误工作，不推脱。此外，不仅要讲究工作质量，也要讲究工作效率，这样才能有所作为。

企业后勤服务工作性质要求后勤保障工作管理人员要有主动服务的意识，只要主观能动性发挥得好，牢固树立为企业服务的思想，力争主动，意识超前，事事超前，本职工作完全可以做到位，甚至尽善尽美。另外，企业后勤工作人员经常接近领导，经常会接受领导委托办许多事情，为部门、基层搞很多服务，承担大大小小的后勤管理工作，接触方方面面的人和事。因此，在思想和作风上还要过得硬。在思想上，必须牢固树立大局意识和为企业谋利益、为员工谋福利的思想，这就需要勤于学习，为全面做好企业领导的指令性的和非指令性的工作，奠定理论和思想基础以及理解和运作能力。在作风上，工作必须十分严谨，不能拖拉；说话要有分寸，不能信口开河；办事要有板有眼，不可随心所欲；待人接物要平易近人，不能盛气凌人；并且还要有保密意识。最重要的是，在工作中要把握好处事原则。

二、要创新工作思路，不断提高服务水平

企业当中不同的部门有着不同的管理职责和工作侧重。后勤保障部门是一个工作面广、服务内容多的综合部门，每天都与员工发生着关系，要积极联动、形成合力，传统的工作方式势必达不到这个效果，这就需要办公室及相关部门沟通联系，征求意见，集思广益。凡是服务、

配合的工作，需要全力以赴，认真做好常规性工作的同时还要注重工作创新，工作创新是保证后勤工作持续开展、不断完善、保持活力、取得成效的关键所在。在后勤管理创新的过程中，我们首要关注的就是健全各项管理制度，有了制度规程，所有事情才会顺利运转，后勤管理工作事项众多，牵扯的关系也比较复杂，因此要对每件事的每个环节制定出相应的规则、流程及标准，梳理出一套行之有效的管理制度，这样就可以做到凡事都有章可循。比如后勤工作包括了《车辆管理制度》《食堂管理办法》等多项管理制度，这样工作就可以依据制度里所规定的内容来执行。

当然，后勤管理工作的重复率也很高，比如安保、食堂以及车辆管理等工作几乎每天都要完成固定的工作任务。若要使这些工作高效、无误地完成，不断去优化、完善这些工作的流程也是十分必要的。比如在人员进出管理流程中，就包括了核实来访人员身份、登记来访人员信息、登记来访人员离开时间，如果这些点上有所纰漏，都可能给整个流程造成混乱。再比如在车辆使用流程中，需要明确标出申请原因、使用时间、联系人等信息，批准流程中也要明确审批权限，谁来申请谁来审批，只有把整个流程的责任人和决策人确定清晰，这样大家才能各司其责，知道如何完成这项工作。

在新形势影响下，后勤保障工作也有了新要求。因此，确定后勤服务工作目标任务时，必须充分认清形势，深刻领会上级领导的决策部署，不断提高办事能力，保证服务优质高效，坚持与时俱进，开创性地做好后勤保障工作。就拿近几年企业公车改革来看，企业的公务用车是为执行公务而配备的车辆，也是企业实力的一个象征，可以为公司员工外出办事节省相应时间，一般企业公务用车要配备司机，需要购买或租用专门的停车场地，报销车辆使用时的燃油费，还要购买车辆保险以及花费日常维修和保养费用，这就使得企业的公务用车成本相对较高。此外，由于存在公车私用等现象，车辆管理本身有一定难度，且部分司机对车辆爱护不够，如果推行公车改革，除了可以节约部分成本外，还可以形成一种节约意识，促使合理使用公车，杜绝违规使用公车的行为，对企业来讲，有利于树立良好的企业形象。然而，现实问题又造成企业公车改革执行起来难度很大，原因就在于公车改革涉及到企业领导的自身利益，一步到位是不可能的，这就要求后勤管理人员在探索车辆改革的过程中，必须认真分析当前企业公车管理存在的问题，通过研究和实践去探索一条适应企业发展要求的车辆改革方案，比如结合企业实际情况，深入细致的开展调查研究，采取加强车辆统一管理、规范用车程序、鼓励“私车公用”、减少管理成本等措施，调动员工积极性，将内部的资源进行优化配置，以便达到多赢的效果。

实践没有止境，创新也没有止境。后勤工作创新要勇于革除旧的观念和做法，拓宽视野，打开思路，积极吸纳其他企业的先进工作经验，着眼长远发展，要善于用新视角、新观念、新思维来谋划行政后勤工作发展，力求实现新的突破，不断推进行政后勤工作深入发展。

三、要强化后勤人员工作能力，不断提高综合素质

后勤工作说是后勤，其实是“前勤”，为什么这样说呢？企业后勤工作的实质就是为企业其他部门提供资源。如工程项目新开工，首先要安排一线员工吃住。后勤保障起码也要与其他建点工作并行，这就需要后勤保障工作人员冲锋在前，来保证生产生活齐头并进两不误。再比如，应季的防暑和防寒等物品，也需提前做好准备，对发放情况了如指掌，保证后勤保障工作的及时性，保证员工的生产经营积极性。类似这些工作，看着不起眼，却事关重大，不仅要落实到人头，还需要后勤管理人员去克服实施过程中遇到的这样或那样的困难，并把工作和责任落实到位。那么，后勤工作人员能力和素质就成了后勤服务工作质量的关键。因此，配好后勤人员一定要选准配好，既要符合后勤保障工作个性特点，又要会管善管。

简单来说，后勤保障管理人员应具有变通处理问题、协调处理人际关

系、能够区别事务轻重缓急以及会管善管的能力。

变通是原则性和灵活性相结合，是创造性工作的具体体现，不是毫无原则、随心所欲。企业后勤保障服务部门在行政管理和后勤服务过程中，既要按照一定的工作原则和领导的意图办事，但又不能机械地照抄照搬，而是应该通过自己工作的主观能动性，把原则性和灵活性巧妙地结合起来，以此到达最佳效果，这就是变通处理问题的能力。处理人际关系实际上是理顺领导机关与部门之间、部门与部门之间、人与人之间的工作关系。

后勤保障工作职能之一就是服务，要处理好人际关系就要讲诚信服务，诚信是在为领导、为机关、为一线服务过程中处理好人际关系的基础，后勤管理人员要把自己的位置摆正，无论是处理事务还是发表意见，都要以后勤保障工作人员岗位职责的身份出现，不可以搞特殊化，也不能以领导代言人的身份出现，更不能以领导者的身份出现，不可与服务对象本末倒置，要注意加强与企业领导、同各部室同事多联系、多沟通，在平时就形成一种相互了解、关系融洽的人际关系基础，有了良好的人际关系，管理服务工作就会得心应手，取得事半功倍的效果。后勤工作事务很多，有主有从，有大有小，有急有缓，除遇特殊情况有专门交待之外，哪些事先办，哪些事后办，哪些属于特事特办，作为后勤工作人员应该考虑周全，并做出精心合理的安排，这样才能避免忙乱现象，才能提高工作效率，才能有条不紊地开展工作。此外企业后勤部门涉及面广，承担着接待管理、办公环境管理、安全管理、车辆管理、服务管理等行政后勤管理工作。这些管理工作看似简单，其实很复杂，管好管坏直接影响到一个单位的工作好坏，关系到一个单位管理水平的高低。因此，作为企业后勤服务工作人员必须具有会管善管的能力，做到管理制度制定到位，管理措施落实到位，日常管理到位，责任到位，这样才能使行政后勤管理工作管而不乱、管而有序，管出成绩。

总而言之，企业后勤保障工作是一切工作的基础。随着企业不断提高发展和进步，事事都离不开后勤工作，做好后勤保障工作是值得企业后勤管理人员认真研究和探讨的课题。所以，我们要克服工作中的种种困难，开拓进取，不断创新，做好后勤保障，保证企业各项工作的顺利推进。

关于河南投资集团参与国企改革的工作研究

——参加高级职业经理人培训的心得体会

河南投资集团有限公司 成冬梅

2016年5月8日~17日，我有幸参加了中国企业家协会高级职业经理人培训班。通过培训学习，对国家“十三五”规划、产业发展政策、国企改革、资本运作、经营管理、企业家精神等有了系统了解，收获很大，感觉在宏观和微观层面都有了较大提升。现结合自己所任职河南投资集团的实际情况，谈谈河南投资集团如何在本次国企改革中积极应对、争取主动。

一、投资集团基本情况

河南投资集团是河南省政府全资持有的综合性投资公司，由1992年1月成立的省建设投资总公司、省经济技术开发公司、省科技投资公司合并组成，注册资本120亿元。投资集团主要职责是整合地方金融资产，支持河南省产业结构调整，对基础设施项目进行投资，对高新技术等战略性新兴产业进行孵化和引导，实现国有资产保值增值。目前，集团涉及的行业包括能源、水泥、造纸、交通、地产、银行、证券、信托、基金、担保等多个领域。

按照省委省政府要求，2013年以来，投资集团实施了战略转型，把发展金融等现代服务业、基础设施和基础产业、战略性新兴产业作为主攻方向，产融结合，双轮驱动。同时，退出一般竞争性企业和小散项目，收缩战线，突出主业，集聚资金，支持省重点项目建设。到2015年年底，集团合并报表资产总额1151亿元，净资产367亿元。其中，金融资产占到集团总资产的48%，主要代表省政府控股了中原证券、中原信托，是中原银行的第一大股东。基础产业和基础设施资产占集团总资产的比重达到39%，主要集中在电力、交通、城市基础设施等领域。集团控股豫能控股、同力水泥、安彩高科、中原证券四家上市公司，资产证券化率达到55%，资产负债率67.8%，长、中、短期债务比例大体为2:2:6，国内信用评级保持AAA的最高信用评级，国际评级达到A-投资级评级水平（与一些央企水平持平）。近三年分别实现利润总额27亿元、38亿元、50亿元，国有资本保值增值率分别为105.48%、111.70%、110.59%，累计上缴税金94亿元，企业负责人经营业绩考核连续三年在全省省管企业中排名第一。利润、资产、营收等核心指标在全国82家国有投资公司排名在第10位左右。

二、投资集团在国企改革方面遇到的问题

多年来，投资集团按照公司法的要求，对各级企业建立健全法人治理结构，按照市场化原则投资管理，初步建立了一整套相对科学的投资决策、经营管理、资本运作、目标考核、选人用人、薪酬激励等机制，但与真正的市场化和专业化的公司相比，企业改革方面还存在一些问题需要突破。

一是按照国企改革要求，对照其他省市市场化相对较高的投资公司，投资集团市场化程度仍需深化，目前，对二三级企业管得仍然过多，二三级企业相对缺乏经营自主权和独立性，灵活自主的经营性仍然不够高。

二是按照国资国企改革和市场化要求，2013年以来，投资集团在内部考核、分配、选人用人机制等方面开展了一系列工作，逐步向竞争、择优、市场化方向迈进，但与真正的市场化企业相比，投资集团的考核指标还不够科学、考核体系还不够完善、激励机制还不够灵活。

三是在职业经理人选聘、员工持股、项目跟投等方面的一些改革措施

还处于探索阶段，市场化薪酬、考核及选人用人等方面仍需加强。

四是各级企业法人治理结构需进一步健全。一些企业“三会一层”职责界限不清晰，董事会形同虚设，经营层未能获得充分授权，不能集中精力搞好企业经营管理。

五是混合所有制改革还刚刚起步。如何通过改革使企业活力得到激发、潜能得到释放、效益得到提升、功能得到发挥，最大限度地体现“混合”的特点，达到改革预期，经验相对不足。

六是资产质量需要进一步提升。为促进河南省工业结构调整、支持困难企业重组转型，投资集团先后参与了安彩高科、洛阳春都、中原制药厂、浆纸企业等重组或投资，形成了一批非主业投资项目，管理难度大，退出困难，降低了资产流动性，影响了集团投融资能力的发挥。

三、投资集团在本次国企改革中的工作建议

根据《中共中央国务院关于深化国有企业改革的指导意见》（中发【2015】22号）和《中共河南省委河南省人民政府关于进一步深化国有企业改革的意见》（豫发【2014】25号），借鉴新加坡“淡马锡”、国家开发投资公司等发展较好投资公司的做法，结合河南投资集团实际，提出以下对策建议：

（一）要努力成为河南省国有资本投资运营公司试点单位

一是投资集团初步培育了与国有资本投资运营公司相匹配的投资引领、融资调度、股权管理、资本经营等方面的能力，通过“债权管理、股权管理、资本运营”三个阶段发展，积累一定的改革改制经验；通过发展转型和结构调整，基本形成了“产融结合、双轮驱动”的产业布局；通过搭建集团本部、子公司、控股企业三级管理架构，初步构建了“小总部、大产业”的管控模式；通过竞争上岗、内部培训等，锤炼了一批善投资、懂金融、会管理的国有资本投资运营团队。二是投资集团成为河南省国有

资本投资公司改革试点意义重大。在河南省经济发展中，将能够继续发挥投资导向、结构调整、资源整合的独特作用；在省政府关心的重点产业和重大项目建设上，将能够继续发挥投资引领和投融资优势，促进河南省产业结构优化升级；而且，能够发挥“两个主体一个通道”的作用，在更大范围、更高层面统筹资源配置和存量盘活，不断放大资本经营效能，持续增强国有资本的实力、影响力、控制力和抗风险能力，实现国有资本保值增值。三是可以先积极申请试点、探索改革路径，发挥“先试先行”的试验田作用，深入研究发展定位、市场化体制机制、有效管控体系，探索产权制度、法人治理、国资监管等方面的改革路径，积累改革经验，总结可复制、可运用、可借鉴的经验做法，持续提升国有资本投资运营效率,推动河南省国有企业做大做优做强。

（二）大力实施混合所有制改革

一是总结试点经验、吃透改革政策。梳理总结河南省国有企业混合所有制试点经验，加大与省直相关部门、国投委各会员单位的沟通联系，把省内已经出台的政策摸清、吃透、用好，把外省市好的做法带回来，形成建议，提交政府有关部门研究，力争在河南参考实施，加快推进各项改革工作。二是对于一些条件合适的二三级企业，积极探索员工持股。按照“试点先行、优选对象、严格规范”的要求，在集团系统内部，选定竞争充分、市场化程度高的行业企业，如金融准金融企业等，探索研究员工持股，支持让对企业经营业绩和持续发展有直接和较大影响的研究人员、经营管理团队和业务骨干等持一定比例股份，使员工利益与企业发展密切联系，充分调动企业员工的积极性和工作热情。三是加大与非国有资本经济主体的合作。积极引进民间资本、外商资本以及保险资金、股权（产业）投资基金、主权基金等各类非国有资本投资者，按照市场规则，以出资入股、认购可转债、收购股权、股权置换等方式，参与投资集团二三级企业股份制改革，股权设置宜控则控、宜参则参、宜退则退，带动二三级企业全面放开搞活。四是探索实行优先股制度。在保障优先股股东基本权利的基础上，对具有一定优势的其他股东让渡部分决策管理权。允许拥有先进技术、先进管理经验的战略投资者，在一定期限内采取合理的分期出资方式，提前介入经营，支持投资者通过附带购买股权的资产租赁、承包经营等方式参与投资集团二三级企业混合所有制改革。

（三）完善法人治理结构，提升规范化管理水平

一是明确“三会一层”权责边界。努力营造良好环境，完善投资集团各级企业的法人治理结构，规范党委会、企业股东会、董事会、监事会和经理层的权责，明确各自的权责边界，强化党组织在选人用人中的主体地位和主导作用，形成权力机构、决策机构、监督机构和经营管理者之间的制衡机制。二是加强各级企业的董事会建设。借鉴新加坡“淡马锡”及国内其它投资公司的经验做法，在投资集团推行外部董事制度，引入高水平外部董事，做实集团董事会；董事会依法行使重大决策、选人用人、薪酬分配等权利，法无授权任何政府部门和机构不得干预；修订完善董事会议事规则和各专业委员会议事规则，严格决策程序，强化董事责任，落实一人一票表决制度，董事对董事会决议承担责任。三是落实各级企业的经营层自主权。减少集团董事会和经理层成员之间交叉任职，董事长与总经理原则上分设，除总经理外，其他经理层成员一般不进董事会；董事会要充分授予经理层生产经营管理权，促使经理层集中精力搞好企业经营发展，并自觉接受董事会考评；建立经理层职权管理制度，企业总经理向董事会负责，执行董事会决议和董事长的决定，主持企业的生产经营管理工作。

（四）大力推行职业经理人队伍建设

一是分类分步推进经理人制度改革。投资集团本部，建议除总经理暂由组织部门提名外，其他经理层成员逐步改为职业经理人，二三级企业全面建立职业经理人制度。实行内部培养和外部选聘相结合，畅通集团现有经营管理者与职业经理人身份转换通道。二是推行任期制和契约化管理。集团各级企业董事会与职业经理人签订聘任合同，合理确定契约期限、任期目标、考核监督及权利义务等，建立和完善市场化薪酬和长效激励约束机制。三是创新完善职业经理人工作机制。建立市场化聘任制度，通过内部市场化或外部市场化方式将具备职业经理人资格的优秀人才聘任到岗位上来；建立科学适用的评价指标体系，以经营业绩为核心，客观评价职业经理人的素质、业绩和贡献；实行职业经理人风险收入与目标奖励相结合的收入分配方式，将职业经理人的待遇与企业的经济效益和经营业绩直接挂钩，真正实现责任、权利、利益的统一；建立职业经理人能进能出、能上能下、竞争择优的动态管理机制，优胜劣汰，确保质量，聘任合同期满后，对完成目标或超越目标的，董事会根据双向选择决定是否聘用，对完不成预定目标的，根据约定扣减薪酬直至解除聘用关系。

（五）要稳步推进从“管资产”向“管资本”转变

一是调整经营管理重心。经营理念、工作重点从资产管理向资本管理、资本运作、投资管理转变，对控股企业的管理，强化董事会的功能和作用，下放日常生产经营管理权限，释放企业经营活力。二是优化组织架构。构建“大金融、大基金、泛资管”的产融结合格局，通过搭建中原资本、基金管理、资产管理三大业务平台，逐步构建“1+N+M”的集团化管控体系，实现集团总部、专业化子公司和控股企业三个层面的分层管理，打造适合资本管理的管控模式。三是做强做优上市公司。加大资本运作力度，以投资集团持有的基础设施基础产业、金融准金融资产及豫能控股、同力股份、安彩高科三家控股上市公司等优质股权为基础，引入战略投资者，组建中原资本，适时整体上市，同时，加强上市公司股权运作，运用增减持股份、增发配股、可转债等手段，畅通国有资本的流动渠道。

（六）要调整投资方向、优化产业布局

一是构建大金融体系，打造河南金融产业综合投资商。继续支持中原证券A+H股上市、中原信托引入战略投资者、中原银行扩大资本实力和资产规模，做大、做强、做优、存量；积极创造条件，组建集团财务公司、设立省级寿险公司、探索金融交易所和第三方资管公司等，稳步争取、丰富增量。二是构建基础设施产业体系，打造城市综合投资运营商。认真落实省委省政府战略意图，积极参与公路铁路、供水污水、地下管廊、海绵城市、生态综合治理等城市基础设施项目投资建设，以高铁多式联运项目为突破口，主动参与现代物流产业投资发展，支持河南省新型城镇化建设。三是重点发展清洁能源，打造综合能源服务提供商。通过适度控制火电项目建设节奏、延长能源产业链条、搭建环保产业平台、打造省级燃气管网运营平台等措施，支持河南省清洁能源的快速发展。四是围绕“地产+”“互联网+”，打造健康生活服务提供商。依托“地产+”，重点发展医疗、养老、旅游等高成长性服务业，借助“互联网+”，积极介入信息产业、互联网等轻资产行业发展。五是创新模式，加快退出竞争性、产能过剩行业。进一步突出主业，坚持资本经营、阶段持股，做到“能投会卖”，提高资产流动性，逐步从造纸、水泥、玻璃等高竞争类、产能过剩类行业退出。

按照上述思路，经过5年的努力，投资集团将实现资产规模、经营利润等主要经营指标翻一番，总资产达到2000亿元，净资产达到400亿元，新增5家上市公司，管理8~10家上市公司，资产证券化率达到80%以上，成为资产优良、管理规范、国内一流的综合性投资集团，为河南省经济社会发展做出新贡献。

浅谈经济新常态下煤机装备制造企业发展战略的规划

安徽省矿业机电装备有限责任公司　李　伟

一、安徽省矿业机电装备有限责任公司发展现状

（一）公司基本情况

1. 公司简介

安徽省矿业机电装备有限责任公司（以下简称“安徽矿机”）始建于1958年，隶属安徽淮海实业发展集团（以下简称“淮海集团”）。是国家高新技术企业、安徽省“信息化和工业化融合”示范企业、安徽省产学研合作基地和教学实习基地、安徽省煤矿机械标准化技术委员会承办单位，拥有矿山工程总承包三级资质和机电工程总承包二级资质，2015年公司销售收入在国内煤机装备制造行业50强中排名第14位。

公司占地面积1000亩，职工1300余人。其中各类专业技术人员311人、高级技术职称61人、中级技术职称96人、中高级技师63人。专业从事煤矿综采、综掘、支护、运输装备的制造、安装及维修。

作为淮海集团“一体两翼”发展战略的龙头企业，公司结合国家产业政策、市场发展趋势和淮海集团机械制造产业发展规划，始终坚持“产品成套化、产权多元化、产业一体化、管理精细化”的发展战略，建立了依

托淮北矿业，辐射两淮煤矿生产基地，覆盖全国的销售网络。

2. 主导产品

液压支架、刮板输送机、皮带输送机、掘进机、单轨吊机车、设备列车、采煤工作面快速拆装成套装置、超前支护装置和防爆电器产品等。凭借多年的技术积累，能提供完整的煤矿综采面“三机配套”，根据地质条件和用户需要，实施从设备选型、设计、制造，到安装、调试、维护的一条龙服务。

3. 生产制造能力

经过50多年的累积，特别是投入5亿多元建成的现代化新厂区，已建立起较为完整的煤机生产装备体系，拥有材料平整抛丸除锈前处理、下料、铆焊、整形、锻压、热处理、铸造、金属切削、电镀、喷涂表面处理、起重运输等各类加工生产设备2000余台；拥有先进的锻造生产线、结构件焊接生产线、大型工件热处理生产线、液压千斤顶生产线、喷涂生产线，先进的镀铬、镀锌、化学镀等表面处理生产线。各类试验（检测）仪器仪表设备原值超过5500万元。具备年生产综采液压支架2500架、重型刮板输送机30台、重型带式输送机50台、轻型带式输送机40台，掘进机10台和各类工程机械油缸及总成10000根的生产能力。

4. 企业研发实力

公司是煤炭行业标准化技术委员会会员单位，安徽省煤矿机械标准化技术委员会承办单位，近年来先后参与起草、制定了多项煤炭行业标准和安徽省地方标准。公司采用计算机三维动态模拟设计系统，能够根据用户提供的煤田地质条件，进行矿山压力分析、采煤工作面布置等，通过采用运动仿真分析系统和有限元强度校核，模拟井下支架等产品受力状况，应用参数化、可视化、动态受力、动态仿真，在计算机上进行产品结构参数优化设计，从而完成包括机型、结构、重要技术参数等一系列主要技术参数的优化。 此外，公司先后与煤炭科学研究总院北京开采所、上海分院、西安分院、太原分院、中国矿大、安徽理工、上海运能运输机械研究所等科研院所和高等院校建立起长期战略合作关系，形成了“利益共享，风险共担”合作体系。

5. 地理位置

淮北市地处苏鲁豫皖交汇处，淮海经济区的中心。经济圈内囊括了经济最发达的长三角、山东等沿海地区、以及安徽、江西、河南等中部地区的重要省份。距离徐州市40公里，交通便利。京沪、陇海、符夹等铁路纵横东西南北，6条国道、省道以及京福、连霍、四许高速公路穿境而过。

（二）公司竞争力分析

1. 现在行业中的地位

2015年公司在全国煤机行业50强中，按销售额排在第14位，处于中上等水平。与老牌煤机专业制造厂相比相对排后。按产品比较，在支架的设计、制造、销售方面，我们不如郑煤机、北煤机和平煤机这几家老牌国企专业厂，在油缸制造方面公司处于先进水平；在重型刮板机方面不如张家口煤机；对皮带机我们可提供设计、制造、安装的一条龙服务，在行业中位于前列。单品种市场占有率较低。

2. 企业优势条件

（1）完善的法人治理结构和规范化的企业运作。

（2）人才队伍培养和技术积累。拥有一批多年从事煤矿生产设备研制开发的科技人员队伍。

（3）拥有自主知识产权。仅主导产品拥有专利50余项。

（4）先进的研发手段。公司是我国煤机企业信息化应用最早、应用范围和应用深度最广和最深的企业，公司信息化应用水平处行业领先地位。

（5）稳固的产学研合作体系。

（6）丰富的成功实践经验。十多年来，配合矿区采煤工艺改革，公司已生产了供薄煤层、中厚煤层、大采高、放顶煤、充填开采及适合不同地质条件，特别是适合“三软”“三高”等地质灾害较为突出、断层多、地质构造和煤层结构复杂等系列化综采液压支架产品。

开发了综采面设备快速安装和拆撤的安拆装备，包括：液压自移机械吊，液压吊装机，液压组装架，安装运输车、回撤平台、四角道总成组成的综采安拆成套设备。

自主开发出多种规格的大功率、大运量、长运距可伸缩的带式输送机，通过采用多点驱动方式，在带强不增加的条件下，提高了输送能力和距离，运输能力达5000吨/小时，运送距离达6000 米以上。

研制开发的重型刮板输送机，有效防止大仰俯采采煤机倾覆或翻车，提高了零部件综合机械性能及耐磨性；增加了头尾架的整体刚度和两边受力的均衡性，有效防止头尾架变形；通过系列技术创新，产品适应大倾角等复杂煤层地质工作环境。

（7）有利的区位优势。公司地处苏鲁豫皖交汇处的重要能源城市，除淮北矿业集团公司外，周边还有皖北、淮南、神火、徐州、大屯等19家大型煤炭企业集团，230家大型煤矿企业。

（8）完善的售后服务网络。公司已初步建立起了较为完善的售后服务网络体系。通过多年来的系统建设，形成了整机设计、技术开发、加工制造、产品检测检验、安装调试和服务成龙配套的技术、管理和服务体系。

3. 存在的主要问题及劣势

（1）机制体制不能适应市场竞争的需要。机构臃肿，效率偏低；人员结构不合理，忧患意识不强，质量意识淡薄，产品质量存在波动。

（2）生产装备落后。现有装备技术较落后，已成为制约企业快速发展的瓶颈。

（3）人才结构不尽合理。科技人员占员工总数的比重不高，尤其是具有高素质、创新型领军、拔尖人才缺乏；技术工种(焊工、车工)人员不足，且年龄偏大，高技能、复合型人才缺乏；后勤管辅人员较多，总体劳动效率不高。

（4）技术创新能力不强。在技术创新人才培养、研发经费投入、技术创新软、硬件条件等方面均存在不足，跟踪国内外技术发展相对滞后，项目储备、预研较少。

（5）成本控制有待加强。管理费用一直居高不下；固定费用过大，每月的支出约1500万元。产品的直接成本较高，应收账款居高不下。

（6）公司内部考核的方法和机制存在一定的问题。薪酬制度不合理，成本分摊不完整。

（7）参与市场竞争的意识和能力亟待加强和提高。产品宣传、策划欠缺，互联网营销应用有待开发。

二、经济新常态下公司发展战略规划

（一）总体战略综述

1. 战略概述

调结构、转方式、促升级。产业转型、产品升级、市场优化，转变生产、营销和管理模式，转制、拓展发展新空间。

坚持巩固提升传统煤机产品，拓展延伸电器、洗选设备和再制造，谋划开发农机、立体车库、节能环保设备，培育铝锂合金新材料、新能源汽车、轨道交通装备等战略新兴产业的产业发展思路。

推进新一代信息技术与企业深度融合，以智能制造和云制造转变生产方式；以互联网、云计算和大数据，进行协同设计、大规模个性化定制、精准供应链管理、全生命周期管理、电子商务等重塑产业价值链体系，转变商业模式。

“深化改革、创新管理、合作转型、混合转制”，创新经营模式，创新管理手段。改革管控模式、调整组织机构，转变体制机制。合作转型：采取合作模式，开发新的产业，整合现有产业，转型升级。以资产、技术和市场为依托，优势互补、资源共享，提高开办效率，降低投资风险，成立合资合作公司。混合转制：吸引民营资本、外资、资本市场的投资，只要价值发现，具有品牌带动、品牌提升效用，具有互补性、能相互促进，有利于提高竞争力，即可重组整合、共同发展。

2. 总体目标

把“一个目标、四化发展模式”作为规划总体发展目标和企业发展方向。

“一个目标”就是：以煤矿综合机械化采掘成套设备为核心主导产品，带动与之相关的配套产业，培育新的经济增长点，在“十三五”末力争形成21亿元以上的销售收入，利润9000万元。

“四化发展模式”是指：产品多元化、产权混合化、产业一体化，管理精细化。

产品多元化主要是：实现液压支架、采煤机、刮板机、转载破碎机、皮带机及电控系统配套成套化同时，发展洗选、节能环保再制造、农机、新能源汽配、立体车库等产品；

产权混合化主要是：通过资本运作、合作经营等方式引入国有、民营、外资等多种资本，丰富公司的产权形式，扩大融资渠道，加强技术、资本、管理的嫁接和合作；

产业一体化主要是：实现产业多元纵深发展，通过实施“四化”战略，做大做强机电装备制造业，发展新兴产业，形成产权多元化的企业。

管理精细化主要是：通过完善制度与规范流程，把责任细化、量化、实证化、流程化、标准化、协同化，提高员工的执行力，做到精、准、细、严。精是做精、做好，精益求精；准是准确、准时，信息与决策准确无误；细是操作细化、管理细化，重视细节；严是严格执行制度标准和程序规定，严格控制偏差。

3. 战略阶段

分为转型期（2016—2017年）和腾飞期（2018—2020年）两个阶段。

第一阶段——转型期，突出煤机主导产业发展，创新提升。打造核心竞争能力，在质量和服务方面努力成为行业标杆，提升市场影响力；全面深化改革创新，建立市场化的体制机制，进一步提高企业对市场的适应能力和竞争能力。

第二阶段——腾飞期，该阶段的重心为依靠创新发展新产业、借助资本的力量，通过并购重组等方式，提升核心优势，进一步打造集成服务、全产业链服务能力；成为产业多元、体制机制灵活、管理精细高效，在国内具备影响力的一流企业。

（二）愿景、使命、价值观、企业精神

愿景：构建国内一流的煤机装备制造企业；

使命：服务用户，回报股东，奉献国家，造福社会；

价值观：诚信就是品质，诚信创造财富；

企业精神：务实创新，团结拼搏；

人才理念：品德铸就人才，责任胜于能力；

企业作风：说到做到，干就干好。

（三）战略方针

“依托煤机、延伸服务、合作转型、混合转制。深化改革、创新管理、聚焦双效、转型发展”。

产业定位四大板块：煤机制修、煤机产品延伸服务、非煤机产品、现代服务业。

通过做强做大煤机产业，保生存促发展。通过延伸煤机产品服务，增强盈利能力。通过精选产品合作转型，寻求发展突破。通过引入资本混合转制，提升发展活力。

（四）发展重点、主要产品的发展方向

1. 优化升级传统煤机产业

煤炭综采掘设备：

（1）液压支架。研发移架快、支护效果好、可靠性高的电液控支架。加大支架电磁控制所需的先导阀、压力及位移传感器等核心部件的研发。提高液压支架的支护强度和工作阻力，重点突破支护强度大于1.3MPa、工作阻力超过18000kN、支架宽度2.05m以上、支撑高度达到8m的液压支架，以及使用角度可达40°～50° 的难采煤层用液压支架。

（2）刮板输送机。大力发展重型刮板输送机，尤其是工作面长、功率大、输送能力可达4000t/h的重型输送机。提升输送机的自我控制能力，根据不同负载状况实时调整运行参数，实现自动化控制。

（3）带式输送机。向智能化、长距离、大功率方向发展。强化变频、软启动、综保和综合控制系统等智能化部分的自主设计和自制，提升产品综合竞争力。

（4）采掘运辅助设备。研制开发多功能巷道修复机、电动单轨吊等辅助运输设备，开发改进综采安拆及运输设备。

2. 做大做强相关配套产业

（1）矿用电器自动化产品，重点合作生产矿用高压、低压变频器产品，矿用高压软启动器产品以及全矿井综合自动化监控系统等。

（2）绿色循环再制造板块。

力争5年内实现煤机装备成套设备的再制造技术攻克。具体为：采煤机、掘进机等产品的整机再制造技术研发和推广，液压支架、刮板机、乳化液泵站、矿用电机等产品整机及零部件的再制造批量化技术突破。

（3）矿山智能开采成套装备。通过合资合作的方式，开发综采系统智能化控制技术，促进产品结构高端化、成套化、智能化。

（4）开发服务业。利用厂房、场地等资源，合作开发仓储、物流、餐饮、住宿、健康养老、家政、技能培训、绿化等产业。

3. 降本增效措施

（1）成本控制方面。

重点是物资采购、技术工艺优化和原材料利用率，过程控制减少各种损失，减少非生产性支出。

在物资供应上，逐步建立物资供应链体系，精准供应链管理，筛选优质的合作伙伴长期合作，实现压力共担，合作共赢。建立物资信息平台，二维码跟踪定位，实现智能仓库。

在技术工艺优化上，抓住“三个取消，两个合理化”。即：取消过剩功能、取消多余随机零部件、取消多余的处理和加工环节；合理化零部件的通用性，合理工时定额。

在控制费用支出上，加强经济核算，健全管理制度，明确经济责任，降低间接费用。

在资金投入审批上，从严从紧安排预算资金，严控工程项目投入，减少绿化和工广设施投入，停止新增办公设备。

与光伏发电企业合作，利用屋面，装设分布式太阳能发电装置，发电自用，减少电费。

（2）效率提升方面。

一抓组织方式，推进生产组织方式向精益化转变。二抓装备升级，采用高效装备、采用成组生产技术，大力推行一人多机、操检合一等先进劳动组织形式。

（五）推进企业改革

1. 重组整合

挑选装备制造行业技术卓越、实力雄厚的一流制造企业开展合资合作，引进战略投资者，推动发展混合所有制经济。

2. 企业管理创新

推进商业模式创新。坚持内部市场化的经营理念，实行多元化的体制机制。

（六）人才战略

以“控制总量、优化结构、提升素质、整体规划”为主线，抓住人才培养、吸引、使用三个关键环节，以专业技术人才、管理人才、高技能人才等三支人才队伍的建设为重点。

1. 总体目标

（1）严格控制用工总量。用工总量控制在1000人以内，其中主业生产工人在600人以内。

（2）提高全员效率。全员劳动效率达到人均产值350万元以上。

（3）优化人员结构。在不突破定员总数的前提下，有计划地培养和补充主体专业急需的技术、技能人才。

（4）加快提升职工素质。通过内部培养和从各类高等院校及其他渠道引进公司需求的主体专业研究生等高学历人才。到2020年年底，公司净增各类需求人才30人，其中主体专业占80%以上。到2020年年底，公司各类在职管理人才和专业技术人才总量目标200人，其中工程主体专业技术人员占80%左右。职工的技能水平普遍提高，技师以上高技能人才由66人达到100人，其中高级技师15人。

（5）职工收入稳定增长。“十三五”末期，力争职工人均年收入达到8万元以上。

2. 优化机构设置，推进人事改革

（1）优化整合机构设置。精简优化机关职能科室、生产辅助和后勤服务单位，实行大部制，推进事业部制改革，“集中决策、分散经营”，建立紧凑、干练的扁平化管理机构。

（2）灵活用人机制。建立市场化的员工竞聘机制。按照“面向公司、条件公开、平等竞争、择优录取”的原则，选聘中层管理人员。

（3）严格人事考核。实行逢进必考、末位淘汰，建立管理人员能上能下、管技人员能进能出的用人机制。从用人、用工、分配、生产、研发、营销等六个方面给予事业部一定权限，建立责权利相统一的经营运作系统。

（七）技术创新、新产品开发战略

“十三五”以提升产品智能水平和产业智能制造水平及规模化发展为目标，通过技术引领支撑，统筹技术开发、市场应用等环节，实施智能制造装备创新发展工程，强化引进吸收创新能力建设，构建产业技术创新联盟,突破关键技术，实现重大智能成套装备的集成创新，推进智能技术在成套装备中的应用，加快产业转化升级进程。深入市场潜在需求调研和前沿技术跟踪，争取原创性成果应用。

重点研发：

1. 液压支架

（1）研发薄煤层电液控智能化液压支架；

（2）基于围岩耦合理论和智能控制的工作面液压支架自适应支护系统

（3）端头支架与超前支架系统自动化；

（4）研发8m以上电液控超大采高液压支架；

（5）研发大倾角、大仰俯采等特殊煤层条件的液压支架。

2. 皮带机

皮带机研究向长距离、高带速、大运量、大功率、智能节能型发展，研究应用动态分析与智能监控、多点驱动、软启动、制动控制、动态张紧以及节能等技术，提高带式输送机的整体运行性能、可靠性和安全性。开发应用于电力、粮食、冶金、化工、煤炭、矿山、港口、建材等诸多领域的带式输送机。研究开发大倾角带输送机、管状带式输送机、空间转弯带式输送机。

3. 刮板机

研制超重型SGZ1400/3×1500型刮板机，实现智能化，即应用CST可控驱动装置、ACTS自动调链装置及工况监测系统。

4. 综采成套装备自动化和智能化控制技术。

研制综采工作面具有自动化控制功能的液压支架、采煤机、刮板输送机等机电一体化成套装备。

研制综采工作面具有充分全面的感知、自学和决策、自动执行功能的液压支架、采煤机、刮板输送机等机电一体化成套装备。

研制综采工作面具有完全自动化、智能化控制功能、高可靠性的液压支架、采煤机、刮板输送机等机电一体化成套装备和远程智能化综合控制系统。

5. 再制造技术

在保证支架、刮板机、采煤机、掘进机、乳化液泵站等煤矿主要产品再制造生产任务外，向水泥、电力、工程机械、农业机械等其他产品领域延伸再制造业务。实施高端再制造、智能再制造、在役再制造。

6. 洗选设备

跳汰机，朝着跳汰面积更高的具有高可靠性的方向开发研制；浮选机，朝着处理能力1600m^3/h的具有自控能力的方向发展；选矿重介质旋流器，朝着分选精度高、耐磨性能好的大直径方向发展；研发大型振动筛和离心机等。

7. 农机

研发小麦、玉米、水稻、大豆、土豆重点农作物的耕、种、管、收环节的多功能、复式作业机具，秸秆生态利用，大型高效联合收割机。提高农机装备信息收集、智能决策和精准作业能力。

8. 立体车库

开发升降横移类、垂直升降类、垂直循环类车库，实现工程整体系统服务。

三、实施发展战略规划保障措施

1. 加强战略管理，从管理上保障规划实施

根据宏观环境、产业政策、市场竞争环境的变化及企业自身发展的情况，合理调整发展规划，不断分析评估实施情况，对年度目标、产品结构、经营思路、资源结构等及时调整。

2. 完善体系管控，从职能上保障规划实施

在规划框架下，制定各项职能子战略规划，包括：经营发展战略、国际化战略、财务及资本运作战略、质量品牌战略、人力资源战略、科技发展战略、信息化战略、安全生产管理发展战略等。抓好日常推进实施工作。

3. 创新体制机制，从制度上保障规划实施

进一步完善法人治理结构，充分发挥董事会、监事会、经理层、党委

会、职代会对公司重大事项科学决策的作用。加强财务管理、做好资金平衡和资金保障。严格成本管理，制定成本控制目标，分解到资金流的各环节，完善推进内部市场化精细管理，加速货款回笼。

4. 调结构、转方式、促升级，从方向路径上保障规划实施

扩展煤机类别，丰富产品规格，提升产品档次；拓展洗选等煤机产品，发展农机、立体停车场、再制造等具有较好的市场前景又具备转型发展条件的产品。研究开发战略性新兴产业智能机器人、新能源汽车、新材料（铝锂合金）、轨道交通装备、节能环保设备等。

扩展生产性服务业务。晋级矿山工程总承包和机电安装工程总承包资质，逐步形成设计、制造、安装、运行维护成套化系统化服务体系。

产业重组，资本重组。本着优势互补、合作共赢的原则，利用社会资源，开发利用境外资源和市场，借助国家“一带一路”和产能转移战略的实施，加快走出去步伐。

5. 强化科技创新，增强自主创新能力，从技术上保障规划实施

坚持创新发展。利用信息网络化，改变传统的研发模式、生产模式和营销模式。

提高创新能力，夯实自主创新的基础。加大科技投入力度，培养壮大研发队伍，研究开发关键技术，推广先进制造技术和清洁生产方式，应用智能制造和机器人及新材料、新工艺；扩大对外科技合作，深化已有的战略协作关系，拓展产学研用合作领域，推进联合开发和技术交流，构建产业技术创新联盟，技术和知识产权等科技成果资本化、产业化。

实施质量提升工程，打造知名品牌。

6. 加强队伍建设，从人才上保障规划实施

建立和完善人才引进机制。采取各种措施引进人才，聘用紧缺的专业领军人才。有针对性地发展外协队伍，互利合作，人才互补。

建立有利于促进人才脱颖而出和施展才华的选拔任用机制。坚持任人唯贤，不拘一格。鼓励专业技术人员技能拓展，技术创新和高新技术开发、引进、吸收，促进高新技术、科研成果向生产领域转移。

建立科学灵活的激励机制，包括事业激励、物质激励和精神激励，支持员工向更高层次发展。给予科技人员更多的利益回报和精神鼓励，以事业留人，给员工提供有发展机会和实现自我价值的平台；以待遇留人，完善分配制度，按劳分配，效率优先，引进股权、期权、分红等激励形式；以感情留人，营造尊重知识、尊重人才的良好文化氛围，给予做出突出贡献的人才最大荣誉，最大限度激发各类人才为公司发展、干事创业的荣誉感、事业心和成就感。

建立有利于提高人才素质和能力的培养机制。强化对高素质的总体性人才、经营管理人才、供销人才、专业技术人才和技能人才的培养。对专业技术人员进行导师制培养，突出新理论、新技术、新知识、新方法、新信息培训，重点培养高层次复合型人才，逐步打造一批知名专家，提升企业社会影响力。推行工学结合、校企合作的技术工人培养模式，推行新型学徒制，造就技术大拿式的工匠。

7. 严格生产监管，从安全运营上保障规划实施

加强安全生产基础工作，建立安全生产综合协调、激励约束、事故查出与责任追究的长效机制。加强教育培训，增强安全责任意识，预防安全事故的发生。健全应急救援体系。完善环境、职业健康安全体系，全面推进安全标准化管理。

8. 积极争取政策支持，从政府支持上保证规划实施

建立良好的政企关系。充分挖掘利用各项政府财政资金，争取省政府扶持建设淮北煤机产业园和煤机智能制造基地建设的政策和专项资金支持。申报争取发改委、经信委、科技厅（局）等政府系统的项目立项和各类财政专项资金及税收优惠。

9. 倡导和谐发展，培育企业文化，从精神上保障规划实施

以科学发展观为指导，坚持社会主义核心价值观，积极推进和谐企业建设。强化以“企业愿景”“企业精神”“企业宗旨”“企业理念”“企业作风”等为内涵的企业文化建设，把上述系列思想熔铸到员工的日常工作及生产行为中，形成员工认可并能自觉遵守、具有本企业特色的企业文化。

落实“两个责任” 助力企业改革发展

中国水利水电第八工程局有限公司 朱国强

中央企业是我国国有经济的主体和国民经济的中坚，肩负着发展壮大国有经济的重任。在新的形势下，推进国有企业深化改革、确保国有资产保值增值，尤其需要正确思想的引领、优良作风的保证和科学有效的管控。以下为本人对国企落实“两个责任”的一些思考和工作延伸。

一、“两个责任”这面引领企业发展的旗帜必须高高举起

十八届中央纪委六次全会工作报告中强调，“深化体制机制改革，夯实管党治党责任。”中央企业关系国家安全和国民经济命脉，央企的重要地位、政治属性决定了央企党的建设、反腐倡廉工作只能加强、不能削弱。抓好党风建设和反腐败工作，是央企做到实至名归不可或缺的保障和支撑。在十八届中纪委五次全会上，中央明确提出一个监管重点——加强对国企领导班子的监督。巡视央企通报的情况来看，重经营不重党建、党的领导虚化弱化、党委的主体责任和纪委的监督责任缺失等，几乎都被放在反馈意见中的第一条。不难看出，外部的形势要求、自身存在的问题都表明了中央企业落实管党治党的主体责任、监督责任责无旁贷。“两个责任”这面旗帜要高举，这个抓手要紧抓不放，这个认识不能有一点含糊。

二、国企落实“两个责任”的现状及问题根源

总体来说，国企落实“两个责任”存在重视不够、落实不力、责任担当意识不强、执纪问责偏软等问题。具体表现为：主体责任落实力度不够，党委“只挂帅不出征”；责任落实日常管理监督有一些虚化，注重日常、抓早抓小、防微杜渐体现不明显；“重业务、轻党建”“反腐败、作风建设干扰了企业经营发展”这些不正确认识仍然存在；“两个责任”问责偏软，仍然存在“抓安全事故等行政问责多、抓管党治党不力问责少”“问责规定零散、内容不聚焦”等一些问题；监督执纪“四种形态”对执纪能力提出了更高要求，纪委“精准执纪”能力亟待提升。

（一）纪律不严、政治纪律政治规矩松懈是首要原因

习近平总书记强调：“严明党的纪律，首要的就是严明政治纪律。政治纪律是最重要、最根本、最关键的纪律”。国企发生的领导人员腐败问题、违反八项规定的典型问题等，反映出一些领导人员思想麻木，没有敬畏感，不讲纪律，不守规矩，使党风建设和反腐倡廉工作游离于企业生产经营管理边缘。

（二）内控措施弱化，制度执行刚性不强

加强对权力的制约和监督，必须把权力关进制度的笼子。从宏观来看，随着国企不断深化改革重组、规模迅速发展壮大，个别企业出现管控缺乏力度、管理方式粗放、经营管理程序失范、财务现金管理不严等问题。部分企业制度体系还不健全，针对性、可操作性不强，制度“笼子”没有完全扎紧；或是制度执行缺少刚性，监督审核环节流于形式；或是对制度执行情况的监督检查不够，考核评价缺乏足够的刚性，追责处理不及时，导致制度执行力层层衰减。有的领导人员把自己凌驾于制度、规定之上，在工程分包、设备物资采购、选人用人、财务资金管理等工作中违规操作。

（三）管党治党、从严治党没有落到实处

企业存在如此多的问题，一个很重要的因素就是管党治党失之于宽、

失之于松、失之于软，有的企业党风建设和反腐败工作缺乏刚性考核，党建工作保障监督作用发挥不明显；有的基层党组织软弱涣散，形同虚设。有的企业反腐倡廉教育流于形式，甚至放任自流，缺乏必要的监督检查。

三、所在企业落实“两个责任”的探索和实践

近年来，水电八局党委、纪委紧紧围绕生产经营中心，倡导价值思维，严格落实党风廉政建设主体责任和监督责任，努力打造“阳光央企”，取得了实实在在的成效，连续多年荣获中国电建集团党建工作、反腐倡廉建设先进单位。

（一）勇于担当，主动作为，抓牢主体责任“牛鼻子”

公司党委高度重视党风廉政建设工作，牢固树立“抓党风廉政建设是本职、不抓党风廉政建设就是失职”的理念，强调主要负责同志决不能只重业务不抓党风、只看发展指标不抓惩治腐败，努力当好党风廉政建设的领导者、执行者、推动者。

1. 强化权力运行制约监督

严格执行述职述廉、诫勉谈话、个人有关事项报告、民主生活会、领导人员经济责任审计等制度，促进权力运行更加公开透明、规范有序。按照推进依法治企、打造阳光央企的要求，公司制定了党委会、党政联席会等议事规则，修订了“三重一大”民主决策制度实施细则。抓好“三重一大”监督检查，坚持“三重一大”执行情况季度定期通报，比如2016年一季度的“三重一大”执行情况通报，就点明了二级单位“三重一大”执行存在的普遍问题为“议题由谁介绍不清楚”“会议表态不充分”“决策结论把握不好”“会议记录不完整”等，强化过程管理、具体指导，规范了决策程序、防范了决策风险。

2. 严格干部选聘任用

制定《干部公开竞聘暂行办法》，坚持竞聘岗位、任职条件、考评

程序、招聘结果“四公开”，通过问卷测试、专家面试、组织考察等程序好中选优。践行“三严三实”要求，加强对干部的绩效考核，把好干部选上来、让差干部浮出来。对年度考核排名靠后的干部分别进行绩效结果反馈、诫勉谈话和考察工作。对连续三次考核排名靠后的人员重新评价，对不适合当前岗位的给予降级处理。

3. 夯实作风建设基础

把作风建设作为确保企业各项重大决策落到实处的切入点，坚决纠正“四风”方面存在的问题。机构调整、业务招待、公务用车、奖励薪酬等一系列改革措施实施后，有效降低了管理费用，激发了组织活力。把治理违规操办婚丧喜庆问题作为落实中央八项规定精神、纠正“四风”的重要内容。严格执行操办婚礼事宜事前报告、操办婚丧事宜事后报告制度。举办婚礼的桌数、标准、宴请对象均要提前报告，婚丧事宜事后对于来客情况、宴请标准、收受非亲戚礼金特别是贵重礼品需要详细报告，有效杜绝了大操大办的奢侈浪费之风。

4. 创新党风廉政考核机制

建立“明责—确责—考责—追责”的责任落实链条。优化责任制检查考核，制定日常检查、年中抽查、年终考核、员工评议、领导评价的“五位一体”考核评价体系。加大日常考核力度，专项治理、“三重一大”、作风建设、信访案件、信息报送等日常督导检查有效促进责任制“落地”，避免责任制工作“年初忙一阵，年终忙一阵”的“两部曲”现象。2015年6月，经湖南省纪委推荐参加了湖南省委组织的推进国有企业党风廉政建设工作会，公司党委书记代表企业在会上做党风廉政建设经验交流典型发言，水电八局倡导的 “重业务更重党风”、党建工作价值思维、打造阳光央企等理念和思路得到与会者的一致好评。

（二）突出主业，守土尽责，种好监督执纪的“责任田”

水电八局各级纪检监察部门，突出主责主业，强化执纪监督和问责追究，切实履职尽责，发挥职能作用，彰显工作价值，认真种好自己的

“责任田”。

1. 构建廉洁从业教育体系

公司提炼了“道德根植于心、规范践之于行”的廉洁核心理念，形成全体员工共同遵守的价值取向。依托新媒体积极开展廉洁教育，实施“网上学廉”“短信促廉”“视频倡廉”。拍摄廉洁微电影《以父之名》，在电建集团网站、湖南省纪委网站、公司微信平台、腾讯视频广泛传播。注重家风教育，将公司各级领导人员配偶纳入警示教育范围，组织领导人员、关键岗位人员以及领导人员配偶到湖南省反腐倡廉警示教育基地——长沙监狱开展警示教育。提高领导人员家属的风险防范意识，当好“廉内助”。多年来坚持开展 “廉洁文化进社区”文艺展演，培育基层廉洁文化，形成了良好的文化氛围。

2. 加强重点领域监督

合并纪检监察部、审计部，并与法律风险管理部联手，形成案件协查、结果运用信息共享机制，增强监督合力。狠抓效能监察，深化专项治理。建立公司管理干部特定关系人库，形成特定关系人禁入机制，规范管理行为，遏制腐败滋生。利用信息化手段和采购招标平台，把工程招投标、业务分包、物资采购等事项条件、结果公开，以公开促公正，以阳光保廉洁。

3. 严肃查处违纪案件

牢固树立“查处是最大保护”的意识，克服干部管理中重保护、轻惩处，重教育、轻问责的问题， 2014—2015年对项目管理、设备物资租赁、印章使用、财务管理、工程分包等违纪违规问题所涉及的27人进行了相关处理，其中党政纪处分17人，组织处理10人。处理人员中处级干部13人，科级干部14人。

4. 推进双联、预防职务犯罪协作工作

水电八局与湖南省纪委自2007年“双联”结对以来，双联工作有计划有总结，互动密切，成效显著，彼此双方感情相连、精神相连、作风相连，情同一家。得到湖南省直工委的高度肯定认可，评价为省直单位“双联”工作的一面旗帜。经湖南省检察院专题报请最高人民检察院同意，我公司与湖南、江西、云南、四川、贵州、新疆维吾尔自治区、西藏自治区检察机关建立跨省协作预防职务犯罪机制，成为全国首个跨省区企检预防职务犯罪协作机制试点单位。已与七省（区）检察机关签署了《预防职务犯罪联合协作机制实施意见》，并实地开展了预防职务犯罪协作工作。跨省协作预防职务犯罪工作的有效开展，从源头上防止和减少贪污贿赂和渎职等职务犯罪的发生，确保企业稳步健康发展。

国企落实“两个责任”，任重而道远。我们要继续强化政治引领、坚持问题导向，把落实管党治党责任与提升企业发展质量效益最大限度结合、融入，坚持深化作风建设，惩治腐败不手软不松劲，以党风建设和反腐败工作的实际成效，为国企改革保驾护航。

让创新引领企业前行

——论中国水电八局转型升级

中国水利水电第八工程局有限公司 杨光

李克强总理在2015年的政府工作报告中提出“大众创业，万众创新”的要求，随即在全国掀起一股创新热潮。

该如何理解创新?“万众创新”给我们提了个醒，每个人都要有一个不断更新的头脑，想事情和做事情不能永远用旧眼光、旧思维和旧方法。你不变，别人在变，那你就会被时代潮流所淹没。

对于企业来说，创新大体可以分为两类。一种是内部的优化整合所带来的创新；一种是外界的诱导刺激所带来的创新。

在中国有一个企业，正在以它的创新悄然影响和改变着国人的生活。它就是腾讯公司。

腾讯公司的创新既有内部的优化整合，也有外界的诱导刺激。

腾讯早期“称霸江湖”靠的是“QQ”，一款在PC上使用的社交通讯软件。随着智能手机的兴起和普及，QQ也迅速植入到了移动互联网络。但是腾讯公司仍不满足，因为长期依赖QQ，用户会产生审美疲劳，并且QQ在手机上的使用，还存在着很多的不足之处。怎么办？腾讯公司适时推出了“微信”。也正是微信的出现，使腾讯公司继续做大做强，令竞争对手望尘莫及。这是内部优化整合所带来的创新，马化腾自己也说，“微信即是腾讯内部团队竞争的结果。腾讯如果没有微信，可能是一场灾难——内部优化总好过外部革命”！

腾讯公司的创新也存在着外界的诱导刺激。阿里巴巴公司与腾讯在过去并不存在太大的竞争关系，但是，同为互联网圈中的“大佬”，在一个圈子久了，难免会有交锋的时候。在微信升级改进过程中，他们借鉴了阿里巴巴“支付宝”的一些长处，并很好的融入到微信之中，推出了微信红包、转账、支付等功能，扩充了市场领域，后来者居上，令阿里巴巴都感到可怕。

说回到我们自己的企业，是否能从腾讯身上得到一些启发?

中国水电八局经过64年的发展，在水电行业有着雄厚的实力，但是，单一的、相对垄断的生存环境已经严重影响和制约了公司的发展。所以八局需要转型与升级。国际、基础设施、投资、水电、铁路，五大板块的确立，作为内部优势资源整合是创新发展的第一步。但是在有着60多年文化底蕴的企业改革创新，也不能是颠覆式的，不能够为了创新而创新，在去旧迎新的过程中，对过去的一些好的东西要加以保留和传承。“去其糟粕，取其精华”，要在传统优势上进行创新、改造和升级，不能够与过去做“一刀两断”，如果连原有的能力都丧失了，又何谈创新呢。例如，“懂水熟电”是水电八局的优势，那么在水电行业之外，我们在基础设施建设领域中积极参与到水环境治理的项目中去，这也是一种创新。

集团化运作，并不是什么新事物，但八局过去没有，现在再来模拟集团化，所以对我们来说也算是一种创新。

集团化运作有三种类型：操作管理型、战略管理型、财务管理型。按照八局当前的实际情况与发展规划，所采用的是战略管理型运作模式——公司只管大事，管战略，管文化，管考核，管资金，管风险。每个二级单位的事情，自己当家做主。分层分级负责，把原来的“大锅饭”分成“小锅”，各吃各的饭。

在市场营销与项目履约专题会上，水电八局总经理朱素华再一次讲到体制问题。体制不良就会造成运行不畅，所以就要改。具体说来有四点，一是机关人员绩效与效益挂钩；二是二级班子绩效与效益挂钩；三是项目全生命周期考核推进；四是“扛着指标闯市场”。改革总会带来“阵痛”，就好比吸烟者，几十年的烟瘾，你让他一下子把烟戒掉会有难度，不戒烟对身体不好，但是戒了又会让人感到不舒服，甚至痛苦，所以戒烟需要勇气和毅力来支撑。

创新，首先是思想层面的，企业从上到下都要有创新的意识，立足于本职岗位的创新。朱素华总经理曾经批评过很多人做事情不动脑筋，是在做体力劳动而非脑力劳动。为了激发员工的创新热情，八局也做了很多尝试，在项目上成立员工创新工作室，扎根于生产一线，取得了一些成绩，但是仅仅只是一部分人参与进来，还远远不够。施工、经营、安全、质量、市场、投资等，各个业务口如果都能够进行创新，那整个企业才能更有活力。

思想层面的创新有了之后，还要落实在行动上。要在管理上创新，在制度上创新，在体制上创新。八局要加强体制建设，完善模拟集团化运作体制，厘清组织架构，明确企业决策、管理、执行三个层次的职责权限，形成纺锤体的管理体制；机关和项目要大幅精简机构精减人员，公司要加强版块和专业建设，以对项目形成强大的支撑作用；机关各部门要进一步梳理自己的职责，清除无效、无用、形式化的管理，该下放的权力要下放；改革考核制度，突出效益中心。

创新，还体现在人才战略上。有一句电影台词这样讲，“21世纪，什么最贵，人才！”看似是搞笑的一句话，但仔细想来却当真如此。大到国家、小到企业和团队，如果没有人才作为后盾，那一切都是空谈。

人才战略应该分为两步走，一是内培，二是外引。当前，国有企业没有了垄断、资源配置等先天优势，切换到市场全开放、全竞争的模式中。八局从大山走向城市，告别了水电行业施工劳动密集型和粗放型生产方式，进入到标准高、节奏快、协调难度大的城市施工，应该如何应对？在基础设施建设领域，EPC模式、PPP模式以及PPP的各种衍生模式，投资风险防控，有多少人真懂真会？在施工和技术环节，工业化和信息化建设，以及BIM技术、互联网技术对施工的指导，这些新的东西我们听过，但是否能有效实施推进？所以单凭过去所掌握的一点知识和技能是不能适应当前的市场需要的。因此要加大对内的人才培养力度。

在内培的基础上，我们还要从外部引进人才。在八局刚刚进入到轨道交通建设领域中的时候，进行过一次成功的人才引进。朱素华总经理也曾对此表示肯定。他说，铁路业务最成功的是人才引进。在人才引进方面，他也做出了指示，有些单位连一个引进人才都没有，闭门造车，自以为是。因此，必须要下硬指标，每个单位都要引进人才，决不能搞“近亲繁殖”。与大土木市场接轨，不光要引进人才资源，还要引进思想，引进方式方法，先学习，再创新。

创新，不断创新，持续创新，这样的八局才能在市场竞争中始终保持活力和战斗力，让创新引领企业前行！

打造人才团队 共建和谐企业

中油金鸿能源股份有限公司 杨英忠

随着市场竞争的日益激烈，未来企业的竞争已经从价格竞争、硬件竞争逐渐走向人才的竞争，人才是企业生存和发展的动力，是企业无法估量的资本。如某国企下属单位共有员工380多人，其中正式员工100多人，外聘员工280人，部门经理、领班等中级管理岗位上，由近一半的外聘员工与正式员工一起发挥着承上启下的管理作用，有2/3的外聘员工工作在操作服务岗位上。由于经营淡旺季明显及经营的特殊性，正式职工大部分分布在管理和专业技术及重要操作岗位。他们的岗位分布情况是：管理和技能岗占外聘员工总数的20%，服务一线岗位占80%。以上数字不难看出，无论是正式员工还是外聘员工，都是企业赖以生存的资本，在企业发展中共同发挥着中流砥柱的作用。外聘员工能否与正式员工团结协作，群策群力，共建和谐直接关系到企业的生存和发展。因此，打造人才团队，共建和谐企业已经成为企业管理的重要课题。由于体制等历史原因，一些国企单位在员工队伍建设上存在一些不和谐的因素。

1. 岗位差异致使员工流动性较大

由于管理和技能岗位上的基本上是正式员工，外聘员工则大部分工作在操作和服务岗位，造成正式员工与外聘员工岗位差异较大，外聘员工认为晋职空间和机会相对较少，所以人员流动性相对较大。

2. 待遇差异致使同岗不同酬

在薪酬上，正式员工的工资有统一的标准，而外聘员工的工资标准则根据劳动力市场价格及结合本单位实际情况而定，其他福利待遇上，正式员工的各种社会保障由单位给予定期缴纳，而外聘员工则只有少部分人或部分享有。故从整体上看，正式员工与外聘员工待遇落差较大，同级不同酬，同岗不同薪，心理上失衡感强，不能有效吸引优秀人才和熟练工人。

3. 组织参与差异致使主动性较差

外聘员工与正式职工相比在组织参与及各项活动参与方面有一定的差异，不能享受完全同等的待遇、参与完全平等的竞争，这使外聘员工很难把自己看作是企业真正的主人，无法发挥主人翁责任感。

针对以上情况，为了尽量减少人员流动，提高企业的感召力和凝聚力，增强员工的集体主义精神和敬业爱岗意识，从而创造正式员工与外聘员工共建和谐的理想氛围，存在这些问题的单位应不断探索缩小正式员工与外聘员工之间的距离，共同构建企业和谐的有效途径，并在实际的经营管理中不断摸索，形成了一套有效激励、严格监督、竞争择优、充满活力的管理机制，应探讨研究并从以下几点开展工作。

一、建立以人为本的企业文化，是构建和谐的源动力

企业文化已经成为一个企业的成功之本，活力之源，发展之基，竞争之根。任何一个成功的企业都拥有其具有鲜明烙印的企业文化，它是企业的性格，也是和谐企业的一个重要组成部分。以人为本的企业文化精髓就是“没有满意的员工，就没有满意的顾客”，即尊重员工、理解员工、关心员工、依靠员工、发展员工和服务员工。这样的企业文化有利于员工的发展、成长，让每一位正式员工和外聘员工都愿意来维护他们共同建设的“家”。因为在一个健康向上的企业文化氛围中，无论外聘员工还是正式员工都会感到心旷神怡，在舒心的工作环境中提供优质高效的服务，同事之间以诚相待，工作效率得以加强。

“没有满意的员工，就没有满意的顾客”是企业的价值观，这种价值

观将散发出企业的魅力。它是一种凝聚人心、提升企业竞争力的无形力量和资产，是构建和谐企业、使企业步入良性发展轨道的源动力。

二、创造公平、公正的工作环境，是构建和谐的前提

1. 提供平等的机会与平台——体现起始的公平

打破正式员工与外聘员工的界限，建立企业内部管理、竞争、选拔、任用机制，不断优化人员的整体结构，使员工在企业中能获得更好的成长和发展机会，实现自身价值。

2. 贯彻公正与效率原则——体现过程的公平

建立一套科学严谨、公平合理的员工考核和价值评价体系，通过健全的机制，科学的制度，达到管理者与员工以及员工之间的和谐，充分体现出利益的均衡和人与人之间的相互信任、宽容、尊重和平等的人性化原则。

3. 重视分配的合理性——体现结果的公平

建立合理的薪酬和福利管理制度，坚持按劳分配和激励与约束相结合的原则，执行规范运作、便于管理的工资分配制度。使员工获得合理的回报和生活福利保障。

通过公平、公正的工作环境，创造出“事业留人、待遇留人、感情留人”的亲情化企业文化氛围，让员工与企业同步成长，让员工在企业有“成就感”“归属感”。

三、行之有效的激励机制，是构建和谐的基础

现代员工寻求组织的尊重，追求自我价值的实现。许多成功的企业领袖非常重视员工的价值开发。运用现代化的管理手段与激励理念，充分体现尊重人、关心人、信任人的理念，发挥员工的主观能动性，使外聘员工与正式员工都能主动参与到企业管理与服务中，创造性地完成工作。并通

过以下措施激励员工的奉献精神。

1. 充分授权，适当控制

尊重员工、信任员工，就要器重员工，要信任员工，充分授权意味着激励员工承担更多的责任，拥有更多自行决策的权力。只有善于发现人才，大胆授权，才能充分调动员工的积极性，发挥其创造精神，使员工在工作中找到定位，主动积极、创造性地完成任务。

2. 采用走动式管理方法，注重与员工的沟通

民主与开放式的管理是培养员工奉献精神的关键。走到员工中间，关心员工的发展，了解员工的思想、生活，并能及时从员工反馈中发现问题，从而改善管理与服务质量。坚持厂务公开的政策，鼓励员工提出建设性意见；设立总经理信箱，及时收集员工的心声；注重与员工的交流，开展合理化建议活动奖励优秀者等等。这些活动本身就是对员工的激励手段，能激发员工对企业的责任感，培养其组织忠诚度。

3. 关心员工生活，在活动中增强感情

紧张的工作之余，关心员工的精神文化生活，组织形式多样的文体活动，有助于培养团队精神，增强团队凝聚力和对企业的忠诚度。

四、完善的绩效考核系统，是构建和谐的保障

要想使员工的忠诚与绩效之间的联系看得见、摸得着，就必须有明确的、可测量的绩效目标，就必须让员工理解目标并定期进行考核，使员工能够明白他们的绩效是如何对整个企业的业绩产生影响的。企业应根据实际情况，制订明确可测量的考核指标，定期进行考核与检查，同时定期与不定期地进行各项检查评比，严肃考核，保证兑现。还要结合考核结果，评选出优秀员工奖、最佳服务奖、客户满意奖、最佳团队奖、突出贡献奖，创新奖、服务质量奖等，并注意把集体奖与个人奖结合起来，创造“比学赶帮超”的良好氛围。

五、建立科学的培训体系，是构建和谐的有效途径

当今社会，竞争无处不在。不断充实自己，全面提高自身素质已经成为当代员工的明智选择。企业应根据自身经营需要，成立培训督导委员会，按计划进行培训工作。采取“走出去、请进来”的方式，健全培训机制，建立培训网络，全面提高员工的素质和专业技能。做到有计划、有考核、有评比、有奖罚。不仅使员工在培训中学习企业的创业精神、业务知识、管理理念、价值观，还可以给员工创造学习机会，搭建成才舞台，培养员工的奉献精神与忠诚度。使员工在学习中不断成长，不断满足自我发展、自我实现的最高层次的需要，成为企业需要的人才，从而增强员工对企业的忠诚度和归属感，树立强烈的集体责任心和自豪感。

六、党政工团齐抓共管，构建和谐的内部环境

及时掌握员工思想动态，促进员工的主观愿望与客观实际相统一和谐。充分发挥党组织、工会、共青团组织的桥梁纽带作用，找准思想政治工作的切入点和落脚点，创造性地开展各项工作。把员工吸引到组织中来，增加员工的归属感，激发员工积极进取、无私奉献的主人翁责任感和荣誉感，使思想政治工作起到提高员工素质、提升企业品牌、促进企业生产经营快速发展的良好效果。工会组织充分发挥职工之家的作用，让员工感到组织的温暖，增加他们的亲切感。根据员工们的文化修养、个人爱好开展活动，寓教于乐。当员工遇到困难，大家都伸出热情之手予以关心和帮助，主动排忧解难，使员工真正体会到工会职工之家的温暖。利用节假日慰问员工家属，组织联欢、户外旅游活动，努力构建和谐职工小家，营造团结互助、和谐融恰的人文环境。

通过一系列行之有效的管理及措施，使员工满意度得以提升，工作效

率会显著提高。树立员工强烈的集体责任心和自豪感，增强企业的凝聚力和感召力，为共建和谐企业打下坚实的基础。但是，由于历史及体制等原因，一些国企单位人力资源管理和队伍建设仍然存在着诸如外聘人员流动性较大、同工不同酬等问题，基于这些情况，要立足于调动员工积极性、增强全员责任感、增强企业竞争力和感召力，根据现有员工状况和用工情况，从以下几个方面循序渐进，统筹兼顾，逐步加强人力资源的管理和人才的合理运用，从而达到外聘员工与正式员工更好地共同服务于企业改革、发展和稳定的大局，为企业的发展和壮大奉献力量的目的，共同构建和谐文明的企业。

1. 建立健全用人机制，为员工发展提供发展平台

健全、完善选人用人机制，改革现行用工制度，为做到人尽其才提供有力的政策支持和制度保障。打破正式员工与外聘员工的用人界限，同工同酬，把“尊重知识、尊重人才”落到实处。开展全员竞聘，能者上，庸者下，公平竞争，择优上岗。树立“不唯学历，不唯职称，不唯资历，不唯身份，以能力和业绩衡量人才”的人才观。

2. 成立课题小组及办事机构

由相关人员专门研究正式员工和外聘员工共建和谐的课题，建立和谐的企业工作机制，如领导工作机制、宣传教育机制、协调联动机制、监察考核机制等。

3. 增加改革基金

向上级申请一部分，企业自筹一部分，专门用于提拔管理人才和技术尖子，留住人才，树立形象，提高企业的竞争力。

4. 加强企业民主管理，增加员工的认同感。

企业的发展与成功离不开员工全方位的参与，企业的决策，经营方略要想得到全体员工的支持，离不开全体员工的参与，要提高员工的认同感，发挥他们的主人翁责任感，创造内部的和谐环境。

5. 创造公平竞争环境

建立以权力公平，制度公平、分配公平、机会公平为主要内容的

企业公平保障体系，逐步达到外聘员工与正式员工一起享有企业内部培训、竞争上岗等待遇，使他们主动参与企业改革，成为真正意义上的主人翁。从而构建劳动光荣、知识崇高、人才宝贵、创造伟大的企业新风尚。

在创新中得到永生

安徽淮海实业发展集团有限公司　陈国萍

一、概述

当今世界呈现出经济全球化，区域经济一体化的局面，全世界的脉搏通过经济的脉络紧密地联系在一起，真可谓牵一发而动全身！面对世界风云如此变幻的经济大环境下，我国的经济发展也进入了新常态，特别是我们国家能源消耗型的企业，面临着企业转型、速度换挡、结构调整、动力转换和节能减排等新情况。尤其是现行的煤炭、钢铁等大型企业面临的问题更为突出，很多企业已经陷入生死存亡的紧要关头。基于此，作为煤炭服务型企业，安徽淮海实业发展集团的拓业如何与时俱进？如何生存和发展？如何把握和立足于世界经济发展的新常态呢？我们必须要用敏锐和智慧的眼光，来审视安徽淮海实业发展集团中的有利因素和不利环节，通过创新之举措去推动淮海实业集团的新机遇！在优胜劣汰的市场残酷竞争大潮中，我们如何稳扎稳打，立于不败之地？在新常态的经济浪潮下，淮海实业集团如何脱胎换骨式地去创新？在创新中得到永生，是集团生存与发展的根本，是企业再创辉煌的灵魂！也是我们重大创举的严峻挑战，更是千载难逢的大好机遇！

习近平总书记曾经说过："实干兴邦，空谈误国！"我们的创新决不能只是纸上谈兵、空中楼阁，但我们必须要有实实在在的"神丹妙药"，时刻促使着我们企业在深化改革和管理创新的新形势下，不断倡导创新精神，激发创新意识、引导创新方向、鼓励创新行为、提升创新能力，让挑战与创新成为实干兴邦的主流方向！

至此，我们要有全新的理念：第一，创新；第二，创造；第三，改变。从理论上来说，创新不仅是人类特有的认识能力和实践能力，是人类主观能动性的高级表现，是推动民族进步和社会发展的不竭动力。一个民族要想走在时代前列，就一刻也不能没有创新思维，一刻也不能停止创新。对于淮海实业集团企业领域而言，创新同样举足轻重！

二、企业现状

（一）企业概况

安徽淮海实业发展集团有限公司（以下简称“淮海实业集团”）是2007年12月成立的省属国有大型企业集团。集团坐落在安徽省淮北市，现拥有星辰公司、机电装备公司、相山水泥公司、相王商贸旅游公司、钢绳公司、联创房地产公司、林星板业公司等12家子公司，注册资本6.1亿元，资产85.85亿元，年销售收入120亿元、利税3亿元以上。机械制造、建材建筑、房地产是集团的三大主导产业。

（二）公司经济状况

截至2015年12月31日，淮海实业集团总资产85.85亿元，全年实现销售收入120.52亿元，利润总额0.21亿元。具体指标如表1所示。

表1　2011年—2015年主要经济数据　　　　单位：万元

数据名称	2011年	2012年	2013年	2014年	2015年
主营业务收入	541379.25	940765.05	1069448.02	1280813.79	1145806.14
利润总额	44653.76	41041.23	15127.54	6429.84	2075.90
净利润	33482.87	29691.79	6771.83	1544.85	1588.80
成本总额	706077.47	1003071.71	1149915.94	1356655.50	1229626.78
人工成本	87041.20	86520.80	87801.81	92974.01	70969.27
资产总额	581038.65	765229.02	809259.68	826218.70	858502.50
国有资产总量	118897.22	143424.09	146651.65	147223.67	158181.59
总资产报酬率(%)	9.3	7.46	3.47	2.13	1.53
净资产	228931.55	266035.53	269966.40	272401.77	268586.29
净资产收益率含少数股东)（%）	16.28	12	2.53	0.57	0.59
资产负债率(%)	60.60	65.23	66.64	67.03	68.71
所有者权益	228931.55	266035.53	29966.40	272401.77	268586.29
职工人数	17174	16510	14737	13272	10281

（三）企业“十二五”期间存在的问题和不足

1. 企业定位还不够清晰

集团“十二五”规划确定了“一体两翼”的业务定位，明确了煤机制修、建材建筑、房地产三大主导产业，但资源的分散配置导致当前集团主导产业不突出的问题依然存在；在当前主导产业外部环境发生较大变化的情况下，集团未来的产业定位、业务格局需要进一步明确。

2. 体制机制还不够灵活

管理体制方面。集团组建前各成员单位一直在原有的国有体制下运作，虽然通过改制组建了淮海实业集团，但改制时采取“国有股+员工股”的方式，并未引入其他战略投资者，国有股依然掌握绝对控制权。集团与下属单位从产权来看是母子公司关系，实际并没有以股权为纽带、按照市场化的方式进行管理运作，这种类似于“总公司–分公司”式的管理体制加重了集团的管理负担，同时束缚了子公司的积极性。

运营机制方面。集团基本沿袭了传统国有企业机制，尚未建立与市场经济体制和现代企业制度相适应、能够充分调动员工积极性的运营机制。

人力资源机制方面，三项制度改革尚未全面推进，岗位体系、绩效体系、晋升体系还不够完善；市场营销机制方面，对市场的反应不够灵活，主动开拓市场的意识不足，对营销人员的积极性调动不足；研发机制方面，研发管理体系需要进一步完善，对研发人员的激励需要创新。

3. 竞争能力仍比较薄弱

“十二五”期间集团在规模上取得了快速增长，但在发展质量上没有与规模实现同步，集团整体核心竞争力仍显不足。从产品技术来看，集团低端低档产品较多，技术含量低、产品附加值低；从产品组合来看，集团还没能真正具备成套设备的生产能力及成套设备的运作能力；从服务来看，集团还只是简单的售后服务，集成服务、综合服务能力较弱，未能将服务打造成集团的核心竞争力；从市场来看，淮矿集团市场占比依然较大，外部生存空间较小；从管理上看，总体比较粗放，精益管理理念尚未树立，生产成本较高。同时，整体盈利能力弱。“十二五”期间集团规模逐年壮大，但整体盈利增长幅度远小于销售收入增长幅度，2010—2015年，集团营业总收入由51亿元增长到120.52亿元，而营业利润却显著下降，这虽然与近两年行业整体景气程度有关，但也体现出集团整体盈利能力较弱的事实。

4. 集团管控还需要提升

管控方式需要转变。集团组建之初，子公司基础比较薄弱，为了维护集团权威，并对子公司提供强有力的支持，淮海实业集团采取了战略操作型管控这一较为集权式的管控方式，在当时的历史时期内取得了较好的效果。然而随着集团的快速发展以及子公司的不断成熟，当前集团战略操作型管控方式与下属单位灵活的市场化运作机制之间存在较大矛盾，战略操作型管控需向战略型管控转变；指标设计不够科学。“十二五”期间集团对子公司考核过分追求销售收入等业绩指标，对发展质量等方面的指标关注不够，未来应加强对盈利能力、投资效益、资产运作效率、发展后劲等指标的考核；管控手段有待改进。集团当前的管控手段还比较传统，信息化管理尚未真正运用，预算管理刚性不足，导致集团管控效率较低，未来应注重通过先进的管控手段来提高管控效率。

三、如何实施创新发展的新举措

根据以上对淮海实业集团的现状、优势劣势、发展机遇及挑战分析，淮海集团必须立足自身资源状况，克服不足，抢抓机遇，进一步调整企业发展战略方向，找准主业定位，加大改革创新力度，加快产业结构调整步伐，提升我们淮海人的自主创新能力，是实施创新战略的突破口。切实增强自主创新能力，不断强化企业在技术创新体系中的主导地位，有利于增强我们企业的竞争力。新常态下，我们淮海实业集团务必要从以下几点，去实现我们创新的新格局。

（一）理念创新是灵魂

理念创新就是企业打破陈规陋习，克服老旧思想，为取得更好的经济效益，而树立的全新的管理思路。管理理念创新首先要改变传统的思维模式，摒弃“等、靠、惰”思想，打破“旧理念格局”，实现旗帜鲜明、思路敏捷和反应快速，充分调动全体员工的积极性、主动性和创造性。其次要适应市场经济发展的需要，努力做好内部挖潜力，外部推动力。积极开拓外部市场，树立自觉维护企业形象意识、建立严格的成本观念和全面质量管理理念，强化品牌战略意识和竞争意识，树立以人为本、超值服务的全新理念。

（二）产业发展策略创新

淮海实业集团目前从事的产业均为传统产业，产品多处于低端低档层次，面对当前及今后将长期存在的产能过剩、消费升级的局面，必须积极顺应国家结构调整和转型升级的趋势，按照安徽省提出的调结构、转方式、促升级的要求，通过创新商业模式、加强技术研发、开展新项目培育和积极对外合资合作方式，加快产业结构调整和转型升级步伐。

淮海实业集团将紧紧围绕实现一流的现代企业集团这一目标，做强做大装备制造、绿色建材建筑、现代服务业三大产业板块。以装备制造为基础产业，以绿色建材建筑为支持产业，以现代服务业为战略培育产业。“十三五”末期，装备制造产业要跻身国内煤机装备制造第一方阵；绿色建材建筑要具备一定区域影响力，并实现一家以上企业上市；现代服务业要成为安徽省知名的服务品牌。

1. 装备制造板块

在现有煤炭机械制造业务的基础上，按照《中国制造2025》、“两化”融合、“互联网+”的要求，延伸产业链条，打造核心产品，提升成套能力，实现产品智能化，并由中低端制造向高端制造、由煤炭机械向非煤机械、由设备制造向生产运营服务转型。

2. 绿色建材建筑板块

要积极通过与外部合作，开发国家产业政策支持、发展前景较好的新型材料。

3. 现代服务业板块

随着我国经济结构和产业结构的深入调整，现代服务业发展愈来愈受到市场的普遍重视，呈现出争相探索、百舸争流的局面。集团将发展现代服务业作为战略转型的重要方向之一，依托集团内部资源，以打造集团战略培育产业为主、以实现富余人员分流安置为辅，立足淮北市场、积极拓展外部市场，坚持新体制，实现上下联动、分工协作，努力做全国性的品牌服务商。

（三）强化运营管理创新

针对“十三五”前两年面临的较为严峻的经济形势，企业必须强化运营管理，保稳定、保生存、求发展。

1. 加强成本管理，努力降本增效

（1）强化全面预算管理，严格控制成本费用。全面推进预算管理工作，将生产经营各个环节纳入预算工作，切实做好预算的编制、执行、分析、评估和考核工作，严格控制无预算资金支出。按照各项费用的开支范围、标准和用途做好预算工作，严格履行申请、审核、审批、支付程序。严格控制非生产性支出，严缩办公费、会议费、招待费等管理费用，杜绝奢侈浪费，大力严缩和控制楼、堂、馆、所等非生产性工程建设预算。

（2）树立现代成本管理理念，针对企业不同的业务环节，综合运用多种成本控制方法。要加强战略决策环节成本控制，通过实施产业整合、业务整合和厂点整合，实现结构优化降成本；加强销售环节成本控制，降低销售费用，快速回笼资金；加强生产加工环节成本控制，实施精益生产，降低制造成本；加强采购成本管理，严格实行大宗物资集中采购制度、供应商管理制度和招投标管理制度；加强工艺设计成本控制，通过工艺改进技术升级、技术创新，实现源头降成本；加强人力资源环节成本控制，通过机构精简、定岗定编、绩效考核等，降低劳动用工成本。

（3）加强成本管理基础工作。要从定额、计量、成本信息收集、建章立制、培训教育等方面全面加强成本管理基础工作，为实施全员、全过程、全方位成本管理与控制打下扎实基础。要抓好成本核算与分析工作，明确成本控制重点和目标，科学制订成本管理方案。

2. 以6S为抓手，提高生产管理水平

继续在全集团深入开展6S管理活动，提高生产现场安全、成本和质量管理水平，逐步提高职工素质水平。以行业先进水平为标杆，开展对标活动，解决生产过程中不达标、不达产现象，通过抓指标带管理，拉近与行业先进水平的距离。

严格控制产品质量，做好产品质量的全过程控制，以优质的产品占领市场。充分学习德国制造业的“工匠精神”，精益求精，追求精品。

3. 继续加大“走出去”的力度，努力提质增效

摆脱生存困境，加快企业发展，根本途径在于增加收入。要通过进一步强化市场营销管理，坚决遏制“十二五”末期主导产业板块销售收入锐减势头，发扬亮剑精神，努力开辟外部市场收入空间，确保“十三五”末期各业务板块对单一客户的依赖度降到30%以内。

要全面加强市场营销管理。针对淮海实业集团实际认真谋划“十三五”

市场营销战略规划。切实做好市场营销的“三建一防”工作，建立营销管理体制、建立营销网络、建立营销队伍和防范市场营销风险。

要进一步理顺营销管理体制，实现上下联动；加大对营销人员的激励力度，充分调动各级营销人员的积极性，巩固传统市场，要大力开拓国内市场，积极探索国际市场，进一步减轻对大客户的依赖。

要按照消费升级、产业升级的要求，加强产品质量、服务和品牌管理，不断提升产品质量和服务水平。争取在“十三五“期间荣获安徽省名牌产品5个以上。

4. 加强经济运行监控

进一步健全集团公司与各子公司两级经济运行监控制度，形成信息共享、上下联动运作机制，及时了解和掌握经济运行动态，分析经济运行当中存在的非正常因素，超前制定方案，及时加以控制。对经济运行长期处于亏损状态的“僵尸”企业，果断予以出清。

5. 制度创新是保证

淮海实业集团制度创新是将企业的生产方式、经营模式、分配形式、管理理念等顶层设计的创新活动。制度创新就是把思维创新、技术创新和组织创新活动制度化、规范化，具有引导思维创新、技术创新和组织创新的作用。它是管理创新的最高层次，是实现管理创新的基础保障。制度创新的目的就是：建立一个“善打仗、能打仗和打胜仗”的高效的淮海实业集团队伍。在管理制度上，综合协调企业所有者、经营者、劳动者的权力和利益均衡关系，使企业具有更高的管理效率。管理创新的灵魂是观念创新！淮海实业集团的管理者必须紧跟时代步伐，抢抓机遇，大胆创新，不断创造和拥有更新的思想、更新的观念，不断增强集团核心技术优势，优化、调整企业内部资源配置，充分发掘企业内部潜力，增强竞争实力，促进企业的长远发展。

（四）技术创新是根本

要想获得更多的经济效益，取得更大的社会效益，赢得竞争上的话语权，就必须进行技术创新。企业的技术创新包括技术研发和技术改造，我们可根据自身的技术条件充分开展技术创新活动，通过技术创新取得核心技术优势。淮海实业集团虽建立了淮海技术研究院及相关专业研究院，但缺乏实质性运作，集团技术创新体系相对而言还不够成熟。对引进技术和设备进行消化、吸收和创新的力度不够；对关键核心技术的掌握和突破，还需更深、更细的研究；在信息时代，我们取胜的关键因素不一定是资金和资源优势，而是自身的技术优势。核心技术优势决定着我们在市场的认知度以及获得市场的广度和深度。技术创新已成为淮海实业集团赢得市场的根本途径和有力武器。因此，在技术领域上，必须进一步积极创造良好的工作条件，吸引国内外技术人才为企业服务，培育一批科技创新型人才，尤其是复合型人才、行业科技带头人。建立有效的激励机制和稳定的技术支撑体系，形成有知识产权的技术创新能力，有自己的核心技术项目，同时对该项目有较强地控制能力。对外部环境来讲，我们应该积极争取国家有关政策支持，充分利用技术优势大力开发外部市场，形成一个先进性、稳定型、多元化、互惠性、友好型的外部市场环境。

（五）深化内部改革创新，搞活内部经营机制

1. 创新产权结构

淮海实业集团改制成立之时，二级子公司采取了将员工身份置换金转换为股权的形式，在当时的情境下发挥了重要作用，但随着集团的不断发展，其弊端也逐步显现。一是全员相对平均持股，导致出现新的“大锅饭”，不利于企业的长远利益，不利于维护员工和股东的长远利益。二是股权过于分散导致对骨干人员缺乏吸引力，难以吸引和留住人才。三是股权过于分散使得管理难度加大。为了解决改制时遗留的这一问题，企业采取股权回购的方式，对于无一定发展前景、难以对外转让的企业，可按照现有节奏继续推行股权回购外，应重在通过深化产权改革，解决问题。对于具有引资可能的二级企业，优先实行股权回购，尽早解决改制遗留问题；同时，为优化股权结构，集团应在价格评估的基础上积极推动面向特定人（外部投资者、内部核心人员）群增发新股。在推行核心人员持股时应注意结合企业的资产规模、行业领域、未来发展空间等具体因素设置合理的股东人数。企业持股职工应为企业关键岗位员工，如经营管理层、管理/技术骨干、优秀员工代表等，持股人员应有一定的集中度，不宜过度分散，不搞全员持股、平均持股。最终，建立起以国有、管理层及员工、外部投资者为三方的股权制衡机制。国有资本为控股股东，管理层/员工与外部投资者为参股股东，形成有一定集中度、有相对控股股东、并有其他参股股东存在的股权结构，从而有利于公司治理机制作用发挥。

2. 深化组织结构调整

主要是抓好三级以下及非主业企业的清理整合工作。大力清理连续亏损、不符合结构调整方向的“僵尸企业”、非主业企业或无实质业务的“空壳企业”，进一步精干主业、压缩管理链条、消灭亏损。要通过股权转让、资产出售、重组整合、清算关闭等方式坚决消除三级以下企业，将集团管理层级由四级调整为三级。按照“有所为，有所不为”的发展原则，做好非主业清理退出工作，进一步优化集团产业结构，实现主业集焦。到“十三五”末期，基本退出三大主导产业之外的其他经营领域，各级子公司数量从目前的76家，控制在50家以内。

（六）优化人力资源配置

控制人员总量，优化人员结构。在人员总量控制上，通过整合人力资源，优化组织结构，实现企业人力资源科学化配置，减少用工数量，节约用工成本；对技术含量低、季节性、连续性不强的单位实行劳务外包或劳务派遣等方式，减少固定用工数量；同时，通过加强技术进步，提高岗位自动化程序，实行一人多岗、一专多能以及岗位承包管理等方式，进一步减少用工总量。在优化人员结构上，根据企业发展对人力资源的需要，每年引进相应的专业人才，补充企业的人才短缺。

1. 建立科学灵活的激励机制

激励机制对企业战略目标的达成具有重要作用，它将员工的需求、工作业绩和企业的目标有机地联系起来，发挥循环联动作用，最终推动企业战略的实施。要建立更完善的技术创新人才的激励机制，实施“实业留人、待遇留人、感情留人”的人才工程，对有突出贡献的人才给予荣誉、地位、待遇奖励，充分调动和发挥人才的积极性、主动性和创造性。改革科技人员的报酬分配制度，提高科技要素参与分配的比例，使科技人员的劳动收入与科技成果创造的经济效益相匹配。实行项目负责人制度，对能形成新的生产能力、达标达产、产生效益的项目给予重奖；对具备条件的科技型企业可依照国家政策实行股权、期权激励制度。

2. 积极引入竞聘上岗机制

淮海实业集团内部引入“竞聘上岗”机制，为员工提供公平的展示平台和机会，使岗得其才，才得其用，能岗匹配。现阶段以部分岗位（中层管理岗位、技术专业岗位）作为试点，开展竞聘上岗：集团制定岗位公开竞聘管理制度；明确竞聘实施流程；动员并引导员工树立竞聘上岗意识；定期开展空缺岗位的竞聘工作；可借助第三方参与，客观实施竞岗测评。未来，随着条件的成熟，逐步开展全员竞聘，包括：中高层管理人员、一般管理人员、基础员工竞聘、技术研发人员竞聘等。通过引进“竞聘上岗”机制，公开选拔人才，解决淮海集团“人员能上能下”的用人机制问题，有助于彻底打破“干与不干一个样”“干多干少一个样”等管理瓶颈，为员工提供公平的展示平台和机会，同时增加在岗员工的危机意识和竞争意识，实现“岗得其才，才得其用”。

3. 加强人才引进与培养

采取外部引进和内部培养相结合的办法，建立一支与战略要 求相适应的员工队伍，强势推进专业化队伍建设。要针对现有人员结构总量富余，关键性人才短缺，人员老龄化，骨干人才断层等问题，进一步拓宽所需人才的补充渠道。要通过面向社会公开招聘，加大对关键专业人才和管理人才的引进力度，对外部引进的特殊人才，要与市场接轨，实行特殊的薪酬分配政策。集团设立人才引进专项工作，对做出贡献的单位和个人进行奖励。

通过有效和高质量的培训，提高淮海实业集团整体人员的素质，促进人力资源的配置与开发。进一步健全完善培训体系。包括培训规划（培训发展过程和课程规划）、培训运营系统（培训需求分析、课程设计、计划制定、培训实施和报告、效果评估）、培训资源管理。分层分类培训，对不同层次、不同类别的员工进行有针对性地培训。实行内训和外训相结合，采用不同的方法加大培训力度。如采用内部“传帮带”式培养和外部“开小灶”式培训等提高现有员工的工作能力。建立跟踪评估、反馈措施。加强培训后的跟踪措施以确保培训取得实际效果。

三、结束语

在经济新常态下，淮海实业集团只有不断地创新发展，才能得到永生；才能够走的更高、更远、更稳，创造更多适应市场需求的新思路、新机制、新举措和新机遇。我们要永远走在时代潮流的最前沿，赢得激烈的市场竞争力，使我们淮海人永远都是新时期现代高效企业的“弄潮儿”，永不言败，勇往直前，再创辉煌！

现代企业人力资源管理的改革与创新

中油金鸿华北投资管理有限公司　何雷

现代企业的竞争，说到底是人才的竞争，企业能否在激烈的市场竞争中占有一席之地、赢得发展主动权的关键是企业的人力资源，谁能有效地管理和发展人力资源，谁就能掌握科技、掌握市场、掌握先进的生产力，就能获得更多的竞争优势，获得企业持续稳健安全快速发展。中油金鸿华北投资管理公司成立短短的6年来，始终坚持在人力资源管理体制机制上变革创新，把抓好人才队伍建设作为战略目标任务落实的重要保障，公司实现从无到有、从小到大，从默默无闻、无人理睬、受人揣测，逐步发展成为集天然气综合利用、输配供应、运行维护、运输销售、市场开发、投资服务为一体、引人关注的综合性新型能源公司。在河北、山西、陕西、内蒙古自治区等地区已设立21家子公司，服务半径2000多公里，拥有应县—张家口长输天然气管线283公里，拥有城市燃气管网1000多公里，服务客户50多万户，拥有年产24万吨的LNG液化工厂一座、日生产20万方的CNG加气母站一座、CNG加气站12座、LNG加注站10座。资产规模达60多亿元，投资总额达40多亿元，上缴利税达2亿多元。

一、改革和创新企业人才管理机制

人力资源管理最核心的概念是：寻找一个合适的机制，把人用好。我们经常说，一个好的机制可以将坏人变成好人，而一个不好的机制也可以将好人变成坏人。对于许多企业来说，面临的一个迫切任务就是建立一套行之有效的制度，来确保人才的发展，而不是将希望寄托在个别领导人或人事经理的主观判断和识别人才上。通过合理配置企业人力资源，真正实现“能者上、庸者下、平者让”的人力资源管理新局面。企业要建立干部能上能下、员工能进能出的灵活竞争机制，实行公开、公平、公正的用人自主权，竞争上岗，择优录取，按市场化的需要配备人员，使企业需要的人走进来，不需要的人淘汰出去，搞活企业，提高生产效率。

华北管理公司现有21家分（子）公司、1900多人，实施人才培养战略的关键是培养利用好内部现有人员。我们企业内部人才济济，但如何发挥其作用，首先要解决认识问题，你认识不认识能源企业，认识不认识金鸿能源，你相信金鸿能走多远。在我们企业，不是别人给你挖好河让你走，而是要你自己划这条船。企业是条皮划艇，那么人人都是水手，创业的这些年，是金鸿的起点，是“此岸”，但是我们没有“彼岸”，你也没有终点，所以必须更辉煌。最辉煌的时候，就是我们形成团队，建立一艘航母。为此，我们建立完善了人力资源管理系统，推行了网格化人力资源管理模式，按照公开、公平、平等、透明的原则，将人力资源管理按照经营管理、专业技术、操作技能划分成若干网格状的单元，把华北区各分（子）公司员工的年龄、学历、业务技能、专业职称、工作业绩等信息全部输入相应的网格内，建立起三支人才队伍网格单元体系。通过这一系统，对网格内员工发展进行动态跟踪、全方位管理和岗位安排，并适时组织相应的培训，使每位员工都能找准自身的发展定位，充分挖掘自身的优势潜能，提供持续的发展空间，打破了以往人力资源单一的晋升晋级渠道，实现了从纵横两个维度、多渠道开发华北区现有人力资源。对青年员工，我公司落实青年员工基层锻炼实施方案，实施岗位结对培养、多岗位锻炼等形式，努力把青年员工培养成企业发展需要的专业型、复合型人才，为公司提供了充足的人才储备。

在干部队伍建设上，严格以“强化战略执行”为重点，以“突出经营业绩”为根本，以“五个不用、六个不放过”为原则，形成制度管人的风气。在干部绩效考核上，所有大区高管、分（子）公司领导班子成员都要进行公开述职。根据考核结果，对贡献突出的单位班子、领导干部进行奖励，对优秀班子、优秀干部进行表彰，对每一个班子中考核排在末位的干部，根据具体情况减发绩效、降职和岗位调整。在干部使用上，严格执行组织推荐、民主测评、考试、考核、评价、公示、任用的工作流程，实实在在体现了党管干部的新举措。6年来，选拔任用了一大批作风过硬、能力扎实、得到群众广泛认可的管理人员。

二、改革和创新企业人才管理模式

首先，人力资源管理要柔性化。所谓柔性化，就是当今劳动者文化素质日益提高，领导者与被领导者的知识差距日益缩小，整个劳动力和人才市场上双向选择，劳资双方的关系从“契约关系”日渐演变为“盟约关系”。原来金字塔式的逐级刚性管理柔性化，是指以原来的命令方式管理越来越难以奏效，以权力维系权威越来越难。同时，信息的网络化使大家可以处于一个信息平台上，改变了过去一项信息逐级下达、上多下少的局面。在这种情况下，管理出现新的特征：内在重于外在，心理重于物理，身教重于言传，肯定重于否定，激励重于约束。其次，必须打破常规去发现、选拔和培养杰出人才。一方面要看到人才的层次性，不能将人才仅仅理解为高层管理人才和技术尖子，有时由于中层和基层缺乏人才也会严重阻碍事业的发展。杰出的创新人才，在任何时候都是人才竞争的焦点。所以，必须对人才有全面的理解。另一方面要全面评价人才，不能仅仅根据学历、学位，必须根据实践、依其能否胜任其岗位，是否有创新来判定，但对人才也不能求全责备。再次，人才工作的立足点、着眼点不是以静止的目光着眼于留住人才，而是要以动态的目光着眼于吸引、发现人才和发挥人才的作用。根据专家的研究，影响人才流动的各项因素中，晋升机会公平居第一位，占21.2%，领导重视为第二位，比占20.5%，居第三位的是人际关系和谐，占18.6%，物质待遇占14.4%，居第四位，工作对身体健康的影响居第五位，占11.7%；专业对口为第六位，占8.4%。这个调查数据虽不是绝对的，但可以从中看出，吸引人才不能简单靠一两项措施，而应作为一项系统工程，在整个企业造成尊重知识、尊重人才的环境和氛围。不单是领导者和人力资源部门成为伯乐，全体员工都要关心人才的发现与培养，争当伯乐。也就是说，尊重人才、关心人才成长，要成为企业文化的核心。

华北管理公司始终坚持人本理念，按照“用好现有的人，留住关键的人，启用优秀的人，培养未来的人”的指导思想，打造出一个让各类人才脱颖而出的机制。我们倡导各级领导把培养人作为一项重要的职责，如在任职期间培养不出接班人，就是一种失职。同时要有因人而异、用人所长的意识，不要静止地用老眼光看人，事物总是在变化的，人也是在变化的，要能依其所长，放到适当的位置上，让他去干事、让他去展示。我们要求每一个管理者都善做“伯乐”，去培养人才，发现人才，举荐人才，为我们的事业选拔出更多的“千里马”。我们不断加大考核、聘任工作双向互动的力度，倡导全体职工增强竞争意识，依照岗位受聘的条件和标准，结合自身的特长和能力，敢于自主择岗。应该说，每一位有理想、有抱负的职工都愿干一番事业，实现个人的价值，我们这样做就是为大家提供一个“圆梦”的舞台。如今，张家口各县域公司、冀东区域项目以及其他外部公司，虽然刚刚起步，条件比较艰苦，但是更能锻炼人的意志，而且发展前景广阔，是一个施展才华的“大舞台”，我们鼓励广大职工到新区域、新公司的广阔天地去一显身手，干出一番事业。

三、改革和创新企业人才激励机制

建立一个多维高效的激励机制是企业发展的必由之路。在激励过程中，要坚持物质激励和精神激励相结合的原则，一方面，要用工资、奖金、福利、改善工作条件等物质激励手段，通过物质手段来调动职工积极性；另一方面，要高度重视精神激励手段的作用，全面满足对于职工的尊重、发展、成就等方面的精神需求，使企业员工形成更为强大、持久的动力。

华北管理公司注重构建激励相容的收益分配机制，让员工、企业经营管理者将彼此视作影响自身利益的利益相关者，确保分配的蛋糕数量不是一成不变的，通过分配做大蛋糕，从而在分配中实现彼此利益的改善。我们依据集团公司4级18档的薪酬体系，将人员分类汇总后的信息与薪酬体系中的档级对照，做到人员层级、专业与薪酬档级相对应。同时，我们按照员工收入与经济增长同步，劳动报酬提高与工作效能提高结合的原则，进一步完善激励约束机制。一是对分（子）公司管理层实行绩效考核制；二是对做出贡献的人才实行重奖制。深化绩效管理，完善薪酬差异化制度，将每个分（子）公司、每个部门通过考核排出名次，要以考核结论定奖罚，做到能者上、庸者下、平者让，从而彻底解决干多干少一个样、干好干坏一个样、贡献大小一个样以及能上不能下、能进不能出的问题，要让人才受到重用，要使人才得到实惠。三是在各级中层管理人员中推行干部交流制度。合理流动，轮岗任职，是加强干部队伍建设的重要方法，是爱护干部、促进干部自身素质全面发展的有效举措。它能防止某些同志由于长期在一个岗位工作可能产生的惰性，能激励员工在新的岗位上焕发活力，还能适应公司发展培养一批复合性的实用人才，因此，我们有计划地、采用毛遂自荐、竞聘、选聘等方式，推进干部交流的工作进程，扩大干部交流的范围，特别是提倡向艰苦的岗位流动，向基层流动，进一步激励全体管理人员做到干一行、爱一行、专一行，尽职尽责，创造性开展工作。

四、改革和创新企业人才发展战略

首先，公司把人才培训工作放在重要的位置上，建立完备的教育培训体系，实现教育培训的制度化，以此来挖掘人才的潜能，发挥人才的优势。同时，我们按照人力资源网格化管理要求，建立起各层级的人才梯队“人才库”，详细纪录员工在本企业的发展状况，根据员工的发展状况，规划员工的职业生涯，为实现员工个人的职业生涯发展指明方向。大力开展学习型企业创建活动，着重培养员工终身学习、终身发展和不断创新的精神，将组织的发展与员工的职业生涯发展有机地结合起来，实现组织与个人的共同愿望，达到组织与个人的共同目的。

其次，加强人际合作与交往，发扬团队精神。我们在各级各部门持续开展了“传、帮、带”活动，通过结对互助帮扶的形式，不仅对广大年轻员工以及新入职员工从公司发展战略、企业文化、管理能力、专业知识、业务技能、实操经验等不同角度和方面进行培养，而且引导员工学习解决冲突的技能，人际协调的技能、谈判的技能和沟通的技能，促进了员工的合作与交流，提高团队之间、员工之间的正面影响和作用。这种正面影响和作用主要表现在：一是提高组织的整体效率，减少摩擦；二是增强组织的凝聚力以及和谐氛围；三是促进创新思想和创新行为的形成。为进一步规范各级领导干部包干包片联系基层工作，切实转变领导干部工作作风，推进工作落实，我们建立了“领导干部包干包片联系基层工作制度”，各级领导通过深入基层蹲点调研，了解基层员工的需要，倾听他们的苦恼，为他们排忧解难，同时也向他们传达公司的想法和企业的使命，让他们对企业产生一种使命感和责任感，进一步发挥其潜能，为企业的发展做出更大的贡献。

浅析国有中小型企业的变革与管理创新

安徽淮海实业发展集团盛顺达公司　汪铖明

随着美国资贷危机的爆发和欧洲债权危机的逐渐发酵，世界经济进入萧条阶段，中国也不能置身度外，经济下行压力成为新常态，国有中小型企业面临着更加严峻的挑战，而中小型企业是国家经济的重要组成部分，在市场经济中起着举足轻重的作用，一方面，许多大企业都是由中小企业发展而来的，另一方面，中小企业以其灵活的机制，广泛活跃在市场经济的浪潮中，在一定程度上引领着行业领域的技术创新和管理创新，是市场经济发展中的主要推动力。在经济全球化和信息化的大潮下，国有中小企业在新经济常态下，竞争会越来越激烈，很多企业面临着在市场竞争中被淘汰出局的命运，要么与时俱进选择变革，要么默守陈规可能死亡。如何让中小型企业健康持续发展，迫在眉睫。

一、宏观政策和中小企业目前状况

中国的改革在不断全面深入地推进，特别是中央推出的“去产能、去库存、去杠杆、调结构、补短板”政策，以及供给侧结构的调整，中小型企业经历着一场前所未有的深刻变革和阵痛。旧模式必须变革，旧体制必须创新，旧思维必须刷新，旧格局必须打破。但变革不是全盘否定，而是“摒弃糟粕，吸取精华，发扬先进”，因此，变革是因为旧的管理习惯不符合现代化企业管理的需求，因此，变革是一件非常痛苦的事，没有阻力的变革一定不是变革。尤其是涉及一些利益的习惯更改的时候，阻力非常大。要使变革取得胜利，降低风险，就要做到理念上高度统一，在决定要实行变革的时候，从总经理到参与改革的部门负责人，甚至是现场的关键岗位负责人，这些人的思想意识和决心是必须要统一的，这样才能取得变革的成功。

二、中小企业经营特点

（1）“小快灵”。与大型企业相比，中小企业的首要特征之一就是企业规模小、经营决策权高度集中。尤其是小企业。由于经营者对千变万化的市场反应灵敏，所有权与经营管理权合一，既可以节约所有者的监督成本，又有利于企业快速做出决策，其次，中小型企业员工人数较少。组织结构简单，个人在企业中的贡献会被识别，因而便于对员工进行有效地激励，可是，中小企业在经营和人员激励上与大企业相比较具有更大的弹性和灵活性。因而能对不断变化的市场迅速做出反应。

（2）“小而精”和“小而专”。中小型企业由于自身规模小，人、财、物等资源相对有限，因而往往将有限的人力、财力和物力投向那些被大企业所忽略的细小市场，专注于某一细小产品的经营，不断改进产品质量，提高生产效率以求在市场竞争中站稳脚跟，进而获得更大的发展。走“以专补缺，以小补大，专精致胜”的成长之路。是众多中小企业在激烈竞争中获得生存发展的最有效途径之一。此外，中小企业通过专业化生产同大型企业建立起密切的协作关系，不仅在客观上有力地支持和促进了大企业的发展，同时也为自身的生存与发展提供了可靠的基础。

（3）小批量，多样化。面对当今的时代人们越来越突出个性的消费需求，消费品生产已从大批量、单一化转向小批量、多样化。虽然中小企业作为个体普遍存在经营品种单一、生产能力较低的缺点，但从整体上看，由于量大、点多，且行业和地域分布面广，它们又具有贴近市场、靠近顾客和机制灵活、反应快捷的经营优势，有利于适应千变万化的消费需求，尤其是在零售商业领域，消费者日常零星的、多种多样的消费需求都可以通过中小企业灵活的服务方式得到满足。

（4）以开发新型小产品为起点。中小企业是成长最快的科技创新力量，现代科技在工业技术方面、装备和产品发展方向上有着两方面的影响，一方面是向着大型化、集中化的方向发展，另一方面又向着小型化、分散化方向发展。产品的小型化、分散化生产，为中小企业的发展提供了有利的条件，尤其在新技术革命条件下，许多中小企业的创始人往往是大型企业的研究所的科技人员或者大学教授，他们经常集管理者、所有者和发明者于一身，对新的技术发明创造可以立即付诸实践。

三、中小企业经营模式

随着中小企业集群的建立，中小企业以柔性、互联网+、合作共享和快速建立相应原则进行制度创新，以适应市场需求的不断变化。有以下四种经营模式可供选择。

（1）分工协作经营模式。即把“为大企业配套”作为企业发展走向市场的途径。成功的中小企业非常注意避免直接与大企业竞争，而是尽可能与大企业合作，做大企业发展中必不可少的伙伴。中小企业在“为大企业配套”时要在成本领先的基础上寻求差异化，要主动研发不同类型的产品，为多个大公司配套，以分散自己的经营风险。

（2）特许权经营模式。这是连锁经营的一种主要形式，这种经营模式有助于中小型企业在不需要大量资金的基础上快捷地拓展业务，同时，特许经营机构还会为中小企业提供必要的培训，弥补中小企业在管理上的先天缺陷，并获得经营上的支持。特许经营对于中小企业而言，固然是一种不错的经营模式，然而中小企业家选择该种模式时应考虑以下因素：其一，特许经营的成本。其二，经营规模的限制。其三，独立性的丧失，授权企业在获得支持和辅导时，往往会丧失企业的部分独立经营和控制权。

（3）专一经营模式。专一经营模式是指通过对市场的细分，企业集中力量于某个特定的目标市场，或严格针对一个细分市场，或重点经营一个产品和一项服务，创造出产品和服务优势。若选择一个特殊的专一市场，则企业的战略更突出地表现为企业家对顾客和竞争对手的决策。与大企业相比，中小企业在满足消费者多层次需求的方面最具竞争力，该模式的弊端在于差别优势容易消失，或者由于经营模式被模仿、或市场结构变化，使得差别市场不复存在，正是由于专一经营模式不能保持持续的竞争优势，所以中小企业生存发展的目标并不在于保持长久的竞争力，而在于创造出一系列的短期竞争优势。采用该模式的中小企业必须不断增强竞争实力，在现有竞争优势失去之前，将公司的战略竞争优势转移到新的领域或产品上。

（4）互联网+经营模式。20世纪90年代以来，知识和信息通过对传统生产要素即资本市场、劳动力和土地等自然资源的整合和改造，为企业的发展创造了一种新的经营模式互联网+经营模式，在互联网+经营模式中，企业只掌握核心功能，即把企业知识和技术依赖性强的高增值部分掌握在自己手里，而把其他低增值部分“互联网+”化，通过借助外力进行整合，其目的就是在竞争中最大效率地利用企业资源，互联网+企业采用信息技术，使企业的的交易成本大大减少。这种模式突破了传统经营模式，但也有一旦出现一些缺陷或要改善系统方式时，就必须对整个经营模式进行重建的弊端。

四 、就目前现实情况，浅析中小企业如何适应当前市场需求和自身生存发展

（1）从体制方面。要打破统一固定模式，引入股份制，混合制、民营制的竞争格局，让平静的水面激起汹涌的波涛，形成了“百舸争流，百花齐放”的局面，实现企业所有权和经营权的分离，鼓励企业员工参与入股，真正做到共同打拼奋斗，共同分享成果，共同担当风险，从而实现你好、我好、大家好的共赢局面。使企业组织结构更加扁平高效，使员工的积极性、创造性得到最大限度地释放，从而使企业的生产方式、经营方

式，分配方法、思维观念等都发生深刻变化和创新，使企业充满活力和朝气。建立明确的责权责任体系，从组织形式到内容、从结构到制度全面创新与变革。

（2）从机制方面。由于引入了股份制、混合制、民营制，企业的组织结构建立的更加科学、合理、高效，更能符合市场的需求。业务流程更加明晰、优化，责任意识更加明确，员工的主人翁意识和危机意识更加强烈，管理者能上能下，员工能进能出。真正把“今天工作不努力，明天努力找工作”落到实处，企业不养闲人，团队不养懒人。人人有岗位，人人有责任，人人有危机，从而激发人的更大潜能和工作热情。机制创新是把观念创新、技术创新、和组织创新等创新活动制度化、规范化。是实现管理创新的前提和保证。

（3）从管理方面。摒弃不合时宜的、旧的规章制度和劳动纪律，与时俱进，创新管理模式。要从人、机、物、料、环等方面入手，全面创新管理。要以人为本，制定符合人性的激励机制，为那些能管理、善于管理者搭建管理平台，那些愿意多奉献的、兢兢业业工作的给他们应该得到的报酬，打破干好干坏一个样，干多干少一个样的局面，完善计件工资制，建立科学的激励机制，做到人尽其才，物尽其用。完善岗位管理体系、绩效考核体系、薪酬体系以及员工升迁考核体系。

（4）从技术方面。在一个企业里，要形成尊重知识、尊重人才的氛围，鼓励技术人员从事技术发明，并将技术成果转化为生产率。鼓励技术操作人员进行技术改革、工艺创新，创建学习型员工、学习型企业，不断提高每位员工的操作技能和操作水平，不断提高产品科技含量和企业整体科技水平，让科技成为企业最有活力的要素，为企业持续发展、健康发展，注入永久动力。

（5）从文化方面。将“厂衰我耻、厂兴我荣”的理念根植于每位员工。通过企业内刊，建立让全体员工无缝对接、全方位平等交流的平台，杜绝内耗，建立自律高效的精英管理团队，让每位员工自觉做到如下几点。

静一点：做事要静下心来，多思考，认真谋划每一项工作。

净一点：员工在工作场所，如车间、办公室等，保持干净，今日事，今日毕。

尽一点：员工要尽职尽责，努力工作，力争最好。

敬一点：员工要相互尊重，人人平等，爱岗敬业。

禁一点：教育员工禁止发生与厂规厂纪不符的行为。

进一点：员工要成为学习型的员工，提高技能，敢于创新，不断进步。

近一点：员工之间的心要贴近些，建设有团结战斗力的队伍，与市场客户要求贴近一点。

紧一点：员工要有“一万年太久，只争朝夕”的紧迫感，把各项工作有条不紊地扎实做好。

精一点：员工要有强大的精神支柱和顽强必胜的信念，支撑每个人的灵魂，不畏一切困难险阻，保持高度的昂扬斗志。

一个人要想不断进步，必须经常在自身上找原因，找缺点，这种感觉是难受的，但很实用，是阵痛后的脱胎换骨。在别人身上找原因，感觉很舒服，但对你没有用，不能让你有半点进步，而且别人也不会因为你而改变。所以，我们要逆水行舟，当别的企业都在安于现状，做着自己重复的事务时，变革的企业要有危机意识，要有狼来了的预案，要审时度势。当所有企业都奔着钱去做的时候，变革企业要奔着“事”去做，这样钱也得到了，“事”也做到了。

任何一个企业，要找准自身在市场中的定位，了解企业在哪方面、哪个区域，有哪些优势。要扬长避短，准确判断和推测企业外部、内部的环境因素，把握好内外部因素发展趋势。对专业性和行业经验要求比较高，并且不确定性比较大的因素，最好请有经验的专家来进行分析和推断，增加预测的准确性，减少误判。要清楚明白自身优势和劣势，如国有企业，有品牌优势，有较大工业模式，有齐全的产品线，有成熟的管理团队，有稳定的职工队伍。民营企业、混合制、股份制企业，有灵敏的市场信息，有“春江水暖鸭先知”的过人知觉，有灵活的机制和管理模式，有瞬息万变的适应市场经营方法。

中小型企业只有在充分发扬自身优势的同时，吸收股份制、混合制、民营制企业的优势，形成优势互补，释放两者结合的潜能，要有抓铁有痕、踏石有印的毅志。在中小企业管理变革中，正确处理好企业的发展与后劲的问题，才能解决中小企业“切肤之痛”，才能体现到位的执行力，完成企业真正意义上的变革，才能保证中小型企业健康、持续快速的发展。

经济新常态下对鸭河口电厂发展的思考

南阳鸭河口发电有限责任公司、南阳天益发电有限责任公司　余德忠

在经济发展新常态下，随着电力体制改革的不断深入，电力供需、节能减排、体制改革等方面都发生着深刻的变化，电力企业正面临着前所未有的变革，经济下行带来的电力需求持续下降，产能过剩带来的电力供给总体宽松、局部过剩，节能减排力度空前加大，电力市场化竞争日趋激烈，当前形势下，电力企业急需加快转型发展，电厂的工作重心要从规模扩张向“系统优化”“提质增效”“绿色节能”“体制创新”不断转变，重新定位发展方向、调整战略规划、改革管理模式，以适应新的电力发展趋势的要求。

一、鸭河口电厂简介

南阳鸭河口电厂位于河南省南阳市鸭河口，总装机容量1900MW，一期2×350MW燃煤发电机组工程是国家“九五”期间的重点建设项目，利用西班牙政府混合贷款，并由西班牙提供主要设备，总投资51.92亿元，由河南豫能控股股份有限公司、国电投集团河南电力有限公司、南阳市永升投资有限公司分别按照55%：30%：15%的比例出资建设；项目于1994年12月15日正式开工，两台机组分别于1998年11月、1999年6月投产发电。二期2×600MW燃煤发电机组工程是河南省“十一五”重点建设项目，总投资36.09亿元，由河南豫能控股股份有限公司出资建设；项目于2006年3月26日

正式开工，两台机组分别于2007年12月、2008年4月投产发电，二期工程被评为“河南省最具影响力精品工程”，并荣获“国家优质工程奖”。

二、经济新常态下，发电企业面临的宏观形势分析

（一）电力供需形势分析

经济新常态下，我国经济发展正面临着增长速度换挡、发展方式转变、经济结构调整、增长动力转换的新形势，经济速度转向中高速，经济发展方式转向质量效率型集约增长，经济结构转向调整存量、做优增量并存的深度调整，经济发展动力由要素驱动、投资驱动转向创新驱动，经济新常态将给电力行业发展带来深远影响。

1. 社会用电量增速放缓

“十二五”五年间的全社会用电增速分别为11.7%、5.6%、7.6%、3.8%和0.5%，年平均增速为5.8%，与“十一五”期间年均11%的增速相比放缓了近五成，如表1所示。

表1 “十二五”期间社会用电量增长速度

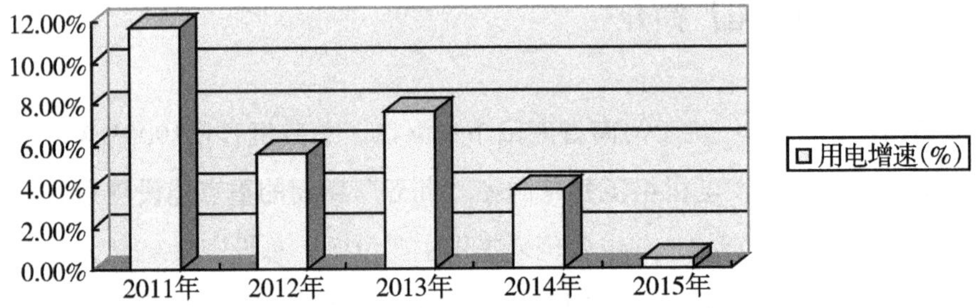

2. 火电装机快速增长

“十二五”期间整体新增发电装机5.4亿千瓦，其中火电新增装机为2.8亿千瓦。2015年的火电投资额度为1396亿元，是“十二五”期间投资额最大的一年，同时新增装机量达到6400万千瓦，也是新增装机量最多的一

年。

社会用电量增速持续放缓和火电装机容量的快速增长使得火电产能过剩，火电机组的平均利用小时数被不断拉低。截至2015年年底，河南省发电装机容量达到6228.2万千瓦，其中火电装机容量达到5610万千瓦，火电机组平均利用小时为4231小时，创近十年新低，如表2所示。

表2　全国6000千瓦及以上发电设备利用小时

年　份	2011	2012	2013	2014	2015
发电设备利用小时（火电　）	5305	4982	5021	4739	3969

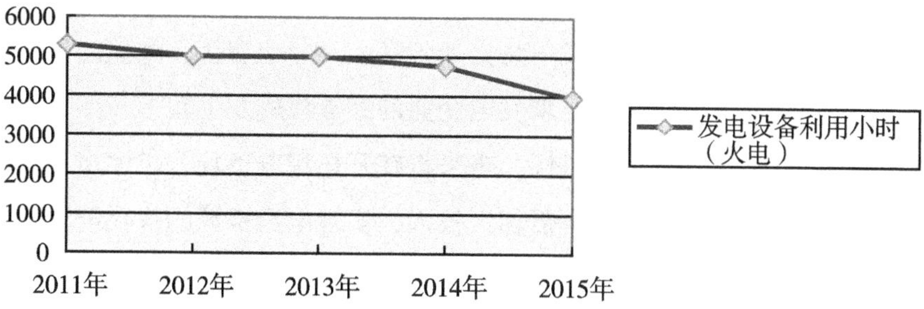

（二）电力体制改革形势分析

新一轮电力体制改革的重点是在进一步完善政企分开、厂网分开、主辅分开的基础上，按照“管住中间、放开两头”的体制构架，有序放开输配以外的竞争性环节电价，有序向社会资本放开配售电业务，有序放开公益性和调节性以外的发用电计划；进一步强化电力统筹规划，进一步强化电力安全高效运行和可靠供应。

1. 发电侧、售电侧有序放开

有序放开发用电计划，建立优先发电制度，保障清洁能源发电、调节性电源发电优先上网，通过有序缩减发用电计划、开展发电企业与用户直接交易，逐步扩大市场化电量比例；售电侧改革使得发电企业和其他社会资本均可投资成立售电公司，形成多买家多卖家电力市场的竞争态势。

2. 电价改革

输配电价改革，电力直接交易将按照核定的输配电价执行，逐步改变电网购销差价的电价交易方式，使发电价格和售电价格将逐步走向市场化，电价将最终反映资源稀缺程度和市场供求关系。

2015年9月，国务院下发《关于推进价格机制改革的若干意见》，这是国家在推行供给侧改革的形势下，通过降低电价来降低工业成本，调结构，指出在放开竞争性环节电价之前，完善煤电价格联动机制和标杆电价体系，使电力价格更好地反映市场需求和成本变化。2013年以来，四次下调全国平均燃煤发电上网电价：1.4分/千瓦时、0.93 分/千瓦时、2分/千瓦时、3分/千瓦时。

新电改使得电力市场的竞争将更加公平、充分、直接，激烈的发电、售电、电价竞争压力，无疑要求发电企业的经营模式发生较大转变，发电企业将不只是满足既定生产目标，未来将在开拓售电市场、扩大市场占有率、提高机组经济性等方面更需加大投入，实现电力资源的优化配置，提高市场竞争力，如图1所示。

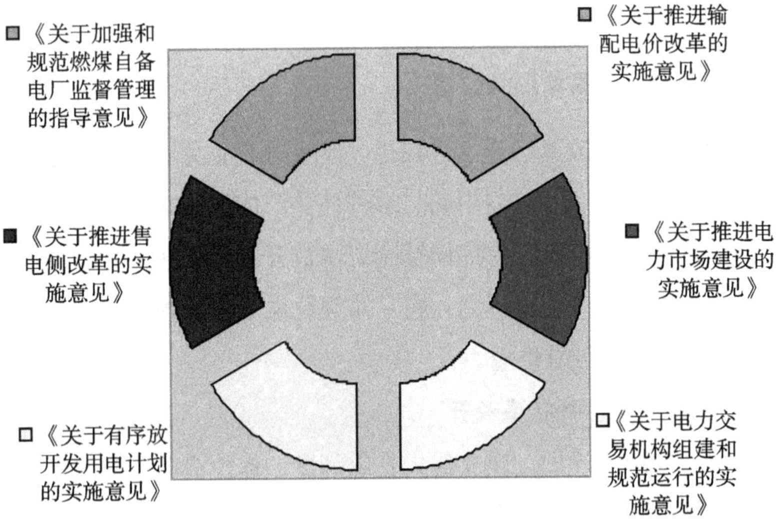

图1 电力体制改革相关文件

（三）节能减排形势分析

2015年12月2日，国家决定全面实施燃煤电厂超低排放和节能改造，大幅降低污染排放和发电煤耗，2020年前，燃煤机组全面实施超低排放和节能改造，现役电厂每千瓦时平均煤耗低于310克、新建电厂平均煤耗低于300克，对落后产能和不符合相关强制性标准要求的电厂坚决淘汰关停，东、中部地区要提前至2017年和2018年达标。

2015年12月16日，国家发改委、环保部、国家能源局联合下发“关于印发《全面实施燃煤电厂超低排放和节能改造工作方案》的通知”。《通知》要求，燃煤电厂在基准含氧量6%的条件下，烟尘、二氧化硫、氮氧化物排放浓度分别不高于10mg/Nm^3、35mg/Nm^3、50mg/Nm^3。根据河南省节能减排行动目标要求，燃煤电厂烟尘排放浓度不大于5mg/Nm^3，二氧化硫排放浓度不大于35mg/Nm^3，氮氧化物排放浓度不大于50mg/Nm^3。

本轮要求的燃煤电厂节能改造和超低排放改造排放标准被称为史上最严格的标准，所要求的目标几乎是技术、设备及管理上的极限，且受节能与减排的相互约束，燃煤电厂将面临巨大挑战。目前，火电机组年利用小时持续下降，处于频繁调峰状态，机组负荷率普遍降低，大容量高参数机组性能发挥受限，以低成本降低能耗的空间有限，节能投资回报降低，能耗下降难度越来越大；随着环保排放标准的不断提高，燃煤电厂需要持续进行环保设施改造。

（四）新能源发展形势分析

随着我国经济的不断发展，资源和环境问题也日益突出，大力发展新能源发电成为国家能源利用的发展方向。国家对新能源发电实行一系列补贴政策，支持了风电、光伏发电、生物质发电等新能源产业的迅猛发展。

1. 上网电价补贴

国务院《关于促进光伏产业健康发展的若干意见》，分布式光伏发电项目按电量给予补贴，陆上风电、光伏发电项目自投运起执行标杆上网电价或电价补贴标准，原则上期限为20年。河南省光伏发电项目2016年6

月底前并网发电的上网标杆电价为1元/千瓦时，风力发电上网标杆电价为0.61元/千瓦时，而燃煤发电上网标杆电价为0.3551元/千瓦时。

2. 新能源配比要求

2016年2月29日，国家能源局发布《关于建立可再生能源开发利用目标引导制度的指导意见》，该意见针对发电企业提出“2020年各发电企业非水电可再生能源发电量应达到全部发电量的9%以上”，针对地方政府提出“2020年各地全社会用电量中的非水电可再生能源电量比重平均达到9%”，各个发电企业加快抢占新能源市场的步伐。

三、鸭河口电厂现状分析

（一）面临的困难

1. 发电量和发电设备利用小时数逐年下降

“十二五”期间，电力市场供需矛盾的不断扩大，火力发电企业设备利用小时数呈现出单边下滑趋势。西电东送工程实施后，河南的发电市场受到进一步挤压，省内各发电企业均受到市场传导的压力。近几年，南阳地区的电网结构发生较大变化，长南荆1000KV特高压线路建成投运，白河、群英、奚贤三座500KV变电站相继建成投运，南阳500KV变电容量达到500万KV，供电能力提高约130万千瓦，电网分布结构得到改善，使得1000KV特高压电力在南阳境内能送、能落。

全省发电容量的快速增长、输配电格局的变化以及市场结构性矛盾，使得鸭河口电厂在河南省全社会用电量呈现出稳中有升的正增长的情况下，近五年的发电量却呈现连年下降的背离态势。往年的迎峰度夏期间，鸭河口电厂四台机组接近满负荷运转，而当前在一二期单机运行的情况下还要深度调峰，所占发电市场份额急剧萎缩。2015年，因受供电区域用电情况的限制，四台机组的利用小时均落后于全省平均水平，发电量的大幅下降对企业的经济效益产生巨大影响，如图2、图3、图4所示。

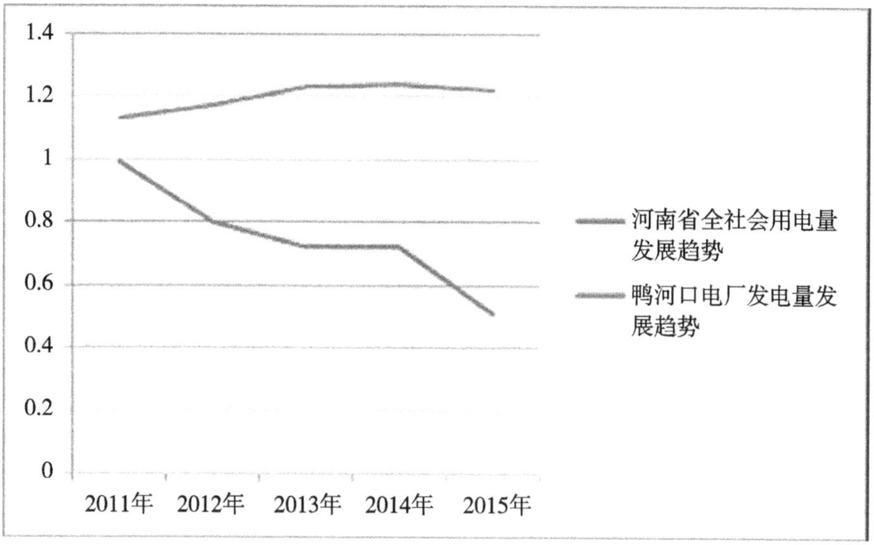

图2 “十二五”期间河南省全社会用电量发展趋势与鸭河口电厂发电量趋势对比图

注：1、数值系各年电量与2010年电量的比值，仅反映发展趋势。

2、河南省全社会用电量引用河南能源监管办公室各年电力供需情况通报。

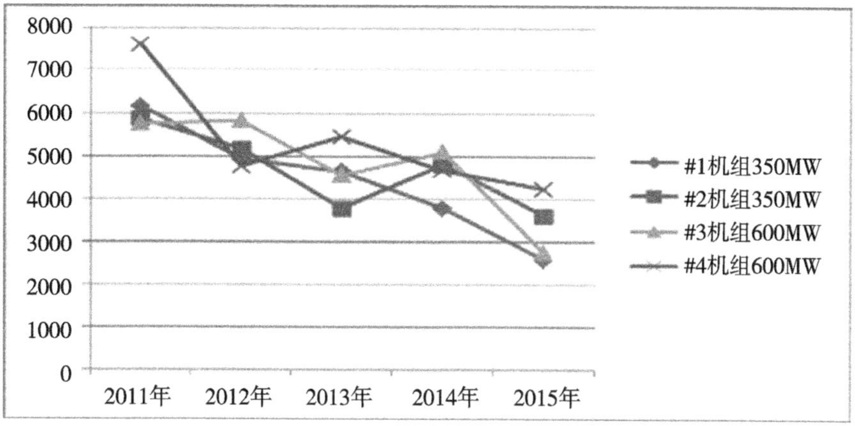

图3 “十二五”期间鸭河口电厂#1-4机组年利用小时数曲线图

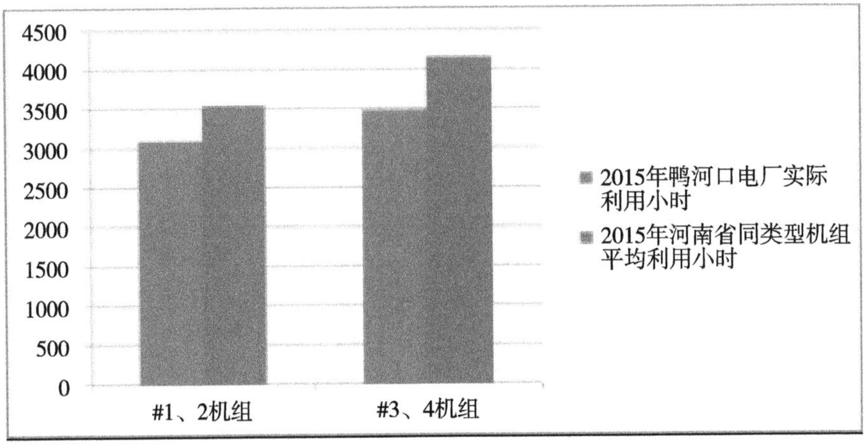

图4　2015年鸭河口电厂利用小时数与全省平均水平的对比

2. 环保投入大，运行成本高

鸭河口电厂一期两台机组，锅炉是采用法国STEIN公司技术，西班牙B&W公司生产的亚临界，一次中间再热、控制循环汽包燃煤锅炉，采用Π型布置和“W”型火焰燃烧技术。

为了满足日益严格的国家环保政策要求，机组进行了超低排放改造。由于“W”型火焰燃烧生成氮氧化物要高于其他炉型3倍以上，不但改造投资大，改造技术复杂，改造后运行成本较高，而且还要承担一定的技术风险。技术改造主要包括以下几个方面：

（1）低氮燃烧器改造。采用了东锅的低氮燃烧器，将原有36套烧器优化为18套，并优化36根一次风煤粉管道为18根，单根粉管直径扩大，降低管内介质的阻力；同时将燃烧系统的空气进行分级设计，重新布置燃尽风的喷口位置和形式，将拱下二次风及三次风喷口位置和形式进行优化调整。

（2）采用SNCR技术。电厂采用的SNCR烟气脱硝技术是用尿素等还原剂喷入炉内与NOx进行选择性反应，不用催化剂。还原剂喷入炉膛温度为在927℃~1093 ℃的区域，该还原剂（尿素）迅速热分解成NH_3并与烟气中的NOx进行SNCR反应生成N_2，该方法以炉膛为反应器。但是SNCR脱硝效率的最佳值仅为30%。

（3）对现有SCR提效改造。在原有两层催化剂的基础上增加一层催化剂。

在实际运行中，为了降低NOx生成量，不得不控制氧量，牺牲部分锅炉效率，加上尿素投入量的增加，机组超低排放改造后，必将面临较高的改造成本和运行成本，使得机组核心竞争力下降。

3. 机组能耗水平偏高，不利于市场竞争

鸭河口电厂一期两台机组为35万千瓦亚临界机组，是在特殊的历史条件下，利用西班牙政府混合贷款，并提供主要设备，由于当时的设计和制造年限较早，国外公司的设计理念也是带基本负荷，与后期同容量的国产机组相比，能耗明显偏高，特别是在低负荷情况下煤耗更高（在50%负荷情况下设计煤耗高达349.6克/千瓦时），2015年机组平均负荷率不足60%，深度调峰、机组备用成为常态，长期低负荷运行，造成机组经济性差，运行成本较高。

目前两台机组运行近18年，系统设备老化，能耗水平持续下降，如不通过诸如“汽轮机通流部分改造”等重大节能技术改造，将无法有效降低机组能耗，更无法在激烈的市场竞争中生存。

4. 电价红利的消失，将进一步影响公司的经营效益

随着供给侧改革的推进，2015年至2016年，河南省分别下调燃煤机组上网电价为1.94分/千瓦时、4.46分/千瓦时，给电厂经营效益带来了较大影响。尤其是在2016年6月1日，电厂#1、#2机组高于河南省标杆电价8.3分/千瓦时的政策性电价又被取消，每年又将减少收入约1.5亿元， #1、#2机组由此陷入亏损局面。

5. 受政策因素和地理位置等影响，燃煤成本偏高

2015年河南省火力发电厂平均入厂煤标煤单价486.55元/吨，鸭河口电厂一期、二期入厂煤标煤单价均高于河南省平均值，如图5所示。

单位：元/吨

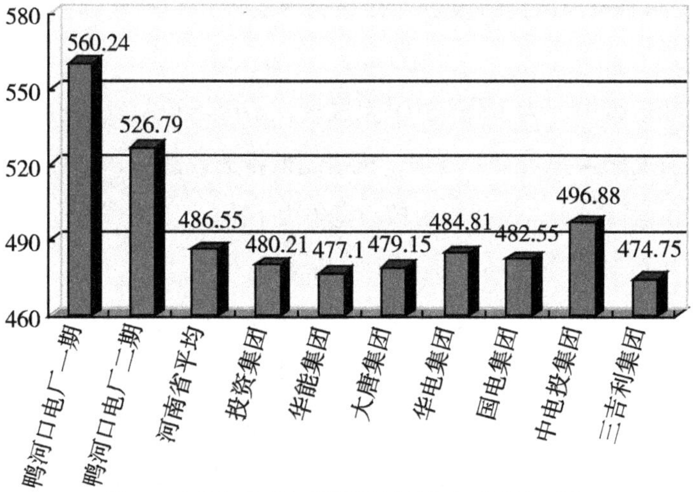

图5 2015年公司入厂煤标煤单价与同行业对比

造成入厂煤成本高的主要原因是省内煤电互保量过大。2015年鸭河口电厂采购燃煤中保供煤占比85.01%，保供煤价高；厂区距离煤源地较远，燃煤运费高于省内统调电厂平均运费水平约50元/吨；一期的机组设计参数要求较高，设计煤种为贫瘦煤，设计低位发热量要求5234大卡/千克；燃煤掺烧条件有限，燃煤掺烧工作有待进一步探索和提高，经济煤种掺配比例偏低，这些因素都不同程度地增加了燃煤成本。

6. 人力资源现状分析

随着电力体制市场化改革的深入推进，公司在战略发展、组织机构和职能定位上还需要进行优化调整；生产和管理人员结构还需进一步优化；运行岗位人员年龄偏大，且流动性不足，存在断层风险；受到机组容量、机构编制的影响和制约，员工职业发展存在瓶颈，晋升通道受到一定的限制；员工长期从事同样的工作，也容易产生倦怠心理，存在创新不足、活力不足的现象。

7. 企业文化现状分析

作为国有发电企业的员工，收入较为稳定，有较强的优越感，有些员工忧患意识和责任意识不强，部分员工对电力体制改革、市场化改革的认识还不够，认真思考和破解生产经营、管理发展的思路还不开阔，做事创业、勇于担当的激情和活力不足，企业文化建设有待进一步跟进公司发展的新形势、新任务，与时俱进，适应经济新常态下公司发展的需求。

（二）自身的优势

鸭河口电厂处于电源支撑点，且与富水少煤的湖北电网搭界，承担着一定的水火调剂任务；未来借助集团公司煤炭交易电商平台和蒙华铁路的开通，可实现煤炭资源的优化配置；利用区域优势已建设新能源光伏和风力发电项目；鸭河口电厂是河南省内第一家发电企业按照公司化运营的电厂，具有较为浓厚的管理积淀，从1998年一期建成投产后，历经达标投产、创一流、三标一体化认证、安全生产标准化、规范化管理等过程，积累了宝贵的管理经验；具有浓厚的人才积淀，有一支综合素质和业务能力强，能与公司同呼吸、共命运的干部员工队伍；具有浓厚的企业文化积淀，核心价值引领精神，文明创建成绩斐然，赢得了“全国文明单位”“全国五一劳动奖”等荣誉称号。

近几年，鸭河口电厂按照集团公司打造“百年老店”总目标，以狠抓资产质量和经营效益为核心，加强设备治理，强化电量营销，精细燃煤管理，深入内部挖潜，深化机制创新，积极推进新能源项目建设，加强党的建设，生产经营稳中有升，资产质量显著提升，盈利能力不断增强，管理机制日趋完善，先后荣获2014年度“亚洲电力奖”、河南省企业环境信用5A级企业，#3机组连续三年荣获全国火电600MW级机组竞赛三等奖，连续三年荣获集团公司“质量效益奖”。

四、当前形势下鸭河口电厂发展的对策

通过对面临形势和发展现状的分析，鸭河口电厂正处在电力行业改革与发展的大变革环境下，机遇和挑战并存，困难和希望同在，急需加快转型发展，工作重心要从规模扩张向“系统优化”“提质增效”“绿色节

能”“体制创新”不断转变，重新定位发展方向、调整战略规划、改革管理模式，以适应新的电力发展趋势的要求。

鸭河口电厂改革发展路径：以市场化为主体，调结构，从单一的火力发电企业向“以发电为主、供热为辅”“以火力发电为主、以新能源发电为辅”的企业转型。以技术创新为核心，提质量，实现指标最优、绿色清洁能源的目标；以降本增效为中心，增效益，实现成本最低、效益最大化的目标；以机制创新为动力，促活力，实现素质最强、提升全员价值的目标；以企业文化为引领，聚人心，实现理念最新、文化治企的目标。

（一）转变电力营销模式，积极抢占电力市场

加快电量营销模式转型，建立以市场为导向、以客户需求为中心的电力市场营销体制，由过去的“跑政府”转变为“跑市场”，主动加强与大用户、政府部门、调度交易机构等的沟通协调，加强电力市场营销机构和营销队伍力量，争取更多的发电量，扩大市场占有率。

（1）转变思想，加强电改政策研究。电厂需开展电改政策研究，密切跟踪电改试点动向，跟上步伐，及早开展运营模式、交易策略的研究，谋划电力营销的体系，一旦售电侧改革配套政策明朗，要具备快速抢占市场的能力。目前，要借助集团优势努力挖掘优质大用户，储备用户资源，构筑合作共赢的契合点。

（2）利用区位优势，积极开拓电量市场。鸭河口电厂是特高压沿线的支撑电厂，也是省际500KV联络线的门户电厂，要充分利用迎峰度夏、度冬的有利时机尽量争取外送电量机会，同时，合理调整电量分配计划，保证电厂发电效益最大化。根据鸭河工区发展情况，积极开拓供热市场。

（3）度电必争，全力落实电量计划。积极与政府以及电网主管部门沟通，及时掌握各方面的信息，利用相关政策全力提高基础电量。密切关注电网供需变化趋势，及时掌握电网运行方式，提高设备健康水平，全面完成电量计划。

（二）推动设备改造升级，完成超低排放改造

面对日趋激烈的市场竞争，唯有控制好机组的能耗水平，才能降低发电成本，增强发电厂的核心竞争力。

（1）鸭河口电厂四台机组能耗水平偏高，常规的技术改造及运行优化调整已不能满足节能降耗的要求，需对设备进行深层次的改造升级。尤其是#1、#2机组优先考虑供热改造，要积极开拓稳定的供热用户，在未来的技改中设计预留好供热出口。四台机要及早进行汽轮机通流部分改造，以提高出力，降低煤耗。

（2）开展以节能降耗为目标的在线监测和优化调整，依靠大型火力发电机组性能计算与耗差分析方法，实现机组能耗数据的实时计算与分析，通过能耗数据在线监测系统，指导参数调控，及时消除能耗偏差，提高机组运行经济性。

（3）为配合河南省2016蓝天行动计划，鸭河口电厂计划将在2016年10月31日前完成四台机组的超低排放改造任务，一方面是满足新的环保标准，另一面要拿到环保电价补贴，缓解环保投入带来的成本冲击。同时，对投运机组环保设施加强维护与运行调整，确保经济运行，达标排放，全额获得环保电价补贴。

（三）推行燃煤精细管理，严控燃煤采购成本

电厂燃煤占发电成本的70%左右，燃煤成本管理是生产管理和经营核算的中心环节，保煤量、提煤质、降煤价、控损耗是燃煤管理的中心任务。

（1）科学研判煤炭市场走势，控制燃煤价格。目前电煤市场竞争激烈，煤价相对处于低位。适时掌握电煤市场价格变化趋势，制定燃煤价格，合理利用价格峰谷差异和错峰调节库存储备，降低燃煤采购价格。

单位：元/吨

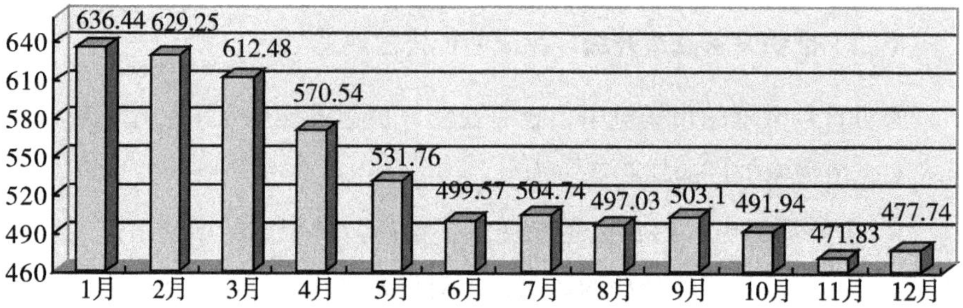

图6　2015年公司月度入厂煤标煤单价对比

（2）探索集团化采购模式，实现厂矿直接采购。根据地理位置和交通运输条件，合理选择火运煤、汽运煤比例，适时调整来煤结构。与地方煤企建立直接业务合作关系，通过集团化采购简化采购环节，降低采购成本。随着集团公司煤炭交易电商平台的建立，将最终实现“统一采购、统一调配”的集团化采购，可争取到更大的定价权。

（3）推进燃料三大项目建设，实现燃料智能化管理。积极推进火电厂燃料自动监管系统、数字化煤场和标准化验室“三大项目”实施，实现燃料全流程闭环管控，有效指导采购及存取煤方案，实现燃煤管理的精细化、信息化。

（4）提高燃煤掺烧水平，实现燃煤掺配上仓的经济性。在保证机组安全稳定运行的前提下，科学制定不同工况下的掺配煤方案，持续加大经济煤种的掺烧比例，合理控制入炉煤热值，严格绩效考核，大幅降低燃煤成本。2015年，公司精细掺烧方案，科学控制入炉煤热值，严格绩效考核，掺配劣质煤72.29万吨，节约燃料成本约4300万元。

（四）着眼能源结构调整，大力发展新能源项目

面对清洁能源发展趋势和新能源配比要求，鸭河口电厂要加快电力结构优化调整，积极开发新能源项目。目前电厂装机容量为190万千瓦，要达到“2020年各发电企业非水电可再生能源发电量应达到全部发电量的9%”的要求，还有约17万千瓦的非水电可再生能源空白，需要进一步探索开发风电、光伏发电、生物质发电等新项目的可行性，扩大新能源占比。

2015年，鸭河口电厂利用储灰场建成7.67MWp光伏电站项目建设。该光伏电站选用效率大于15.5%的光伏电池组件。未来，将着眼于整个南阳区域的新能源开发项目，与南阳市及各县区就光伏发电、风电、生物质发电等资源进行调查收集，加快推进项目实施，确保火电装机对新能源配比的要求。

（五）加强成本费用管控，开源节流降本增效

未来电力市场化竞争归根到底是竞价上网，谁的成本低，谁就有更大的竞争力，因此加强成本费用管控、降本增效，是电厂内部管理的重中之重。

（1）推行成本费用精益管理，强化目标责任制考核。年初与各部门签订成本费用目标责任书，强化费用管控责任。加强全员、全要素、全过程管控，严格控制各项成本费用的开支范围和规模。实施成本费用预警机制，将“控制指标与进度指标变动超过5%”设定为预警值，进行纵横向对比，及时分析偏差原因，实时跟踪，按月考核，节奖超罚。适时调整燃煤采购策略，合理控制来煤节奏和煤源、库存结构，大幅降低燃煤采购成本。强化燃煤掺配和机组深度调峰用油考核，设立燃煤掺烧奖，通过调整燃煤结构，加大燃煤掺烧力度，鼓励燃料相关部门制订科学的掺配方案，细化燃煤掺配操作，有效降低燃煤成本。制定合理的调峰用油标准，节奖超罚，有效控制调峰用油量。对机组开展可靠性评估，在备用期间实施检修项目。积极推进修旧利废工作，逐步降低长库龄物资库存，持续优化库存结构。

（2）规范招标管理流程，降低物资采购成本。实施集团平台采购，增加公开采购范围，充分利用集团招标采购平台进行电子化公开采购。通过采取询价、竞争性谈判等方式，提高集团招标平台采购率。大宗物资推行年度统一招标、集中采购，降低采购成本。充分利用互联网及现代物流网的优势，实施集团联合储备，推进集团内部及区域内同类型机组备品备件联合储备，使大宗物资及消耗性材料逐步实现零库存。

（3）创新资金运作和管理，有效化解财务风险。创新融资模式，扩大电子商票和银行承兑汇票规模，积极探索融资租赁渠道，优化贷款结构，压缩贷款规模，提高资金效率，降低财务费用。利用银行授信储备充足、融资议价能力强优势，加大外部融资力度，积极偿还集团网银和委贷，提高集团外部投资能力和收益。严格控制预付款供应商授信额度，加强预付款预警分析机制，提高结算效率，最大限度减少预付款余额。

（六）推进体制机制创新，增强企业发展活力

近年来，集团公司提出了加强体制机制市场化改革的要求，公司进一步深化体制机制创新，建立了“按职设事、按事设岗、按岗择人、按绩取薪”的理念和机制，通过明确岗位职责、细化岗位标准、推行竞争上岗、加大考核奖惩、提升员工素质等方式，优化完善选人用人、激励约束、人才培养等工作机制，最大限度调地动员工干事创业积极性，为企业发展注入活力。

（1）创新用人机制。公司要通过实行《后备干部管理办法》《主任工程师（主管）管理暂行规定》《竞争上岗管理办法》和《深化岗位竞争工作实施方案》等办法，坚持竞争上岗，不拘一格选聘人才，加大对中层干部骨干人员的考核和评价力度，实行中层干部轮岗交流，利用网络学院平台开展干部培训，加强培训成果的转化，提升干部队伍整体素质和工作效能，实现了人才的合理流动、优化配置。

（2）创新考核机制。公司已经建立了高管–中层–员工的分级考核体系，要通过KPI关键指标考核办法，加大发电量、厂用电率、供电煤耗、燃煤价格、财务费用等生产经营指标的考核力度，使人人肩上有指标、人人肩上有担子，业绩与奖金相挂钩，真正实现“工作有标准、管理全覆盖、考核无盲区、奖惩有依据”，发挥考核的激励约束作用。

（3）创新分配机制。及时与同行业开展对标工作，科学设置岗位级差，确保薪酬的效率和公平；实行收入分级分档，切实向工作业绩突出人员倾斜，拉开收入分配差距，使员工切切实实感受到，业绩的提升必然带来收入的提升，激发大家的工作主动性和积极性。

公司力争经过三年左右的时间，打造一套理念先进、科学有效、持续改进、深入人心的体制机制，实现岗位靠竞争、收入靠贡献、晋升靠业绩，实现“责任、权利、利益、监督”的有机统一，使企业效率明显提高，活力显著增强，让体制机制创新真正成为公司和员工最大的“红利”，为公司健康发展提供体制机制保障。

（七）打造企业文化品牌，助力企业转型发展

精神高度决定事业高度。鸭河口电厂要实现转型升级、提质增效的目标，前提是发展理念和发展方式的升级，根本上是文化的升级。企业文化只有与时俱进，创新发展，才能更加具有引领凝、聚作用。近几年，鸭河口电厂紧紧围绕集团公司打造“百年老店”的战略目标和电力板块跨越式发展的要求，通过打造“具有鸭电特色的企业文化”，凝聚员工思想，助力企业发展，未来将加强企业文化的创新，加强文化与企业发展的融合，使企业文化成为助力企业转型的不竭源泉。

（1）推进文化创新，坚持以人为本。人是文化的主体，只有文化上升为职工的人生信仰、价值标准、行为规范，才能转化为执行力和凝聚力。文化创新必须坚持以人为本，尊重职工、信任职工、关爱职工，以民主管理激励职工，以良好待遇保障职工，以广阔舞台发展职工，让职工自觉认同文化、主动践行文化。要尊重干部职工的首创精神，从群众中来、到群众中去，集中干部职工智慧的文化，才会更有渗透力和感染力。

（2）推进文化创新，树立文化品牌。要围绕“绿色、共赢、和谐”的主题，紧密结合集团公司“效益良好、风险可控、办事公道、清正廉洁、思想统一、管理透明”六个目标，提炼企业使命、愿景和核心价值观、企业精神以及管理、人才、安全、经营、廉政等理念，进一步明确、升华公司企业文化，建设“鸭电百年老店”品牌的企业文化。

（3）推进文化创新，丰富文化载体。要以文明单位创建为契机，积极履行社会责任，彰显国企风采；深入开展道德模范教育，倡导良好的文明风尚；充分利用“职工之家”这一有效阵地，积极举办“鸭电论坛”“书香鸭电”“幸福课堂”等系列活动，不断丰富文化载体，实现人文自然和谐，让企业文化助推鸭电人创造美好、文明、和谐的生活。

经济新常态带来发展新机遇，鸭河口电厂将认清形势，顺势而为，加快战略转型，加强机制创新，不断增强企业的市场竞争力，开创发展振兴的美好未来！

组建中原资本金融控股集团研究报告

河南投资集团有限公司　张黎鸥

加强金融业发展是投资集团发展转型的重点之一，而金融控股集团能够显著提升金融业发展水平，促进金融支持实体经济作用的发挥，是金融业的发展方向。为此，在集团副总经理袁顺兴的组织领导下，集团金融发展论坛对金融控股集团的意义和作用、行业发展现状和趋势、以及投资集团组建金融控股集团的必要性、可行性等进行了分析，研究提出了组建方案和发展目标。

金融控股集团国际标准定义为："同一控制权下，完全或主要在银行、证券、保险中至少两个不同的金融业，大规模提供服务的金融集团公司"。国际上大型金融机构一般都以金融控股形式实现综合经营，越来越多的国内地方政府也纷纷致力于通过组建金控集团控制主要金融业机构，发挥金控集团在金融资源配置中的积极作用。

就河南省而言，通过整合河南省主要金融资源组建地方金控集团，是适应新形势的必然选择，符合河南省金融产业发展思路，有利于紧跟市场潮流，抓住金融业发展机遇，促进"金融豫军"加快持续壮大和协同发展，打开河南省地方融资新局面，提升金融产业对河南省实施三大国家战略的保障作用。通过借鉴国内省市经验做法，对比分析其他省属和金融企业，以投资集团为主体组建的金控集团基础好、难度小、可操作性强，相比而言优势明显。

投资集团组建金控集团符合国家政策导向，符合省政府发展金融产业思路和投资集团定位，国内也有成功和案例和经验可供参考借鉴，而且目前投资集团金融资源较为丰富，并正在积极拓展金融布局，具备组建金控集团的基础和条件。通过组建金控集团，使金融资源得以集中和优化配置，能够进一步扩大融资渠道，有效提升投资集团金融投资能力，发挥金融控股集团整体优势，促进金融企业快速发展壮大，提升我省金融产业发展水平和服务地方经济社会发展能力。

投资集团组建的金融控股集团拟命名为“中原资本金融控股集团有限公司”（简称中原金控），定位于综合性、持股型的金融控股集团，主要具有投资控股、资本经营和资产管理三大功能。中原金控的组建遵循“依法依规、市场化运作、集团控股、循序渐进”的原则，将投资集团所持金融资产根据监管要求分阶段整合，并配置部分优质产业资产和现金出资，初期注册资本规模不低于100亿元。同时，积极创造条件，择机通过市场化方式并借助政府推动进行增资扩股，吸引整合其他省属企业金融资产，吸引社会资本实现股权多元化。

通过持续壮大中原金控实力，不断提升投资集团投融资能力，力争把中原金控打造成为：以投资集团控股的、股权多元化、机制市场化，资本及资产管控规模居全国第一方阵，主要从事金融业投资、重大基础设施投资和资产管理业务，管理水平一流、业务协同优势明显，综合实力的位居全国前列的大型综合性国有资本运营公司。

金融是国民经济的血液，是国民经济发展的战略支柱产业。在金融自由化、大型化、集团化、国际化的潮流下，金融业务综合化经营、全牌照发展已经成为金融行业的大趋势。随着金融业由严格的“分业经营、分业监管”向“法人分业，集团融合”过渡，金融控股集团应时而生，并且由于其在金融业务综合化经营上独具优势，代表了金融业的发展方向，受到金融业届的一致推崇。

当前，河南省正肩负着“加快中原崛起河南振兴富民强省、让中原在实现中国梦进程中更加出彩”的历史使命，承载着实施粮食生产核心区、中原经济区、郑州航空港经济综合实验区三大国家战略重大改革试点任务，“经济发展金融先行”，河南省迫切需要突出和强化金融对经济的支撑作用，着力提升融资能力，推进更大范围、更高水平的金融规模化、集约化、协同化发展。

河南投资集团有限公司（以下简称投资集团）按照省政府对投资集团的发展定位，分析当前和今后一段时期的政策形势和金融发展趋势，学习借鉴国内其他省市的成功经验和做法，结合投资集团自身优势和条件，经过认真研究认为，投资集团有责任、有能力发起设立地方金融控股集团（中原资本金融控股集团），通过资源整合和配置，构建规模大、业态多、实力强、资信好的金融控股平台，增强金融主体的核心竞争力，实现金融业规模、实力的跨越式提升，推动“金融豫军”协同发展和共同提高，在更好促进全省金融发展的同时支持实体经济发展，提升金融对全省经济社会发展的支撑作用。

一、河南省金融业发展现状及存在问题

近年来，省委省政府下大力气不断深化金融体制改革，优化金融生态环境，积极吸引省内外资金加速推进金融业完善布局、增强实力和发展壮大，基本形成了以银行、证券、保险、信托、担保等为主的金融业态布局。

在外部环境复杂多变、区域竞争日渐加剧的形势下，河南省金融业总体上保持了较快的发展速度，为全省经济社会发展起到了积极的助推作用，但当前金融产业仍是制约河南省经济发展的短板，主要表现在：

（1）金融主体实力不强，与外省相比，河南省主要单体金融机构普遍规模不大，新型金融业态不多，金融创新不够，整体发展存在一定差距，主要金融指标在全国仍处于落后位置；

（2）融资能力不足，河南省社会融资规模排名第8、上市企业数量排名第12，与河南省经济总量全国第5的排位不相称，债券、基金、保险资金运用等还刚刚起步，企业融资渠道不宽、成本仍然较高，金融业对实体经济的融资支撑力度不够，经济发展的资金瓶颈制约仍然突出；

（3）金融业整体规模小，市场活跃度不高，金融要素对河南省实施三大国家战略的驱动力不强。

二、组建金控集团的必要性和可行性分析

（一）金控集团的基本概念及意义

根据巴塞尔委员会、国际证券联合会和国际保险监管协会1999年2月联合发布的《多元化金融集团监管的最终文件》，金融控股集团的定义为:“同一控制权下，完全或主要在银行、证券、保险中至少两个不同的金融业大规模提供服务的金融集团公司”。随着经济全球化背景下的金融业竞争日趋激烈，国际上大型金融机构一般都以金融控股形式实现综合经营，以便在客户营销、业务推广时具有更强的竞争力和品牌优势。

随着我国包括金融在内的整体经济门类的对外开放程度不断提高，金融业综合经营的需求和动力日益增强，越来越多的地方政府致力于通过组建金控集团控制主要金融业机构，以此整合、协调和统筹金融资源，建设区域性金融中心，发挥金控集团在金融资源配置中的积极作用。就河南省而言，组建金融控股集团具有更加重要的意义。

（1）有利于紧跟市场潮流，抓住金融业发展机遇。“法人分业，集团融合、全牌照发展”是金融业发展的大趋势，金融机构“单打独斗”的时代已经一去不返，未来金融业的竞争是“联合舰队”之间的竞争，比的是协同力量，拼的是综合优势。通过整合河南省主要金融资源组建地方金融控股集团，实现金融规模化、集约化发展，是适应新形势、顺应新潮流的必然选择和有效举措，有利于发挥金融控股集团整体优势，提升河南省金融业发展水平和服务地方经济社会发展的能力。

（2）有利于促进“金融豫军”加快壮大和协同发展。金融控股集团通过集中资源和优化配置，能够弥补单体金融机构体量相对较小的不足，增强持续补充资本、壮大规模和实力的能力，提升行业竞争力和抵御、承

载市场风险的能力。同时，通过从战略层面的统筹把控和经营运作方面的引导协调，有利于推进“金融豫军”更大范围、更高层次的整体协同发展，促进单体金融机构持续、有序和快速发展壮大，实现我省金融业整体实力和规模的跨越式提升。

（3）有利于打开地方融资新局面。其一，金控集团的品牌价值较单体金融机构更具优势，可以在更大范围内吸收工商企业、投资机构和金融机构等资金，广泛动员和激发社会资本参与河南省投融资的积极性，拓宽多元化融资渠道，深入挖掘资本市场潜力。其二，金控集团可以通过充分利用自身特点和条件，有效发挥在资本实力、资产规模、资源共享、资信水平等诸多方面的优势，进一步增强利用多种股权和债务融资工具进行直接和间接融资的能力。其三，金控集团旗下拥有包括银行、证券、信托等主要金融业态在内的多家金融专业性子公司，金融门类和牌照较为齐备，通过引导带动各子公司加强信息、资源、业务等各方面的共享与合作，能够形成合力打开融资新局面，加快创新融资产品，进一步降低融资成本和提升整体融资能力。

（4）有利于提升金融业对河南省实施三大国家战略的保障作用。金控集团作为整合地方金融资源组建而成的金融投融资和管控平台，通过战略引领、统筹指导和集中管理，能够积极有效地履行职责使命，引导旗下各金融子公司贯彻落实省委省政府战略部署，积极支持和推动“金融豫军”为河南省实施三大国家战略发挥应有的作用。同时，金控集团可以充分利用自身条件、发挥各项优势，主动承担河南省重点发展的包括基础设施、战略新兴产业、现代服务业、现代农业等在内的各类创业和产业投资基金的发起任务和PPP项目对接，放大杠杆效用，以较少自有资金撬动各类社会资本参与投资，共同推进我省重大项目建设和产业结构调整。

（二）金控集团的主要类型

目前，随着金融业集团化发展的重要意义日渐被地方政府和企业所认同和肯定，金控集团的作用和效果也正在逐步加速显现，越来越多的地方政府尤其是省一级政府和各类经济主体，对构建多牌照的金融服务平台的热情高涨，组建金控集团的热潮方兴未艾，不同类型的金控集团不断涌现，尤以综合性金控集团因其相对具备更多优势而倍受青睐。

（1）按照发起组建金控集团的主体性质划分，包括金融机构型、产业集团型和地方投资公司型三类。金融机构型，如交银国际控股是由交通银行发起组建的金控集团，旗下拥有交银国际信托、交银康联人寿、交银金融租赁、交银施罗德基金管理公司等金融子公司；产业集团型，如中航资本是由央企中航集团发起组建的金控集团，旗下拥有中航证券、中航信托、中航财务公司等金融子公司，同时还拥有新兴产业、航空产业等实业子公司；地方投资公司型，如泰达国际是由天津市属泰达控股发起组建的金控集团，旗下拥有渤海证券、天津信托、渤海财险等多家金融子公司。

（2）按照金控集团拥有的核心金融牌照划分，包括综合性金控集团和专业性金控集团两类。综合性金控集团符合《多元化金融集团监管的最终文件》关于金控集团的定义，控制银行、证券、保险至少两个以上主要金融牌照，通常所指也即严格意义上的金控集团就是指此类大型、综合性金控集团。专业性金控集团主要以单一主要金融业机构为主体，不控制其他主要金融牌照，而是围绕自身专业条线延伸发展相关金融服务体系，由于规模较小、主要金融牌照单一，形成专业性金控集团。

（3）按照金控集团自身是否直接从事金融业务划分，包括经营型金控集团和持股型金控集团。经营型金控集团直接经营金融业务并获得收入，持股型金控集团持有金融子公司股份，但自身没有金融牌照，不涉及具体金融专业经营领域，主要从事股权投资与管理、战略规划、统筹协调、资源配置等。

（三）河南省金控集团组建主体的选择

按照国内金控集团的分类原则和主要以综合性金控集团作为组建目标的发展趋势，参考借鉴近年来的实践案例，结合河南省实际情况分析，河南省金控集团按组建主体虽有金融机构型、产业集团型和地方投资公司型三类可供选择，但经过对比研究，只有地方投资公司型符合河南省组建综合性金控集团的条件和实际，具体分析如下。

1. 以河南省金融机构为主体组建金控集团

从金控理论和实际情况两方面分析，河南省现有金融机构目前均不适合作为综合性金控集团的组建主体，主要原因在于：在目前国内银行、证券、保险作为三大主要金融业态实行分业监管的环境下，此类金融机构之间跨业持股存在部分政策限制，而且金融机构交叉持股所产生的资本金重复计算和金融风险系统内传导问题很难解决，全国性金融机构的成功案例屈指可数，地方区域性金融机构更加鲜见。

《商业银行法》第43条规定“商业银行在境内不得从事信托投资和证券经营业务，不得向非银行金融机构和企业投资，但国家另有规定的除外”。从监管政策和实践案例上看，监管部门对于跨业持股十分谨慎，特批主要针对国有大型银行及个别全国性股份制商业银行，而这些银行资产规模大、业务覆盖广、监管评级高（多为1级），其他大多银行难以与之相比。中原银行作为监管2级、不能跨区域经营的省级地方商业银行，从各方面而言均不满足跨业持股的限制和条件，即使争取特批，目前尚没有同类型地方商业银行的先例。因此，目前以中原银行为组建主体难以打造金融业态较为齐全的综合性金控集团。

证券公司虽然大多数（包括中原证券）都成立了直投公司、基金公司、期货公司等，但均是在证券业务条线内设立的与业务相关的细分领域的子公司，受监管审慎性影响鲜有证券公司控股银行、保险及信托公司的案例，参股银信保的案例也很少，旗下尚没有重要金融机构，如华泰证券参股江苏银行时，即使仅作为第二大股东，银监会也明确要求华泰证券不得参与江苏银行的经营管理。因此，目前中原证券跨业持股在监管层面尚不支持，业内也鲜有成功案例，以中原证券为组建主体难以打造金融业态较为齐全的综合性金控集团。

信托公司由于资本及信托业务规模差异悬殊，受监管因素影响也鲜有信托公司控股银行、保险及证券公司，其他细分领域也多为财务投资，国内还没有成型的以信托公司为主体的金控集团。中原信托目前全国综合排名位居中游，对金融领域的投资也仅为少量参股焦作中旅银行、郑州银行以及光大银行，金融资源较少，从各方面实际情况分析不满足跨业持股的条件，因此，目前以中原信托为组建主体难以打造金融业态较为齐全的综合性金控集团。

河南省其他金融机构当中，受到监管制约、出资受限、实力较弱、业务单一、金融资源缺乏等因素影响，均不具备作为主体组建综合性金控集团的条件。

综上，对河南省作为“金融豫军”主力的“中原系”金融企业（不含尚未设立的中原农险）中原银行、中原证券、中原信托而言，虽然都具备较强的区域竞争力，可以在各自业务条线上纵深发展，设立与其业务相关的细分领域的子公司，形成专业性金控集团，但依靠其组建综合性金控集团尚不具备条件。

2. 以河南省产业集团为主体组建金控集团

目前，政策方面对由产业集团为主体组建金控集团没有明确限制，国内一些大型产业集团由于整体规模大、实力强、盈利水平高、投融资能力强，重视金融业发展，并且在持续发展中已通过多种方式储备了不少参控股的金融资源，尤其是对银、信、证、保等重要金融企业进行控股，从而为整合金融资源组建综合性金融控股集团创造了条件。

就河南省而言，省管产业集团中目前涉足金融业的主要有河南能化、中平能化、安钢集团、交投集团等，这些企业一是近几年经营状况不佳，盈利水平、负债程度等主要指标未满足监管对主要金融企业的股东资格要求。二是所掌控的金融、类金融资源非常有限，控股的主要是集团财务公司和类金融机构如担保、创投等，对主要金融业态多为较低比例的参股投资，整合金融资源的能力有限。三是由于参股投资的特点，上述产业集团在对金融企业战略规划、协调统筹、资源配置、经营管理等方面的经验和专业人才储备相对不足，不利于金控集团组建和管理。

综上，河南省产业集团尚不具备组建综合性金控集团的基础、条件和能力。

3. 以河南省地方投资公司为主体组建金控集团

近年来，国内很多省市纷纷认识到了组建金控集团的重要性，相继成立了一些金控集团。从这些省市的实践经验看，主要以政府投资公司为主体进行组建，组建主体一是业务范围不是单纯的产业投资，一般都为涵盖金融投资的综合性投资公司。二是拥有较为丰富的金融资源，尤其是控股银行、信托、证券等重要金融牌照企业。三是组建主体资信、盈利、负债水平和出资能力等能够满足金融企业股东资格要求。如前述泰达国际的组建主体泰达控股，以及浙江金控的组建主体浙江省财务开发公司等。浙江省财务开发公司是浙江省属综合性投资公司，通过整合所持浙商银行、财通证券、万向信托等金融企业股权组建了浙江金控。

结合国内实践和河南省实际分析，以投资集团为主体组建河南省金控集团无疑是最佳选择：一是投资集团是省属综合性投资公司，相比其他如水投、铁投等专业化投资公司，投资范围更为广泛。二是投资集团的前身省建投和省经开公司早期就开始对金融企业进行投资，自2007年组建以来更加注重发展金融业，不断通过多种方式持续壮大金融资产规模、提升金融业实力，尤其是2013年以来，投资集团积极贯彻落实省政府提出的转型战略，进一步加大金融投资力度和丰富金融资源，不仅是中原银行等现有3家“中原系”金融企业的第一大股东，而且控股中原证券和中原信托。此外还控股担保和多家创投、基金，参股郑州银行和多支基金，组建金融控股集团已具雏形。三是多年来投资集团积累了较为丰富的投资管理、集团化管控经验和专业人才储备，资信水平高，经济效益好，资产规模大，资本实力和投融资能力强。

综上整体进行分析，从监管政策、导向，企业自身基础、能力条件、掌控金融资源状况，以及案例实践等多个方面来看，河南省主要金融机构和产业集团组建综合性金控集团均存在不同程度的障碍和困难，而以投资集团作为组建主体的基础好、难度小、可操作性强、条件基本具备相比，优势明显，因此，应以投资集团为主体组建综合性的持股型金融控股集团。

（四）投资集团组建金控集团的必要性

（1）有利于提升投资集团金融投资能力。投资集团发展转型的重点之一是加快金融等现代服务业发展。相比其他企业而言，金融企业属于较为典型的资本消耗型企业，投资集团在金融企业发展壮大的过程中，为保持控股并表地位需消耗自身融资能力以支持其不断补充资本，与目前较高的负债率和有限的自有资金之间存在着矛盾，将严重影响投资集团对金融企业的投资。投资集团通过整合内部资源组建金控集团从而满足监管要求，将有效化解上述矛盾，推动金融豫军不断壮大。

（2）有利于建立吸引保险资金投资的融资渠道。针对重点领域建设项目的长期投资，保险资金稳定、持续、低成本的特点非常符合地方政府和投资集团发展转型对融资的需求，而其对资金使用的安全性、流动性尤其是收益性要求较高。投资集团通过整合金融资源所组建的金控集团，其安全、稳健和较高的收益水平将对保险资金有很大吸引力，通过旗下信托、基金、银行等机构作为险资受托人设立债权、股权、信托投资计划和银行理财产品及其他资产支持计划等融资工具，可以建立吸引保险资金投资的融资渠道，用于支持投资集团参与投资我省收益稳定、回收期长的基础设施和基础产业项目，推动中原经济区和航空港区加快建设。

（3）有利于充分发挥金融资源的融资作用，避免资源闲置。根据银监会《信托公司治理指引》“信托公司股东应承诺不质押所持有的公司股权”，《关于加强商业银行股权质押管理的通知》“股东在本行借款余额超过其持有经审计的本行上一年度股权净值的，不得将本行股权进行质押”“股东质押本行股份数量达到或超过其持有本行股权的50%时，其在股东大会和其派出董事在董事会上的表决权应当受到限制”等规定和要求，投资集团直接质押中原信托、中原银行股权受限，同时直接质押中原证券股权易造成股权权属的不确定性，可能影响中原证券A股上市。投资集团组建金控集团后，则可以通过质押金控集团的股权进行融资，从而间接实现了对中原信托、中原银行、中原证券等金融股权的质押，有效利用了金融资源的融资价值，避免了资源闲置，大大提升投资集团融资能力。

（4）有利于将来通过金控集团股权多元化和市场化改革吸引社会融资、提升管控能力。金控集团主要由投资集团整合金融企业资源而成，这些金融企业大多盈利能力较强、发展趋势向好，因此金控集团各项经营指标将更容易满足吸引社会资本投资所需条件和要求，有利于通过引入各类社会投资促进金控集团实现股权多元化、优化股权结构，从而进一步增强资本实力和投融资能力。同时，通过股权多元化可以加速推进市场化改革，建立市场化、专业化的管控模式、运作机制和用人机制，进一步提升金控集团的管控能力和水平。

（五）投资集团组建金控集团的可行性

（1）符合国家政策导向。国务院2012年发布的《金融业发展和改革“十二五”规划》提出“积极稳妥开展综合经营试点，提高综合金融服务能力与水平”，在推动中信、光大、平安集团作为金控集团加快发展的同时，进一步明确了支持各地和企业探索组建综合性金控集团的政策导向。同时，由于大多数金控集团本身不直接经营金融业务，在这种持股型金控集团内部的各金融机构都是独立的法人，实行分业经营，这与我国现行“分业经营、分业监管”的金融监管体系并不冲突。因此，投资集团应紧跟当前金融综合性、集团化的发展趋势，充分利用政策和监管空间，通过加快组建金控集团进一步完善金融产业体系，促进投资集团产融协同发展，提升整体抵御和承载风险的能力，助推投资集团不断发展壮大，服务河南省经济社会发展。

（2）符合省政府发展金融业思路和投资集团定位。近年来，河南省紧紧围绕金融“发展、改革、创新、稳定”四个关键点，着力全面提升金融发展水平和服务经济社会发展的能力，对金融业发展提出了更高的目标，尤其是2015年以来密集下发多个文件通知，对加快金融业发展改革提出要求。《关于促进政府投融资公司改革创新转型发展的指导意见》（豫政办[2015]9号）明确提出“支持有条件的省级政府投融资公司在市场竞争中不断壮大，积极谋求发展适合自身特点的金融业态，逐步发展成为综合性、大型金融控股集团”，《关于印发加快郑东新区金融集聚核心功能区建设实施方案的通知》（豫政办[2015]18号）、2015年2月26日谢伏瞻省长在全省金融工作座谈会上的讲话、《关于明确2015年全省金融重点工作责任单位的通知》（豫政办[2015]31号）当中也都明确提出“支持有条件的省级政府投融资公司逐步发展成为综合性、大型金融控股集团”。投资集团作为省政府投融资公司，有责任有义务积极响应省政府号召，积极投身金融业发展改革，由投资集团组建地方金融控股集团，完全符合投资集团的职责使命和发展定位。

（3）有成功案例和经验可供参考借鉴。在政策和市场力量的共同作用下，成立较早的金融机构型金控集团如光大集团、平安集团等通过不断地融合、创新、发展与提升，已经成为国内金控集团的领军企业；中航资本、华能资本等由产业集团为主体组建的产业集团型金控集团通过借壳上市、兼并重组等方式，规模不断扩大，效用持续显现；各省市纷纷以组建国有金控集团作为重要的金融创新形式，由政府投资公司为主体组建的地方投资公司型金控集团不断涌现，有效整合了地方国有金融资产，使之成为做大做强地方金融业的主力军，如天津、浙江、陕西、江西等多个省市，对于河南省而言，有丰富的成功案例和先进经验可供学习、参考和借鉴。

（4）投资集团具备组建金控集团的基础和条件。投资集团成立建以来始终注重金融业发展，通过多种方式加大金融领域投资，壮大金融资产规模，尤其是2013年以来，投资集团积极贯彻落实经省政府确定的发展转型战略，进一步加大金融投资力度，有力促进了河南省金融业的发展壮大。目前，投资集团是中原银行的第一大股东，控股中原证券、中原信托，全资或控股拥有担保、创投等类金融企业，参股郑州银行和多支基金，初步形成了业态较为丰富的金融体系，并且正在研究组建金融租赁、消费金融、集团财务公司、金融资产交易、保险公司等金融机构，争取打造金融全牌照，实现金融业大格局、大发展。多年来，投资集团积累了较为丰富的金融资源、集团化管控经验和专业人才储备，主体长期信用等级AAA，经济效益在省管企业连年稳居首位，资产规模大，资本实力和投融资能力强，符合监管对金融企业股东所要求的资格条件，具备组建金控集团的基础，时机已经基本成熟。

三、金控集团组建方案

（一）组建原则

（1）依法依规。虽然现行政策法规对金控集团并没有禁止性规定，但由于我国对金融业严格按照“分业经营、分业监管”的方式进行管理，因此，在金控集团组建过程中，必须严格遵守我国政策法规和相关监管要求，确保相关程序和操作依法依规。

（2）市场化运作。河南省地方金融资源分别由不同主体拥有，投资集团在整合金融资源组建金控集团的过程中，必须遵循市场化运作方式，按照 “先内后外”的顺序，在优先整合自身金融资源完成金控集团组建后，不断积累和创造条件，吸引其他省属企业参与，结合具体实际情况，通过市场化方式整合其他省属企业金融资产。

（3）投资集团控股。在金控集团组建成立之后整合、引入其他企业金融资源和投资的增资扩股过程中，必须认真分析资本规模和出资比例，确保投资集团的控股地位，以便通过金控集团持续增加并表及可控资产规模，不断提升投资集团的投融资能力。

（4）循序渐进。投资集团组建金控集团涉及诸多金融企业的股权变更，根据有关政策法规、监管要求并结合企业实际，应遵循“先易后难、循序渐进”的原则，成熟几个整合几个，尽快完成平台搭建，尽早发挥应有作用。对于暂时不具备整合条件的可暂缓整合，但应按照“统一规划、分步实施、有序推进”的指导思想，明确时间要求和节点进度，确保按计划如期完成。

（二）组建思路

遵循“依法依规、市场化运作、投资集团控股、循序渐进”的原则，按照“先内后外、先易后难”的顺序组建和壮大金控集团。

（1）投资集团将所持银行、证券、信托、担保、基金等相关金融、类金融资产根据监管要求分阶段整合，同时配置部分优质产业资产和现金出资，组建成立金控集团，初期注册资本规模不低于100亿元；

（2）积极创造条件，择机通过市场化方式，借助政府力量推动，吸引整合其他省属企业金融资产，使河南省分散的金融资源得到有效集聚；

（3）多渠道引入战略投资者，实现股权多元化，优化股权结构，进一步丰富金融业态，扩大金融布局，壮大金控集团实力。

（三）资源整合

在前期通过整合投资集团内部金融企业资源组建金控集团时，金控集团须满足监管规定的作为金融企业股东的条件，根据相关监管要求，各金融业态股东资格条件、股权变更程序以及涉及整合金融企业的具体情况分析如下：

（1）当前具备条件、可直接整合的资产，主要指中原信托、担保公司、中富支付及参控股基金、创投等企业。其中中原信托：投资集团以所持48.42%股权置入到金控集团时，由于单次股权变更比例超过10%，需上报银监会审批；担保公司：股权变更需要省工信厅审批，操作难度不大；中富支付、基金和创投公司：暂无需行政审批。

（2）当前具备条件、暂时不适宜整合的资产，主要指中原证券。考虑到中原证券A股IPO申请材料已上报证监会，若此时变更中原证券控股股东，不仅需与证监会进行沟通协商，重新更换调整申请材料，工作量极大，而且会对其A股上市造成不利影响。为慎重起见，建议暂时不对中原证券进行整合。若中原证券本次成功登陆A股，按照36个月锁定期内不得转让的监管规定，投资集团在所持股份锁定期结束后，可根据实际需要，择机将中原证券整合进金控集团；或中原证券本次未能成功上市，投资集团可随时对其进行整合。

（3）当前不具备条件、延后整合的资产，主要指中原银行。根据《关于加强中小商业银行主要股东资格审核的通知》要求，“主要股东应承诺5年内不转让所持银行股份，并在银行章程或协议中载明”。同时，根据《公司注册资本登记管理规定》第六条，“股权所在公司章程约定不得转让，法律、行政法规或国务院规定，股权所在公司股东转让股权应当报经批准而未经批准等情形时，股权不得用作出资”。投资集团在将中原银行整合进入金控集团时，因涉及中原银行股权从投资集团变更为金控集团，监管部门（银监和工商部门）会视同转让从而严格按照以上两个文件要求进行审核，因此，在股份锁定期内，投资集团所持中原银行股份不能进行出资或转让，需延后待条件成熟时整合。

（四）组建方式

（1）平台整合。首先，以投资集团所属全资的资产规模较大、效益较好、现金流充沛的产业公司为整合平台，将其经审计确定的资本公积、盈余公积和未分配利润全部转增为实收资本。其次，将投资集团所持中原信托、担保公司、中富支付、创投企业、参控股基金企业等金融、类金融企业，按照审计报告确定的投资集团权益净资产值，划转产业公司，注册资本约70亿元。

（2）现金增资。根据上述“现金出资分析”，对产业公司现金增资30亿元（根据需要可分期到位），将其注册资本增至100亿元。同时，将其更名为“中原资金融控股集团有限公司”（中原金控），将原经营范围按照中原金控的需要进行变更。

（3）资产划转。在条件成熟时，投资集团将所持中原银行、中原证券的股权资产相继划转整合进入中原金控，进一步壮大中原金控资本实力和资产规模，完成对投资集团所属金融资源全部整合进入中原金控。

（五）功能定位

中原金控功能定位为综合性、持股型的金融控股集团，主要具有投资控股、资本经营和资产管理三大功能，开展以金融为主、非金融为辅的投资、资本运作与资产管理业务，打造河南省地方金融资产资源的战略管控平台、投融资平台和市场化运作平台，推动河南省多门类多业态金融资源的相互融通、整合利用和协同发展，促进金融资本和产业资本的相互融合，增强金融支持实体经济的作用，创建地方金融产业综合经营模式。

（1）重点投资银行、证券、信托、担保、基金、保险、金融（融资）租赁、消费金融、资产交易、财务公司等金融类金融企业，打造全牌照、市场化、综合性、持股型金融控股集团。

（2）有效利用政府和社会资本合作（PPP）投融资模式吸引社会资本，推动中原经济区、航空港经济综合实验区重点基础设施项目建设提速。

（3）广泛引入社会资金如保险资金等，发挥保险资金体量大、投资期限长、融资成本低的优势，拓宽融资渠道，提升投资集团投融资能力。

（4）积极参与财政资金改革，推动创业投资和产业投资基金发展，在通过上市等多种渠道实现股权增值的同时，体现政府投资意图，支持集团重点产业领域发展。

（5）努力争取作为受托管理财政资金的平台，发挥杠杆作用，吸引和撬动社会资本参与我省经济建设，促进我省产业结构转型升级。

（六）金控体系

中原金控成立后，按照“1+N+M”架构体系运行：其中“1”是中原金控，工作重心为战略规划、资源整合、协调统筹、投资管理等，不直接从事具体金融业务；“N”是按照“独立法人、分业经营”的原则，以银行、证券、信托、基金等企业为核心打造成立的各子金融控股公司，是中原金控的经营实体；“M”是各子金融控股公司围绕各自业务条线相关细分领域投资成立的各专业子公司。

四、未来发展目标

（一）实现金融全牌照发展

在省政府大力支持下，紧紧抓住政策、环境和市场机遇，充分发挥市场的作用，有效借助政府的推动，通过兼并重组、资产置换、增资扩股等多种方式，加快金融资源整合，壮大存量金融资产，增强金融机构实力，填补金融业态空白，延长金融产业链条，扩大金融产业版图，力争用3~5年的时间，基本实现把中原金控打造成现代化、大型化、全牌照的金融控股集团的战略目标。

（二）做大做强金融机构

按照“营造发展环境，帮助解决问题，规范行使职权，支持独立运作，严防经营风险”的管控思路，充分发挥中原金控作为金融龙头的引导带动作用，充分挖掘政策环境和市场给企业带来的机遇，充分借鉴其他金控集团支持企业发展的经验，充分利用中原金控联系各方的优势，充分调动激发企业不断发展超越的积极性，充分发挥资源整合集约利用统筹协调的作用，积极帮助企业引进战略投资者实现增资扩股、壮大企业资本实力，积极促进企业建立规范有序、运营高效、充满活力的市场化机制，积极支持企业在发挥各自专业优势特点的基础上协同发展共同提高，积极推动企业健康发展、做优做精、做大做强。

（三）实施股权多元化

努力创造条件坚持实施中原金控股权多元化，积极引入各类社会资本参与投资，以较少自有资金撬动大量民间资本、保险资金、机构投资和境外资金。

（四）实现整体借壳上市

在中原证券、中原银行上市预期强烈的情况下，参考借鉴中航资本等企业成功的经验做法，通过不断壮大中原金控资本实力、资产规模和盈利能力，持续改善内部治理结构，持续优化既有业务和管理布局，创造条件，通过现金收购、资产或股权置换等方式，通过借壳方式实现中原金控在较短时间内实现整体上市，在不影响金融企业单独上市，间接实现信托、担保、基金等企业上市的同时，充分利用资本市场融资功能，进一步加快规模壮大，增强市场综合竞争力。

（五）打造财政资金运作平台

深度参与财政专项资金改革，把中原金控打造成为省级财政资金运作平台，通过受托管理和控股、参股、合伙、合作等多种方式扶持各类金融业态，与各类金融机构共同搭建金融运作平台，通过金融杠杆放大财政资金的支持作用，深度撬动各类社会资本支持政府重点领域重点发展的金融与实体经济发展。

（六）打造PPP项目运作平台

积极参与承接PPP项目，把中原金控打造成河南省PPP项目运作平台和公共基础设施建设平台。由中原金控发起设立PPP项目公司，通过市场化途径引入社会资本，促进投资主体多元化和运作机制市场化，减轻政府财政负担，加速河南省公共基础设施建设进程，助推中原经济区和郑州航空港经济综合实验区建设，体现国有投资公司职责使命。

综上，通过围绕上述六大发展目标不懈努力，着力提升中原金控的投融资能力和服务经济社会发展的能力，力争把中原金控打造成为：投资集团控股的股权多元化、机制市场化，资本及资产管控规模居全国第一方阵，主要从事金融业投资、重大基础设施投资和资产管理业务，管理水平一流、协同优势明显，综合实力位居全国前列的大型综合性国有资本运营公司。

浅谈石油天然气行业供给侧结构性改革

深圳市前海国储能源化工有限公司　范文政

我国经济自改革开放以来三十多年的高增长主要是通过调整需求结构拉动，除消费水平的不断提高刺激经济的高速增长以外，投资因素与出口因素在拉动经济发展方面表现更为突出。在需求侧结构调整方面，政府起着关键作用，经济增长速度、经济结构调整，增长的动力机制都依赖于政府的干预与管制。然而近年来，随着国内外政治经济环境的变化，我国的经济发展进入了新常态轨道，供给和需求不平衡、不协调的矛盾和问题日益凸显，供给侧对需求侧变化的适应性调整明显滞后。因此，在新常态下推进供给侧结构性改革是提升我国经济增长质量的关键举措。

一、什么是供给侧结构性改革

1. 供给侧结构性改革政策的提出

2015年11月10日，习近平主席在中央财经领导小组第十一次会议上提出，“在适度扩大总需求的同时，着力加强供给侧结构性改革，着力提高供给体系质量和效率，增强经济持续增长动力”。

2015年11月17日，李克强总理在主持召开“十三五”规划纲要编制工作会议时再次指出，“要在供给侧和需求侧两端发力促进产业迈向中高端”。

2015年11月18日，习近平主席在APEC会议上再提出，“要解决世界经济深层次问题，单纯靠货币刺激政策是不够的，必须下决心在推进经济结构性改革方面做更大努力，使供给体系更适应需求结构的变化”。

2015年12月18日至21日举行的“中央经济工作会议”强调，推进供给侧结构性改革，是适应和引领经济发展新常态的重大创新，是适应国际金融危机发生后综合国力竞争新形势的主动选择，是适应我国经济发展新常态的必然要求。中央经济工作会议以后，“供给侧结构性改革”成为当下中国政经语境中最热的词汇。

2. 供给侧结构性改革的含义

供给侧结构性改革，就是从提高供给质量出发，用改革的办法推进结构调整，矫正要素配置扭曲，扩大有效供给，提高供给结构对需求变化的适应性和灵活性，提高全要素生产率，更好地满足广大人民群众的需要，促进经济社会持续健康发展。供给侧结构性改革，就是用增量改革促存量调整，在增加投资过程中优化投资结构、产业结构开源疏流，在经济可持续高速增长的基础上实现经济可持续发展、人民生活水平不断提高；就是优化产权结构，国进民进、政府宏观调控与民间活力相互促进；就是优化投融资结构，促进资源整合，实现资源优化配置与优化再生；就是优化产业结构、提高产业质量优化产品结构、提升产品质量；就是优化分配结构，实现公平分配，使消费成为生产力；就是优化流通结构，节省交易成本，提高有效经济总量；就是优化消费结构，实现消费品不断升级，不断提高人民生活品质，实现创新、协调、绿色、开放、共享地发展。

二、推进供给侧结构性改革的经济背景

1. 需求侧拉动经济发展逐渐式微

自2010年以来，我国总体经济增速呈现逐年下降趋势，经济增长从高速发展回落到中高速发展，2011年至2015年经济增速分别为9.2%、7.8%、7.7%、7.4%、6.9%，甚至有外媒评价中国2015年经济增速回落至近25年来最低水平。在国际经济总体呈现下行趋势下，近几年来，我国国内消费需

求增速下滑明显，固定投资增速持续放缓，对外贸易出口增速呈现出总体下滑趋势，甚至在2015年出现了出口负增长的现象；需求侧方面拉动经济增长的“三驾马车”明显动力不足，经济发展出现了短期波动，总体经济下行压力较大，依靠刺激总需求拉动经济发展逐渐式微。

2. 供给侧结构性矛盾日益凸显

供给侧结构性矛盾和问题突出表现为不适应需求结构的变化，具体体现为几个方面。一是传统产业产能严重过剩，产能利用率偏低，导致无效供给和低端供给过多；二是供给侧结构调整明显滞后于需求结构升级，导致有效供给和中高端供给不足，出现了国内消费需求外流、倾向于从境外获取高品质商品和服务需求的趋势；三是传统的体制机制束缚了供给结构的调整，生产要素难以从无效需求领域向有效需求领域、从低端领域向中高端领域配置，新产品和新服务的供给潜力没有得到释放。

三、推进供给侧结构性改革应与需求侧政策调控相协调

（1）供给和需求是市场经济内在关系的两个基本方面，是对立统一的辩证关系。从本质上讲，需求侧管理与供给侧管理都强调需求，但政策落脚点不同。需求侧管理政策主要应对周期性衰退，主张通过短期刺激政策增加社会总需求，重在解决总量性问题，体现在对现有产品“量”的需求，注重短期调控，主要是通过调节税收、财政支出、货币信贷等来刺激或抑制需求，进而推动经济增长。供给侧管理政策主要应对结构性问题带来的衰退，认为通过市场力量提高供给体系效率与质量以产生新的需求，重在解决结构性问题，体现在对新产品“质”的需求，注重激发经济增长动力，主要通过优化要素配置和调整生产结构来提高供给体系质量和效率，进而推动经济增长。没有需求，供给就无法实现，新的需求可以催生新的供给；没有供给，需求就无法满足，新的供给可以创造新的需求。实际上供给侧改革的实质就是通过供给侧的结构性改革实现供给与需求的均衡。

（2）保持总供给和总需求的动态平衡是经济增长的重要条件。供需

不平衡、不协调、不匹配，会导致资源错配和结构扭曲，影响经济增长的可持续性。推进供给侧结构性改革并不意味着放弃需求管理。需求侧调控为供给侧改革创造有利条件，供给侧改革依靠改善供给，使需求得到更好释放。供给侧的结构性改革需要把供给侧的政策与需求侧调控方面采取的政策相结合，在供给侧和需求侧两端共同发力，推进结构性改革。

（3）供给侧结构性改革离不开需求侧政策调控的配合，同时也能发挥提振需求的作用。供给侧结构性改革的主要任务是去产能、去库存、去杠杆、降成本、补短板，最终落脚点是实现更高水平的供需平衡。充分发挥需求管理的“稳定器”作用，可以避免经济增速短期快速下行激化各种矛盾和潜在风险，避免增大改革的难度和成本。当前，要把握好供给侧结构性改革的时间窗口，根据改革的总体部署、时序安排和推进节奏，拿捏好需求管理的尺度，营造稳定的宏观经济环境，为改革的有序推进创造条件。

（4）当前经济发展面临的问题，既是供给问题又是需求问题。从当前的现实看，我国经济发展面临的种种挑战，有供给侧问题，也有需求侧问题，有效供给不足问题，也有有效需求不足问题。供给侧改革要协调好需求侧调控，核心是要处理好“适度”与“过度”的关系：一方面，适度扩张有效需求，可以拉动经济增长，支持供给侧改革。另一方面，还要防止需求的过度扩张加剧产能过剩和经济泡沫，反而影响供给侧调结构。要“使供给体系更好适应需求结构的变化”，需着力在提供新供给、创造新需求、打造新动力上下功夫。

四、石油行业面临严峻挑战，供给侧结构性改革迫在眉睫

（1）石油行业供给体系最突出的问题是产能过剩，从勘探开发、石油炼化到管道运输、终端销售均在不同程度上存在结构性问题。

① 石油勘探开发环节产能相对过剩。长期以来，石油作为重要战略资源，国家不断加大勘探开发力度。尽管相对于1000万桶/天的消费量而言，

国内400万桶/天的产量难以满足需求，仍然有60%的供给需要依赖进口。但是考虑到我国开采成本相对较高，从全球原油供应市场的角度看，在当前国际低油价背景下，国内原油产能实际上是相对过剩的。

② 炼油环节产能过剩严重。近年来，全国炼油能力快速增加，开工率却下降明显，炼油行业产能过剩问题突出。当前我国炼油能力已经超过7.5亿吨/年，而实际每年原油加工量仅为5亿吨左右。按照85%的合理开工率计算，国内炼油能力过剩超过1亿吨/年。根据在建、拟建的炼油项目规模，“十三五”期间将新增产能1.2亿吨/年，若在2020年如期投产，则总产能将超过8.5亿吨/年，产能过剩矛盾将进一步加剧。

③ 成品油产量增长较快，消费增幅放缓，供需结构失衡。受低油价下炼油效益好转、国家放开地方炼厂原油进口权和使用权等新情况，以及国家对列入石化产业布局方案的炼油项目下放审批权限的影响，一些地方政府有了加快发展炼油产能的想法。炼油产能过剩和成品油市场供大于求的矛盾更加突出，尤其是东北地区的炼油产能过剩更加严重。此外，国家油气体制改革将有序放开油气产业链竞争性业务和市场价格，放开地方炼厂原油进口和成品油出口，鼓励新能源汽车加快发展，这些都将进一步加剧形成成品油市场竞争、国内成品油资源过剩局面。

（2）石油行业供给侧结构性改革的重点方向。石油行业应着力做好行业产能的加减法和产业本质的提升，通过深化改革、政策和市场机制的调整，优化资源配置，淘汰落后产能，提高全要素生产率；从注重扩大生产规模转移到提高产品质量，增加高技术含量、高附加值产品的产量；提高驾驭市场及时调整生产结构能力，形成主动适应市场变化的全产业链生产要素高效协同发展新体系。

① 国家需进一步加强对石油化工行业的统一规划，优化产业结构，优化资源和市场区域布局，严格执行石化行业项目的准入制度，摒弃依靠投资驱动行业经济增长的方式，切实控制炼油产能过快增长，化解淘汰过剩落后产能，防止产能过剩问题进一步扩大。

② 努力提高石油化工行业技术水平，增强深加工能力、降低综合能

耗，不断优化生产工艺、经济技术效率和产品结构，向发展高附加值、高端化工产品方向转变，减少无效、低端供给，增加有效、高端供给，推进石化行业加快升级改造。通过制定并严格执行更加符合经济发展的淘汰标准，强化行业资源利用效率、能耗、排放等方面要求，清理石化行业内的“僵尸”企业，向装置大型化、炼化一体化、产业集群化方向发展，推动石化行业从粗放式发展向内涵式发展的转变。

③ 加快推动油品质量升级步伐，不断提高油品质量，提升油品内在价值，引导和促进国内油品消费和环保实施。通过加强油品质量升级改造，倒逼炼油产业结构升级，从供应端杜绝低端油品进入市场，坚决淘汰技术水平不达标的落后产能。

④ 完善现有的原油贸易体制，有序、适度放开原油进口，充分利用好国外原油资源，用好优质地方产能，合理配置进口原油配额指标，给予优质的地方炼油厂以充足的炼油原料；同时，充分考虑国内成品油市场容量和消费增速，避免成品油供应无序增长，产能过剩持续恶化，合理调整成品油出口配额，调节国内市场的供求关系和结构，提高国内成品油的有效供给和有效需求，发挥好市场配置资源的决定性作用，避免形成原油进口和成品油出口两头都依靠国际市场的局面。

⑤对石油产业链的部分环节、局部区域提升产业资本结构多元化程度。通过兼并重组促进多元化投资，推进油气企业资源再整合，通过引入民营资本、实行“混合所有制”改革等措施，从体制机制入手，解决资源配置问题，增加有效供给。同时，进一步放开国有石化企业横向竞争市场，石化企业通过自身供给侧结构性改革与国家层面改革相结合，创造更加优质的竞争环境，通过有效竞争提升企业追求效益、创造效益的动力和活力，让企业减少不必要的制度性开支，从而提高生产要素有效资源配置，创造有效制度供给，将更多资源投入到创新、提高生产率等方面。

五、天然气行业发展遭遇瓶颈期，供给侧结构性改革势在必行

目前，国家大力倡导节能减排、加大清洁能源的利用，将逐步刺激天然气行业向健康轨道发展，在大政方针指引下，天然气行业发展迎来光明的前途，但由于我国天然气行业发展历史、能源消费结构、市场供需情况等诸多因素影响，在经历了一段时间的快速发展后，天然气行业发展目前正处于瓶颈阶段，相应的结构性、制度性改革已经到了关键时刻。

（1）加强理论研究和技术创新，解决天然气勘探开发环节问题。现有天然气生产能力无法目前满足国内市场需求规模，天然气对外依存度较高且呈逐渐上升趋势。虽然我国天然气资源量较丰富，但在地质、富集、勘探、开发、生产和集输等领域都面临着一系列理论与技术难题，因此，应通过理论和技术创新，降低勘探开发成本，合理提高天然气生产量，在一定程度上解决天然气行业有效供给问题。

（2）逐步改善上游环节天然气生产商、供应商垄断过重的局面，逐渐打破由少数几家寡头企业垄断天然气的勘探开采、控制天然气的输送、配给等各个环节的格局，给市场化资本提供参与市场竞争的机会，改变天然气供给结构僵化的现状，提高天然气行业供给对需求变化的适应性和灵活性。

（3）着力解决天然气主干管道、LNG接收站向第三方开放问题。充分利用好现有管道、LNG接收站的富余能力，通过市场化运作机制向第三方开放，促进天然气管输价格的降低和LNG接收站使用效率的提高；引导民营资本向境外天然气勘探开发、国内管道和LNG接收站建设方向投资，在逐步放松对天然气进口和市场销售等领域的市场准入管制的基础上，改善国内天然气供给结构，进一步解决供给侧的有效供给问题。

（4）推进天然气行业体制机制性改革，理清政府和市场的边界问题，减少政府在某些领域因过度干预而引发的阻碍市场价格形成机制、发挥作用，促使政府在一些领域发挥好应该起到的作用，改善我国天然气行业供给体系质量和效率低下的状况。

（5）加快推进国内天然气产业链定价机制改革，逐步消除因价格机制和进口、流动体制上的问题而导致的高价进口天然气充斥进口市场的不利因素；逐步改变在目前国际上天然气价格大幅度下降的情况下，低价格的液化天然气无法进入国内市场造成目前国内天然气终端价格较高的尴尬局面。

（6）通过政策性调整和制度性改革，深化天然气利用政策，提高天然气消费在一次能源消费中所占比例，加快天然气在化工、发电、交通、商业、民用等领域的推广应用；结合价格机制改革降低天然气供给成本，提高天然气相对于其他可替代性能源的价格优势；调节天然气结构性和周期性供需失衡，释放天然气消费广阔的市场空间，改善国内能源消费结构，改变低水平的供大于求的格局，推动能源结构转型升级。

充分发挥公司团队整体作用　为打造一流发电企业打下基础

濮阳豫能发电有限责任公司　赵书盈

濮阳豫能发电有限责任公司成立于2015年3月，承担2×660MW高效超超临界机组近50亿元的项目建设、公司的组建和完善、同一股东同一区域关停机组近900名的职工的任务，团队建设至关重要，所以，通过本次学习，结合中国人民大学徐世勇教授讲授的建设有效的团队课程，我主要从使命、人才、规范、认同、权利、士气六个方面，就我们团队新成立的、正处于组建期的公司如何充分发挥好公司整体团队作用、建设有效团队，做了进一步思考。

一、确立共同使命，打造一流企业团队

团队使命就是共同的团队信念，使命是团队的灵魂，没有使命，团队就没有未来；没有使命，团队就不会有持久的、旺盛的生命力。具体到一个企业中，使命就是指出在企业的生存领域及未来一段时期内会有多大的发展，让所有员工看到企业的良好发展前景和努力的方向，让员工对企业和自己的未来充满希望和继续奋斗的力量。优秀的企业，都是通过确立共同使命，让员工认同并接受自己的企业文化，凝心聚力，促进企业不断发展壮大。公司作为省属国有企业传统的优势产业，将以打造优良资产，实现国有资产保值增值，确保职工队伍稳定，建设“效益优良、风险可控、

办事公道、清正廉洁、思想统一、管理透明”的企业为使命，并促使员工把自己的人生目标和企业团队联系在一起，发挥集体的协同作用，进而产生“1+1＞2”的效果，打造一流企业团队。

二、汇聚真正人才，打造一流企业团队

真正的人才就是同时具备能干事和认同团队的价值观，二者缺一不可。传统意义上的业务、知识等各方面的能力很强的人称不上人才。相反，如果不能积极融入公司理念，对公司构建的价值体系不认同，就达不到劲往一处使的目的，公司发展的力量反而会削弱。俗话说，找对了人就成功了90%，“务虚的人在一个务实的团队当中活不下来，反之亦然。”每个团队都有它的气质，就像每个人都有自己的性格。企业招聘选拔人才，90%取决于面试的那几分钟。味道对的人，他第一天来上班就会让人感觉他已经来了很久。味道不对的人，总有一天要离开。

公司作为正处于基建期的新公司，目前密集招聘关键、核心岗位人才，招聘到合适人才是奠定企业未来发展的基石。因此，企业价值观视角下的招聘创新尤为重要。要明确两个人力资源招聘的黄金法则：一是个人与组织匹配原理，招聘到与企业文化匹配的员工，使之取得在价值观上的认同；二是能岗匹配原理，指人的能力与岗位要求的能力完全匹配，它包含两个方面的含义：一是个人的能力能胜任岗位的要求，二是岗位要求的能力个人完全具备。因此，在进行人力资源招聘时必须要做“明眼人”，使招聘的员工不仅认同企业价值观，还要能胜任岗位。即在坚持能岗匹配原则的基础上着重强调员工与企业的匹配，关注员工个人的价值观、目标、态度等内在品质与企业价值观的契合程度。

三、规范企业管理，打造一流企业团队

企业规范管理，制度是基础、程序是规矩、标准是尺子。企业管理必

须用制度、重程序，守规矩、讲标准，重绩效、求公平。企业保持持续、健康、和谐发展，就要努力构建“制度管理、程序办事、标准评绩”的工作机制。一是制度管理。办事要有规则，规则是员工共同遵守的制度或章程，具有很强的制约性、明确的规范性、鲜明的导向性和具体的操作性。强调“制度管理”就是把管理职能用制度的格式明确下来，把管理行为用制度的条文规范起来，把管理责任用制度的要求明确出来，实现个人管理能力在制度框架下的最大发挥。二是程序办事。所谓程序，就是流程、次序。管理程序是管理主体的管理行为在时间和空间上的表现形式，即管理行为所遵循的方式、步骤、顺序以及时限的总和。强调“程序办事”就是要把企业的经营管理行为用程序的形式固化下来，建立管理职责规范化、工作内容标准化、工作效率最大化的业务流程，以最少的环节、最低的成本、最优的服务、最快的速度，实现部门职能无缝对接、员工执行准确无误。三是标准评绩。所谓标准评绩，就是根据公司的战略目标、工作标准和评价体系评定部门绩效和员工工作绩效，根据结果采取纠正或预防措施，以达到改进或提升企业总体绩效的目的。也就是通过明确的工作要求、准确的技术参数和规范的标准评价体系，实现对公司、部门、个人工作结果和成效的公正评价；从而保证工作成效和工作质量，激励员工改进工作方法，提高工作目标、提升工作业绩。

四、科学权利分配，打造一流企业团队

企业要围绕一定的目标设置机构，明确分工，使每位员工知道自己在公司中的位置，并确认该位置应承担的责任、应具备的权力和将得到的利益。“责”有两层含义，一是指分内应做的事，是职务上所对应事物应承担的义务。二是指没有做好自己工作，对不利后果应当承担的责任或强制性义务；“权”就是权力，某一职位所行使的权利。“利”就是利益，有物质的也有精神的，通常是就职于某一个职位所应享受的利益，包括工资、福利及名誉等。

责、权、利的配置，基本参照同类企业的做法，再结合本企业情况所做的调整来确定。至于责、权、利的配置是否适合，需要在运作当中不断进行调整。责、权、利三者的排序一般采用以责定权、以责定利的方式。首先明确各岗位职责 ，岗位的目标设定、准备实施、实施后的评定工作由该岗位员工承担,让岗位员工认识到这个岗位是他个人展现能力和人生价值的舞台；然后在责任明确的前提下，赋予责任主体履行责任的权力，每个岗位都要有自己的权力范围，这样才能更好的做好自己的本岗位工作。要从制度层面确定各个部门、各岗位之间的明确分工，职务分工仅仅是说工作程序是由谁来具体执行的，如此才不会发生互相推诿、推卸责任等影响工作氛围的情况发生；最后制定有关报酬、奖励、待遇方面的规定，设定合理的绩效考核标准。责、权、利三者之间的结合和权力分工越合理，员工的积极性发挥得就越好。

五、鼓舞员工士气，打造一流企业团队

一个好的团队，需要所有员工都能以饱满的工作热情，投入到做事、创业当中去。如何鼓舞员工士气？首先应该了解三个为什么，也就是员工到公司的目的是什么？他们需要得到什么？如何才能满足他们的需求？人选择工作基本可以概括为三种情况：需要薪酬福利等方面的待遇；能够从工作中获得成就感；需要一种和谐的人际关系。与之对应，提升士气应着重从以下几个方面来考虑：一是营造“以人为本”、和谐宽松的工作环境，提高员工对企业的认同感和满意度。企业应创造和谐宽松的人际关系环境，减少人际消耗及人际冲突的发生，以免影响心情和工作动力，避免造成低工作投入和高工作倦怠；二是工作内容丰富化，让员工得到全面发展提升，提高员工的工作投入度。通过增加工作所需技能的多样性、提高工作的自主性、提高工作挑战性、发挥员工的兴趣与优势等方式，使员工在工作中发现更多自我实现的空间，自身潜能不断得到激发，形成巨大的工作推动力与积极性。三是建立一套科学的薪酬体系。为员工设计几

条不同的职业线。如管理干部晋升的“管理线”、业务人员晋升的“业务线”、专业技术人员晋升的“技术线”。每条线都有着严格对应的、同等的发展空间，使员工可以在自己擅长且喜欢的专业领域中获得发展，同时也会为企业做出更大的贡献。推广企业年金制度、建立个性化薪酬制度。四是开展创先争优活动，兼顾物质激励与精神激励。马斯洛的需要层次理论告诉我们，不仅要满足员工物质层面的需求，更要在精神层面上给予员工激励，从而最大程度地激发员工的工作热情，鼓舞员工士气，逐步形成公司持续发展、员工个人不断成长的良好局面。

六、促进价值认同，打造一流企业团队

首先，有效地增强员工对企业的认同感，需要我们高度重视企业文化巨大的精神作用。首先是加强对员工个人的观念引导。观念引导，关键在于“命运共同”的理念引导。只有命运共同，才会思想一致；只有思想一致，才会行动一致；只有行动一致，企业目的才能实现。其次，要加强与员工之间的沟通，通过干部培训等方式提高管理者沟通艺术，要成为沟通的楷模，要及时地将代表公司意志的信息和公司的共同愿景传递给员工，让员工对企业的发展有清晰正确的认识。管理者之间、上下级之间、同事之间、部门之间都要进行有效地沟通，要以内部信息、座谈、研讨等多种形式，使员工的意见、建议、批评有正常的、多样化的渠道得以传递和表达。真正形成一种人人关心企业、人人爱护企业、欣欣向荣的文化氛围。最后，通过社会主义核心价值观教育，使每位员工树立正确的价值观，将个人价值的实现与企业的生存、发展统一起来，将个人的价值取向与企业的价值取向统一起来，以对家的忠诚眷恋、以不达目的誓不罢休的做事创业激情，创造性地做好自己的本职工作。

提升素质　党员先行

河南投资集团有限公司 采连革

人是企业中最活跃的因素，高素质人才是企业发展的原动力，也是企业的无形资产和竞争获胜的法宝。建设一支高素质的员工队伍是企业应对激烈市场竞争的战略目标，也是增强企业发展后劲的根本保证。2012年，河南投资集团有限公司（以下简称“投资集团”）党委围绕“百年老店”战略构想，加快人才素质提升，在控股企业探索实施党员先锋计划，让党员素质在全员素质提升中先行一步，充分发挥党员职工的政治素质好、工作业绩优、示范带动强的作用，引导广大党员干部统一思想，提升素质，转变观念，奋发进取，积极推进项目谋划、资金运作、资产经营、资本运营、风险管控、管理创新等重要工作以及急、难、险、重任务。

一、适应新形势，探索实施党员先锋计划

（1）试点先行，探索素质提升新方法。基于投资集团控股企业多、行业广、发展水平不均衡、员工素质基础不一的特点，投资集团党委采用试点先行的方法，选择造纸、水泥、高速公路、电力等四个板块五家企业作为试点单位，取得了围绕中心、服务大局、提升素质的经验。几个试点单位地域不同，工作性质不同，采取方法不同，但都取得了一定效果，使集团党委对于实施党员先锋计划有了更全面的理解，从而更加坚定了把党员先锋计划从点到面、从试点到全面实施的信心。

（2）全面推广，探索素质提升新路径。党员先锋计划的实施重在有

序。为了全面实施党员先锋计划，主要采取了几点措施：一是由点及面，稳扎稳打，步步推进。集团党委出台了《关于实施党员先锋计划的指导意见》，组织、召开了控股企业座谈推进会，总结、推广了试点企业的经验，要求规模较大、有一定党建基础的控股企业要抓2~3个示范性党支部，再逐步扩大范围。几年来，集团系统由5个试行企业扩大到控股43家企业，由24个党支部推行到226个党支部，做到稳步推进，确保效果。二是领导重视，逐级示范，把党员先锋计划作为素质提升的切入点。各级控股企业因企制宜，扩大宣传，把实施党员先锋计划的目的、意义宣传到每一个岗位，每一个党员；把先试先行的支部示范点作为企业素质提升的“试验田”，在企业素质提升培训计划的基础上，一人一表，制定个人素质提升方案，根据时间节点和提升目标，进行验收。各级党组织负责人多次深入车间、部门，对党员先锋计划实施情况进行指导。三是发挥集团统一组织平台及部门职能、部门作用。从过去简单的开会部署、检查验收变为全过程的指导，集团党委建立了由企业党群归口部门相关同志进行联系的QQ群、微信群，搭建网络信息联络平台，随时可以反馈意见，及时发现问题、进行跟进指导。各控股企业根据计划推进方案，按照不同阶段，进行检查指导，随时纠偏。

二、实施党员先锋计划的主要做法

实施党员先锋计划的基本思路是：结合公司、支部及党员个人的职业发展诉求，一人一表，制定个人素质提升计划，倡导每个党员每天学习一点点，素质提升一点点，能力提高一点点，业绩再优一点点，持续进步一点点，最终达到素质提升的目标，在员工素质提升过程中先行一步，先提升一步。

（1）制定适合党员个人实际的党员先锋计划。党员先锋计划目标的制订是开展党员先锋计划活动的关键，计划目标实施分类制订，主要包括三方面内容：一是素质提升、能力提高计划。包括思想政治素质、文化素质（如学习、再教育、专业技术资格、职业资格考试等）、业务能力（如一岗多能，加强工作面的宽度、深度等）、身心健康水平等方面的内容。二是业绩创优计划。在业绩完成的前提下，对于技术岗位主要包括明确岗位职责与工作指标，可选择部分指标同系统内标杆企业对标，以达到更优、更好的标准；对于管理岗位主要包括明确岗位的职责与主要任务，可选择破解企业发展、管理过程中的重点、难点问题或提出提升本岗位业务工作的新方法等。三是工作协同计划。主要包括在工作上发挥党员先锋作用，进行传、帮、带；做好上下游岗位的协同配合工作；在部门内部积极、主动地做好“B角”工作；在生活上主动关心爱护同事等。在制订计划目标时，支部要求党员遵循以下原则：目标量化原则；结合工作实际原则；切实可行原则；先进性原则。支部要求党员在制订计划目标时，应对目标的先进性、现实存在的问题、需要的资源和潜在的障碍、计划采取的措施和计划完成时间进行认证分析，明确目标实现过程中需要的帮助和措施保障。党员先锋计划书制订完成后，支部对计划书的可行性、先进性和符合性进行审定，并和党员交流开展活动中需要帮助解决的问题、探讨计划措施的可行性和针对性，并在征得党员同意的基础上，指定帮扶人。

（2）支部牵头组织并进行全程指导。年初，党员将个人“先锋计划书”交所在党支部审定，各党支部应积极采取措施，为党员实施“先锋计划”提供服务、创造条件。党员个人提出的提升目标同业务工作紧密结合，尽可能量化，便于考核，促进年度工作目标任务完成，并自觉推进和落实各项措施，党支部和党员个人共同对“先锋计划”的实施情况进行跟踪与实施，确保目标实现。年底党支部组织党员民主评议，对每个党员“先锋计划”的实施情况进行评价。

（3）跟踪指导党员开展活动情况，建立党员成长档案。按照一人一档、一事一记的原则，为每名党员建立《党员成长档案》。对党员开展活动的跟踪指导采取两级制，以帮扶人为主线，对党员思想素质、工作能力、工作业绩、党员作用发挥、先锋计划兑现情况等进行跟踪指导；以支部为辅线，对党员在开展活动中存在的问题，如需要帮助解决的问题、思想动态、措施计划的实施等进行跟踪指导和帮助。帮扶人根据跟踪指导的情况，每月填制党员成长档案，描述党员在思想素质、工作能力、工作业绩、党员作用发挥、先锋计划兑现等情况，指出党员在开展活动中的不足和需要改进的方向，支部根据党员活动情况和帮扶人的建议，对党员活动开展情况进行评价。档案作为年底党员民主评议、评先评优、岗位晋升的依据。

（4）开展民主评议及支部评价活动。为总结“两提一创”党员先锋计划活动成果，对党员开展活动情况进行客观评价，总结经验，指导今后活动的有效开展。民主评议采取帮扶人评价、党员互评、所在部门群众评议的方式进行，帮扶人评价主要是指出党员存在的不足和以后努力的方向；党员互评和群众评议主要内容为党员在开展活动中是否积极主动、是否在工作中起到了先锋模范带头作用、党员思想素质和工作能力是否得到提升。支部评价主要内容为党员是否按照措施计划实施、党员先锋计划是否完成，开展活动中的不足和努力方向等。通过建立有效的评价激励机制，激发党员自我提高内生动力，推动先锋活动持续深入开展。

三、实施党员先锋计划取得的效果

党员先锋计划的深入开展，使集团各级党组织和党员面貌焕然一新，融入和服务中心工作有了载体，奉献企业和带头攻坚有了平台，战斗堡垒和先锋模范作用竞相展现。

（1）广大党员的党性意识普遍增强。通过党员先锋计划，党员明确了职责和目标，主动担当、尽责奉献，在提升素质、攻坚克难的过程，进一步激发了工作热情、强化了党性观念，党性意识、先进意识、创争意识明显增强。

（2）党员的工作作风明显转变。活动开展以来，集团各级党组织把党员先锋计划作为讲纪律、守规矩、改进作风的有力抓手和“两学一做”学习教育的重要载体，进一步规范党内政治生活，通过民主生活会、组织生活会、民主评议党员等方式，推动党员深入查找自身在思想、工作和作风方面存在的问题，促进党员在示范行动中改进作风、从严从实，主动作为、进取有为。

（3）中心工作得到了有力推进。以开展党员先锋计划为切入点，及时把先锋行动焕发出的热情转化为工作动力，全体党员立足岗位、尽责奉献的先锋行动有力推动集团各项工作的进展，使党员先锋行动成为了集团党建工作融入、服务中心工作的有效机制。

四、几点启示

党员先锋计划的实施为投资集团在国企改革不断推进、发展转型向纵深进行、人员素质要求越来越高的环境背景下，围绕服务于企业科学发展，发挥党员先锋模范作用，进一步提升新形势下党建工作的凝聚力、号召力、组织力提供了鲜活经验，并对今后集团的党建工作产生了深远的影响。

（1）为贯彻落实党的关于加强基层党建的要求找到了新途径。党的十八大指出，加强党的各级组织建设，强化基层党组织整体功能，发挥战斗堡垒作用和党员先锋模范作用，激励广大干部开拓进取、攻坚克难，更好带领群众全面建成小康社会。投资集团党员先锋计划就是贯彻落实党的十八大精神，发挥党员先锋模范作用而做出的新探索，通过党员素质的先行提升，使党员在全员素质提升的过程中，紧贴企业实际，标准高一点，步伐快一点，效果好一点，较好发挥了“一个支部就是一个堡垒，一个党员就是一面旗帜”的作用，既提升了党员的个人素质，在集团发展转型中建功立业，又以点带面，凝聚起基层党组织的整体合力，增强了基层党建基础，推进了基层党建工作的创新和发展。

（2）为开展“两学一做”学习教育向纵深推进创造了新载体。“两学一做”学习教育的关键在于“做合格党员”，合格党员的标准之一就是要勇于担当作为，时时处处铭记身份，在生产、工作、学习和社会生活中起先锋模范作用，这与实施党员先锋计划的初衷不谋而合。以开展党员先锋计划为切入点，学习教育通过党委推动、支部带动、党员行动，让党员清楚了目标是什么、该如何干，不断提高工作质量和服务质量，在生产经营的实践中推动挂牌上岗、亮明身份，创建党员示范岗和党员示范区，树立起党员的良好形象，模范履行岗位职责，影响和带动身边的普通职工，积极为集团提升投融资能力和科学发展多做贡献，全体党员立足岗位、尽职履责，做表率，走前头，有力推动集团各项中心工作，实现了党建工作“融入中心、进入管理、引领方向、服务大局”的效果。

（3）为推动投资集团全员素质提升提供了新突破。《中共中央国务院关于深化国有企业改革的指导意见》指出，以管资本为主改革国有资本授权经营体制。无论是通过开展投资融资、产业培育、资本整合，推动产业聚集和转型升级，还是通过股权运作、价值管理、有序进退，促进国有资本合理流动，实现保值增值，都需要建设一支高素质的人才队伍，把项目建设好、企业经营好、资本运作好。党员先锋计划的实施为全员素质提升提供了好的突破方向，作为优秀员工的代表，党员员工在传统的交流培训、网络学院、外出学习的基础上，与生产实际相结合，与职业需求相结合，采用更加灵活的方式，拓展了学习内容和范围。党员先锋计划的关键在“先锋”，在工作能力提升上争先锋，在工作业绩上创先锋，在业务协同上当先锋，把党员的素质提升表率效应传递到普通员工中间，更加有利于激发员工学习的积极性，更加有利于发挥党员的带动与提升作用，更加有利于建设宏大而特别能战斗的职工队伍，从而有效保证市场经济新形势下基层党组织建设的自我完善。

转型升级中的领导、执行与创新

中国电建集团上海能源装备有限公司　林永祥

一、企业背景

上海能源装备有限公司成立于1956年4月，1999年1月改制为上海电力修造总厂有限公司，2015年7月1日正式更名为中国电建集团上海能源装备有限公司。目前是中电建旗下集产品研发、设备制造、工程成套和技术服务四大功能于一体的电力装备制造企业，是全球专业制造高效清洁燃煤电站锅炉调速给水泵最多的厂家和配套最多的供应商。

公司主导产品锅炉调速给水泵组、高温高压电站阀门和“电力”牌焊接材料广泛运用于国内外各类大型火电站、核电站。公司现有员工600余名，拥有世界一流水平的各类加工制造设备、检测设备600多台；建立了完善的质量管理、安全生产和环境保护体系。按照集团化运作、精细化管理、精益化生产、标准化作业的要求，加快实现产品设计虚拟化、零件制造数控化、检测试验智能化、企业管理信息化和市场商务电子化建设。公司2009年成为高新技术企业和上海市企业技术中心，目前正在积极创建国家级企业技术中心。

二、企业发展战略及年度目标

围绕集团公司建成“集团化、国际化、多元化、专业化、信息化的创新驱动型、质量效益型世界一流综合建设集团”的宏伟愿景和各项重要战略举措，强化人才兴企、科技强企战略、以科技创新为抓手，提升企业市场竞争优势。目前公司已实施“双百”战略、“国际化”战略；建设“二个中心”，即国家级企业技术中心、国内一流智能化产品理化检测试验中心；打造“两个基地”，即高端电站装备制造基地、高端焊接材料生产示范基地；进一步扩大火电市场产品份额，尽快占领核电市场，加快海外市场拓展，逐步进入其他（集团公司内部、石化、冶金）市场，确保公司产品市场稳固扩展。

结合此次更名，公司在新一期的中长期规划中提出，“做强传统产品，拓展新能源市场”，力争在2020年以前将公司初步建成国际一流先进能源装备制造企业，建成员工和企业共同成长、企业与社会共同发展的具有更高文明素质的和谐企业。

2014年成为集团公司B级企业，2015年计划完成销售收入17亿元，新签合同18亿元，实现利润6000万元。这在近年传统市场容量持续下滑的经济形势下，对公司全体员工是一个巨大的挑战。

三、机遇与挑战

（一）面临挑战

（1）全球经济持续低迷，国内经济增长速度明显下降，火电市场从每年新建机组装机容量大幅度减少，产品需求量萎缩。市场资金不足、融资困难，企业资金无法及时回笼，对企业生存带来严重威胁。

（2）由于市场竞争更趋于激烈，国外产品供应商把制造产能转移至中国国内生产，加入前期国内企业通常采用的低价竞争，使企业利润率急剧下降，而人力成本又不断上升，严重挤压了企业的生存空间。

（3）公司有近60年的历史，是一家国有老企业，员工老龄化现象相当严重。两年中将有80位左右老员工到龄退休，并且大部分是一线员工，其中还有近10位企业中层领导。随着这批老同志的退休，公司原有的一些技术优势，核心竞争力随之丧失，给本公司目前的生产、经营带来了前所未有的挑战。

公司近几年已加快了人才引进，加强了技术工人的培养，但是现阶段人力资源的配置仍然满足不了企业快速发展的需求。

（二）新的机遇

（1）国家鼓励电力装备企业的转型升级，抓住新能源发展的新机遇。国务院提出的“中国制造2025”规划，提出推动大型高效超净排放煤电机组产业化和示范应用，进一步提高超大容量水电机组、核电机组、重型燃气轮机制造水平。推进新能源和可再生能源装备、先进储能装置、智能电网用输变电及用户端设备发展。突破大功率电力电子器件、高温超导材料等关键元器件和材料的制造及应用技术，形成产业化能力。

在国家大力发展新能源、清洁能源的政策导向下，抓住企业由传统能源向清洁能源转型的重要机遇，积极转型升级，在产业结构上，由传统的制造产业扩展为装备制造、清洁能源技术改造、设备总承包、新能源EPC投资项目等产业布局。公司加快产品拓展步伐，由电站泵阀拓展到军工、石化领域，通过投资合作及相对控股的方式，促进市场拓展、技术融合创新，最终实现企业跨越式转型发展。

（2）积极响应“一带一路”战略，抢占国外能源发展市场。国家“一带一路”战略，要求加强能源基础设施互联互通合作，共同维护输油、输气管道等运输通道安全，推进跨境电力与输电通道建设，积极开展区域电网升级改造合作。

“一带一路”战略的本质是国际市场的拓展，进一步挖掘国际市场的潜在价值，向国内能源装备制造和工程投资领域，带动国内能源装备制造质量升级与市场份额的占领。中国电建集团上海能源装备有限公司，作为中电建龙头能源装备制造与成套企业，在火电、核电及新能源装备领域的装备制造与设备成套有着战略性意义。

（3）新电改(中发〔2015〕9号文)中提出的：允许自备电厂在公平承担发电企业社会责任的条件下参与电力市场交易；积极发展分布式能源，全面放开用户侧分布式电源市场，因地制宜投资建设太阳能、风能、生物质发电等分布式电源，准许接入各电压等级的配电网络和终端用户系统；鼓励专业化能源服务公司与用户合作或以合同能源管理模式建设分布式电源。这些举措破除了行业垄断，一定会激发社会企业自办电厂和发展分布式能源的积极性，推动新一轮的电力投资，这对我们装备板块企业来说，绝对是利好消息，它会为我们带来新的商业机会。我们可以充分利用在生物质发电、光伏、太阳能发电上业已取得的装备制造优势和合同能源管理的商业模式，进一步发展此类业务。

四、创新与执行

（一）转型升级，做大做强

积极拓展多元市场，继续发展冶金行业用泵市场，全面深入地了解和研究石化市场，寻找市场突破点。以利用本公司技术和品牌的优势，寻找、发掘替代进口的高端产品作为本公司发展方向。

进一步提升售后服务质量，加强备品配件的快速供应能力，推进产品升级改造服务，维护好现有的用户，稳固售后服务市场。在过程中加强合作方的管理和评审工作，定期对合作方进行分析和考核，使合作方真正成为本公司市场工作的有利补充。

加快给水泵变频节能改造项目的推广步伐，继续对目前在运电动给水泵组进行全面梳理，通过组织技术人员到电厂介绍、书面介绍、组织推介会等形式加快市场推广。在现有的基础上做好五大发电集团的工作，力争使本公司的电动给水泵系统节能改造技术成为同类项目的首选，在技术上成为市场标准。

同时，在做好现有工作的基础上，发挥本公司自身的技术优势，利用部分社会资源。研究、规划新的服务项目，推进服务项目的产业化升级，使其真正成为公司的第四大拳头产品。

（二）创新商业模式，开拓市场份额

在巩固并深耕传统产品市场的基础上，根据国家产业政策的变化，加快拓展培育节能改造市场，进一步加强与EPC总承包商的合作，试点扩大设备成套范围，努力提高海外市场份额。

在国内市场开发上，积极适应市场需求的变化，主动创新商业模式，通过品牌经营、工程设备总包、技贸合作等举措来推动市场的快速发展。积极依托和争取集团公司的内部资源，努力构建新的业务形态，把国内市场的结构性增量转变为公司的现实合同订单。

继续巩固传统火电市场份额和领先地位。600MW50%容量及以下给水泵机组项目，利用成熟的品牌优势，力争项目中标率在60%以上；600MW全容量及以上项目，力争取得30%的市场份额。

开展承接火电站汽机成套设备业务。在集团公司装备事业部的带领和指导下，加强与集团兄弟单位合作，积极开展设备采购租赁以及小型设备EPC项目。通过小项目全面了解EPC项目流程，边学边做，为全面承接大型设备EPC项目积累经验和培养人才。

（三）助力新能源发展，探索全新发展路径

（1）光伏产业。公司将在实践中不断探索以设备总承包的方式进入国内光伏电站市场，并打造具有中国电建标识的市场品牌，逐步带动装备板块其他企业一起进军光伏电站市场。

（2）风电领域。配套国内2MW、3MW、3.5MW风电机组中机械传动装置。与德国VOITH公司合作进军国内风电市场，力争实现产品的突破性进展。其主要研究内容为：进一步调研WinDrive技术的可行性，对比此类技术与传统风电技术的优缺点；调研主齿轮箱和WinDrive装置集成的可能性；研究成套传动装置的装配工艺、质量保证；尽力实现WinDrive技术中

核心部件液力变矩器的技术吸收消化与创新。

（3）潮汐发电。本公司将尝试与英国Tidal Energy Limited 公司开展战略合作，拓展英国及中国市场的潮汐流动发电业务。具体实施方案为：考证和调研英国Tidal Energy Limited 公司的DeltaStream涡轮机的技术先进性、可靠性、建设安装的可行性、潮汐电场的稳定性等多方面因素；分析和研究英国EPC业务的风险控制和具体实施办法；在合理论证的基础上，我公司可尝试依托集团公司做海外市场EPC业务。如果EPC项目预期收益良好，可进一步探讨合资在中国建厂的相关事宜。

（4）高温分解发电。本公司将尝试与英国Energy10能源公司合作，拓展海外市场的高温分解发电业务。英国Energy10公司已经采用久经考验高温分解技术,在伦敦建立了垃圾处理发电厂，每个机组为15MW~25MW，该工厂预计将连续运转8000小时,达到90%的效率，全年有4周停机时间，该项目可享受政府最高补贴额度(连续20年不变)。主要探索内容：研究和分析高温分解发电的经济性，包括成本，政策补贴，维护成本等；分析分解发电的环境保护、技术先进性、风险控制；在合理论证的基础上，我公司可尝试依托集团公司做海外市场EPC业务。

（四）优先海外战略，形成新的增长

以技术合作形式与印度当地的合作伙伴合作在印度修建上海电力修造总厂有限公司（印度）维修服务中心，通过服务树立公司品牌，为公司主要产品和技术服务直接进入印度市场积累经验。

加强与印尼国家电网（PLN）和物资公司（PJB）和作，保持备品和维修市场，进一步拓展相关领域的服务市场的进入。以本公司产品的维修与备品供应为起点，抢占印尼电站中国成套设备的备品供应市场，最终实现本公司全系列产品的市场进入和备品、维修的本地化运作。

（五）人才培养

近年来，产品质量问题的发生率呈上升趋势，我认为这与缺少一线合

格的技术工人有密不可分的关系。建立有效的员工成长体系，打开技术工人的发展通道，通过积极引导，形成尊重技术的良好氛围，让一线的技术工人清晰地看到个人的发展空间，分享企业发展的红利。目前已开展的劳模工作室、项目经理负责制，定期开展的劳动竞赛都是很好的模式。

针对目前生产现状，我认为可以在金加工方面更多地利用社会资源，但前提是要做好三方面的工作。第一，认真做好合格供方的筛选工作，将生产外协与采购合并。同时加强对合作方的管控和指导，认真执行每年的合格供方的评审工作，建立竞争和淘汰机制，扶持真正优秀的合作伙伴与本公司共同发展。第二，加强质保队伍的建设，严格执行质量标准，重塑质量至上的理念。第三，认真落实采购前的技术交底工作，加强过程中的技术交流和质量控制。

从中长期来看，公司的干部队伍、营销队伍、研发团队的建设关系到公司的长远发展，引起了公司高度重视，并启动了人才强企战略。要通过对不同人才的职业生涯的设计，使不同的人才找到适合自己的发展道路，并在各自的道路上得到同等的薪酬待遇和尊重。通过人才成长机制的建立，改变现在优秀人才都向管理岗位转移的状况。

五、结束语

在转型升级的过程中，领导应该具有企业家的开拓精神，具有正确的价值观、拥有全球的战略视界、做好决策、用好人。

在传统市场上提升产品的技术含量和质量水平，在企业的整体技术水平和质量上升级换代，成为行业的标杆。

在新的市场领域，发挥自身优势，通过融资带动，整合全球资源。对外要着力推广好公司的品牌，对内加强战略宣传，使企业上下一心，形成统一的愿景，最大程度地发挥好公司全体员工的主观能动性。

最终，我们的目标是将企业从简单的产品制造、服务的企业，发展成为一个在能源领域提供整体解决方案的服务型装备供应商。真正成为一个具有较强资源整合能力、拥有自己一流品牌的、具有市场引领能力的跨国企业。

国有建筑企业职业经理人发展现状及对策

中国水利水电第八工程局有限公司 赵志红

伴随着大型国有建筑企业集团化、规模化、国际化进程的逐步加快，宏观经济形势和企业自身对市场与创利能力的要求，职业经理人得到一定的发展，同时也对职业经理人履职提出了更高的要求。某种角度来说，企业职业经理人队伍建设水平决定了企业发展水平，职业经理人已经成为企业健康发展的核心力量。

一、职业经理人概述

（一）职业经理人的概念

企业的职业经理人，通俗来说就是职业化的企业经营管理者，他们是依靠自身的管理技能、管理知识来为企业的保值增值做出贡献的企业主要经营者和管理者。建筑企业职业经理人行使企业的经营权与管理权，使企业获得市场订单并通过项目管理得到收益。国有建筑企业经理人横向上分类可以分为商务、市场、技术研发、生产等，即通常意义的部门经理，纵向上分类是指各个层次的职业经理人，例如我们常说的项目经理、区域经理、企业负责人等。

（二）职业经理人的特征

从职业经理人的定义上可以看出，职业经理人必须是“职业化”的企业经营管理人。它的内涵决定其具有以下几项主要的特征。其一，职业经理人是职业化、专业化的，借以区分非专业、职业水准不高的经营者，因此必须具备高水平的业务能力；其二，职业经理人是市场化的，因此必须是去行政化的，坚持市场化的选择，具有市场化的酬劳体系；其三，职业经理人性质决定其必须具备相应的职业道德和个人道德素养。

二、国有建筑企业职业经理人的现状分析

（一）职业化程度、市场化程度不高

大部分国有建筑企业仍然停留在行政化上，职业经理人的选择上由上级单位任命，行政级别的“官本位”现象严重，做不到能上能下、市场选择，在行使其经营权与管理权时也是以满足“行政化”为业绩要求，使用的是“行政化”的措施、手段。这是决定职业经理人市场自身发展和企业长远发展最核心的因素。

（二）职业能力不足

职业经理人的职业素养是其自身的知识技能、能力素养、心理素养的综合体现。国有建筑企业往往分工过细，相互制衡的约束机制大于市场化的激励机制，使得职业经理人知识面单一、技能单一，复合型知识不够，尤其是商务、金融、国际等相关知识欠缺；职业经理人“行政化”的身份决定其业绩观不能从企业战略高度的角度出发来管理企业，而是满足对应的业绩要求、升职要求。

（三）职业道德有待提高

对于职业经理人来说，职业道德与他们的职业技能同样重要，良好的职业道德会成为职业经理人的职业标杆。但是，目前的职业经理人还存在很多不良的职业道德，职业经理人往往不能以企业利益为出发点，存在着种种的短视行为，逐渐成为了短视利益的“奴隶”。社会上一些人将建筑业职业经理人与偷工减料的包工头等同，片面强调经济效益。如果职业经

理人没有良好的职业道德、极高的职业忠诚和职业信仰，就不能为企业带来长久的利益，反而会带来不良社会影响。

（四）“以人为本、和谐发展”的理念不够，忽视人的重要性

目前，职业经理人仍然过于重视技术知识，而忽视了员工的主体地位；过分强调有效的经济激励机制，忽视以人为本的发展理念；过于强调项目和企业经济效益，忽视社会效益和社会责任。

三、国有建筑企业职业经理人的发展对策

（一）规范市场，创造适合职业经理人发展的土壤

前几年，随着国家经济发展、基础设施业务投资大、房地产开发体量大、建筑业企业向海外扩张，建筑业市场迎来了大发展。但这个过程中也出现了很多问题，地方保护和行业保护出现抬头现象，体现在各个地域、行业的备案准入制度、各类取证要求，寻租现象、腐败问题较为突出，各种合作、挂靠经营、工程转包问题较多，这些都不利于职业经理人行业的健康发展。十八大以来，国家反腐败斗争取得阶段性成果，国家出台了一系列治理工程领域的政策，比如打击挂靠、转包、非法分包，建立全国统一市场、信用评价体系，出台营改增等一系列政策，都将为净化建筑业市场、为职业经理人市场提供良好的生存土壤，促进了职业经理人职业技能和道德素养的提高。

（二）规范行业，职业经理人亟待规范化

狭义的职业经理人是指取得了资格认证的从业人员，国家取消了职业经理人的资格认定，正是因为行业管理中存在的各种问题。但职业经理人作为一个广泛的概念存在于国民经济领域的各行各业，专业的人干专业的事，专业的人更有利于干好专业的事，这是不容置疑的。目前社会上对职业经理人并没有很正面的理解，所以需要做大量的工作。

（三）调整机制，真正实现职业经理人职业化、市场化

目前，很多国有建筑企业陷入市场规模增大的局面，但“大企业病”很突出，创利能力不强；内部管理制度多、考核多，像“层层设卡”一样，企业员工疲于应付各种报表、各种检查；各项工作以满足是否符合程序、不触碰制度作为衡量标准，而不是以创造价值、创造效益作为标准；“大锅饭”现象严重，干好干坏一个样，难以适应真正的市场。

因此实现职业经理人职业化、专业化、市场化很有必要。要做到这点，必须做好几个方面的工作。一是建立职业经理人队伍及职业经理人用人标准，使优秀的人才进入到这个团队中来，建立职业经理人进入退出机制；二是推行各种全生命周期考核制度，使职业经理人贡献与市场化薪酬挂钩；三是建立起与全生命周期考核相对应的配套制度，原则是遵守法律规定，依照市场规则，反思企业制度，做好收与放的权限分配；四是建立起内部各种人力资源市场、设备物资市场、卫星队伍市场，依照市场化选择的原则，为职业经理人行使权力创造条件。

（四）加强党建工作，实现职业经理人与党建工作的融合

国有企业的性质、地位决定了国企必须坚持共产党的领导，必须坚持企业经营管理和党建“两手抓”。因此，职业经理人的发展必须实现与企业党建工作有机融合，笔者认为要实现二者的有机融合要做到“六个统一”。一是坚持职业经理人市场化选择与“党管干部”的统一，职业经理人在遵循市场化选择的基本要求同时，服从党管干部、选人用人的程序、方法，不能跳出“党管干部”的基本框架；二是职业经理人行使企业管理权与经营权时坚持企业发展与战略决策与党的民主集中制原则、“三重一大”决策程序相统一；三是实现职业经理人、职业经理人团队与各级党委班子履职任用统一；四是职业经理人素养与共产党员标准要求相统一，职业经理人范畴有其自身定位所具备的职业素养，以共产党员身份来说，必须遵循党章、党纪、党规，不能违反党的纪律、规矩；五是职业经理人“以人为本、和谐发展”的理念与党的群众纪律、群众工作方法的统一；

六是职业经理人的企业发展理念与党的建设的理念的有机统一。以上统一并不是矛盾的，而是相互促进、共同发展的。社会主义核心价值观的践行、国有企业的发展、国有资产的保值增值需要一大批高素质的职业经理人，而中国共产党对自身的各方面要求又会促进职业经理人职业能力、道德素养的提高。反之，对国有建筑企业来说，离开了党对企业的领导，职业经理人必然会出现唯经济效益化、唯个人论等问题。

（五）坚持问题导向，提高职业经理人业务能力

职业经理人存在于各行各业中，所以对其要求也不尽相同。对国有建筑业企业来说，针对现在普遍存在问题，重点做好几个方面的工作。一是坚持复合型引导，梳理组织机构和工作职责，打破分工过细导致的技能单一的问题；二是坚持商务型引导，注重财务、金融等方面的系统学习和培训，打破计划经济和非完全市场竞争下重生产轻经营的问题；三是坚持信息化引导，紧跟互联网思维，克服经验主义思维；四是国际化引导，注重国际贸易、金融、法律等方面的学习；五是坚持实践引导，尤其是建筑行业，只有具备在实战中锻炼的能力，才能够解决实际问题。

（六）职业经理人与企业文化的相互影响

企业文化是一个企业的灵魂、价值观取向和精神支柱，企业文化是现代企业制度与哲学理念的融合、创新和飞跃，是企业最核心的竞争力，是企业可持续发展、生生不息的力量源泉。优秀的职业经理人创造发展了优秀的企业文化，企业文化也成就了优秀的职业经理人，二者在实践过程不断相互促进。

企业并购的尽职调查工作实践

中油金鸿能源投资股份有限公司　赵国习

总有一天并购会光顾你，即使你的企业目前规模很小。有可能是你有幸会成为某一场并购的主体，也可能是你很不情愿，企业被别人并购。

并购几乎是经济生态里最精彩的一部分，因为不同的初因、跌宕起伏的过程和不可预见的结局，它比建立企业和破产企业能赚得更多的眼球和噱头。进入21世纪以来，很多年份都会被有不同目的的人冠以“并购元年”的头衔，这是市场对并购无限想象的必然结果。当然市场也并没有让大家失望，近年来无论是哪个机构，哪一类统计数据，并购总规模、单体规模和数量都在快速增长。

但是很遗憾，并购并非总能获得一个令各方都满意的结局。双赢是初衷，但往往并不是结果，从大多数并购实践看，失败仿佛是大多数。不仅是在国内，国外成熟市场经济的并购也存在诸多风险，很多都是“猜到了开头，但没有猜到这样的结局”。微软耗资70多亿美元收购诺基亚，宏图未展就折戟沉沙，最近不得不以3亿美元的零头价出售。我们国人引以为傲的企业联想集团，蛇吞象般的收购了IBM的电脑部门，尾大不掉，整合多年都不能达到预期，这两个优秀的企业在目前的竞争环境里正在向第二梯队滑落。

有这么多近似电视剧剧情的事例，为什么并购还是如此让大家趋之若鹜呢？道理很简单，并购能让企业成长的速度是惊人的，最简单的算法就是“1+1=2”。一个企业如果通过自身的积累实现规模翻番，可能需要多年的努力，但并购提供了捷径，只要你愿意，在很短的时间内，规模就会快速扩大。现代公开的资本市场和规模巨大的财务投资人，成为企业积极并购的重要推手。

同时，过分宣传并购可能带来市场、资源、技术等方面的互补，可以实现“1+1＞2”甚至更多的未来预期，让更多的资金和企业在这种胡萝卜的吸引力下，积极开展并购业务，甚至跨行业、风险更大的并购。

至此，很多人开始意识到，并购是把双刃剑，用得好企业获利丰厚，用不好得不偿失。那如何才能在并购工作的实践中，尽量降低风险避免失误呢？除了做好战略规划，确立好并购标的属性等因素外，并购过程中的尽职调查也十分关键。

一、什么是尽职调查

我们都知道，如果按照工作表格来看，尽职调查分三个模块：财务尽职调查、法律尽职调查和市场尽职调查，这三部分的尽职调查基本上都依赖外部专业机构：审计师事务所、律师事务所和市场调研机构。

财务尽职调查要审计企业的财务状况，一般来说，企业内部有多种诉求的财务报表，针对投资人的、针对税务机构的、针对企业管理者的。被并购企业提供的财务报表基本都是经过粉饰的，需要专业的审计师把关还原。专业的审计师会根据会计准则和企业的业务特点来调整被并购企业的财务报表，剔除不实要素，出具无保留意见的审计报告，使它更具规范性和合理性。

法律尽职调查工作依赖律师事务所，主要涉及企业历史沿革、股权结构变化、相关的政策优惠、知识产权、人力资源管理和或有负债等。律师要检查此领域的所有原始文件，根据法律法规和各种制度，审视这些文件的合法性，发现问题并提出整改办法。在所有问题得到解决后，出具法律意见书。

市场尽职调查工作相对繁琐，涉及企业的商业模式、外部的市场环境和国家的政策走向、竞争对手分析、上下游客户调查等外部因素，同时还要专注企业采购、库存管理、生产流程和技术、销售和物流等内部因素。完善的市场尽职调查需要由并购企业和专业的市场调查机构合作完成，这也是并购尽职调查的核心所在。

虽然财务尽职调查和法律尽职调查也涉及企业的商业模式，但更多的工作内容是为已有文件和报表的审核，审核其合理性和规范性，很难涉及更深层次的要素。如果企业在基础数据和文件上造假并提供完善的支撑文件，通过财务和法律尽职调查是很难发现的。过分依赖财务、法律尽职调查结果，会给并购企业的决策带来很大不确定性。

因此市场尽职调查工作就显得格外重要，它是从基础数据和文件的合理性、合规性为出发点展开，是整个并购尽职调查工作的核心。

二、为什么要尽职调查

并购是两个企业之间双向选择的结果，无论是并购方还是被并购方，都有强烈的意愿走到一起，虽然二级市场上不乏恶意并购的案例，但那毕竟是少数且成功的概率更低。常规并购，双方合作意愿是成功并购的重要基础。但这并不代表双方的诉求完全一致，特别是在涉及并购估值时。

其实这很容易理解，被并购方总希望把自己描述的更具吸引力从而获取一个更有诱惑力的估值，为此被并购方会在公司战略、技术、财务、市场、人力资源等诸多方面尽力美化，即所谓的包装。一个好的有说服力的包装可以把被并购方估值提升一倍甚至更多，这也就是财务顾问存在的价值基础。

但对并购方来说，过度包装未必是好事。了解被并购企业在诸多方面具有明显优势，显然会给并购方带来巨大的助力，但并购方也应清楚的认识，如果被并购企业没有明显的缺憾或者短板，谁会把自己卖掉呢？当然，被并购方都会给出一个冠冕堂皇的出售理由，但从大多数并购实践来看，这个理由往往并非主因，甚至有时候都不构成一个出售要素。

尽职调查就是要还原真相，通过种种手段把被并购企业的真实情况展示出来，这个时候所展现的企业优势和劣势才是可信的。在这个基础上，并购方才能更科学地根据自身具备的条件，分析并购标的对自己的实际价值。你的优势能否弥补被并购企业的短板，能否有效解决被并购企业的致密危机？被并购企业的优势能否给你带来实际的助力，能否真正实现一加一等于二，甚至大于二的效果。

合格的尽职调查还可以有效发现被并购企业出售的原因，也就是这个企业未来发展所面临的最核心问题，这有可能是一个并购交易最终能否成功的核心要素，并购方一定要冷静思考，这些核心问题和真相会让并购方认真评价被并购企业的实际价值。新的估值很可能比被并购方给出的报价低很多，恰恰因为并购方掌握了实际情况，有更强有力的证据支持自己提出的价格，让交易很可能在新的报价基础上达成共识，这样会给并购方节省大笔并购支出。

三、市场尽职调查工作实践

市场尽职调查的核心分为三个部分：访谈、业务流程跟踪、相关机构调研。通过这些尽职调查的手段，充分了解企业内部的生产运营逻辑和商业模式逻辑，通过这两个逻辑的相互印证，同时再与财务、法律尽调相匹配，寻找各个独立调研结果之间的出入，从而发现问题，还原真相。

尽职调查访谈不仅仅针对企业的领导人，同时还涉及各核心部门的负责人。首先要了解企业的组织结构，通过研判组织结构图，把企业核心部门找出来，分别跟这些核心部门的负责人开展多对一的访谈，访谈内容不限于本部门的工作，同时要涉及其他部门或内外供应关系的相关领域，通过问答对话形式，初步了解企业的商业模式、运作流程、市场竞争关系等要素，勾勒出一幅企业运行的大概图景，这也是未来尽职调查开展的路线图。

在完成部门访谈的同时，基本上也已完成公司流程跟踪。对制造企业来说，采购、入库、销售（简称“进销存”）和生产环节是核心流程，生产销售每个环节的物料进出都有明细，认真核对相关明细台账，抽检各个环节时点库存情况，推算相关各生产流程的实际工作量，与最终销售情况做比较，在冗余误差的情况下发现问题。

同时，检查企业生产过程中的辅助数据，比如耗能情况（用电量）、员工工资支出情况、废料销售情况和物流运输情况等，通过这些原始数据台账印证生产工作量的真实性。毕竟真相只有一个，而谎言总会留有瑕疵。

对于非制造类的高技术企业，市场尽职调查的重点在销售环节（此环节对制造类企业同等重要）。比照同类型企业（特别是有公开信息的上市公司）的市场销售情况，统计出一份包括市场占有率、销售价格与毛利率、订单淡旺季周期和回款等要素的统计表，与被并购企业的销售情况相对照，对比核心要素是否有明显的偏差。偏差的产生可能与企业在技术、团队、资源等领域的优势、劣势有明显正相关，同时也是检验这些优势、劣势是否真实的反向指标。

除了在企业内部访谈外，相关外部机构的调研，有时能产生事半功倍的效果，特别是竞争对手、独立行业专家的访谈。因为这些人与并购没有明显的利益冲突，可能更直接有效地还原被并购企业目前所处的市场环境和市场地位，甚至会涉及被并购企业内部的一些核心分析，毕竟同行业在一起长期竞争，人员互通、知己知彼等因素能让访谈者了解到更真实的情况。

再进一步说，如果能通过第三方渠道找到被并购企业内部的中高层管理人员，以第三方的身份沟通聊天，则更能直接了解到企业的实际情况。

把以上获取的信息，与财务、法律的尽职调查获取的信息进行对照，对明显偏差的信息进行定性定量分析，去除非核心要素，把握核心要素的分析结果，以此为基础，做好分析和还原工作，基本上就可以勾勒出被并购企业的问题脉络，还原企业经营的实际情况。

四、尽职调查的价值

不同于满足监管需求的尽职调查，能够还原被并购企业真实情况的尽职调查，有着非常重要的价值。

没有企业愿意把不利的一面展示给大家，即便是再难掩饰的真相。每一个被并购企业提供的资料都是不完全的，而初期并购工作的展开，不得不建立在这些不完全信息的基础上。无论从战略层面考虑，还是仅仅为了满足未来业绩增长的需求，并购工作都面临着信息不对称的巨大风险。如果这些被掩饰的风险顺利过关，那并购不仅不能达成当初的期望，甚至还会把企业拖进陷阱。

一份合格的尽职调查报告，恰恰能还原企业的真相，把这些被掩饰的风险逐个展开，能让企业的决策者在信息充分的基础上做出判断，避免风险并获取预期的并购效果。

既然参与并购，就要面对问题，完美无缺的被并购对象是不可信的，随手拈来的被并购理由大多也是靠不住的。被并购企业的问题展示的越充分、越棘手，并购完成后成功整合的概率就越高。因此，一份合格的尽职调查报告，就是为并购成功保驾护航的重要手段。

推动结构调整促进转型发展

安徽淮海实业发展集团钢绳公司　殷俊

一、推动结构调整促进转型发展的基本情况

安徽淮海实业发展集团成立之初，存在着资产质量差、人员多且结构不合理、产品业务多而杂、参与外部市场竞争能力弱等困难和问题，面对挑战，集团不等不靠、不畏难退缩，将推动结构调整和促进企业转型发展作为一项重中之重的工作来抓。

（1）找准产业定位，确定发展方向。为实施一系列结构调整和转型发展工作提供前提条件，切实可行的发展目标对企业此后若干年的发展充分发挥了激励和引导作用。

（2）加大对主导产业投入，突出主导产业地位，以增量优化存量。

（3）不断压缩管理幅度，提高管控效率，以发展战略规划为指导，以理顺产权关系为主线，逐步退出无效、低效资产、小比例持股单位和非主业经营单位。实现有退有进，一定程度上减少了业务单元数量，缩小了管理幅度，进一步提高管控效果。

（4）加强合资合作。积极实施“请进来、走出去”战略；与淮北市建投集团合资成立联创公司；机电装备公司与捷克斯达蒂夫公司共同开发生产单轨吊机车产品；水泥公司成功对外并购重组，扩大了生产能力。通过合资合作，进一步优化了集团产业结构、壮大了集团发展能力。

（5）对外拓展市场。依据集团现有煤机制修能力，找准目标市场，

立足西南、西北市场，合资建立云南淮海和宁夏皖银机械制修公司，加大市场开拓力度，同时，利用勘探工程公司资质，成功介入四川煤层气勘探市场，集团市场竞争力进一步提升。

（6）培养核心竞争能力。在技术研发方面，联合中国矿大、合工大、中科院北京开采所等院所，成立淮海技术研发中心和机械工程技术研究院。在品牌建设方面，成功注册“淮海”商标，并先后有5种产品荣获“安徽省名牌产品”（“力象”牌钢绳、“万样”牌服装、“上淮”牌矿车、“擎宇”牌液压支架、“皖星”牌带式输送机）、4种商标荣获“安徽省著名商标”（“相山”牌水泥、“力象”牌钢绳、“万美”牌矿灯、“兴兴海”牌面粉）。

（7）坚持以人为本。加大人才引进和培养力度，引进各类专业技术人才500多人，新增中高级技工、技师400多人，职工队伍整体素质进一步提升。

通过几年来的不懈努力，淮海实业集团各项工作有序推进，并取得了初步成效，技术装备水平逐步提升、产业结构逐步优化、自主创新能力逐步增强、市场占有率逐步提高、经营管理基础逐步夯实，经济实现了平稳较快发展。

集团所属机电装备公司是国家煤机装备制造业骨干企业、国家高新技术企业，也是目前省内唯一一家具备“四机一架”（采煤机、掘进机、刮板运输机、皮带运输机、液压支架）配套生产能力的煤炭机械制造企业；所属相山水泥公司为皖北地区最大的水泥生产和销售企业；所属勘探工程公司为中国煤炭工业二级企业，拥有气体矿产勘查、固体矿产勘查、地质钻（坑）探、地质灾害治理施工甲级等13类专业资质；所属安徽淮矿钢绳有限责任公司是省内唯一一家专业生产钢丝绳的二级企业，也是全国重要的煤矿用钢丝绳的生产基地。

二、当前面临结构性矛盾和问题的分析

淮海实业集团组建以来，在实施结构调整和企业转型发展上取得了一

定成绩，也获得了一些有益启示：

（1）实施结构调整和转型发展，必须首先要明确企业的发展战略、发展定位、发展目标，这是做好工作的前提。

（2）发展是搞好结构调整和转型发展的重中之重，发展是解决存量问题的关键所在。通过持续不断地投入，使一批主导产业做强做大，这为深化改革调整提供了根本保证。

（3）实施结构调整和转型发展，必须坚持以市场为导向。调、转必须满足市场需要，按照市场化运作办事，凡是不适应市场要求的做法和现状必须坚定不移地进行调整和改变。

（4）必须坚持“有所为、有所不为”的发展原则，逐步收缩战线，集中资源配置，进一步突出主导产业发展。

客观总结近几年来结构调整和转型发展的历史，虽然取得了一定成绩和经验，但也还存在着一些问题和不足，主要表现在：内部结构调整、经营机制转换尚没有取得实质性进展，调整转型的空间还很大，深化改革的红利还没有最大程度释放。同时，企业发展尚存在一些较为突出的结构性矛盾，主要表现在：企业产业结构仍较为分散，三大主导产业占总体销售收入的比重虽然已达到70%，但仍需进一步提升。

三、加快推进结构调整和促进转型发展的工作思路和重点工作

当前，宏观经济环境较差，煤炭行业经济环境持续恶化，这使得主要服务于煤炭市场的淮海实业集团绝大部分经营单位，经营压力日益递增，企业经营当中存在的所谓“单一客户”风险在此次危机来临时初步显露。加之自身存在的结构性矛盾和问题，就迫使我们不得不进一步加快深化调整和转型发展的步伐，加快提升淮海实业集团参与市场竞争能力和可持续发展能力。

“十三五”实施结构调整和促进转型发展的总体工作思路是：以进一

步明确企业发展战略为先导，以加快转变发展方式、提高经济发展质量和增强可持续发展能力为目的，以产业、产品和企业组织结构优化调整为重点，以创新商业模式、体制机制和管理为保障，以推进“二次改制”为旗号和手段，通过努力，使淮海实业集团经济增长质量明显提升，核心竞争能力显著增强，打造集团发展的“升级版”，初步实现“百年淮海，强企兴业”的“淮海梦”。

四、“十三五”实施结构调整和促进转型发展的重点工作

（一）加快由粗放型向集约型转变，努力提升企业产业结构和组织结构

淮海实业集团在组建之初，就陷入多元化经营的困境。世界发展经验已充分证明，多元化经营的企业成功案例少之又少，广种薄收式的发展模式最终必将走到尽头，集团必须进一步下大力气收缩现有经营战线。

（1）审时度势，进一步明确企业发展战略。从目前形势来看，机械制造、建材建筑仍将是今后一段时期内的主要发展方向，目前市场普遍认为房地产发展已进入“拐点”，其主导产业地位需要重新研判。

（2）实施经营聚焦战略，进一步提升产业结构。依据发展战略规划，坚决按照“有所为，有所不为”的原则，收缩经营战线，实行聚焦经营。对列入主导产业板块之外的业务，通过出售、转让、关闭等措施，打破现有的管理定式、利益定式，逐步予以退出。即使通过股权转让、资产出售一时难以实现产权退出的，也要通过租赁、承包等方式，实现集团对非主业单位在经营上的退出。

（3）推动内部重组整合，实现组织结构的进一步“扁平化”。点多面广、管理链条过长的状况仍是各主导产业板块的一大特点，相同或相近的经营业务布局分散、得不到有效整合，导致一定资源浪费和管理效率的低下。通过内部重组整合使龙头企业专注于提升对产业链的整合能力，使

配套企业专注于“小而精”的发展战略，在产业链的某一个局部做专、做精、做深，做到小产品、大市场，逐步培育产业运作平台。

（二）加快由生产制造型向研发服务型转变，努力提升产品竞争能力和市场附加值

由单纯制造组装向研发服务等价值链高端延伸，是产品运作到一定时候的必然趋势，也是抢占市场制高点，提高市场竞争能力的必要手段。多年来，重生产、轻研发，重制造、轻服务的理念在干部职工的头脑中根深蒂固，由于企业不重视研发和服务，导致其产品普遍缺乏市场竞争能力。

实现由生产型向研发型转变，一是要加强集团研发组织体系的建设，进一步理顺集团与各产业板块及各子公司的事权关系。二是要结合企业实际，明确研发重点，因企制宜设定研发进度，加大研发投入。三是要坚持“不求所有，但求所用”“不求所在，但求所用”的原则，通过合资、合作等各种形式，整合社会研发资源参与到集团各项产品开发中来。四是要鼓励创新，营造氛围，加大科技人员科技成果与市场转换的挂钩比例，激发研发人员的创新积极性。要通过各种强有力的措施，加大对各主导产业板块主要和关键技术的研究攻关，为实施产业转型奠定坚实的基础。

实现由制造型向服务型转变，就是要将企业以产品为中心的制造业向服务业延伸，不再担当产品提供者的单一角色，而是要变成集成服务提供商。通过组建专业设计，构建营销服务网络、实施“一站式”服务和“交钥匙”工程，以“一揽子的问题解决方案”，打造综合服务优势，抢占客户资源，增加更多盈利点。

（三）加快由低端型向高端型转变，努力提升产品结构和质量品牌

经过几年发展，集团产品整体质量水平虽有了较大提升，涌现出一批区域内质量好、信誉佳、叫得响的名优产品，但在市场上仍呈现低端低档的整体形象，必须以满足客户需求为导向，加强质量和品牌建设，促进产品由低端向高端转变，不断增强产品市场竞争力。

一是不断优化产品结构。积极引导各产业板块和子公司，加强企业产品战略意识。要加强技术储备和开发，提高新产品开发能力和新产品产值率，保持在产品设计、性能、质量上的核心竞争力。二是全面加强质量管理。要以满足顾客需求为导向，以严格的制度、精细的管理、精准的操作和精致的服务，实现产品质量全过程的控制，持续提高质量管理水平。三是增强品牌意识，加强品牌建设，为产品树立良好的市场形象，不断提高产品附加值和竞争力。

（四）加快由传统型向现代型转变，努力提升管理创新和经营效益

现代型企业的显著特点是产权清晰、治理科学、管理精细、开放合作、以人为本，站在新的发展起点上，淮海实业集团将根据企业实际，积极向现代型企业迈进。

进一步深化产权制度改革。通过引入战略投资和社会资本合资合作，优化子公司产权结构；积极争取有关改制政策的支持，在部分重点子公司试点推进经营层及骨干持股及其他股权、期权激励制度，从根本上调动经营管理人员和各类业务、技术骨干做事创业的积极性。

加强集团顶层设计，进一步理顺管理体制。随着集团产业结构调整更加到位、业务运作板块更加清晰、业务运作团队更加成熟、辅业改制剥离基本完成，集团公司管控模式将由目前战略操作型逐步演变为战略财务型，集团公司主要以资产管理为纽带，对子公司重点抓好战略、投资、考核、主要经营管理者选拔任用、审计监察及协调服务等内容，对具体经营管理事务的管理将逐步减少或退出，使管理重心逐步下移，集团公司总部逐步实现“轻型化”，充分调动子公司自主经营管理的经营性、主动性。规范集团公司及各子公司法人治理结构运作，建立科学合理的权力运行机制，建立健全战略、绩效考核、审计等专业委员会，加强对企业发展重大和专业问题的科学研究，提高集团决策的科学性及实效性。

推进创新型企业建设和各项管理创新。持续创新是现代型企业的重要特征之一，在市场竞争日益激烈的今天，企业唯有创新才有生存和发展的空间，要通过创新，树立正确的经营管理理念；搞活各项经营机制，最大限度释放发展潜力；要积极营造创新企业文化，探索设立人才创新基金和科技奖励基金，加大对各类创新人才和成果的支持和奖励。

树立以人为本、创新发展的经营理念，打造一支高素质人才队伍，为实施结构调整和转型发展提供强大支撑。继续坚持减人提效和结构优化并重并举，实施“十百千”工程，即：选树十名技术或经营管理领军人物，培养一百名经营管理人才，培养一千名职工技能人才。同时，在干部职工中树立“百年淮海，强企兴业”的共同愿景，形成“责任、求精、诚信、合作”的核心价值理念，以良好和催人奋进的企业文化，推动企业不断创新发展，为实现企业持续、稳定、健康发展提供有力的保障。

煤矿机械制造企业的市场营销分析

安徽淮海集团新园公司 黄强

我国是世界上最大煤炭生产国和消费国，据国家统计局发布，2015年全国规模以上企业原煤产量37.5亿吨，全年进口煤炭2.04亿吨；据煤炭运销协会数据显示，2015年1~12月份全国原煤销量35.15亿吨，煤炭企业原煤库存量1.01亿吨，当前煤炭市场的供求矛盾依然尖锐，更为严峻的是，全国各地通过加大对燃煤锅炉使用的控制，来减少二氧化碳等气体的排放，使得原煤销量大幅减少，原煤库存量居高不下，要维护煤炭市场供需平衡，促进行业持续健康发展，就需要淘汰落后产能。针对这种情况，2016年2月5日，国务院印发了《关于煤炭行业化解过剩产能实现脱困发展的意见》，《意见》指出，“从2016年开始，用3年至5年时间，再退出产能5亿吨左右、减量重组5亿吨左右”。尽管煤炭在我国多元化能源结构中的比重逐年下降，但在相当长的时期内，煤炭在一次能源生产和消费中主体地位不会改变，煤炭仍然是我国使用范围较广的能源。

一、煤矿机械制造行业的现状

煤炭的开采需要利用大量人力资源以及煤矿机械设备。我国煤矿机械制造业是在计划经济时期发展起来的，工艺、技术分散而单一，也没有专门的技术研发中心，但经过几十年来的建设发展，已经成为了产品从无到有，从引进到自主研发，种类齐全、配套的产业，为推进我国煤炭工业现代化建设提供了有力支撑。

我国与发达国家煤矿机械制造业相比差距较大，主要因为尖端技术都被国外掌握，具体表现为：

（1）国产设备稳定性、可靠性差，发达国家采掘设备性能稳定，寿命长，并且向大功率、高强度方向发展；

（2）智能化、自动化水平低，国产采掘装备仍处在中、低档水平，而国外先进采煤国家矿山开采过程中已大量引入自动化、智能化技术，以求最大限度改善矿工劳动作业条件，提高煤炭开采效率；

（3）产品技术水平落后，技术含量不高，缺少具有自主知识产权的产品技术，机械装备创新研发也投入不足，而国外先进的采煤国家采用先进的传感与信号处理技术，实现了设备故障自动诊断和远程监控的功能。

目前国内大部分煤矿机械制造企业不具备“三机一架”（采煤机、掘进机、刮板机、液压支架）配套设备的生产能力，而“三机一架”占煤矿装备80%的市场份额，具备其生产能力就等于把市场牢牢把握在手中。2008年以后煤矿机械制造企业进行了一次产业整合，多数企业选择了抱团或并购的方式，实现了从单一产品向全套产品的拓展，出现了太重煤矿机械、煤科总院山西煤矿机械、三一重工、天地科技、郑州煤机、张家口煤机、山东矿机等一批煤矿机械装备制造企业，这些企业科研实力雄厚，整套设备生产能力较强，个别企业的产品在行业中是一枝独秀，例如郑州煤机的液压支架、三一重工的掘进机等。

虽然煤矿机械制造业出现了大型企业集团，但并没有改变我国煤矿机械制造企业总体小而散、低水平重复建设、产能过剩和无序竞争的问题。造成这一局面的原因有：

（1）2012年以来由于国内钢铁等行业萧条，对煤炭的需求减少，且因环保因素，国家对煤炭使用的政策限制更加严格，使得煤炭行业不景气，煤炭销量锐减，价格下滑，资金回笼困难，使得煤机产品的采购量下降；

（2）煤炭开采企业采用招标采购的方式，使得煤机企业相互压价、竞争，煤机产品价格大幅度降低；

（3）在前几年煤矿效益好时，煤机产品需求量大，各大煤矿机械制造企业纷纷加大煤机产品制造方面的投入，释放大量产能，造成煤机产品产能过剩。

2016年，压缩煤炭产能，就意味着开采设备投入将大幅度减少，这对我们传统煤矿机械制造企业来说影响巨大，所面临的竞争压力是空前的。由于煤炭生产有其特殊的环境，大都是在地下完成，水灾、火灾、瓦斯爆炸等威胁时常存在，煤炭生产稍有不慎就会引发安全问题。因此，国务院、发改委制定了相应的法律法规，对煤矿专用机电产品的质量、技术性能实行严格行业管理，并实行定点生产、市场准入制度，以避免和减少煤矿安全事故的发生。此种情况下，作为煤机产品的市场营销人员，应结合当前市场的实际需求情况进行内外环境分析，在选定市场目标后，不断创新市场营销机制，从而开展有效的营销活动，提高煤机产品的市场销售量。

二、煤矿机械制造企业市场营销的特点

市场营销是创造、沟通、传递、交换对客户、合作伙伴和整个社会具有价值的提供物的一系列活动、组织、制度和过程。营销的使命是以客户的需求和欲望为中心，理解和创造客户价值，并且从自己创造的客户价值中获得利润回报。煤矿机械制造企业所面对的客户主要是国家、企业及团体，即面对的市场属于组织市场，组织市场营销与普通营销是有差异的，其特点为：

1. 区域分布

普通营销的客户分布范围广，消费者数量众多，遍布全国各地；煤机企业产品客户在地理上相对集中，主要集中在山西、内蒙古自治区、陕西、安徽及贵州等产煤大省，客户数量少，不是所有客户都能消费起大型煤机产品的。

2. 购买动机

普通营销的客户考虑的是商品经济适用、外形、产品等级等因素，甚

至要寻找最便宜的产品；煤机企业产品客户更关心设备运行费用、设备可靠性、稳定性和能否提供后续便捷的维修服务，设备的价值是购买时重要的参考因素。

3. 营销手段

普通营销多用广告促销，通过广告让更多人看到并产生购买欲望，实现达成更多交易的目的；煤机企业营销并不完全依赖于广告形式，其销售方式多为销售人员直接推销，通过让销售人员深入到各个潜在客户企业来实现产品销售。

4. 购买决策

普通营销的客户在购买产品时存在冲动性，可能会在没有经过深入调查了解的情况下购买产品，往往是个人做出决定；由于煤机产品安全上的特殊性，使得煤机企业的客户在购买产品时往往会分阶段进行采购，在群体决策下决定是否购买，决策更理性。

5. 采购程序

普通营销的客户可以根据个人喜好、经济承受能力做出是否购买的决定，采购流程简单；煤机企业的客户在购买产品时，由于存在理智性，采购程序通常由设计部门或使用部门提出申请，上报设备采购计划，财务部门安排资金预算，然后由采购部采购，当物品价格超出常规较多时，单位主要负责人会进行干预，做出购买与否的决定。因此，煤机企业产品的营销涉及多方面的人，营销人员需要打通各种各样的关节才能做成一笔业务。

6. 采购周期

普通营销的采购周期短，只要供需双方达成一致意见，即可成交，不需要进行长期谈判；煤机企业产品成交十分重视谈判协商的作用，合同签订前供需双方要经过较长时间的谈判协商，通过谈判缩小双方的分歧，最终达成让双方满意的一致意见，签订书面采购合同。

7. 供需双方关系

普通营销的供需双方关系比较简单，消费者会在不同的客户之间进行挑选，没有绝对忠实的消费者；煤机企业希望与客户建立一种长期的合作共赢的关系，互惠互利，并不断向客户提供良好的售后服务，目的是阻挡同行业竞争对手的侵入。

三、煤矿机械制造企业的市场营销策略

煤机制造企业只有制定出切实可行的市场营销组合策略，才能据此开展有效的营销活动。营销策略是指针对选定的目标市场，并考虑企业的资源能力和外部环境，综合运用企业可控制的各种市场营销手段，组成一个系统化的整体策略，以达到企业的经营目标。正确的市场营销策略有利于企业在激励市场竞争中站稳脚跟，获得更高的经济利益，最终实现企业的发展目标。

1. 做好市场调研，把握市场机会

通过市场调研了解煤炭开采企业对煤机产品有多大的市场需求量，发掘市场机会，通过市场细分，企业可以了解到不同客户群体的市场需求状况，发现尚未满足的客户需求，发现潜在的购买动机，为企业开发新的煤机产品，为开拓新市场提供依据；通过市场调研了解竞争对手的产品特征、市场占有率、营销实力及新产品的发展动向等，从而分析了解本企业在行业内所处的地位，使本企业扬长避短，选择合适的、具有发展潜力的目标市场。

2. 产品策略

由于煤机企业产品一般是针对最终用户进行销售的，所以，必须加强市场调研，根据市场需求有针对性地进行产品设计、制造和推销。若客户对机械的要求有特殊性，也可以根据实际情况进行个性化生产，创新产品设计，加大产品的科技含量，提高产品的附加值。

首先，产品开发应与市场需求紧密联系。这就需要深入市场进行调研，研究市场需求变化，同时要把握国家宏观经济环境状况、煤炭行业变化、竞争对手变化等情况，通过细分目标市场，了解到不同客户群体的市

场需求，发掘潜在的顾客需求，生产适销对路的产品。其次，产品因客户的特殊需求而定制化生产。由于煤炭开采企业作业的特殊性，决定其采购的煤机产品必须根据其作业的特殊需要而定制化生产，所以在营销过程中对销售对象的实际需求，要有针对性地设计、制造和推销，尽可能做到个性化生产，实现客户利益、满足客户的要求。第三，加强本企业核心产品营销。煤炭开采企业使用的“三机一架”（采煤机、掘进机、刮板机、液压支架）配套设备，不是所有煤矿机械制造企业都能加工的，这就要求企业要根据市场需求，结合自己产品的特点，有针对性地进行重点营销，抓住机遇，迅速占领市场。最后，要树立产品品牌意识，为企业发展营造良好的环境。营销活动不仅仅是销售产品，在销售的过程中还要通过一系列的品牌建设，展示企业的竞争优势，创造客户资源，提高产品竞争力。

3. 价格策略

价格策略是市场营销组合中一个十分敏感的因素，价格的状况直接关系到产品能否为客户所接受，市场占有率和利润多少等问题。产品价格要根据市场灵活调整，充分挖掘市场机会，实现营销的总体目标。产品定价方法有：

（1）把成本导向作为产品定价的基础，在成本测算的基础上，根据企业制定的利润目标、市场占有率目标等因素制定产品价格；

（2）对于标准配置的煤机产品，为了保证本企业产品应有的市场份额，在产品定价时应向竞争对手看齐；

（3）对于本企业自主研发的产品，在定价上要充分考虑产品的独特性和竞争力，从而打压竞争对手；

（4）对不同的区域、不同的销售方式实行差别定价法，主要是为了鼓励客户及时交付货款，可以根据付款条件的不同采取不同的折扣率。

4. 促销策略

促销策略是市场营销组合的基本策略之一，是指企业如何通过人员推销、广告、公共关系等各种促销方式，向客户传递产品信息，引起客户注意和兴趣，激发他们的购买欲望和购买行为，以达到扩大销售的目的。促销的方式有：

（1）通过推销直接与最终客户进行面对面的交流，了解客户对煤机产品的实际需求情况，并选择最合适的设备进行介绍，引导采购，激发客户购买欲望，实现扩大销售的目的；

（2）通过关系营销培养客户的忠诚度，营销人员在与客户沟通时，要从长远利益出发，不能因一时的利益而损害客户对企业的忠诚；

（3）通过在煤炭行业杂志上做宣传广告或参加大型煤机产品展览会，展示本企业的新产品，通过展览会努力提高产品和企业的知名度，促使客户加深对本企业产品的了解，增强信任感，从而也就提高了企业和产品的竞争力。

5. 发展中间商

由于煤炭开采企业在地理上有相对集中的特点，煤机制造企业的销售人员，除了深入到各个客户企业进行产品直销外，也可以通过发展合适的中间商来打开想进入的市场，这就需要对可选择的中间商进行全面调查和分析。

首先，要选择和我们销售煤机产品性质相符的中间商作为合作伙伴，因为这类中间商熟悉该类产品的特点、性能和营销要点，有一定市场营销经验；其次，要考虑中间商的区位优势即位置优势，考察中间商销售渠道网络的规模，能否把我们的煤机产品迅速打入目标市场，让那些需要我们煤机产品的最终用户能够方便地购买，享受我们便捷的售后服务；再次，要考虑中间商的财务状况及经济实力大小，能否按时结算包括在必要时支付较大数额的预付货款；最后，要考虑中间商在区域内同行间的声誉，不论是煤机产品市场还是普通产品市场，任何一个客户都愿意与信誉度高的供应商合作，产品用得放心，售后服务有保障，是客户最关心的问题，这样的中间商在客户心目中有较好的形象，能够烘托并帮助煤机制造企业建立品牌形象。

6. 完善产品售后服务

售后服务的直接对象是企业客户，它既包括了企业在售出产品的运输、安装、使用、维修及保养中向客户提供的服务，又包括对客户在产品使用过程中形成的意见的收集、处理与答复。加强售后服务管理，提高售后服务水平，对企业的品牌建设、提高市场占有率起着举足轻重的作用，是企业取得市场营销成功，在竞争中立于不败之地的重要手段。

煤机制造企业要对销售的产品实施全程跟踪，制定一套完善的产品售后服务模式，让客户感受到企业的诚意，促成再次合作，具体做法有：

（1）在设备使用前，到现场进行安装、调试和技术指导，对设备使用单位的人员开展技术及设备操作规程培训，进行安全、技术交底；

（2）对设备使用情况进行定期跟踪、回访及质保期内的现场售后服务，用优质和超值服务赢得用户；

（3）将产品服务进一步向下延伸，向煤矿开采的配套服务延伸，承包煤炭开采某一项大包业务，进而促进煤机产品销售；

（4）健全客户档案，跟踪客户在产品使用过程中存在的问题，加强产品售后维修和配件供应的服务。由于煤机产品使用的作业环境差，且煤炭开采时连续作业，所以煤机产品在使用过程中对产品的维修及配件供应要求较高，这就要求煤机制造企业售后服务工作要及时跟进，把握随时可能到来的销售机会。

四、结束语

综上所述，在激烈的市场竞争中，煤矿机械制造企业想要获得生存和发展，就必须在市场营销上下功夫，通过市场调研，发掘市场机会；通过创新产品设计，增强产品的技术含量，提高产品市场竞争力；通过产品的个性化生产、灵活定价，提高产品市场占有率和利润率；通过提供优质的售后服务，让客户感受到企业的诚意，从而加强企业的品牌建设，只有这样，煤矿机械制造企业才能有良好的发展前景，才能在激烈的市场竞争中立于不败之地。

高速公路项目风险评价研究

深圳市前海国储能源化工有限公司　戴美英

一、引言

（一）论文的研究背景和意义

1.论文的研究背景

近20年来，我国的基础设施建设得到了快速发展，高速铁路、高速公路、城市轨道交通项目等大型建设项目越来越多，这使得使许多长期困扰经济发展的问题明显得到缓解，拉动了相关产业的快速增长，对国民经济起到了重要的推动作用。随着公共基础设施建设的逐步完善，其中为人们的出行提供便利的高速公路已经成为国家重点建设的项目之一。

1998年，为确保国民经济持续、快速、健康发展，中央做出了加快包括公路在内的基础设施建设的决定，加大了城市交通建设的投资规模。要合理安排这些投资，使其充分发挥投资效益，要避免重复建设、盲目建设，就需要对公路工程项目从立项、设计、施工、运营全过程进行严格的质量管理。但是，当前在实施全过程的质量管理中，有一个环节往往被忽视或不被重视，这就是风险管理。

对于高速公路此类交通项目来说，建设周期长、投资规模大、影响范围广，面临的风险很大，因此，对其进行风险评估并进行有效的风险管理控制是非常重要的。

目前，高速公路项目风险管理还只侧重于项目后期，在项目前期之所以没有进行风险管理，一方面是由于国家项目管理程序中对于风险分析这部分工作落实不到位，另一方面就是由于方法技术等原因，国家对于工程项目的风险应对措施相对欠缺。高速公路工程项目从立项到运营都存在着风险，对项目全过程实行风险管理，可为项目创造平静、稳定的工作环境。

2. 论文的研究意义

风险管理概念由保险业提出，作为现代企业管理的重要分支，风险管理研究得到广泛的重视。项目风险管理是风险管理的一个全新研究领域，是项目管理九大部分之一。项目风险管理是当前风险管理研究中新的生长点，为风险管理带来了研究对象、研究方法、研究内容的变革，对高速公路项目风险管理的研究而言可以丰富已有的风险管理体系。

高速公路项目的风险研究是为了比较准确地掌握高速公路风险的特点、风险的类型、风险因素转化条件、风险发生的可能性、各类风险对项目影响的程度、确定项目综合风险水平、为风险的有效应对与管理提供保证。

在高速公路工程建设和运营中，工程的质量、费用、工期和安全等各方面都存在一定的风险性，项目风险控制难度较大，有必要开展研究，建立系统的高速公路工程风险分析与控制体系，以确保我国的高速公路工程建设与发展。建立和实施高速公路工程风险管理体系研究，具有以下的意义:

（1）促进实施工程建设决策的科学化、合理化和经济化，降低决策的风险水平，减少或控制高速公路工程建设中的经济风险、技术风险、环境风险和决策失误风险，确保整个工程建设的安全竣工。

（2）风险管理贯穿于整个高速公路工程建设的规划、设计、施工和运营全过程，充分利用和发展工程风险管理理论，从风险视角优化整个建设流程，这对于科学地进行资源配置、减少资源浪费、实现工程建设的可持续发展等方面具有重要意义。

（3）加强高速公路工程风险管理的研究，有助于进一步分析工程中各种风险的存在和种类，划清风险的责任范围和承担者，及时、有效地回避、防范和转移风险。

（4）高速公路工程作为国家二十一世纪的重要基础性设施，在建设中实施风险管理能有利于国家资源的合理化分配，节约社会资金，保护社会的人力资源和空间资源，保障国家经济建设和社会发展的可持续性。

总之，为了避免或减少风险损失，有效地控制高速公路工程项目建设和运营成本，必须加强风险管理，认真研究高速公路工程风险的本质特点，重视收集、整理工程建设施工和运营管理中存在的各类风险，分析风险发生的潜在可能性和损失，划分风险的责任范围，及时采取措施进行管理和控制，有效地回避、防范和转移各项风险。

（二）国内外工程项目风险管理研究综述

1. 国外研究现状

风险管理问题最先起源于第一次世界大战后的德国。1931年美国管理协会首先倡导风险管理，并在以后的若干年里，以学术会议及研究班等多种形式集中探讨和研究风险管理问题。风险管理问题逐渐在理论上被深入探讨，并被一些大企业初步实践，但风险管理问题真正在美国工商企业中引起足够的重视并得到推广则始于20世纪50年代。1963年，美国出版的一本手册中刊载了《企业的风险管理》一文，引起欧美各国的普遍重视。此后，对风险管理的研究逐步趋向系统化、专门化使风险管理成为企业管理中一门独立学科。

在西方发达国家，各企业中都相继成立风险管理机构，专门负责风险的分析和处理方面的工作。美国还成立了全美范围的风险研究所和美国保险与风险管理协会等专门研究工商企业风险管理的学术团体，吸纳350多家大型工商企业为会员。风险管理协会的建立和风险管理教育的普及，表明风险管理已渗透到社会的很多领域。但在工程建设领域，风险研究兴起的时间并不长，在国际学术界尚属发展深化阶段，远未成熟完善，许多方法尚在探讨中。在对建设工程中存在的风险进行探讨时，令人吃惊的是，仅仅在过去十余年，风险识别、风险分析、风险防范等管理技术才开始在建设工程中应用。绝大多数人都同意风险在项目决策中扮演了一个非常重要的角色，风险造成的损失会影响投资者所追求的收益，关于风险管理方面的研究也不少，但在项目的风险构成、分析、防范方法等方面仍存在着争议。另一方面，从对风险控制的实际效果看，也还存在着差距。项目决策时，相当程度上仍依据直觉、经验及个人主观判断。

1950年，莫布雷（Mowbray）等人在其合著的《保险学》一书中阐述了“风险管理”的概念。自1959年Motley等发表第一篇关于项目选择的文献至今，过去的40多年里，关于项目选择的评估与决策方法已经有了长足的发展，仅20世纪60年代就产生发展了150多个评估模型，经过20世纪70年代的发展到了20世纪80年代，选择模型已经增加到几百个之多。在这过程中，比较有代表性或权威性的学者有Baker， Souder，Dean等。为使资源配置达到最优化，收益最大，风险最小，早期的模型是最简单的基于投资回报、资余收益等单一目标的定量模型；在20世纪60年代出现并广泛使用了零预算和成本设计方法，然后又发展了一系列的数量技术方法。比如针对立项评估，许多学者提出并运用排序、经济审查、线性规划、非线性规划、目标规划、多目标规划、多人多目标规划等理论与方法，丰富了项目投资评估与决策理论并对项目管理的实际工作起到了巨大的推动作用。

1960年，美国保险管理协会（American Society Insurance Management简称ASIM）纽约分社与亚普沙那大学（Upsala University）合作，首次试验开设为期12周的风险管理课程。

1961年，印第安那大学赫奇斯教授（J. Edward Hedges）主持成立了“ASIM的风险及保险学课程概念”特别委员会，并发表《风险与保险学课程概念》一文，为该学科领域的培训与教学指明了方向。

1963年，梅尔（Mehr）和赫奇斯（Hedges）教授合著Risk Management in Business Enterprise，该书后来成为该学科领域影响最为深远的历史文献。

1982年，美国保险管理协会(ASIM)更名为风险与保险管理协会（Risk &

Insurance Management Society，简称RIMS），这标志着风险管理从原来意义上的“用保险方式处置风险”转变到真正意义上“按照风险管理的方式处置风险”。

1983年，在美国RIMS年会上，世界各国专家学者共同讨论并通过了“101风险管理准则”，以作为各国风险管理的一般原则。其中包括风险识别、风险控制、风险财务处理、索赔管理、职工福利、退休年金、国际风险管理、保险单条款安排技巧、交通、管理哲学等。

值得一提的是，在美国风险管理的职业教育与培训方面是相当出色的。20世纪70年代中期，全美多数大学的工商管理学院及保险系都已普遍开设风险管理课程，为工商企业输送了大批的专门人才。

与美国相比，英国的风险研究有其自己的特色。在《Risk Analysis for Large Projects: Mondels and Casea》一书中，南安普敦大学会计与管理科学系主任C. B. Chapman教授提出了“风险工程”概念，他认为风险工程是对各种风险分析技术的集成，以更有效的风险管理为目的，范围更广，方式更加灵活。该框架模型的构建弥补了单一过程的风险分析技术的不足，使得在较高层次上大规模地应用风险分析领域的研究成果应用到大型的工程项目中。如1986年在北海油田输油管道的铺设过程中，采用了风险分析的方法，从而提高了该项目的安全系数，降低了成本。此外，英国工商业界开展的风险管理活动也十分活跃，设有工商业风险经理和保险协会（AIRMIC）、特许保险学会等，为推动本国的风险管理做出了卓越的贡献。英美两国在风险研究方面各有所长，且具有很强的互补性，代表了该学科领域的两个主流。

德、法、日等发达国家的风险管理都是在美国理论体系下发展起来的，日本继承了美国“风险管理”模式。1988年，日本风险管理学会成立。1990年，关西大学教授亀井利明出版了《风险管理的理论与实务》一书，各大学也相继开设了风险管理课程。像其他的西方先进理论技术一样，“风险管理”在日本起步虽然晚，但成果颇丰，逐渐形成了一套适合日本本国的理论体系。

2. 国内的研究现状及发展

在我国，随着经济的开发、搞活和建设事业的进一步发展，科学技术不断进步，复杂的大型综合工程项目的上马和大型企业集团的组建，甚至我们国家的整个改革开放大业，都是一项复杂的系统工程，都需要认真考虑风险问题。我国陆上油田管理部门，于1994年开始着手风险分析和管理探究，委托天津大学海洋与船舶工程系进行“淮河跨越大桥的安全寿命与风险分析”，节约了上亿元的重建费，之后又委托天津大学建筑工程学院进行管道系统的安全风险评估方法研究。我们在借鉴国外研究成果的基础上，逐步形成适合我国的风险评估体系。

赵立力、刘怡、谭德庆给出两种具有针对性的可控制风险的管理方法，一种是按风险发生的时间段进行重点管理，另一种是风险分解的管理方法，两种方法各有侧重，均有效增强风险管理的有效性。

孙淑云、戴大双、杨卫华指出现行的高速公路BOT项目特许定价中，对有关影响高速公路特许价格的风险分担方法的研究很少。文中首先给出影响特许定价的风险及影响机理表，总结得出风险分担的机制，通过问卷调查的方式得到数据，并进行显著性和拟合优度指标分析，最后对影响风险分担格局的主要因素进行分析，进而得出各利益相关方应承担的风险。

在风险评估上，现有研究已经进行了一定程度的探讨。吴承锋、张国金运用项目债务覆盖率、项目资源覆盖率、项目债务承受率三个指标从不同的角度度量项目的风险，在此基础上使用模糊综合评价方法从成本、进度、质量三个方面衡量项目风险的大小。

刘艳琼、沈永平、陈英武总结了目前国内外风险评估中最常用的九种理论方法，即层次分析法、模糊逻辑分析法、蒙特卡洛模拟法、灰色系统理论、故障树分析法、贝叶斯理论、影响图法、马尔科夫过程理论和人工神经网络法，并对各风险评估理论的使用现状进行了讨论。

刘晨昊根据项目的直接相关性将风险分为：系统风险和非系统风险。系统风险有政治风险、政策和法律风险、金融风险、不可抗力风险四种；非系统风险有完工风险、生产风险、市场风险三种，并且针对各种风险给出了相应的管理与控制策略，具体可通过投保、政府的特许期限保证、选用技术成熟的承包商和有经验的运营者、与政府或对项目产品有需要的第三方订立产品的长期购销合同等方式。

王广起、贾秀兰认为虽然国内外学者已经进行大量研究并取得一定成果，但项目管理和风险管理的不完善，基础较薄弱，仍有不足之处。

目前，风险管理技术已成为现代项目管理中不可缺少的工具。自20世纪80年代以来，随着我国经济的发展，风险管理技术在金融业和保险业领域中得以成功运用。但在国家基础设施建设项目上的应用尚未普及，随着我国各界风险意识的提高，相信建设工程风险管理制度将更加完善，风险管理技术在工程中普遍应用是风险管理发展的必然趋势，而本文正是以此为立足点，研究高速公路工程项目中的风险管理问题。

（三）论文的研究内容和方法

1. 研究内容与框架

本文对高速公路项目的风险管理展开研究，重点从风险识别及其评估等方面进行深入分析，并展开实证研究。

第一，介绍了本文的研究背景及研究意义，从工程项目风险的管理意义及发展现状等方面，对现有的相关研究文献进行了回顾与分析；

第二，阐述了风险的概念、特征，风险管理的一般过程，为高速公路项目的风险管理提供了坚实的理论基础；

第三，分析了高速公路项目风险的分类与特点，构建了高速公路建设项目的风险综合评价模型；

第四，在总结工程项目运作经验的基础上，分别针对高速公路项目中存在的各种风险进行定量评估，介绍了层次分析法在高速公路项目风险评价中的运用；并对广东渝湛高速公路项目进行实证研究。

第五，对本文的研究成果进行了总结和展望。

本文的技术路线图如图1所示。

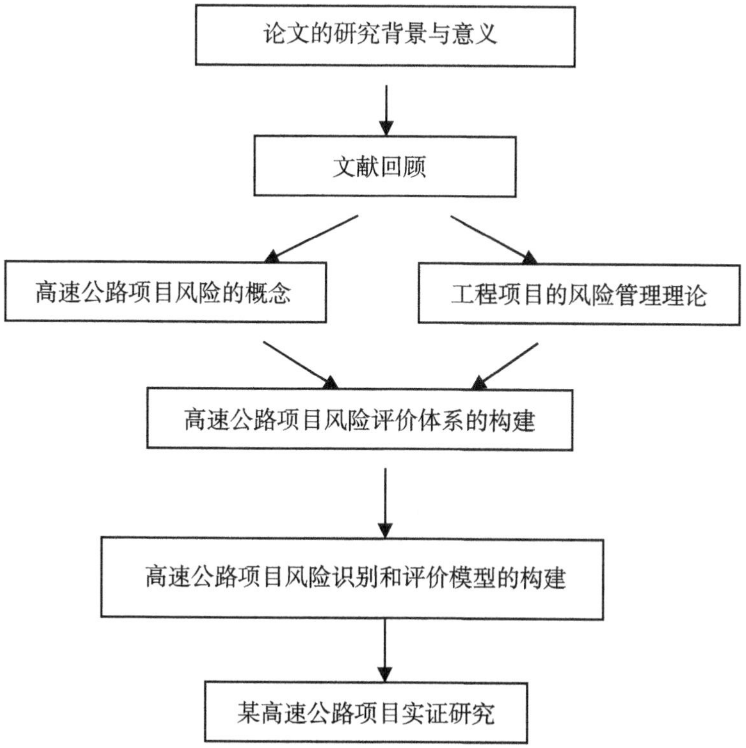

图1 本文的技术路线图

2. 研究方法

（1）系统分析方法。利用系统分析的整体性、综合性与联系性特征，将高速公路项目风险视为一个系统，各风险彼此区别但也相互联系，并基于系统分析的角度，对项目风险因素进行分解，建立相关风险事件矩阵，进行风险识别。

（2）归纳法。在对已有的材料进行细致分析的基础上，基于分析的逻辑而得出研究结论的方法。该论文使用归纳法对已有的文献进行归纳总结，形成特有的风险指标分类结论和风险应对措施。

（3）定性与定量相结合的方法。定性分析方法侧重于对理论本身的研究与分析，追求的是对问题本质更深的认识与把握。定量分析方法是把事物量化，使得分析更为准确、合理。论文中对高速公路风险的分析是定性分析与定量分析的结合，即从理论上进行把握，也注重科学严谨的分析方法。

二、高速公路项目风险的概念和理论

（一）风险的界定和属性

1. 风险的概念

风险的基本含义是损失的不确定性。但对这一基本概念，在经济学家、统计学家、决策理论家和保险学家之间尚无一个适用于各个领域一致公认的定义，其中为学术界和实务界较为普遍接受的有以下两种定义:

其一，把风险定义为不确定的事件。

其二，风险就是在给定情况下和特定时间内，可能发生的结果之间的差异（或实际结果与预测结果之间的差异）。

本论文将这两种定义结合起来，既强调不确定性，又强调不确定性带来的损害。给风险定义为：某一不利事件发生的可能性。

2. 风险的衡量

平方差即方差（σ^2）和标准差（σ）都是反映不同风险条件下的随机变量和期望值之间离散程度的指标。平方差和标准离差越大，风险也越大。实际中，常常以标准差从绝对量的角度来衡量风险的大小。

平方差和标准差的计算公式如下：

$$\sigma^2 = (X_i - \bar{E})^2 P_i$$

$$\sigma = \sqrt{\sigma^2} = \sqrt{(X_i - \bar{E})^2 P_i}$$

标准差只能从绝对量的角度衡量风险的大小，但不能用于比较不同方案的风险程度，在这种情况下，可以通过标准离差率进行衡量。标准离差率（q）是指标准差与期望值的比率。

计算公式如下：

$$M_i = \sum_{j=1}^{n} b_{ij} \, (i, j = 1,2,3,...n)$$

3. 风险的特征

（1）客观性。风险是不以人的意志为转移并超越人们主观意识的客观实在，在项目的生命周期各个阶段，风险无处不在，无时不在。人们仅能通过科学的方法和手段，在有限的时间和空间内降低风险发生的概率、规避风险、转移风险发生造成的损失，而不能、也不可能彻底消除风险。风险的客观性要求我们采取积极主动的态度管理风险。

（2）不确定性。不确定性分为客观的不确定性和主观的不确定性。客观的不确定性是实际结果与客观结果之间的偏差，这种不确定性可以通过统计学工具加以度量。主观的不确定性是个人对客观风险的估计，它与个人的知识、经验、心态等有关，不同的人对相同的客观风险会有不同的主观不确定性。

（3）可变性。这是在项目的全生命周期中，各种项目风险在质和量上可变的特性。在项目实施的各个阶段会不断出现新的风险，采用各种方法对风险进行控制，新旧风险无时无刻不在变化影响着项目顺利进行，尤其是在大型项目中，风险因素众多，使得风险的可变性愈加明显。

（4）可测性。风险是不确定的，但这并不意味着人们无法掌控它的变化。人们可以通过对已发生的类似项目资料进行分析整理，对风险发生的概率和造成损失的程度给出主观的判断，进而对风险进行相应地预测与评估。现代的计量方法和技术为风险的预测与评估提供了客观有效的工具，可以动态勾勒出风险变化的规律，为拟定和选择风险管理的方法和策略提供了科学的依据。

（5）多样性。大型项目周期长、规模大、涉及范围广、利益相关方众多、风险因素数量大且种类繁多，致使大型项目在全生命周期内的风险多种多样。而且各种风险因素间的内在关系错综复杂，进一步加剧了风险的复杂性。

（6）潜在性。项目实施过程中众多风险因素的存在，仅为项目风险的发生提供一定可能性。实际上，项目风险是一些风险因素在特定时间、特定情况下，并由特定的触发事件触发而产生的。从这个意义上讲，人们可以通过科学的方法和手段，对项目运作过程中影响风险的因素进行控制，使触发事件保持不被激活的状态，进而可以有效规避项目风险。

（7）利益相关性。这是指任何风险都与行为人的某种利益有关的特性。任何风险都有相应的行为主体，这些行为主体被称作利益相关方，并和该行为主体存在利害关系。例如：产品供需不稳定对产品销售企业来讲是风险，而对银行、政府等来说却不是风险。

（8）相关性。相关性是指各种风险间相互关联、相互影响的特性。项目各种风险间不是相互独立存在的，而是有千丝万缕的联系。例如由于原材料价格的上升，导致生产成本提高，为保证企业基本收益产品销售价格也相应提高，这必将影响客户对产品的购买。由于风险间相互关联，对某种风险的处理情况也就直接或间接影响到其他风险。

（二）高速公路项目风险的概念和特点

1. 高速公路项目风险的定义

高速公路建设项目中存在着大量不确定性因素，这些因素的不确定性是基于外部环境的复杂性和项目本身的复杂性，以及人们预测能力的局限性所致，这是风险产生的根本原因。高速公路工程建设一方面受自然条件的影响，包括沿线地形地貌、地质水文、气象、环境、材料供应等自然条件；另一方面，受人为因素影响，包括承包商自身技术力量、施工组织方案、施工能力、施工经验、财务状况等因素以及业主财力、项目管理、信誉等因素；此外，还受政治、文化发展、军事、战争等方面的影响。在这些影响因素中，有些因素的影响是可预见的，有些则是不可预见的，或者是不可抗拒的(例如洪水、台风、地震、火灾、爆炸等)。这些事先不能确定的内部和外部的各种干扰因素，就是高速公路项目的风险。即高速公路项目风险是在一个具体的规划项目中，由于各种事先无法预料的因素的影响，使进行投资决策的投资方以及负责设计、咨询、施工和移交、运营单位的实际收益与预期收益发生背离，从而蒙受各种经济及社会损失，或者获得额外经济及社会受益的不确定性。

2. 高速公路项目风险的特点

（1）建设期风险发生的频率高。由于高速公路项目建设工程周期长，不确定因素多，人为或自然造成的工程风险交集，进而导致风险损失频发。例如，在施工过程中因发生洪水、地震或飓风等造成工程损害，材料和器材的损失。

（2）高速公路项目风险具有很强的阶段性，即相对高风险的项目建设阶段和相对低风险的项目运营阶段。

根据项目发展的时间顺序，项目风险呈现出明显的阶段性。在项目建设阶段，投入大量的资金购买工程用地和设备、支付工程施工费用，由于项目还未产生收益，所以贷款利息也计入资金成本，随着贷款资金的不断投入，项目风险也随之变大。在项目建设接近完工时，项目风险也达到或接近最高点。项目进入运营阶段后，随着项目正常运转，能够产生足够的现金用于支付项目的各种费用，偿还债务，为投资者带来理想的收益和利润，项目风险随着债务的偿还而逐渐降低。

（3）高速公路项目风险具有复杂性。高速公路建设项目由于其规模大、建设周期长，所涉及的风险因素较多。按照风险产生的原因分为政治、社会、经济、自然、技术等因素。这些风险都会不同程度地作用于建设项目，特别是项目所在地政府的参与和政府利益的体现，由于利益相关方众多，使得风险因素错综复杂。

其风险复杂性还表现为其表现形式的复杂性。在项目中，一个参与方可能担任一个或多个角色，这也就使得同一风险对不同参与方以多种不同的形式表现。例如，技术风险对于承建方来讲是指建造过程中工艺水平、设计、施工条件等因素带来的技术方面的风险；而对于运营商来讲，主要指项目本身在设计、操作、升级、实用性等方面带来的风险。

（4） 政府在高速公路项目风险管理中地位特殊。对于基础设施建设，政府的政治、经济、金融政策以及对项目的态度都对项目风险存在着巨大影响。因高速公路项目的最终产品直接关系到人民群众的利益，政府保留对项目监督、介入等行政权力，即政府认为人民群众的利益受到侵害，就可单方面中止合同并收回项目。政府还可以通过对项目进行立法进而调整和约束项目公司的行为，这也就使得在项目中，政府获得较丰厚的收益，却承担较小的风险。

（5）风险损失的关联性。由于高速公路项目涉及面较广，同步施工和接口协调比较复杂，各分部分项工程之间的关联度很高。各种风险相关联呈现出相关分布的灾害链，使得此类工程产生特有的风险组合。

（三）风险管理相关理论

项目风险管理就是以风险识别、风险评价、风险分析为基础，合理地使用多种管理方法、技术和手段对项目活动涉及的风险实行有效的控制，采取主动创造条件，尽量扩大风险事件的有利结果，妥善地处理风险事故造成的不利后果，以最少的成本保证安全可靠地实现项目的总目标。

1. 风险管理的过程

（1）风险识别。风险识别是风险分析的第一步，其目的是减少工程项目构成的不确定性因素。风险识别可分为三部进行：收集资料——估计项目的风险形势——根据直接或间接的症状将潜在的风险识别出来。

风险识别主要采用分析和分解方法，将综合性的风险问题分解为多层次的风险因素。层层剖析，尽可能深入到最基本的风险单元，以明确风险的根本来源。

（2）风险估计。风险的大小与出现不利结果的概率大小成反比。但仅以实际结果的概率大小来衡量决策风险大小是不够科学的，实际上决策的风险大小，还与它的可能结果的概率分布密集程度有很大关系。风险估计就是将各种风险对项目的影响程度尽量地给予量化描述，反映出种种风险间的相互作用，使业主全面理解。一般可以用标准离差和变异系数来描述概率分布的密集程度，公路项目风险估测也就是先计算出某一指标的期望值，然后再计算其标准离差和变异系数，变异系数越大，该方案的相对风险就越大。

（3）风险评价。风险评价就是对各种风险事件后果进行评价，并确定其严重程度。对具体的公路项目评价模式进行适当的数学处理，使之能反映风险因素。公路项目前期工作，即公路项目可行性研究中，评价模式为计算项目净现值、内部收益率、投资回收期等评价指标。风险分析也就是在这些评价指标中加入风险因素。

（4）风险处理。风险处理就是根据风险估测以及风险分析的结果，为了避免或减小风险而对项目风险采取的措施。一般来看，主要有以下几种方式：对损失大、概率大的灾难性的风险要避免，即风险避免；对损失小、概率大的风险，可采取措施来降低风险量，即风险降低；对损失大、概率小的风险，可通过保险或合同条款将责任转移，即风险转移；对损失小、概率小的风险，可采取积极手段来控制，即风险自留。

2. 风险管理的技术工具

（1）风险识别工具。

① 专家调查法。

专家调查法是以专家为索取信息的重要对象，主要利用各领域专家的专业理论和丰富的实践经验，找出各种潜在的风险并对后果做出分析和估计。主要包括头脑风暴法、德尔菲法和访谈法冈。

② 工作分解分析法（WBS，Work Breakdown Structure）。

分解分析法是利用分解原则，将复杂的、难以识别的大系统分解成若干简单的、易于识别的小系统，从而识别可能存在的各种风险与潜在的损失的方法在工程项目风险识别中可采用按引起风险的因素和按工程项目结构进行分解。

工作分解结构图（WBS，Work Breakdown Structure)是将项目按照其内在结构或实施过程的顺序进行逐层分解而形成的结构示意图，它可以将项目分解到相对独立、内容单一的、易于成本核算与检查的工作单元，并能把各工作单元在项目中的地位与构成直观地表示出来。

风险识别要减少项目的结构不确定性，就要弄清项目的组成、各个组成部分的性质、它们之间的关系、项目同环境之间的关系等。而WBS是完成这项任务的有力工具。项目风险管理的其它方面，例如范围、进度和成本风险管理，也要使用WBS。因此，风险识别中利用这个已有的现成工具并不会给项目班子增加额外工作量。

③ 故障树分析法。

故障树分析法是指利用树状图形由上朝下分枝、越分越细的特点，事先对可能引起投资风险损失的风险事件进行研究，对引起风险事件并导致风险损失的各种原因进行逐级详细分析，查找和分析其中的风险因素，最后确定风险因素。在投资风险识别中，故障树分析法不但能查明开发项目的风险因素，估计出导致风险事件的两个基本事件的主次程度，以便对各个基本事件采取相应的风险控制措施，降低风险事件的发生概率，还可以运用数理统计等相关知识和历史资料求出风险事故发生的概率，既可做定性分析又可做定量分析，一般用于直接经验较少、技术性较强、较为复杂的目标问题。但缺点是对使用者专业知识要求较高。

④ 核对表法。

核对表是风险管理中用来记录和整理数据的常用工具。该方法的优点在于使风险识别工作快而简单，不足之处是不够详尽，而且受限于项目的可比性。用它进行风险识别时，将项目可能发生的许多潜在风险列于一个表上，供识别人员检查核对、用来判断某项目是否存在表中所列类似的风险。

⑤此外，风险识别方法还有因果分析图法、流程图、影响图法、现场调查法等。在实际工程项目的风险识别中，有关人员应根据项目的具体情况采取一种或多种识别方法相结合，有文献指出："工程管理人员应该明白，他们并不必要去学习新的技术进行风险管理，而是需要用更适当的方法使用现有的技术。"总之，高效率的风险识别需要小组领导者适时地采用最合理的手段和技术，以确保关于项目的各种信息得到充分的利用。但

是所有的风险识别都依赖于历史信息和相关人员的类似经验，并且它应该是团体行为，而非个人行为。如果有关人员经历的大多是无事故的项目，则他所得的识别结论倾向于乐观，反之亦然。

（2）风险评价工具。

① 蒙特卡洛模拟法。

蒙特卡洛法是指利用好计算机，运用一系列随机数来模拟项目风险概率分布的一种方法。具体说，是通过构造数学模型与计算机仿真得到相对较精确的风险概率分布的方法。

② 层析分析法。

层次分析法(Analytic Hierarchy Process，简称AHP)是美国运筹学家T.L.Saaty教授于20世纪70年代初期提出的，是对定性问题进行定量分析的一种简便、灵活而又实用的多准则决策方法。它的特点是把复杂问题中的各种因素通过划分为相互联系的有序层次，使之条理化，根据对一定客观现实的主观判断结构(主要是两两比较)，把专家意见和分析者的客观判断结果直接而有效地结合起来，对每一层次元素两两比较的重要性进行定量描述。然后，利用数学方法计算反映每一层次元素的相对重要性次序的权值，通过所有层次之间的总排序，计算所有元素的相对权重并进行排序。

③ 模糊数学法。

在经济评价过程中，很多影响因素的性质和活动无法用数字来定量描述，他们的结果也是含糊不定的，无法用单一的准则来判断。为解决这一问题，美国学者L.A.Zadeh于1965年首次提出“模糊集合”的概念，对模糊行为和活动建立模型。模糊数学从二值逻辑的基础上转移到连续逻辑上来，为实现世界中普遍存在的模糊、不清晰的问题提供了一种充分的概念化结构，并以数学的语言去分析和解决它们。

模糊数学处理非数字化、模糊、难定义的变量有独到之处，并能提供合理的数学规则去解决变量问题，相应得出的数学结果又能通过一定的方法转为语言描述。这一特性极适于解决工程项目中普遍存在的潜在风险。

④ 敏感性分析法。

敏感性分析法只考虑影响工程目标成本的几个主要因素的变化，如利率、投资额、运营成本等。敏感性分析法的结果可以为决策者提供这样的信息：工程目标成本对哪个成本单项因素的变化最为敏感，哪个其次，可以相应排出对成本单项的敏感性顺序，这样的结果也说明，使用敏感性分析法分析工程风险不可能得出具体的风险影响程度资金值，它只能说明一种影响程度。

（2）风险控制措施。

① 风险回避。

风险回避对策是通过回避项目风险因素而回避可能产生的潜在损失。在面临灾难性风险时，采用回避风险的方式处置风险是比较有效的。但是，有时放弃承担风险就意味着可能放弃某些机会。因此，某些情况下的风险回避是一种消极的风险处理方式。

② 风险转移。

风险转移是指将项目本身面临的损失风险转移给其他个人或单位去承担的行为。风险转移又被称为合伙分担风险，其目的不是降低风险发生的概率和不利后果的大小，而是借用合同或协议，在风险事故一旦发生时将损失的一部分转移到项目以外的第三方身上。这种风险应对策略主要用于应对发生概率小、但损失大，或者项目公司难以控制的项目风险。

③ 风险缓解。

缓解风险是指将工程项目风险的发生概率或后果降低到某一可以接受的程度。缓解风险的前提是承认风险事件的客观存在，然后再是考虑适当措施去降低风险出现的概率或者消减风险所造成的损失。

④ 风险自留。

风险自留是一种重要的财务性管理技术，其明知可能会有风险发生，但在权衡了其它风险应对策略之后，出于经济性和可行性的考虑，仍将风险留下，若风险损失真的出现，则依靠项目主体自己的财力去弥补财务上的损失。

⑤ 风险利用。

风险利用仅针对投机风险而言。原则上投机风险大部分有被利用的可能，但并不是轻而易举就能取得成功，因为投机风险具有两面性，有时利大于弊，有时弊大于利。风险利用就是促进投机风险向有利的方向发展。

三、高速公路项目风险评价指标设计

（一）评价指标体系建立的依据

评价体系的建立首先要符合国家关于基础工程设施建设管理项目的基本规范和相关政策的规定，如交通部通过的《路政管理规定》和《城市道路管理条例》的内容，其次是要结合路政管理工作的具体功能、目标和要求，参考类似管理项目的评价指标体系与方法，这样才能保证评价指标的科学性与合理性。

（二）评价指标体系建立的基本原则

（1）目的性原则。是对评价对象的本质特征、结构及其构成要素的客观描述，应为评估活动的目的服务，为评估结果的判定提供依据，同时衡量指标体系是否合理有效的一个重要标准是看它是否满足了评估目的。

（2）科学性原则。指标体系的科学性是确保评估结果准确合理的基础，主要有以下几方面：指标应能反映评价对象的特征，应尽可能从风险企业的具体情况出发，结合风险投资的实际操作，客观的揭示风险企业的本质特征；指标体系应围绕评估目的，全面反映评估对象。不能遗漏重要方面或有所偏颇。否则，评估结果就不能真实、全面地反映被评对象；且评价结果应在横向和纵向两个方面都可以进行比较；定性与定量相结合项目的价值评估是各方面因素综合作用的结果，这些评估既有财务方面评估又有信誉与素质、技术方面评估，要使这些指标全部量化是不可能的。牵强的量化无法准确评价风险的价值。因而对那些无法用定量描述的因素，必须用定性分析的办法加以描述和评价，以便能够全面、准确地评价投资项目的实际情况，因而要坚持定性分析和定量分析相结合、尽可能量化的原则。

（3）适用性原则。指标体系的设计应考虑到现实的可能性，指标体系应适用于评估的方式，适用于评估活动对时间、成本的限制，适和于指标使用者对指标的理解接受程度和判断能力。评估活动是一项实践性很强的工作，指标体系的适用性是确保评估活动实施效果的重要基础，具体可表现为以下几个方面：指标是对原始信息的提炼与转化，在评估过程和评估结果的使用中往往涉及多方面的人员，如评估家、咨询专家、管理者、决策者和公众，指标应易于理解，以保证评估判定及其结果交流的准确性和高效性；指标的采集是一向十分复杂而艰巨的工作，如果指标的条款过多，评价方法和程序又过于繁琐，则势必造成评价方法难以操作。为此，指标的设置应力求简明实用、可行性强。同时，与指标相关的信息应具有可采集性，并且可以通过各种方法进行结构化，以保证决策进程的顺利进行。

（三）高速公路资项目风险指标体系构建

由于公路建设管理评价涉及面广、内容多，评价指标选取时考虑的因素也很多。因此根据路政机构的职责和管理活动的基本内容，综合考虑上述评价指标体系构建的依据和原则，从高速公路风险事件来源来进行评价指标的选取，将其分为自然风险、政治风险、管理风险、经济风险和技术风险五个方面，并在此基础上分为16个细化的具体评价指标，构建的风险评价模型，如图2所示。

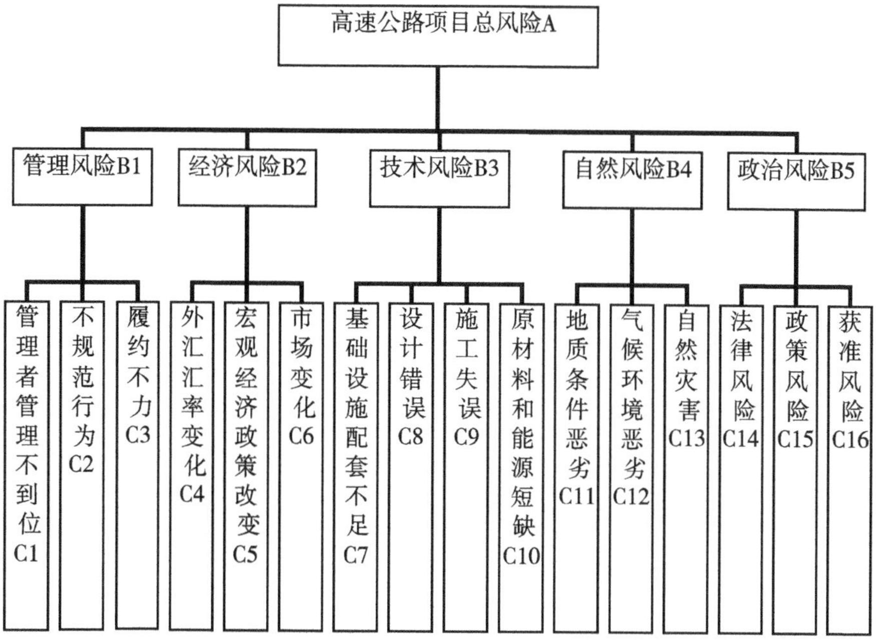

图2　高速公路项目风险评估模型

下面对各个指标含义进行说明：

1. 管理风险B1

高速公路项目建设牵涉部门多，工作复杂，各职能部门之间的权利交叉及技术部门间的技术衔接关系复杂，在管理上也会存在一定的风险。

管理不到位C1：项目领导班子配备不合理，没有合适的技术专家和项目经理，合同管理不善，对工期、质量、安全各项指标的落实措施并不严格，现场工序安排不合理、协调不力，施工准备工作不充分，内部管理制度不完善、执行不严，下属施工队伍计量超合同、材料超供应。

不规范行为C2：采取行贿等非法手段，盲目压价，转包、分包施工任务；一些小的承包商无证挂靠；某些施工人员兼职施工；施工中不执行国家及行业的规范和强制性标准，某些施工人员推销关系单位产品。

履约不力C3：承包商违约，不能正确执行规范或合同，不能完成合同责任；分包商不服从承包商管理，没有得力措施；监理不正确执行规范合同，在工程中起草错误文件，下达错误的指令，责任心不强，擅离职守。

2. 经济风险B2

高速公路项目投资额较大，经济风险不容忽视。

① 外汇汇率变化C4：原材料需要进口，金融方面的变化，外汇汇率变化。

② 经济政策变化C5：产业结构的调整，银根紧缩。

③ 市场变化C6：项目产品的市场变化以及项目的工程承包市场、材料供应市场、劳动力市场的变动，工资的提高，物价的上涨，通货膨胀速度加快，原材料价格的变动。

3. 技术风险B3

高速公路项目采用技术的先进性、可靠性、适用性和可得性发生重大变化，导致生产能力利用率降低，生产成本提高等可能给工程带来风险；同时高速公路项目建设过程中主要建筑物的布置以及施工方案等，各拟定方案应用条件与工程实际情况可能存在较大差距，造成工程费用的增加、进度的延缓，甚至整个项目失败。总之，技术风险是客观存在的。

基础设施配套不足C7：不稳定的供水供电；施工设备供应进场拖延，施工设备不配套或不合格，施工设配生产效率低，施工设备备料和燃料不足，施工机械故障，施工设备安装或调试失败，设备维修保养不当或超负荷。

设计错误C8：方案不合理使得施工困难或是无法实施。

施工失误C9：测量控制不佳，混凝土发生裂缝，人员伤亡，基低处理不当，滑坡抗滑桩施工不好，膨胀土边坡坡面处理不当，喷锚混凝土施工不好。

原材料和能源短缺C10：原材料和成品、半成品定货供应不足，原材料和成品数量差异，原材料和成品质量和规格不合格，运输存储和施工中的损耗，特殊材料和信材料的使用问题，失窃事故的发生。

4. 自然风险B4

自然风险是高速公路项目面临的主要风险，是指如地震、风暴、特殊的未预测到的地质条件如泥石流、河塘、垃圾场、流沙、泉眼等，反常的恶劣的雨、雪、冰冻天气，恶劣的现场条件，项目的建设可能造成对自然环境的破坏，运输条件的变化可能造成供应的中断等。

地质条件恶劣C11：泥石流、河塘、垃圾场、流沙、泉眼、地下水，地形地貌状况、土壤地质情况。

气候环境恶劣C12：特殊的、反常的恶劣的雨、雪天气，冰冻天气。

自然灾害C13：地震、洪水、暴雨、火山喷发、龙卷风。

5. 政治风险B5

政治风险是由项目所在国政治状况可能带来的风险，是一种完全主观的不确定事件。政治风险会使项目公司遭受重大经济损失。

法律风险C14：法律不健全，有法不依，执法不严，相关法律内容的变化，法律对项目的干预，对相关法律未能全面、正确理解，工程中有触犯法律的行为。

政策风险C15：高速公路项目有关的土地征购政策、税收政策、关税政策、价格政策的稳定性。

获准风险C16：项目未能得到政府的审批或未能及时审批； 项目公司在项目运营过程中遭遇因设计不合理、标准不得当等原因造成的迟发、拒发、吊销项目许可。

四、高速公路项目风险识别和综合评价模型

（一）高速公路建设项目风险识别

风险管理的首要任务是风险识别。高速公路建设项目的风险识别就是

根据现有的资料，分析预测在建设项目实施中什么时候、什么部位存在哪些风险，这些风险可能会对项目产生什么影响，并将描述这些风险及其特性资料归档。它是风险管理的基础，没有风险识别的风险管理是盲目的，通过风险识别，才能使理论联系实际，把风险管理的注意力集中到具体的项目上来。

（二）高速公路项目的风险分类和主要内容

对于高速公路项目来说，在进行业主风险控制与管理的研究时，将业主所承受的风险按照建设项目业主所承受的风险的分类方法将风险来源划分为以下四个方面，并在此基础上进行细化分析。

其风险类型和主要内容，如表1所示：

表1 高速公路项目风险的分类和主要内容

风险来源	风险内容	风险特点
自然风险	恶劣的地质条件差	工程项目所处地域的自然条件对项目的影响很大,基于防治恶劣的自然地理条件考虑，必须在设计方面考虑加固措施
	恶劣的气候环境	如较大的暴雨、雨季过长、洪水、酷暑等都会给工程施工带来不便。而恶劣的环境，施工场地或交通要道堵塞；道路工程可能要穿越存在危桥这些隐患都会使业主蒙受风险
	自然灾害	在施工期间，如果发生自然灾害，如工程区域地震，其损失都是由业主承担，形成业主的投资风险
经济风险	不利的宏观形势及经济政策	宏观形势和经济政策是工程建设所处的大环境，不利的宏观形势和经济政策将会是业主的建设投资存在巨大的风险
	外汇汇率变化	建设项目中的原材料需要进口时，外汇汇率的变化将会给业主带来金融方面的损失
	金融市场的变化	包括产品市场变化，工程承包市场、材料供应市场、劳动力市场的变动，通货膨胀，物价上涨
政治风险	法律变更	高速公路项目的建设运营需要稳定的法律环境。法律变更是各级政府的行为，项目公司对法律风险无能为力
	政策环境	项目所在地的土地收购政策、税收政策、高速公路价格政策等变化时，都可能造成业主受益或是蒙受损失
	获准风险	高速公路项目的开发建设需要得到项目所在地政府的特许和支持，获得项目特许权要经过复杂的审批程序。项目公司在项目运营过程中都可能遭遇，诸如设计不合理、标准不得当等原因造成的迟发、拒发、吊销项目许可
技术风险	施工失误	施工技术是直接影响工程质量和工程进度的因素，施工技术一定要满足先进性、可靠性、适用性的原则，否则会给建设工程带来无法预计的损失
	设计错误	设计质量是工程项目实体的质量根本。一旦出错，轻则返工修复，重则导致工程损坏，特别是设计师在对基础资料掌握不准确时，可能做出无法施工执行的设计，从而导致工程延期，增加了投资成本
	原材料和能源短缺	高速公路项目建设过程中需要投入大量的物料，比如：沥青、水泥、钢筋、凝合剂等。原材料供应商的供应能力，将直接影响到施工的进度和质量。原材料或能源价格的浮动，也会带来施工成本较大的波动
	基础设施配套不足	高速公路项目建设和运营需要配套的基础设施，如:水、电的供应，铁路运输、邮电通讯、辅助道路等设施。另外施工设备机械故障，安装或调试失败，维修保养不当等都会降低工程效率
管理风险	管理者素质不高	领导班子配合不合理，没有适合的技术专家和项目经理，对工期、质量、安全各项指标的落实不严格，现场工序安排不合理、协调能力不足

续表

管理风险	不规范行为	采取行贿等非法手段，盲目压价，转卖资质，转包、分包施工任务；一些小的承包商无证挂靠，某些施工人员搞兼职施工，施工中不执行国家及行业的规范和强制性标准某些施工人员推销关系单位产品
	承包商或分包商履约不力	承包商违约，不能正确执行规范或合同，不能完成合同责任；分包商不服从承包商管理，没有得力措施责任意识不强

（三）层析分析法风险评估模型

层次分析法是美国著名运筹学家、匹兹堡大学教授T.L.Saaty在20世纪70年代提出的，是一种定性分析与定量分析相结合的评价方法，其在工程项目风险评价中运用灵活、易于理解，并且具有一定的精度。其评价的基本思路是：把复杂的风险问题分解为各个组成因素，将这些因素按支配关系分组形成有序的递阶层次结构，通过两两比较的方式确定层次中诸因素的相对重要性，然后综合人的判断以决定评价诸因素相对重要性总的顺序。任何系统都以一定的信息为基础，层次分析的基础主要是人们对每一层次中各元素相对重要性给出的判断。这种相对重要性采用相对标注形式给出，需要制定者有一定的专业经验和判断能力，相对比例标度的给定仍带有一定的主观性。AHP体现了人们的决策思维的基本特征，即分解、判断、综合。该方法既可以用于评价自然灾害风险、工程投标风险等单项风险水平，又可用于评价工程项目不同方案的综合风险水平。

应用AHP解决问题，其步骤具体如下：

（1）建立所研究问题的递阶层次结构模型。将问题所包含的因素划分为最高层、中间层、最低层。最高层表示解决问题的目的，中间层表示为实现总目标而采取的措施、方案，最低层是用于解决问题的各种措施和方案。

（2）构造判断矩阵。在项目业主风险评估递阶层次分析模型确立后，请具有项目风险管理经验的专家或管理人员对每一层次各个风险元素的重要性进行两两比较评分，写成矩阵形式即判断矩阵。判断矩阵元素的赋值反映了人们对各层各元素相对重要性的认识，一般采用1～9及其倒数的标度方法，如表2所示。最终分别得到准则层各元素对于目标层的判断矩阵及因素层各因素相对于准则层各元素的判断矩阵。

表2　判断矩阵中各元素确定的标度

a ij	两目标相比
1	i 因素与 j 因素同样重要
3	i 因素比 j 因素稍微重要
5	i 因素比 j 因素明显重要
7	i 因素比 j 因素重要得多
9	i 因素比 j 因素绝对重要
2，4，6，8	i 与 j 两因素重要性介于上述两个相邻判断尺度之间
以上各数的倒数	两目标反过来比较

（3）权重的确定方法。应用AHP法进行评价和决策是需要知道判断各要素Ai关于Hs的相对重要度，即Ai关于Hs的权重，具体步骤如下：

设比较判断矩阵A：

$$A=\begin{bmatrix} a_{11} & a_{12} & \cdots & a_{1n} \\ a_{21} & a_{22} & \cdots & a_{2n} \\ \cdots & \cdots & \cdots & \cdots \\ a_{n1} & a_{n1} & \cdots & a_{nn} \end{bmatrix} \tag{4.1}$$

将判断矩阵A的每一列向量进行归一化处理得到$B=(b_{ij})_{n\times n}$

$$b_{ij}=a_{ij}\Big/\sum_{j=1}^{n}a_{kj}\quad (i,j=1,2,3,\ldots n) \tag{4.2}$$

将归一化矩阵B的行向量的元素相加：

$$M_i=\sum_{j=1}^{n}b_{ij}\,(i,j=1,2,3,\ldots n) \tag{4.3}$$

将向量M归一化，得到特征向量W

$$W_i = M_i \Big/ \sum_{j=1}^{n} M_j \quad (i, j = 1,2,3,\ldots n) \tag{4.4}$$

计算最大特征值

$$\lambda_{i\max} = \frac{1}{n}\sum_{i=1}^{n}\frac{(AW)_i}{W} \tag{4.5}$$

（4）一致性检验。由于判断矩阵是估计的，不是很精确，为了考察判断矩阵对于各元素重要性的对比设定是否标准一致，需要在各排序中进行一致性检验。此时要计算一致性指标*C.I.*，其计算式如下：

$$C.I. = \frac{\lambda_{\max} - n}{n-1}$$

$$C.R. = \frac{C.I.}{R.I.} \tag{4.6}$$

其中，*R.I.*是随机性指标，具体结果，如表3所示。

表3　随机性和指标*R.I.*数值

n	1	2	3	4	5	6	7	8	9	10	11
R.I.	0	0	0.58	0.90	1.12.	1.24	1.32	1.41	1.45	1.49	1.51

*C.R.*值越大，判断矩阵的一致性越差。一般当一致性指标C.I.<0.1时，判断矩阵才有满意的一致性，否则需要调整判断矩阵，直到检验通过。

（5）层析加权。层次总排序是指利用同一层次中各元素单排序计算结果，合成对应的上一层次元素的权重，及形成本层次所有元素相对重要性权值。总排序要从上到下逐层进行计算，最高层的下一层，其单排序即为总排序，由此逐层往下计算。

设已计算出第k–1层个因素相对于总目标的权重向量为：

$$W^{k-1} = (W_1^{k-1} \quad W_2^{k-1} \quad \cdots \quad W_{nk-1}^{k-1})^T$$

再设第K层个因素关于第K–1层的第j个因素的权重向量为：

$$W_j^k = (W_{1j}^k \quad W_{2j}^k \quad \cdots \quad W_{nk}^{jk})^T$$

当某些因素与第k-1层第j个因素无关时，相应的权重为0，则阶矩阵：

$$W^{k}=\begin{bmatrix} w_{11}^{k} & w_{12}^{k} & \cdots & w_{1n_{k-1}}^{k} \\ w_{21}^{k} & w_{22}^{k} & \cdots & w_{2n_{k-1}}^{k} \\ \cdots & \cdots & \cdots & \cdots \\ w_{n_{1k}1}^{k} & w_{n_{1k}2}^{k} & \cdots & w_{n_{1k}n_{k-1}}^{k} \end{bmatrix} \tag{4.7}$$

那么第k层个因素关于最高层次的相对重要性权重

$$W^{k}=W^{k}\times W^{k-1} \tag{4.8}$$

当决策问题有m个层次，各方案对总目标的权重分别为W^{1}，W^{2}，W^{3}，…，W^{n}，则

$$W=W^{0}\cdot W^{1}\cdot W^{2}\cdot \cdots\cdots W^{m} \tag{4.9}$$

所求出的W就是各层次的综合加权权重。

五、案例分析

（一）广东渝湛高速公路项目简介

广东渝湛高速公路项目与2003年8月29日以交公路351号文审查和批复了初步设计方案和概算。项目于2003年11月动工建设，于2005年12月建成通车。该项目批准概算总投资21.64亿元。建设投资总额的35%为资本金，资本金以外的65%由项目公司以项目作为抵押向国内银行贷款。项目公司由广东省高速公路有限公司（占股70%）和广东省路桥发展有限公司（占股30%）组建。

1. 公路沿线地形、地质特点

渝湛高速公路，起点接广西境内合浦至山口高速公路，沿东南方向先后经过兼江市的高桥镇、清平镇、营仔镇、安铺镇，遂溪县的沙谷镇、洋青镇、遂城镇，止于湛江市麻章区黄略镇，接广州至渝江高速公路，路线全长73km。路线位于广东省西南部低山丘陵与沿海平原之间台

地和丘陵区，以台地地形为主，间夹冲积平原或谷地，地形起伏不大。本项目所处区域地形总体上呈西北向高、东南向低的趋势，云开山余脉双峰山海拔382m，为本地区最高点。本项目路线从起点至安铺镇为台地，安铺镇的九洲江，营仔河两岸为冲积平原，营仔河以北至路线终点为微丘陵区，期间发育浅洼地和聚水洼地，丘陵区脊线不明显，山体低矮浑圆。

渝湛高速公路路线经过区域的中段仅有少量软土分布，且一般较薄（小雨2m），多为局部洼地淤积的淤泥质土。路线终点附近局部范围分布有厚度5m～15m的泥炭质软土，需要进行处理。

不良地质条件有：本项目所处区域分布在北海组、湛江组地层的粘性土层，属蚀变花岗岩风化而成的高岭土，具有膨胀性，对路基、路面产生不利影响；在山前冲积平原及九洲江冲积平原有岩溶分布，岩溶溶蚀严重，溶洞多层分布，对路线布设有较大影响。

2. 公路沿线气候特点

本区属亚热带海洋性季风气候，平均气温22.8℃，1月平均气温15℃，7月平均气温28℃。年平均降雨量1678mm，雨季多集中在每年的4～9月。热带气旋或台风为本地区主要的灾害气候，每年有2～3次在本区登陆，最大风速可达45m/s。雨季时间长、集中的暴雨及台风将本项目的施工带来不利影响。

（二）广东渝湛高速公路项目风险识别及模型分析

我们应用风险因素分解法对渝湛高速公路建设项目的风险进行分类，将其分为自然风险、政治风险、经济风险、技术风险和社会风险五个类别，并针对其中各种可能发生的风险事件进一步将其细化为16个风险因素（如图2所示）。

（1）构成A–B层次判断矩阵。基于前述基本假定，由高速公路专业工程师根据工程经验对A–B层次个风险进行打分，进而构成A–B层次两两判断矩阵，如表4所示。

表4 A–B层次判断矩阵

A	B1	B2	B3	B4	B5
B1	1	1/3	1/6	1/4	4
B2	3	1	1/5	1/2	6
B3	6	5	1	3	9
B4	4	2	1/3	1	7
B5	1/4	1/6	1/9	1/7	1

（2）计算A–B层次判断矩阵A权重、排序，并作一致性检验。

①求A每行所有元素的几何平均值

$$M_1=\sqrt[5]{1\times\frac{1}{3}\times\frac{1}{6}\times\frac{1}{4}\times 4}=0.561$$

$$M_2=\sqrt[5]{3\times 1\times\frac{1}{5}\times\frac{1}{2}\times 6}=1.125$$

$$M_3=\sqrt[5]{6\times 5\times 1\times 3\times 9}=3.817$$

$$M_4=\sqrt[5]{4\times 2\times\frac{1}{3}\times 1\times 7}=1.796$$

$$M_5=\sqrt[5]{\frac{1}{4}\times\frac{1}{6}\times\frac{1}{9}\times\frac{1}{7}\times 1}=0.231$$

②将M_i归一化，计算权重W_i：

$$W_1=\frac{m_1}{\sum_{i=1}^{5}m_i}=0.561$$

W_2=14.94%

W_3=50.69%

W_4=23.85%

W_5=3.07%

③ 计算最大A的最大特征值λ_{max}。

$$\lambda_{max}=\sum_{i=1}^{n}\frac{(Aw)_i}{nw_i}$$

$$AW=\begin{bmatrix} 1 & \frac{1}{3} & \frac{1}{6} & \frac{1}{4} & 4 \\ 3 & 1 & \frac{1}{5} & \frac{1}{2} & 6 \\ 6 & 5 & 1 & 3 & 9 \\ 4 & 2 & \frac{1}{3} & 1 & 7 \\ \frac{1}{4} & \frac{1}{6} & \frac{1}{9} & \frac{1}{7} & 1 \end{bmatrix}\begin{bmatrix} 7.45\% \\ 14.94\% \\ 50.69\% \\ 23.85\% \\ 3.07\% \end{bmatrix}=\begin{bmatrix} 39.12\% \\ 77.77\% \\ 269.27\% \\ 121.92\% \\ 16.46\% \end{bmatrix}$$

λ_{max}=5.248

④ 计算CI，进行一致性检验。

$$C.I.=\frac{\lambda_{max}-n}{n-1}=\frac{5.248-5}{5-1}=0.06$$

由n=5，查表得到一致性检验指标

$R.I.$=1.12

$$\frac{C.I.}{R.I.}=\frac{0.062}{1.12}=0.055\leq 0.1$$

由此可见，A－B层判断矩阵满足一致性检验，所得判断可靠。

风险评价模型计算结果及其分析

风险事件层次排序，即C层次的排序

根据前面计算各判断矩阵权重和排序的结果，对于高速公路项目整体风险水平的16个风险事件层次进行排序，并做排序的一致性检验：

$$C.I.=\sum_{j=1}^{n}B_jCI_j=0.025$$

$$R.I.=\sum_{j=1}^{n}B_jRI_j=0.742$$

$$\frac{C.I.}{R.I.}=\frac{0.025}{0.742}=0.034\leq 0.1$$

显然，其满足一致性检验要求。

风险事件C1～C16发生概率从大到小排列为：

C9＞C12＞C10＞C6＞C8＞C3＞C11＞C5＞C7＞C15＞C1＞C13＞C4＞C2＞C16＞C14

六、结束语

（一）主要结论

本文在对我国高速公路建设现状阐述的基础上，界定了风险管理的过程，并进一步对高速公路项目风险管理问题进行了深入探讨，得出以下结论。

（1）应用因素分解法根据高速公路项目风险来源对项目的风险因素进行分解，得到相应的风险结构图，并根据矩阵元素的取值判断风险的存在与否。运用该种方法进行风险识别，将风险识别的过程一定程度上量化，避免了已有风险识别方法的主观性和片面性，使风险识别的结果更加真实可靠。

（2）文中在对已有风险评估方法进行比较的基础上，把AHP 法运用于高速公路工程项目风险分析，实现了风险因素的排序、系统总风险的评价以及风险响应措施的选择。并最终通过广东渝湛高速公路建设项目的风险分析对该模型进行了验证说明。

（3）文中对风险应对的策略进行了介绍，并基于高速公路项目公司的角度，对高速公路项目中存在的几种风险，在分析和查阅整理已有资料的基础上，分别给出相应的应对策略，为项目的顺利进行提供了一定保证。

（二）几点建议

风险管理的任务主要是在对风险进行分析评估的基础上，采取有效措施进行控制，基于本文分析，对高速公路项目管理提出以下几点建议。

（1）优化管理制度，建立风险控制机制，明确有效的工作秩序，使决策得以顺利、有效地实施。同时设立合约、法律等风险监管部门，有的放矢地开展风险控制工作。

（2）加强合约管理，从源头上控制风险工程中标后，要高度重视合同的签署和管理。施工单位必须最大限度地在工程变更、图纸深化、赶工费用等方面为自身谋取主动。

（3）优化资源配置，有效降低和规避风险。选好用活劳务队伍；及时组织专业分包商、专业班组、混合班组，以满足施工的需要；提高大型设备的利用率。合理控制设备费用的投入，优先考虑设备的性能，切实提高大型设备的使用效率

（4）加强材料的成本控制。严把材料的采购关、质量关、进场关、堆放关、耗用关和安全关。

（5）严把资金支付关。控制资金支付风险，除要严格遵循一支笔的财务制度以外，关键还是要理顺项目的管理制度和管理流程，加强劳务、材料、设备等相关费用的管理，严格按合同结算和支付。

（6）加强质量安全管理。

（7）果断进行风险转移，合理分包。

高速公路建设属于大型的公共基础设施建设项目，和国民经济社会发展、人民生活有着广泛而复杂的联系，项目建设的决策者、建设者和管理者都要充分认识其中的风险，采取有力的措施降低风险，使公路建设项目产生更大的经济和社会效益。

参考文献

[1] 武百忠.工程项目投资风险决策研究[D]. 天津大学硕士学位论文.2006.

[2][美]贝内特.利恩兹.张金成等译.突破技术项目管理[M].电子工业出版社.2002.

[3] 邹欣，邹一峰，编著. 中外投资项目评价[M]. 南京人学出版社.1992.

[4]李丽.工程项目全面风险管理的理论与方法研究[D]. 北京:北京工业大

学,2002.

[5] 尹贻林，陈通，杨杉.我国项目风险管理的发展趋势[J]. 中国软科学,1995.

[6] 许谨良，周江雄. 风险管理[M]. 北京:中国金融出版社, 1998.

[7] 谢勇成.建筑企业风险与防范[J].建筑经济,2005.

[8] 张超，朱文喜，邱晓晨.高速公路建设中工程变更与工程索赔管理之探讨[J]中外公路,2005.

[9] 王玺，张平.试论项目风险管理中的定量分析方法[J].天津工业大学学报,2002,20（6）.

[10] 郭仲伟.风险分析与决策[M].北京:机械工业出版社,1987.

[11] 傅鸿源.工程项目风险评价方法的研究[J].系统工程理论与实践,1995.

[12] 卢有杰，卢佳仪.项目风险管理[M]. 北京:清华大学出版社,1998.

[13] 梁世连.工程项目管理学[M]. 大连:东北财经大学出版社,2001.

[14] 胡红娟.关于道路工程灰剂量的初探[J]. 山西建筑,2008.

[15] 汪明春.道路交通安全影响的模糊评价方法及数学模型的建立[J].公路交通技术,2008.

[16] 余蟠景.工程承包的风险管理综述[J]. 建筑技术开发,2003.